고양이 애호가가 원하는 완벽한 가이드북

고양이 백과사전

THE ULTIMATE ENCYCLOPEDIA OF
CATS
CAT BREEDS
& CAT CARE

THE ULTIMATE ENCYCLOPEDIA OF
CATS

고양이 애호가가 원하는
완벽한 가이드북

고양이 백과사전

앨런 에드워즈 지음 | 트레버 터너 감수
김혜련 옮김

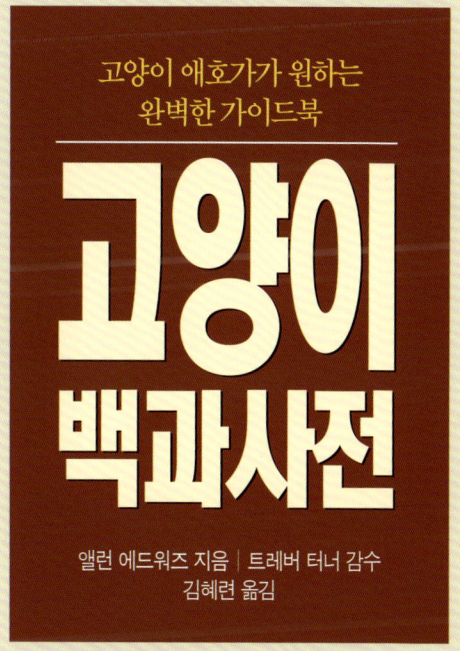

지은이_ 앨런 에드워즈(Alan Edwards)
23년간 영국 고양이애호가관리협회 GCCF(Governing Council of the Cat Fancy)에서 심사위원을 해왔으며, 유럽의 국제 심사위원 및 미국의 국제고양이애호가협회 CFA(Cat Fanciers' Federation)의 국제 초청 심사위원으로도 활동하고 있다. 영국 고양이애호가관리협회 심사위원이자 국제 심사위원이기도 한 준(June) 여사와 결혼하여 세 명의 아들을 두고 있다. 에드워즈 부부는 브리티시 쇼트헤어와 오리엔탈 쇼트헤어를 브리딩하고 있으며, 30년간 탈리에신(Taliesin)이라는 등록명을 유지해오고 있다.

감수자_ 트레버 터너(Trevor Turner)
수의사 경력이 40년 이상으로 수년간 고양이와 개의 브리딩 및 쇼 출전에 참가하고 있다. 현재는 직접 진료하지 않고, 학회 및 품종 세미나에서 전반적인 고양이 관리에 대해 강의하는 전문 강사로 활동 중이다. 고양이와 개 진료 발전에 대한 공헌으로 왕립수의과대학(Royal College of Veterinary Surgeons)과 영국소동물수의사협회(British Small Animal Veterinary Association)에서 상을 받기도 하였다.

옮긴이 _ 김혜련
서울대 수의학과 및 동대학원 석사 과정을 졸업하였다.
수의사로 4년간 소동물 임상에 종사하였고, 현재는 번역가와 임상시험 전문가로 활동 중이다.
E-mail : hrkim@medicalwriting.co.kr

THE ULTIMATE ENCYCLOPEDIA OF CATS, CAT BREEDS AND CAT CARE
Copyright in design, text and images ⓒ Anness Publishing Limited, U.K 1999
All Rights reserved.
Published by arrangement with Anness Publishing Limited, London, UK
Through Bestun Korea Agency, Seoul, Korea
All rights reserved.
Korean translation rights ⓒ 2011 by Donghaksa Publishing Co., Ltd.

이 책의 한국어 판권은 베스툰 코리아 에이전시를 통하여
저작권자인 Anness Publishing Limited와 독점 계약한 주식회사 동학사(그린홈)에 있습니다.
저작권법에 의해 한국 내에서 보호를 받는 저작물이므로 어떠한 형태로든
무단전재나 복제, 광전자 매체 수록 등을 금합니다.

고양이백과사전

펴낸이 | 유재영
펴낸곳 | 동학사 · 그린홈
지은이 | 앨런 에드워즈
옮긴이 | 김혜련

기　획 | 이화진
디자인 | 임수미

1판 1쇄 | 2011년 4월 15일
1판 6쇄 | 2023년 10월 31일
출판등록 | 1987년 11월 27일 제10-149

주소 | 04083 서울 마포구 토정로 53(합정동)
전화 | 324-6130, 324-6131 · 팩스 | 324-6135
E-메일 | dhsbook@hanmail.net
홈페이지 | www.donghaksa.co.kr / www.green-home.co.kr
페이스북 | www.facebook.com/greenhomecook

ISBN 978-89-7190-338-4 13490

• 잘못된 책은 구매처에서 교환하시고, 출판사 교환이 필요할 경우에는
  사유를 적어 도서와 함께 위의 주소로 보내주세요.

Contents

집고양이 Introducing the Domestic Cat	6
고양이 선택 방법 Choosing the Right Cat	16
좋은 환경 만들기 Creating the Right Environment	28
집에서의 관리, 여행할 때의 관리 Care at Home and Away	42
영양과 사료 Nutrition and Feeding	58
그루밍 Grooming	70
행동과 지능 Behaviour and Intelligence	80
일반 관리와 건강 관리 General Care and Everyday Health	90
부상과 질병 Injuries and Ailments	104
고양이 종류 The Breeds	128
장모종 그룹 The Longhair Group	132
중모종 그룹 The Semi-longhair Group	146
단모종 그룹 The Shorthair Group	164
비순혈통 고양이 Non-Pedigreed Cats	214
교배하기 Breeding from Your Cat	218
캣쇼 출전 Showing Your Cat	238

- 용어 해설   250
- 찾아보기   252

유럽 야생고양이는 생김새가 태비무늬의 집고양이와 비슷하지만,
경계심이나 길들여지지 않는 성격은 집고양이와 매우 다르다.

The Ultimate Encyclopedia of Cats

집고양이
Introducing the Domestic Cat

사람을 따르고 안락함을 좋아하는 집고양이에게는 아직도 정글과 대초원을 포효하며 누비던 야생 고양잇과 동물의 특성이 많이 남아 있다. 대표적인 것이 먹잇감을 쫓고 사냥하기에 알맞은 유연한 근육과 멋진 털가죽이다. 고양이 외에도 야생에서 생활하다 사람과 함께 살게 된 소형 야생동물을 가끔 볼 수 있는데, 이 단계에서는 야생성과 길들여지는 성질의 경계가 뚜렷하지 않다. 집고양이가 야생고양이보다 더 작은 뇌를 가지고 있지만, 야생에서 생활해야 하는 상황이 되면 집고양이도 독립적이고 자유로운 포식자의 삶에 아주 쉽게 적응한다.

오늘날의 벵갈 고양이는 집고양이와 야생 삵(*Felis bengalensis*)을 교잡하여 나온 품종이다.

집고양이로의 정착

고양잇과(Felidae)에는 체구가 크고 사나운 사자나 호랑이를 비롯하여 집고양이까지 다양한 동물이 있다. 이들은 다시 하위 분류체계인 속(屬)으로 구분되는데, 이때의 분류 기준은 체구가 아닌 해부학적 구조이다. 표범속(Panthera) 동물은 포효할 수 있지만, 고양잇속(Felis)인 고양이가 포효하지 못하는 것도 후두의 해부학적 차이 때문이다. 치타는 표범속도 고양잇속도 아닌 다른 속인데, 이들은 발톱을 피부 아래에 숨기지 못하는 특징이 있다. 1900년대 초에는 고양잇과 동물이 230종 이상이었으나, 현재는 30종 미만으로 감소하였다. 이유는 인간이 그들의 가죽을 탐내서 밀렵과 사냥으로 많은 종을 죽여 멸종했기 때문이다.

집고양이의 기원

야생고양이와 집고양이는 밀접한 관계가 있으나, 고양잇속의 야생고양이 중 어떤 종이 집고양이로 정착하였는지는 확실하지 않다. 야생고양이는 전 세계에 널리 분포해 있고, 생김새나 습성도 다양하다. 예를 들어 북부지방의 고양이는 털이 촘촘하고 두텁게 덮여 있는

▶ 한동안은 특유의 줄무늬 때문에 유럽 야생고양이가 집고양이의 조상이라고 생각하였다. 그러나 사람에 대한 타고난 경계심 때문에 더 이상은 그렇게 생각하지 않는다.

▼ 사진의 아프리카 야생고양이가 오늘날의 집고양이 조상일 가능성이 크다.

반면, 상대적으로 따뜻한 남부지방의 고양이는 털이 가늘고 듬성듬성한 것이 일반적이다. 전문가들은 집고양이 조상의 유럽 야생고양이, 아시아 야생고양이, 아프리카 야생고양이를 유력한 후보로 지목하였다.

유럽 야생고양이(Felis sylvestris sylvestris, 줄여서 F. sylvestris)는 아직도 스코틀랜드 북부지방과 북유럽 대륙에서 볼 수 있는데, 유럽인들은 오랜 세월 유럽 야생고양이가 집고양이의 기원이라고 믿어왔다. 일반 고양이에게서 흔히 볼 수 있는 털색과 줄무늬가 유럽 야생고양이와 닮았기 때문인 것 같다.

그러나 유럽 야생고양이를 사람이 새끼 때부터 기른다고 해도 사람을 경계하는 습성이나 야생성이 사라지지는 않는다. 이렇듯 사람과 어울리지 못하는 것을 보면 이들이 사람에게 길들여졌을 가능성은 없다.

반면에 아직도 아프리카와 서아시아 및 유럽 남부에서 살고 있는 아프리카 야생고양이(F. sylvestris libyca)는 집고양이와 동일한 염색체 수를 가지고 있을 뿐만 아니라 사람들과도 비교적 잘 어울린다. 또한 아프리카 야생고양이는 아시아 야생고양이(F. sylvestris ornata)와 마찬가지로 사람의 주거지 부근에서

집고양이의 조상 *Cat Ancestry*

오늘날의 집고양이 조상인 야생 고양잇과 동물은 3,500만 년 전 선사시대의 에오세(Eocene, 시신세) 후기와 올리고세(Oligocene, 점신세) 초기에 살았던 최초의 육식동물에서 진화하였다. 야생 고양잇과 동물은 최초의 반려동물인 개과의 육식동물과는 다른 동물이다. 석기시대 사

람들은 개의 뛰어난 감각을 사냥에 이용하였고, 이 때문에 사람과 개의 유대관계도 점차 강해졌다. 반면에 고양이가 사람의 주거지 주변에 정착한 것은 농경사회가 되어 사람이 좀 더 안정된 삶을 살면서이다. 석기시대의 고대 유적지에서 작은 몸집의 고양이 뼈가 종종 오소리 등의 작은 야생동물의 잔해와 함께 발견되는데, 이는 사람이 고기나 가죽을 목적으로 고양이를 사냥했을 수도 있음을 보여준다. 실제로 고양이가 조심스럽게나마 사람과 관계를 맺고 산 최초의 증거가 약 9,000년 전 신석기시대 유적지인 중동의 예리코(Jericho)에서 발견되었다. 그러나 3,500년 전 고대 이집트 왕조 이전에는 오늘날의 집고양이와 유사한 고양이가 존재하였다고 보기 어렵다.

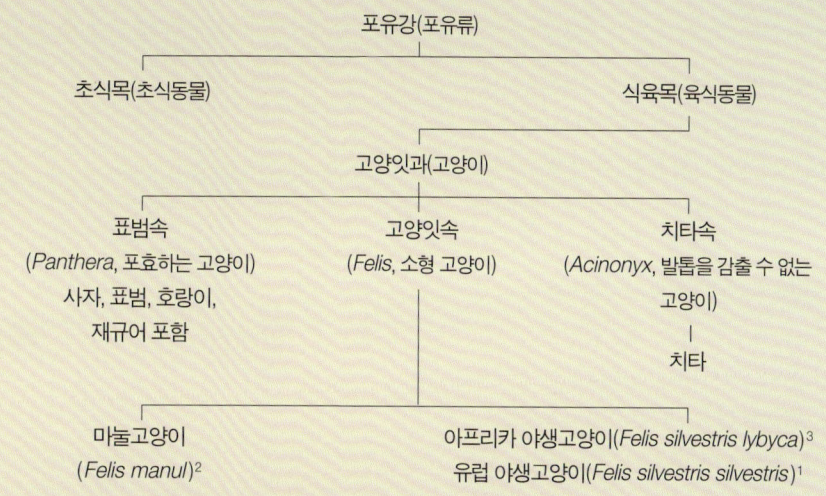

```
                    포유강(포유류)
                    │
        ┌───────────┴───────────┐
    초식목(초식동물)           식육목(육식동물)
                                │
                            고양잇과(고양이)
                                │
        ┌───────────────────────┼───────────────────────┐
     표범속                  고양잇속                    치타속
 (Panthera, 포효하는 고양이)  (Felis, 소형 고양이)   (Acinonyx, 발톱을 감출 수 없는
   사자, 표범, 호랑이,                                       고양이)
       재규어 포함                                             │
                                                             치타

     마눌고양이              아프리카 야생고양이(Felis silvestris lybyca)[3]
    (Felis manul)[2]         유럽 야생고양이(Felis silvestris silvestris)[1]
```

1 유럽으로 건너와 정착한 집고양이와 야생고양이가 번식하여 생겨난 고양이로 추정
2 털이 긴 장모종 고양이의 조상으로 추측
3 대부분의 집고양이의 조상으로 가장 유력

↰ 표범은 소형 고양이와 다른 속에 속한다. 이유는 몸집이 크기 때문이 아니라 표범의 후두가 포효할 수 있게 되어 있는 해부학적 구조 때문이다.

≫ 고양잇과 동물은 크기와 상관없이 사냥꾼으로서 효율적인 해부학적 구조를 갖고 있다. 표범속에서 가장 큰 호랑이는 그 중에서도 가장 강한 포식자이다.

⌃ 사자는 표범속의 포효하는 고양이다. 그러나 고양잇과의 유연한 근육질 몸매에 특유의 짧고 둥근 머리와 큰 눈을 가진, 집고양이와 같은 고양잇과다.

⌃ 치타는 발톱을 감출 수 없는 해부학적 구조 때문에 고양잇속과 다른 속이다. 그러나 발톱을 감출 수 있는 퓨마(산사자, 쿠거로도 불림)와 밀접한 관계가 있다.

INTRODUCING THE DOMESTIC CAT

» 아비시니안의 황금색 털에는 아프리카 야생고양이처럼 암갈색 틱(털가닥에 암갈색이 군데군데 나타남)이 있는데, 이것은 아프리카 야생고양이에게 물려받은 것으로 추정된다.

종종 발견되고 아주 쉽게 길들여진다. 고대인이 거주하던 동굴에서도 아프리카 야생고양이의 흔적이 많이 발견되었으며, 이 때문에 아프리카 야생고양이가 지금의 집고양이 조상이라고 생각하는 것이 일반적이다. 실제로 아프리카 야생고양이는 유연한 근육, 긴 얼굴과 큰 귀, 틱 또는 아구티 패턴이 나타나는 갈색 털 등 오늘날의 아비시니안(Abyssinian) 품종과 매우 유사하다.

집고양이로 정착하는 과정

사람은 처음에 단순히 식량이나 가죽을 얻기 위한 목적으로 고양이를 사냥했을지도 모른다. 그러나 작물 재배를 기반으로 하는 농경사회로 발전하면서 설치류가 생겨나고, 이를 없애기 위해 고양이를 길들였을 것이다. 이것은 영양가 많은 먹이를 충분히 공급받으며 고양이 개체 수를 일정하게 유지할 수 있기 때문에 고양이에게도 이익이다.

유전학과 정보학을 전공한 영국의 과학자 프랜시스 골턴(Francis Galton)은 1865년에 순치동물(길들이는 동물)의 필수 조건에 대해 정의하였다. 그에 따르면 순치동물은 인간에게 유용하고 기르기 쉬우며 번식이 쉬워야 하는데, 무엇보다도(예를 들어, 개와 고양이의 경우) 사람을 좋아하고 잘 따라야 한다. 고양이의 경우, 야생 상태에서 집고양이로 정착하는 과정에서 돌연변이가 생겨 길들여지는 과정이 보다 빨라졌다는 가설도 있다. 생명체의 구성 요소인 유전자는 체구나 기본적인 생김새뿐만 아니라 행동방식에 대한 정보까지 담고 있다. 행동방식을 관장하는 유전자에 어느 순간 변이가 생겨 새끼 때의 의존적인 성격을 버리지 못한 변종 고양이가 생겨났을 수 있다. 이런 특성을 가진 고양이가 마침 곡식 창고에 들끓는 쥐 때문에 고

» 아프리카 야생고양이는 아프리카와 서아시아, 남유럽 등에서 아직도 발견된다. 이들은 사람을 두려워하지 않고 종종 사람의 주거지 주변에서 지낸다.

양이의 성격 특성이 더 잘 발현되는 것으로 보인다. 최근의 예로는 삵(F. bengalensis bengalensis, 살쾡이라고도 함)을 집고양이와 교배하여 만든 벵갈 고양이가 있다. 이후 벵갈 고양이는 반복적인 교배로 집고양이의 특성이 더 강화되었다. 그러나 순혈통 고양이의 품종 등록을 관장하는 조직 중 미국의 국제고양이애호가협회 CFA(Cat Fanciers' Association)는 벵갈 고양이뿐만 아니라, 그 밖의 야생고양이와 집고양이의 교배로 생긴 품종도 인정하지 않는다. 반면에 영국의 고양이애호가관리협회 GCCF(Governing Council of the Cat Fancy)에서는 이를 인정한다.

《
그리스 섬의 야생고양이들은 야생성과 순치성의 경계를 넘나든다. 이들은 언제나 마을이나 도시에 살며 새끼를 많이 낳는다.

민하던 농부와 함께 지내면서 상호 협조 관계가 형성되어, 사람으로부터 따뜻하고 안락하며 번식하기에 안전한 환경을 제공받고, 이후 후손들은 사람들의 골칫거리인 설치류를 제거해주는 소중한 존재가 되었다. 이런 일련의 과정을 통해 사회성이 좋은 고양이를 만든 유전적 변이가 급속도로 퍼져 나갈 수 있었을 것이다.

고양이의 길들여지는 과정은 따뜻한 남부와 동부에서 퍼져나간 아프리카 야생고양이가 북유럽 고양이와 교잡을 하면서 가속화되었을 것이다. 최근 이 두 종의 교배로 태어난 새끼고양이가 오늘날 집고양이에게서 볼 수 있는 털 성질을 가진 것으로 확인되었다. 그리고 이러한 교잡에서 집고양이의 성격을 발현하는 유전자가 야생고양이의 성격을 발현하는 유전자를 억제하여, 집고

《
삵과 집고양이를 교배하여 만든 새로운 품종이 벵갈 고양이다.

» 고대 이집트 벽화를 보면 고양이들이 집에서 안정된 생활을 하고 있다. 이들의 등에는 아프리카 야생고양이에게서 가장 흔히 볼 수 있는 태비무늬가 있다.

▼ 이집트 무덤에서 발견된 미라화된 고양이. 기원전 1,000~332년 것으로 추정. 1890년 한 고대 유적지에서 30만 마리 이상의 고양이 미라가 발견되었다.

고대 지중해 지역에서 시작된 정착

개에 비해 고양이는 상대적으로 사람에게 길들여진 역사가 짧다. 고양이가 처음 사람과 함께 지내게 된 때를 5,000~8,000년 전으로 보는데, 개는 무려 5만 년 전으로 거슬러 올라간다. 키프로스(Cyprus)의 8,000년 전 사람들의 주거지 코이로코이티아[Choirokoitia, 또는 히로키티아(Khirokitia)] 발굴 과정에서 1983년 고양이의 턱뼈 하나가 발견되었다. 키프로스에는 야생고양이가 없었으므로 이 고양이는 집고양이였을 가능성이 크다. 또한 아프리카와 가까운 곳이므로 이 고양이가 아프리카 야생고양이와 관련이 있을 것으로 추측된다.

그러나 고양이를 처음으로 설치류를 없애주는 존재 이상으로 대우하고 우상화한 곳은 고대 이집트일 것이라는 증거가 압도적이다. 고양이가 고대 이

▼ 고대 이집트의 고양이 여신인 바스트의 반짝거리는 청동상. 기원전 6세기 것으로 추정되며, 높이가 34cm.

집트에 정착한 것은 기원전 3,500년경이다. 신왕국시대(기원전 1560~1080년)의 무덤 벽화에 고양이가 고대 이집트인의 생활의 일부로 그려져 있다. 고대 이집트인들은 고양이가 죽으면 애도의 표시로 눈썹을 밀고 크게 슬퍼하였다.

고양이는 또한 생식력의 상징으로 숭배되기도 하였다. 바스트[Bast, 바스테트(Bastet) 또는 파크헤트(Pasht)로도 알려짐]는 태양신 라[Ra(=Re)]의 딸이며[오시리스(Osiris)의 딸이라고도 함] 다산의

» 고양이는 13세기 동물 우화집에도 나오는데, 당시에 고양이는 공포와 혐오의 대상이었지만 여전히 쥐를 잡아주는 유용한 동물이기도 했다. 영국에서는 교회에서 고양이를 어느 정도 보호해주었다.

여신으로, 초기에는 사자로 묘사되다가 점차 변하여 작은 고양잇과 동물의 모양이 되었다. 고양이를 부르는 puss(우리말의 '야옹이'에 해당)는 바스트라는 이름에서 유래한다.

1890년에는 고고학자들이 베니 하산(Beni Hassan)의 지하 암굴에서 바스트에게 바쳐진 30만 마리 이상의 고양이 미라를 발견하기도 하였다. 고양이 미라 옆에는 미라화된 생쥐가 함께 놓여 있었는데, 이는 고양이의 사후 여행길에 음식을 바친다는 의미로 해석된다. 고대 극동 지역에서도 기원전 2,000년경 고양이가 사람에 의해 길들여졌는데, 이 지역의 고양이는 아시아 야생고양이(*F. sylvestris ornata*)에서 나온 것으로 장모종 집고양이의 조상으로 추측된다.

˅ 고양이를 묘사한 이 동물우화집이 나온 14세기에는 고양이를 박해하여 고양이의 수가 감소하였다. 이 때문에 설치류가 늘어나 유럽 전역에 쥐를 매개로 한 흑사병이 휩쓸고 지나갔다.

로마 교역으로 전 세계에 전파

로마제국이 번성하며 서쪽 지역에 있던 고양이가 전 세계로 널리 퍼져나갔다. 로마인들이 쥐를 없애기 위해 이집트에서 자신들이 정복한 북쪽 지역으로 고양이를 몰래 데려간 것이다. 또한 로마인들은 고양이를 어느 정도 숭배하기도 하였다. 기원전 1세기의 그리스 역사학자 디오도루스(Diodorus)의 기록에 의하면, 알렉산드리아 지방의 한 로마인 마부가 마차를 몰다 고양이를 치어 죽여 화난 군중의 돌에 맞아 죽었다고 한다.

한편 수도사가 극동 지역으로 여행할 때 고양이를 함께 데려가서, 이때 아시아 토착고양이와 교배했을 것으로도 추측된다. 가장 오래된 집고양이 뼈는 로마제국 이전인 10~43년경 영국에서 발견되었다. 영국의 첼름스퍼드(Chelmsford)에서는 고양이 발자국이 찍혀 있는 로마 기와가 발견되기도 하였다.

암흑기인 중세 시대

로마인들은 고양이를 자유의 상징으로 여겼다. 그러나 로마제국의 몰락과 함께 고양이의 인기도 사라졌다. 고양이의 위

INTRODUCING THE DOMESTIC CAT

▲
페르시안 고양이는 서쪽 지역에서 만들어진 최초의 외래 품종으로, 영국 빅토리아 여왕 등 유럽 왕실의 사랑을 받으면서 인기가 더욱 높아졌다.

▼
메인 쿤은 미국 북동부에서 쥐를 잡아주는 유용한 고양이로 1895년 뉴욕 매디슨 스퀘어 가든에서 열린 미국 최초의 캣쇼에서 우승하였다.

상이 낮아지면서 고양이에 대한 생각도 달라졌다. 예를 들어, 북유럽에서 사랑의 여신인 프레이야(Freyja) 주변에는 항상 수많은 고양이가 함께 있는 것으로 묘사되었는데, 시간이 지나면서 프레이야는 지옥의 동물 고양이를 거느린 무서운 마녀로 변질되었다.

첫 밀레니엄 후 약 700년간 유럽에서는 고양이를 종종 마녀나 악마와 관련지어 생각하였다. 프랑스 메스(Metz)에서는 마녀의 처형의식으로 사순절 두 번째 수요일에 수백 마리의 고양이를 산 채로 태워 죽였다.

로마제국 이후 고고학 기록에서 고양이는 완전히 사라졌다. 다행히 영국에서 쥐를 잡는 유용한 동물로 가치를 인정받아 중세가 시작되는 10세기까지 어느 정도 교회의 보호를 받을 수 있었다. 그러나 유럽에서는 고양이 털을 변호사 가운의 장식이나 안감으로 사용하였고, 기근일 때는 수프나 스튜 등에 고양이고기를 사용하기도 하였다.

반려동물로서의 새로운 시작

1600년대부터 고양이는 반려묘로서의 인기를 조금 되찾기 시작하였다. 프랑스의 리슐리외(Richelieu) 추기경은 일할 때도 고양이를 곁에 둘 정도로 고양이 애호가로 알려져 있고, 프랑스의 어느 하프 연주자는 거액의 재산을 자신의 고양이에게 물려주면서 그 유산이 적절히 사용되도록 당부하는 유서도 함께 남겼다. 1700년대까지 고양이는 때때로 낭만파 화가들의 초상화에 반려동물로 나타나고, 시인 토머스 그레이(Thomas Gray)는 〈금붕어 어항에서 익사한 나의 사랑스런 고양이의 죽음〉이라는 시를 쓰기도 했다. 1598년에는 영국 윈체스터에서 고양이 전시회가 열리기도 하였다.

그러나 고양이에 대한 관심이 높아진 것은 1800년대부터이다. 미국의 경우 1860년경부터 연방 규모로 메인 쿤 고양이 전시회가 열렸다. 캣쇼라고 할만한 행사는 1895년 뉴욕 매디슨 스퀘어 가든

» 세계적으로 집에서 기르는 고양이 수는 현재 반려견의 수보다 많다. 미국은 집에서 기르는 고양이가 5,600만 마리, 개는 5,400만 마리다. 영국은 집에서 기르는 고양이와 개가 각각 750만 마리와 670만 마리다.

에서 열린 행사로 메인 쿤 고양이를 주로 전시하였다. 영국 최초의 캣쇼는 1871년 런던 크리스탈 팰리스(Crystal Palace)에서 있었는데, 고양이를 케이지에 넣어 벤치에 전시하였다. 이 행사는 작가이자 유명 고양이 예술가인 해리슨 위어(Harrison Weir)가 주최하였다. 초기 캣쇼로 매력적인 순혈통 품종에 대한 관심이 높아지면서 점차 가 순혈통 고양이의 계보를 기록하고 품종 표준을 관장할 조직이 필요해졌다. 그래서 1887년 영국에서 설립된 조직이 국제고양이클럽(National Cat Club)이며, 이것이 고양이 애호문화의 시작이다. 해리슨 위어가 초대 회장이다.

곧이어 각 지역별, 품종별로 클럽들이 생겨나서 현재는 최근에 생긴 러시아나 말레이시아를 포함해 많은 나라에서 고양이 애호활동이 활발히 이루어지고 있다. 초기에는 캣쇼에서 주로 장모종 페르시안, 브리티시 쇼트헤어(도메스틱 쇼트헤어리고도 함), 샤미즈, 포린 블루(오늘날의 러시안 블루), 맹크스와 아비시니안이 소개되었다. 1900년대에 해외여행이 활발해지면서 부유한 고양이 애호가들이 외국에서 다른 품종들을 들여오게 되어 전 세계로 다양한 품종이 빠르게 퍼져 나갔다. 세계대전으로 교배 활동이 잠시 주춤하며 아비시니안이나 러시안 블루 같은 일부 품종이 사라질 위기에 처하기도 하였다. 1950년대 후반부터는 고양이 애호활동과 유전학의 발달로 더 많은 새로운 품종이 만들어지고, 같은 품종 내에서도 다양한 털색의 고양이들이 생겨났다.

19세기 후반에 있던 터키시 앙고라의 조상고양이는 페르시안과 함께 오늘날 대다수 장모종 고양이를 번식시키는 데 이용되었으며, 오늘날의 터키시 앙고라와는 매우 다른 모습이다.

» 고양이를 반려동물이라고 하지만, 이들은 쉽게 야생에 적응하여 살 수 있다(물론 심미적 목적으로 수많은 교배를 거쳐 만들어진 후 극진한 보호를 받고 자랐다면 어려울 수도 있다). 그래서 그리스 섬에 사는 사진 속 고양이들처럼 야생으로 회귀하는 고양이도 생긴다.

래그돌 새끼고양이는 성격이 조용하고 유순하여 성묘로 자라면
안락한 생활을 즐기며 실내생활에 잘 적응할 것이다.

The Ultimate Encyclopedia of Cats

고양이 선택 방법
Choosing the Right Cat

🐈 고양이는 대부분의 가족과 잘 어울리며, 심지어 다른 고양이와도 쉽게 친구가 된다. 그러나 새로 데려올 고양이가 가족 구성원에게 어떤 영향을 미칠지 미리 생각해 보는 것은 중요하다. 고양이가 독립심이 강한 성격으로 알려져 있지만 이들 역시 보살핌과 관심이 필요하다. 건강하면 보통 14년 이상 살 수 있으므로 고양이를 데려올 때 오랫동안 책임지고 보살필 각오를 해야 한다. 품종에 따라 체구나 생김새의 차이는 크지 않지만 성격이나 관심거리, 욕구 등은 많이 다르다. 고양이를 데려오기 전에 자신의 생활방식이나 주거환경을 충분히 고려하여, 이런 상황에 잘 적응하며 함께 행복하게 지낼 수 있는 고양이를 선택해야 한다.

활달한 성격의 오시캣은 제한된 실내공간에서 기르기에 적합하지 않을 수 있다.

CHOOSING THE RIGHT CAT

고양이를 선택하는 이유

고양이는 독립심이 강하고 어떤 환경에나 잘 적응하기 때문에 모두가 직업을 갖고 일하는 오늘날의 가족에게 반려동물로서 안성맞춤이다. 고양이는 개와 달리 따로 산책시킬 필요 없이 스스로 운동하고, 그루밍(털 손질)도 스스로 한다. 고층 아파트의 실내에서만 생활해도 전혀 스트레스 받지 않고 잘 지내는 고양이도 있다. 각 개체의 성격 또는 품종(순혈통 고양이인 경우)에 따라 다르지만, 그들은 집 안의 다른 동물과 어울리는 법을 스스로 터득한다. 그러나 대부분의 사람들이 고양이에게 끌리는 직접적인 이유는 고양이의 매혹적인 아름다움 때문이다. 창가에 앉아 밖을 내다보는 모습, 정원에서 배회하거나 장난치는 모습, 세상의 시름을 다 잊은 듯 곤히 잠든 모습만으로도 평온함을 느낄 수 있다. 또한 그들의 존재는 함께 지내는 사람이 큰 희생을 감내하지 않고도 삶의 아름다움을 깨닫게 하고, 자칫 무미건조해질 수 있는 일상에 품격을 더해준다.

나에게 맞는 고양이

고양이를 선택할 때는 털의 길이나 색, 무늬 등 특정 유형의 고양이에 대한 개인의 취향이 많이 반영된다. 그러나 가장 중요한 것은 바로 자신이 어느 정도의 비용을 생각하고 있느냐 하는 것이다. 가장 비싼 고양이는 최대 1800년대 후반까지 선조를 알 수 있는 계보가 확

≪
고양이와 앵무새는 개와 고양이처럼 서로 앙숙으로 알려져 있지만 반드시 그렇지는 않다. 고양이는 집에서 기르는 다른 동물과 잘 어울려 지내도록 길들일 수 있다.

≪
농장의 오래된 트랙터 바퀴에 걸터앉아 있는 한 쌍의 새끼고양이 모습이 너무나 앙증맞다. 그들은 사람의 사랑을 듬뿍 받고 자라면서 쥐를 잡는 고양이의 중요한 역할을 계속 지켜나갈 것이다.

» 순혈통 고양이는 비순혈통의 일반 고양이에 비해 많이 비쌀 뿐더러 관리에도 훨씬 많은 시간이 걸린다.

실한 순혈통 고양이다. 반면에 값싼 고양이는 계획하여 교배시킨 것이 아니라 비순혈통 고양이에게서 그냥 태어난 새끼고양이로, 경우에 따라서는 무료 입양도 가능하다. 중간 가격대의 고양이로는 품종이 다른 고양이 사이에서 계획하거나 의도하지 않은 자연 교배로 태어난 새끼고양이, 또는 순혈통 고양이와 비순혈통 고양이 사이에서 계획하지 않았는데 자연 교배로 태어난 새끼고양이가 있다. 순혈통 품종 고양이를 구입하는 데 드는 비용의 일부만으로 순혈통 어미고양이와 건강한 아비고양이, 또는 그 반대의 조합으로 태어난 우아한 품성의 건강한 고양이를 얻을 수 있다.

고양이를 선택할 때 체격은 주요 기준이 되지 않는다. 개는 그레이트데인 같은 대형견부터 치와와 같은 소형견까지 품종에 따라 체격에 큰 차이가 있지만, 고양이는 이와 달리 품종에 따라 체격 차이가 별로 없기 때문이다. 또한 고양이는 어떤 환경에나 쉽게 적응하기 때문에, 일반적으로 주거 공간의 제약도 문제가 되지 않는다. 아주 활동적인 몇몇 품종을 제외하면 대부분의 고양이는 큰 집이든 소형 아파트이든 어디에서나 행복하게 지낼 수 있다.

순혈통 고양이를 선택할 경우

반려견을 구입할 때 유명한 브리더를 찾아가는 것이 일반적이다. 그러나 개에 비해 고양이의 순혈통 품종이 확립된 것은 최근이다. 약 30년 전까지는 브리더가 부족해서 블루 페르시안과 샤미즈를 제외하고는 순혈통 고양이를 쉽게 구할 수 없었다. 이런 상황은 고양이 애호문화가 활발해지면서 근본적으로 개선되었다. 계보가 확실한 고양이를 교배하고 쇼에 출전시키는 것이 대중적인 취미가 되면서 더욱 다양한 품종을 얻을 수 있게 된 것이다.

믿을 수 있는 브리더에게 순혈통 새끼고양이를 구입하는 경우에 가장 큰 장점은 거래에 있어 소비자 권익을 보호받을 수 있다는 것이다.

길고양이를 선택할 경우

주인에게 버림받거나 처음부터 길에서 태어난 고양이는 길 위에서 생존하는 법을 스스로 터득해서 산다. 이런 고양이는 야생의 본능이 살아나 다른 고양이들과 무리지어 지내는 법을 배우고 활발히 번식한다. 밖에서 길 잃은 고양이나 야생고양이를 데려와 키우는 것은 충분히 가능한 일이며, 때로는 길고양이 스스로 따라올 수도 있다. 그러나 전염병에 감염되거나 질병에 걸려 있을 수 있으므로 데려오기 전에 건강검진과 기본적인 백신접종이 필수이다. 그리고 고양이가 사람과 친밀한 유대관계를 맺고 안정된 삶에 적응하도록 도와주려면 고양이와 아주 많은 시간을 함께 보내야 한다.

▲ 지중해 섬에서는 길거리에서 야생고양이를 쉽게 데려와 기를 수 있다. 그러나 건강 관리에 특별히 더 신경 써야 한다.

» 출생 배경이 확실한 잡종 고양이는 값이 싸고, 성격도 무난한 편이며, 건강하다.

CHOOSING THE RIGHT CAT

장모종과 단모종

장모종 고양이를 기르려면 매일 일정 시간을 할애해서 털이 지저분하게 엉키지 않도록 빗질을 해줘야 한다. 반대로 털이 없는 스핑크스는 온도 변화와 피부 질환에 민감하기 때문에 특별히 신경 써서 돌봐야 한다.

만약 덥고 습한 기후에 에어컨도 없는 집이라면 장모종 고양이(비록 털갈이로 두터운 겨울용 털이 빠진다고 하더라도)를 들이는 것은 현명하지 못한 선택이다. 또, 스핑크스의 털은 계절의 변화에 맞춰 몸을 보호하는 기능이 전혀 없으므로 겨울에 중앙난방이 되는 실내에서 길러야 한다.

고양이 알레르기가 있는 경우에는 고양이의 털길이에 상관없이 문제가 된다. 대부분 알레르기는 고양이의 비듬이나 털에 묻어 있는 침 단백질이 원인이기 때문이다.

털 종류	
장모	부드러운 보호털이 12.5㎝까지 자람
중모	부드러운 보호털의 길이가 5~10㎝
단모	털 길이 최대 5㎝
무모	보호털이 없고, 부드러운 스웨이드 같은 가죽
곱슬털	짧고 부드러우며, 종종 물결무늬처럼 보이는 섬세한 털
와이어헤어	짧고 뻣뻣한 털

체형	
코비	짧은 다리, 다부진 몸, 둥글고 평평한 얼굴, 작은 귀 (예: 페르시안)
근육질 (포린, 세미 포린, 세미 코비)	튼튼하고 보통 내지 다부진 체형, 중간 길이의 다리와 꼬리, 둥근 얼굴, 중간 크기의 귀 (예: 쇼트헤어)
오리엔탈	길고 유연한 몸, 길고 날씬한 다리와 꼬리, 역삼각형 얼굴, 크고 뾰족한 귀 (예: 샤미즈)

≫ 메인 쿤은 중모종으로 페르시안 같은 장모종만큼 털 관리가 많이 힘들지 않다.

≪ 데본 렉스는 털이 가늘고 곱슬거리며, 아주 연약해서 고양이 스스로 그루밍을 하다 상처가 날 수도 있다. 그루밍할 때는 아주 부드러운 빗을 이용한다.

≪ 관리하기 쉬운 털을 가진 날렵한 오리엔탈 쇼트헤어. 쇼에 출전하거나 단순히 즐기기 위해서만 추가 손질이 필요하다.

≫ 이 페르시안 고양이처럼 멋진 긴 털을 관리하려면 많은 노력이 필요하다. 더운 지방에서는 쇼 출전에 적합한 풀코트(겉털과 속털이 모두 자라 있는 상태)로 자라지 않는다.

성별과 나이

중성화수술을 한 고양이는 성별에 따른 행동의 차이가 거의 없지만, 중성화된 수컷이 암컷에 비해 좀 더 게으를 수 있다. 이미 고양이를 한 마리 키우고 있다면 성별이 다른 고양이를 데려오는 것이 좋다. 키우던 고양이가 같은 성별의 고양이에게는 더 공격적으로 되어 영역 보호 본능을 나타내기 때문이다.

중성화수술로 성적 욕구를 제거하면 품종 특유의 성격이 더 잘 드러나게 된다. 예를 들어 샤미즈는 주인에게 더 애착을 보이고, 페르시안은 더욱 더 얌전해지고 안락함을 추구한다.

수컷은 일반적으로 암컷보다 몸집이 크다. 중성화수술을 한 수컷 성묘는 몸무게가 5~7.5kg으로 중성화수술을 하지 않은 수컷보다 평균적으로 몸무게가 조금 더 나간다. 암컷은 이에 비해 보통 1kg 정도 더 가볍다. 순혈통 품종 중 가장 몸집이 큰 품종은 미국 북동부의 메인 주(Maine)에서 생긴 메인 쿤이다. 수컷 메인 쿤은 몸무게가 10~12.5kg으로 알려져 있다. 몸집이 가장 작고 앙증맞은 품종은 싱가포르의 '배수구 고양이'로도 알려진 싱가푸라로 몸무게가 약 2.7kg이지만, 브리더들이 번식에 성공하기 위해 최소한의 몸무게를 유지하도록 관리하고 있다.

› 새끼고양이는 아직 성격이 완전히 형성되지 않았기 때문에 성묘에 비해 새로운 생활에 쉽게 적응한다.

성묘를 선택할 경우

새끼고양이보다 나 자란 고양이를 데려와서 키우는 것이 더 쉬울 수 있다. 특히 건강검진을 철저히 해서 분양하는 고양이 보호기관에서 데려올 경우에는 더욱 그렇다(일반 가정에서 새끼고양이를 분양받아 데려올 경우에는 건강검진에 대한 1차적 책임이 고양이를 데려오는 사람에게 있다). 나이 든 고양이는 자신만의 생활방식이 있고 성격이 굳어진 경우가 많은데, 이전의 안 좋은 환경에서 성격이 비뚤어진 고양이가 환경이 바뀌면서 점차 개선되는 것을 지켜보는 보람도 느낄 수 있다. 그러나 새끼고양이를 기르며 느끼는 기쁨은 맛볼 수 없다. 성묘가 된 후 최근에 중성화수술을 받은 수고양이라면 과거의 영역 다툼으로 상처가 있을 수 있는데, 이것은 단지 보기에 좋지 않을 뿐이다.

⌃ 일반적으로 중성화수술을 해도 수고양이가 암고양이보다 크고, 좀 더 게으를 수 있다.

⌃ 고양이 보호기관이나 일반 가정에서 버려진 성묘를 데려오는 것은 안락사에 처한 고양이에게 새 생명을 주는 것과 같다. 이런 고양이는 자신을 반겨주는 새로운 곳에 만족하여 빨리 적응한다.

› 싱가푸라는 싱가포르의 길거리를 떠돌며 힘들게 자라서 가장 작은 품종이 되었지만 튼튼하다.

CHOOSING THE RIGHT CAT

건강한 새끼고양이 선택

건강한 새끼고양이를 고르는 일은 매우 중요하다. 특히 길에서 생활하던 고양이를 데려올 때는 더욱 신중해야 한다. 고양이 보호기관에서 중성화수술 운동을 활발히 하고 있지만 아직도 중성화수술을 받지 않은 고양이들이 거리를 활보하고 있다. 이것은 고양이의 빠른 성(性) 성숙으로 4개월 된 암컷이 임신하여 새끼를 낳는 결과를 초래하기도 한다. 길에서 낳은 새끼는 건강에 문제가 많을 수 있고, 어미로부터 지나치게 빨리 떨어졌을 수도 있으며, 수의사의 진료나 예방접종을 받았을 가능성도 거의 없다. 그래서 아주 어린 새끼는 고양이바이러스성비기관염(고양이독감)이나 고양이범백혈구감소증(고양이홍역, 고양이전염성장염)에 감염되기 쉽고, 감염되면 폐사한다. 그 밖에 고양이면역부전바이러스감염증(고양이에이즈)에 감염될 수도 있다.

믿을만한 무료 분양처

중성화수술을 시키기 전에 고양이에게 한 번 새끼를 갖게 하고, 이렇게 태어난 새끼고양이를 무료 분양하는 경우가 종종 있다. 이때 고양이를 분양받는 사람이 새끼고양이를 잘 보살필 수 있는지 확인하기 위해 질문을 많이 하기도 하는데, 자신의 고양이에게 가장 좋은 환경을 찾아주려는 것이므로 좋은 의도로 받아들여 최선을 다해 답하도록 한다.

▲ 이 2마리의 농장 고양이는 오래 전 훌륭한 사냥꾼이었던 조상의 피를 이어받았을 것이다. 새끼들의 미래는 어미의 건강과 젖을 뗄 때까지 새끼를 훌륭하게 잘 돌보는 능력에 달려 있다.

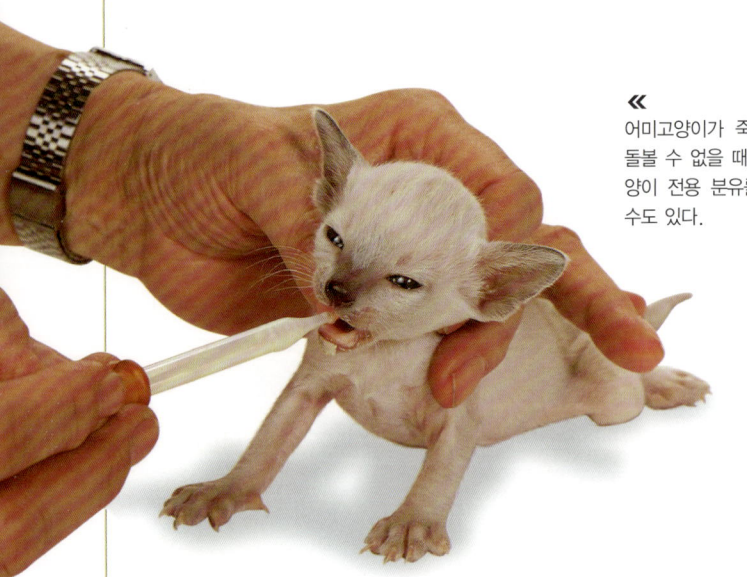

« 어미고양이가 죽었거나 새끼를 돌볼 수 없을 때는 주사기로 고양이 전용 분유를 먹여서 키울 수도 있다.

» 사람이 새끼고양이를 직접 키울 경우, 고양이의 몸무게를 매일 확인한다. 새끼는 하루에 약 9g씩 몸무게가 늘어야 하고, 항상 따뜻하게 해줘야 한다.

고양이 보호시설

주인이 없는 고양이에게 새 보금자리를 만들어주고 싶다면 고양이 보호기관이나 인도적 단체(동물사랑실천협회나 동물자유연대 등)를 방문한다. 잘 알려진 전국 규모의 단체뿐만 아니라 길고양이나 주인에게 버려진 고양이를 돌보는 작은 단체들이 많이 있다. 이런 보호단체들은 보통 수의사에게 건강검진을 받은 다음에 새 주인에게 분양하는 것이 일반적이지만, 모든 검사를 할 시간이나 자원이 부족한 경우도 있다. 특히 고양이에이즈로 알려진 고양이면역부전바이러스감염증 진단 검사는 비싸기 때문에 검사를 하지 않았을 가능성이 높다. 그러나 외부 기생충이나 곰팡이 감염 여부를 확인하는 피부 검사와 예방접종은 기본적으로 한다.

주요 고양이 보호기관에서는 일반적으로 고양이면역부전바이러스감염증이나 고양이백혈병 검사까지 포함하여 모든 검사를 철저히 한다. 또한 입양 신청자가 나타나면 보호기관 직원이 신청자의 집을 방문하여 고양이가 지내기에 적합한지 확인하기도 한다. 이렇게 세심하게 관리를 한다는 것은, 신청자가 고양이를 입양하기 전에 한 번 더 심사숙고를 하도록 분양 비용을 받는다는 것을 의미한다. 그러나 이 비용이 건강 상태를 알 수 없는 길고양이를 데려와서 쓰게 될지도 모르는 비용보다는 적게 든다.

일부 페트숍에서는 수의사에게 적절한 건강검진과 예방접종을 받은 고양이만 판매한다. 그러나 어미와 떨어져 가게 진열장에서 지내고, 새로운 환경에 적응해야 하는 스트레스 때문에 새끼고양이의 발달이 느릴 수 있다. 영국에서는 6주 미만의 새끼고양이는 법적으로 판매할 수 없다. 아주 작은 새끼고양이는 구매하지 않는 것이 좋다.

≪ 길 잃은 아주 작은 새끼고양이는 어미와 너무 일찍 헤어졌거나, 어미의 건강이 좋지 않았을 수도 있으므로 허약할 수 있다.

≫ 페트숍 진열장에 홀로 남은 새끼고양이를 보면 당장이라도 데려오고 싶다. 그러나 가게의 다른 동물로부터 기생충이 옮지는 않는지, 이전에 적절한 건강검진이나 예방접종을 마쳤는지 꼼꼼히 확인해야 한다.

순혈통 고양이 선택

어떤 브리더는 인터넷에 광고를 내는데, 광고를 낸 브리더가 실제로 평판이 좋은지 광고의 정보를 신뢰할 수 없는 경우가 많다. 일부 비양심적인 브리더는 오로지 이익만 추구하여 인기 품종의 새끼고양이를 만들어낸다. 이들은 분양 후 새끼고양이의 안녕에는 관심이 거의 없을 뿐만 아니라, 품종 자체에 대한 지식도 거의 없다.

보다 좋은 방법은 동네 수의사나 동물병원에서 품종별로 믿을만한 브리더 정보를 알아보는 것이다. 문의했을 때 원하는 품종의 새끼고양이가 없으면 종종 브리더가 다른 브리더를 소개해주기도 한다. 대규모 고양이 전문 사육장을 운영하는 브리더도 있고, 가장 우수한 형질의 암고양이 1마리로 소규모 판매를 하는 브리더도 있다. 어느 쪽이든 수의사나 해당 지역의 품종 클럽에 문의하여 추천을 받는 것이 가장 좋다. 또한 고양이를 구매하기 전에 캣쇼 행사장을 직접 방문하는 것도 좋은 방법이다. 이곳에서 자신이 구입하려는 품종에 열정을 가진 고양이 주인이나 브리더를 만나 그 품종의 장단점에 대해 들을 수 있고, 현재 분양 가능한 새끼고양이에 대한 정보도 얻을 수 있다. 캣쇼 개최 정보는 고양이 전문잡지나 웹사이트에서 확인할 수 있다.

이 2마리의 화이트 페르시안은 순혈통 고양이의 매력을 잘 보여주고 있다. 순혈통 고양이의 구입 관련 정보는 품종 클럽을 통해 알아보는 것이 가장 좋다.

슈프림 쇼(Supreme Show)에서는 영국의 전체 순혈통 품종 중 최고의 고양이를 만나볼 수 있다. 대부분의 나라에 품종 클럽이나 지역 또는 전국 단위의 캣쇼가 있다.

 브리더 방문

외부 전문 사육장을 운영하는 브리더도 있고, 자택에서 고양이를 기르는 브리더도 있다. 평판이 좋은 브리더라면 고양이를 분양받을 사람이 방문하는 것을 꺼려하지 않을 것이다. 브리더가 집 안에서 직접 키운 새끼고양이는 일상의 생활소음이나 사람 또는 개 등의 다른 동물과 많이 접촉해서 사회화가 빠르다는 장점이 있다. 반면에 일류 고양이 전문 사육장에 있는 새끼고양이는 규칙적인 소독과 제한된 접촉으로 질병이나 감염에 노출될 가능성이 낮다. 일부 우수한 전문 사육장에서는 분양 전에 새끼고양이를 길들이고 사회화 훈련을 시키지만 아무래도 집 안에서 하는 것에는 못 미친다. 오로지 금전적인 이익만을 위해 고양이를 교배하고 분양하는 비양심적인 사육장도 있다는 사실을 명심한다. 이 경우 고양이를 키우는 환경이 열악할 수 있다.

보통 브리더와 약속을 잡고 방문해서 어떤 새끼고양이를 고를지 보고 결정하지만, 특정 고양이를 원하는 경우 출산 전에 미리 예약할 수도 있다. 브리더를 직접 방문하면 전반적인 환경이나, 새끼고양이의 건강에 절대적으로 영향을 미칠 태어나서 몇 주간의 성장조건을 확인할 수 있다. 적절한 질문을 하고 함께 태어난 다른 새끼들과 어미고양이, 아비고양이까지 볼 수 있다면 데려오려는 새끼고양이가 물려받은 특질을 전체적으로 알 수 있다. 즉 교배 계통, 친척 고양이의 수명, 성묘가 되었을 때의 크기 및 모습을 미리 유추할 수 있다. 또한 브리더가 믿을만한 사람이라면, 이런 만남을 통해 브리더와 지속적으로 관계를 유지하며 앞으로 수년간 믿음직한 조언과 도움을 받을 수도 있을 것이다.

순혈통 새끼고양이는 생후 12~14주 전에는 분양하지 않는데, 이 시기에 배변훈련과 첫 예방접종을 마치고 사람의 손길에도 익숙해져야 한다. 태어나서 사람과 함께 생활했다면 개나 아이들과도 잘 지낼 것이다. 그러나 적절한 환경에서 자라지 않았다면 새로운 주인과 유대감을 형성하기가 다소 어려울 수도 있다. 이 경우 순혈통 고양이가 아니라면 생후 7~8주일 때 데려오면 유대감을 형성하기가 더 쉬울 수 있다.

새끼고양이는 새로운 가정으로 분양되기 전에 이유식을 시작하여 가공하지 않은 신선한 음식과 캔 사료 및 건조사료를 접해봐야 하며, 세계적인 품종 등록기관 중 한 군데 이상 등록을 마치고 관련 서류와 혈통서가 준비되어 있어야 한다. 분양 후 새로운 가정에 완전히 적응하기까지 약 6주 동안 새끼고양이의 건강을 보증하는 경우도 있다.

순혈통 고양이의 가격은 품종에 따라 차이가 많이 나는데, 품종별 클럽에서 대략의 정보를 확인해두는 것이 좋다. 희귀하고 새로운 품종은 아주 고가일 가능성이 높고, 이미 잘 알려진 인기 품종은 상대적으로 저렴할 수 있다. 캣쇼에 출전할만한 자질을 갖춘 새끼고양이는 그렇지 않은 고양이에 비해 가격이 훨씬 더 비싸다.

새끼고양이들이 브리더를 떠나 새로운 집으로 갈 준비 중이다. 태어나서부터 일반 가정에서 생활하는 데 익숙해져 있는 고양이라면 새로운 환경에도 빨리 적응할 것이다.

건강한 고양이 고르기

책임감 있는 브리더에게 분양받은 고양이라면 분양 전 수의사에게 고양이바이러스성비기관염(고양이독감), 고양이범백혈구감소증(고양이전염성장염, 고양이홍역)과 그 밖에도 가능하면 클라미디아와 고양이 백혈병에 대한 예방접종을 마쳤을 것이다. 또한 내부 기생충은 물론 벼룩 등의 외부 기생충이나 피부사상균증(백선증, 곰팡이 감염)에도 감염되어 있지 않을 것이다.

어미고양이가 가지고 있는 질병에 대한 자연면역력은 출산 후 며칠간 나오는 초유(출산 직후의 젖)를 통해 새끼고양이에게 전해진다. 이 면역력은 새끼고양이가 약 6~10주가 될 때까지 유효하고, 그 후에는 예방접종을 통한 후천면역으로 대신해야 한다. 어미로부터 물려받은 면역력이 간섭 받지 않도록 새끼고양이가 8~9주가 되기 전까지는 예방접종을 하지 않는 것이 좋다.

다른 고양이를 기르고 있다면 새끼

△ 사진 속 한 쌍의 고양이를 보면 2마리 모두 데려오고 싶은 마음이 든다. 이 고양이들은 함께 자랐기 때문에 커서도 계속 친하게 지낼 가능성이 높다. 이들은 함께 장난치며 즐거워하고, 이들이 장난치는 것을 지켜보는 사람도 흐뭇하다. 그러나 2마리 모두 반드시 중성화수술을 시켜야 한다.

▽ 생후 9주 된 사진 속 일반(비순혈통) 새끼고양이들은 분양이 가능하다. 그러나 일부 고양이 협회에서는 1차 예방접종이 완료되는 12주 전까지는 분양하지 않을 것을 권장한다.

고양이가 1차 예방접종을 시작하기 전에는 데려오지 않는 것이 좋다. 새끼고양이의 어미가 특정 질환에 면역력이 없는 경우도 있다. 만약 기존에 기르고 있는 고양이가 그 질병을 갖고 있는 경우, 새로 입양하는 새끼고양이가 그 질병에 무방비 상태가 되기 때문이다. 수의사에게 예방접종 증명서를 받은 것이 있다면 새끼고양이가 건강하다는 의미다. 반면에 증명서가 없다면 예방접종을 받았을 가능성이 적다.

먼저 확인해야 할 사항

앞으로 고양이를 기를 사람이라면 새끼고양이를 고를 때 제일 먼저 확인할 사항이 있다. 같이 태어난 형제를 모두 볼 수 있다면 그들이 모두 골고루 잘 자랐는지, 근육이 잘 형성되었는지 확인해 본다. 수고양이는 원래 암고양이에 비해 골격이 더 큰데, 벌써 이런 모습을 보이는 새끼 수고양이가 있을 수도 있다. 건강한 새끼라면 체구에 비해 무겁고, 척추에 살이 붙어서 뼈나 늑골 사이에 고랑이 보이지 않아야 한다.

일반적으로 새끼고양이들은 젖을

먹고 나면 조는데, 장난치고 싶어 한다면 사회성이 있다고 볼 수 있다. 겁이 많고 비사교적인 새끼고양이는 숨고 공포감을 보이며, 떨거나 신경질적인 소리를 내거나 발톱을 보이면서(동시에 이 3가지를 모두 하기도 한다) 적대감을 드러내기도 한다. 또 사교적이지만 졸립다면 만족한 듯 그르렁거리면서 배를 긁어달라고 드러누울 것이다. 건강하고 장난기 있는 새끼고양이는 체력이 강하고 걸음걸이에 탄력이 있다. 그리고 민첩하며 장난할 때 벌써 지능과 리더십이 나타나기도 한다. 사람이 고양이를 고르는 것이 아니라 고양이가 먼저 사람을 선택하기도 하는데, 이 경우 특정한 사람에게 장난을 치며 놀다가 무릎 위에 누워 잠을 잔다.

고양이의 코평면(nose leather, 가죽처럼 보이는 코 끝부분. 해부학 용어로는 nasal plane)은 따뜻하고 조금 촉촉해야 하며, 열이 있거나 마르거나 콧구멍에서 불투명한 콧물이 전혀 나오지 않아야 한다. 호흡은 쌕쌕거리거나 거친 소리가 아닌 깊고 자연스런 호흡이어야 한다. 눈은 고름이나 눈물, 변색 또는 발적이 없이 깨끗하고 맑아야 한다. 잇몸은 밝은 분홍빛을 띠고, 혀에 백태나 궤양이 없어야 한다. 귀 역시 귀지 없이 깨끗해야 한다.

털로 알아보는 건강 상태

깨끗하고 건강한 새끼고양이는 털에 기생충이나 거친 부분 또는 병변이 없고, 털이 따뜻하고 건강하며 생생하게 살아 있는 느낌이다. 가장 흔한 외부 기생충이 벼룩으로 모래나 알갱이 같은 배설물을 털에 남긴다. 벼룩의 배설물이 잘 발견되는 부위는 꼬리가 시작되는 부분, 양 견갑골 사이, 턱 아래 또는 겨드랑이다. 벼룩에 심하게 감염되면 활기가 없어지고 기생충 감염 증상이 나타난다.

기생충 감염 증상은 털이 서거나 거칠고 배가 팽창한다. 심한 경우 새끼고양이가 빈혈 증상을 보이거나 설사를 할 수도 있다. 꼬리 아래에 설사한 자국이나 아픈 증상이 있는지 확인해본다.

▲ 초콜릿 실버 태비의 오시캣. 선명한 태비무늬뿐만 아니라 맑고 빛나는 눈동자가 최고의 건강 상태임을 말해준다.

성묘의 건강 체크

다 자란 고양이의 건강을 점검하는 방법도 새끼고양이와 매우 비슷하다. 수고양이라면 우선 중성화수술(거세)이 되었는지부터 확인한다. 최근에 중성화수술을 받았다면 수술 전에 영역 다툼으로 싸운 상처가 남아 있을 수 있는데, 이는 외모상 문제될 뿐이다. 가끔 이빨이 마모되거나 부러지거나 빠져 있고 잇몸에 질병의 징후가 있을 수 있는데, 이런 것들은 수의사에게 집에서 할 수 있는 구강 및 치아 관리에 대한 조언을 구해 치료할 수 있다. 고양이의 연령에 상관없이 고양이가 아무리 귀엽고 매력적이라도 건강이 의심된다면 설불리 데려오지 않는다. 이미 다른 고양이를 기르고 있다면 더욱 안 된다.

▽ 생후 15주 된 오시캣. 자신감 있는 걸음걸이, 호기심과 활기찬 꼬리가 사교적이고 장난기 많은 성격을 보여준다.

고양이는 독립적이고 사람의 도움 없이도 잘 살 수 있지만, 이 연한 적갈색(ginger) 고양이에서 보듯이 따뜻한 가정과 애정 어린 보살핌에도 잘 적응한다.

The Ultimate Encyclopedia of Cats

좋은 환경 만들기
Creating the Right Environment

🐈 고양이는 먹이가 늘 공급된다는 사실을 알고 안심할 수 있어야 정착한다. 여기에 고양이가 편히 쉴 수 있고, 기어오르거나 장난칠 수 있는 재미있고 활기찬 환경까지 만들어준다면 더 잘 적응하여 사람의 좋은 친구가 될 것이다. 고양이에게 필요한 물건을 구입하는 데 드는 비용이 다소 비쌀 수도 있지만, 이것이 고양이가 행복하게 살기 위해 필요한 기본 조건임을 생각하자.

벼룩 퇴치용 목걸이를 하고 있는 비순혈통의 일반 고양이.

적응하기

고양이를 데려올 때는 즉흥적인 기분이 아니라, 고양이와 함께 살며 고양이에게 끊임없이 해줘야 할 것이 많다는 사실을 염두에 두고 깊이 생각해서 결정해야 한다. 고양이를 들일 때 자신과 반려동물 모두에게 스트레스가 되지 않으려면, 사전에 세심한 계획과 준비가 필요하다. 고양이는 적응하는 데 시간과 공간이 필요하기 때문에, 필요한 물건이 잘 갖춰져 있다면 더 정착하기 쉽다.

사전 준비

브리더의 집을 떠나 도착한 곳은 고양이에게 새롭고 낯선 환경이므로 고양이를 데려오기 전에 지금껏 지낸 환경에서 고양이의 식습관이 어떠했는지 미리 확인한다. 그러면 고양이가 좋아하는 음식이나 음료 등 몇 가지 먹이를 미리 준비할 수 있다.

태어난지 얼마 안 된 새끼고양이가 새로운 집으로 온 여행 자체가 친구 고양이 없이 지내는 첫 번째 경험이 될 것이다. 다 자란 고양이도 혼란스러울 수

△ 새끼고양이가 새집에서 내딛는 첫걸음. 새로운 환경에 익숙해질 때까지 안전하게 머물면서 집 안의 다른 동물들을 지켜볼 수 있도록 케이지는 치우지 않는다.

△ 연한 적갈색(ginger) 어린 고양이가 바구니에서 안정되고 행복한 모습이다. 전에 생활하던 곳에서 가장 좋아하던 담요를 같이 가져와서 더욱 편안해한다.

《 샤미즈 혈통이 섞인 새끼고양이가 새집을 탐색 중이다. 새끼고양이가 새집을 탐색하게 하는 것은 중요하지만, 수납장에 갇히거나 꼼짝 못 하게 되는 경우에 대비하여 지켜본다.

있다. 데려오는 동안에는 고양이에게 차분한 목소리로 말을 건네어 안정시키고 고양이를 통제할 수 있는 일행이 없다면(예를 들어 차에서) 고양이를 케이지 밖으로 꺼내놓지 않는다.

입양

고양이를 입양하는 것은 색다른 경험이며, 특히 새끼고양이일 경우 가족과 친구들이 서로 앞다퉈 만지고 쓰다듬으며 데리고 놀고 싶어한다. 더욱이 어린아이는 자기 행동이 어떤 결과를 가져올지 모르고 고양이를 마치 장난감처럼 다룰 수도 있으므로 조심해야 한다. 고

기본용품 체크 항목

다음 용품이 모두 필수품은 아니다.
굵은 글씨 = 필수품

- **고양이집 + 깔개**
- **화장실 + 화장실용 모래**
- **사료그릇 2개**
- **물그릇**
- 목걸이(하네스 또는 리드줄 연결용)
- 하네스(어깨걸이끈), 리드줄
- 이름표
- 고양이 출입문

좋은 환경 만들기

» 아이리시 울프하운드(Irish Wolfhound)와 친칠라는 주인이 지켜보는 가운데 몇 주에 걸쳐 서서히 만나면서 큰 거부감 없이 서로를 편하게 받아들일 수 있게 되었다. 그러나 고양이를 애완용 쥐와 이렇게 가까이 두는 것은 바람직하지 않다.

↙ 새끼고양이는 가장 안락한 장소를 금방 찾아낸다. 만약 그들이 자신의 침대에 있는 것을 원하지 않는다면 항상 문을 닫아둔다.

양이가 집에 처음 왔을 때는 주변에 사람이 너무 많이 있지 않게 한다. 당장 거실로 달려가 고양이를 이동장에서 꺼내고 싶겠지만 자제하고, 곧바로 화장실과 잠자리, 사료그릇과 물그릇을 둔 곳으로 데려간다. 이런 물건들은 고양이에게 익숙한 생활의 일부이기 때문에 낯선 곳에서의 불안감을 떨치고 편안함을 느낄 것이다. 마실 것과 약간의 음식이 새끼고양이가 원하는 전부일 수도 있다.

영역 확장

새끼고양이는 낯선 곳을 살펴보며 새로운 환경을 모두 느끼고 경험해보고 싶어 할 것이다. 새끼고양이가 틈틈이 돌아다니며 살필 수 있게 하고, 혹시 주방 찬장 밑으로 기어 들어가 숨어버리더라도 그냥 둔다. 결국은 다시 나와서 탐험을 계속할 것이다. 새끼고양이가 탐험을 느긋하게 즐길 수 있도록 시간을 준다. 그러나 수납장에 갇히거나 높은 선반에서 내려오지 못할 경우에 대비하여 지켜보는 것이 현명하다. 고양이는 차분하고 부드럽게 다루어야 한다. 지나치게 흥분해서 다루면 고양이가 매우 혼란스러워하고 방어적으로 될 수도 있다. 자신의 고양이가 물거나 할퀴면 누구나 불쾌할 수 있지만, 새끼고양이 입장에서는 정당한 행동이다. 그냥 고양이가 지나갈 때 쓰다듬고 말을 거는 정도가 적당하다. 정서적으로 안정된 사람의 목소리가 옛집과 새집의 격차를 줄이는 데 도움이 된다. 새로 온 고양이가 피곤해하면 방해하지 말고 스스로 잠자리를 찾아 편안히 자면서 쉬게 둔다. 고양이는 다른 포유동물보다 하루의 수면 시간이 길다. 특히 새끼고양이는 충분히 수면을 취해야 음식의 소화와 대사 기능을 유지하고 올바른 성장을 돕는다.

만약 이미 다른 고양이나 개를 기르고 있다면, 새로 온 고양이가 편안하게 사료와 물과 화장실이 있는 곳에 익숙해지도록 처음에는 새로 온 고양이의 활동 범위를 작은 영역으로(또는 케이지 안으로) 국한시킨다. 때가 되면 동물들이 서로에게 익숙해진다. 케이지를 주방이나 거실에 두면 새로 온 고양이가 안정감을 느끼고 집 안의 다른 동물에게 빨리 익숙해지며, 기존의 동물들도 새로 온 고양이에게 빨리 적응한다. 집에 아기가 있으면 유모차나 아기침대 위에 고양이의 접근을 막는 그물망을 쳐두는 것이 좋다. 고양이가 아기에게 해를 끼치는 일은 거의 없지만, 잠들어 있는 아기의 따뜻함에 끌려서 옆에 몸을 웅크리고 눕고 싶어할 수도 있다.

31

CREATING THE RIGHT ENVIRONMENT

고양이 다루는 방법

어미고양이가 작은 새끼고양이를 집어 들 때를 보면 목 뒤쪽의 잘 늘어나고 유연한 피부를 물어 부드럽게 들어 올리는 것을 알 수 있다. 그때 새끼고양이는 본능적으로 반사동작을 취하는데, 몸을 동그랗게 말고 죽은 듯이 있는 것이다. 새끼고양이는 어미가 내려놓을 때까지 움직이지 않을 것이다. 목덜미의 유연한 피부는 새끼고양이가 자라면서 점점 유연성이 줄어든다. 이렇게 고양이를 들어 올리는 행동을 스크러핑(scruffing)이라고 하는데, 스크러핑은 즉각적인 제어가 필요한 경우, 예를 들어 동물병원에서 진료를 받을 때 등 꼭 필요할 때만 사용한다. 특히 새끼고양이보다 덜 유연한 성묘는 목덜미를 잡으면 불쾌하게 받아들일 수 있는데, 긴장해서 경직되어 있을 때 이렇게 들어 올리면 더 그렇다.

고양이를 들어 올리는 훨씬 더 좋은 방법은, 한 손을 고양이의 가슴 아래쪽에 놓고 다른 손으로는 엉덩이를 받치며 들어 올리는 것이다. 이 방법은 다리가 덜렁거리지 않아 고양이가 완벽하게 안정감을 느낀다. 고양이를 오래 안고 있어야 할 때는 이렇게 고양이 몸 전체를 받쳐서 안는 기술이 반드시 필요하다. 좀 더 자신감이 생겼을 때 다른 방식을 시도해봐도 좋다. 그러나 겨드랑이에 손을 넣어 고양이 몸통만 잡고 뒷다리와 꼬리는 받치지 않아 봉제인형처럼 허공에 대롱대롱 매달려 있게 하는 것은 좋지 않다. 이 방법은 고양이가 자신의 무게를 지탱하지 못하여 내부 장기가 심하게 압박을 받는다. 대부분의 고양이는 너무 오래 안겨 있는 것을 좋아하지 않으므로, 꿈틀거리기 시작하면 부드럽게 내려놓는다.

« 기존에 살고 있던 고양이와 새로 온 고양이가 친해져서 서로의 온기를 나누고 있다.

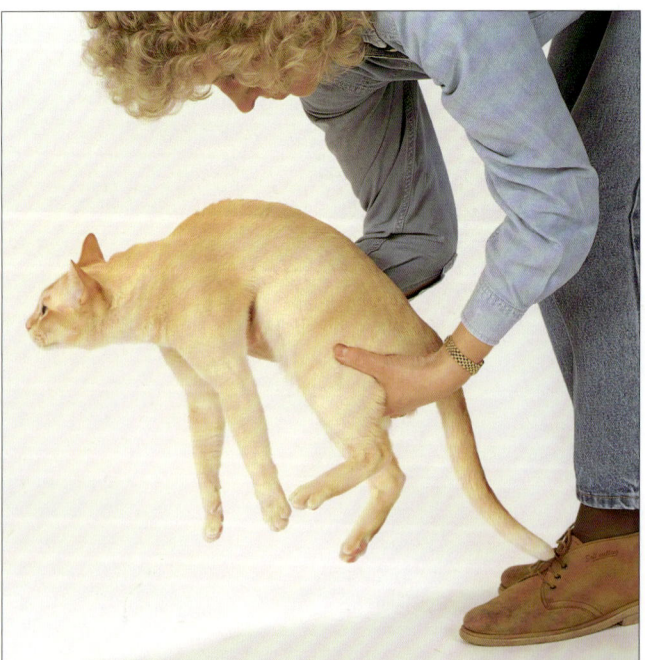

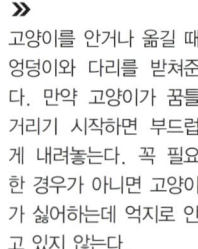
« 고양이를 들어 올릴 때 고양이가 놀라지 않게 한다. 고양이가 편안한 상태로 있을 때 한 손으로는 엉덩이를, 다른 손으로는 가슴을 받친다.

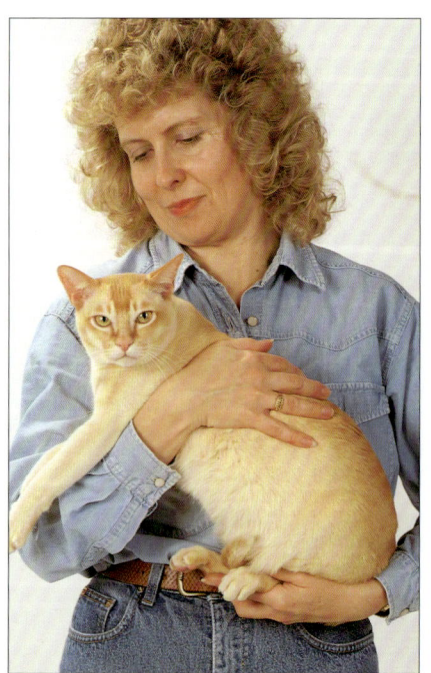

» 고양이를 안거나 옮길 때 엉덩이와 다리를 받쳐준다. 만약 고양이가 꿈틀거리기 시작하면 부드럽게 내려놓는다. 꼭 필요한 경우가 아니면 고양이가 싫어하는데 억지로 안고 있지 않는다.

고양이집과 잠자리

적응 기간 동안 새 고양이의 보금자리는 화장실과 물그릇 근처에 만들어준다. 찬바람이 들지 않는 곳에 종이상자를 두고, 그 안에 오래된 베개와 담요를 깔아두는 것이 가장 좋다. 그러면 만약 깔개에 기생충이 들끓거나 다른 문제가 생기더라도 모두 태워버리면 되고, 손실을 최소화할 수 있다.

아크릴 재질의 깔개는 구하기 쉽고 위생적이며 씻기도 쉽다. 모직물, 특히 편물은 발톱이 걸릴 수 있으므로 적당하지 않다. 간혹 습관처럼 털실을 빨거나 물어뜯는 고양이가 있는데, 이 경우 털실을 삼켜서 목이나 장이 막히는 사고가 발생할 수 있다.

새로 온 고양이가 어느 정도 적응하면 영구적으로 사용할 집을 만들어주고 싶을 것이다. 파는 고양이집으로는 등나무(라탄)나 버드나무, 플라스틱 이외에 패드를 덧댄 천 소재 등 다양한 제품이 있는데, 무엇보다 세탁과 소독이 쉬워야 한다. 깔개는 자주 바꿔준다. 곧이어 고양이 방석, 낡은 스웨터, 융단으로 만든 집 이외에도 여러 물건들을 들여놓는데, 이런 소품들을 고양이가 잠들기 좋아하는 장소 여기저기에 잘 놓아둔다.

» 고양이는 집 디자인에 까다롭지 않다. 종이상자의 장점은 더러워지거나 낡으면 새것으로 바꾸기 쉽다는 점이다.

« 고양이가 주인의 침대를 가장 좋아하는 경우가 흔히 있는데, 특히 안락한 누비이불과 쿠션이 있으면 더 좋아한다.

« 요즘은 실내장식에 맞춰 고양이집을 다양하게 선택할 수 있다. 위가 덮여 있어 찬바람을 막아주는 폐쇄형의 휴대가 가능한 집이든, 윗부분이 열려 있는 집이든, 선택할 때 가장 고려할 점은 세탁의 간편성이다.

CREATING THE RIGHT ENVIRONMENT

화장실과 화장실용 모래

» 화장실을 구입할 때 가장 중요한 것이 세척의 간편성이다. 매번 통 안의 모래를 전부 바꿔주는 것보다 삽으로 대변을 따로 들어내는 것이 좋다.

고양이가 마음대로 집 밖에 나갈 수 없는 경우에는 화장실이 필요하다. 새끼고양이가 주요 질병에 완전히 면역력이 생기고 정원으로 통하는 고양이 출입문 사용에 익숙해지더라도, 밤에는 고양이가 집 안에 있게 하는 것이 좋다. 아주 어린 새끼고양이도 선천적으로 깔끔해서 잠자리를 더럽히지는 않는다. 고양이를 적응 기간 동안 케이지나 상자에 둘 생각이라면 화장실을 넣을 수 있을 만큼 충분히 큰 것을 골라야 한다.

화장실은 기본적인 플라스틱 쟁반 모양부터 냄새를 최소화하기 위해 입구에 따로 문이 달려 있고 필터가 장착된 폐쇄형까지 다양한 제품이 있다. 화장실을 고를 때 가장 중요한 점은, 재질이 세척이 간편하고 잦은 세척과 소독에도 견딜 수 있을 정도로 내구성이 뛰어나야 한다는 것이다. 또한 화장실은 청소하기 쉬운 장소에 두어야 한다. 톡소포자충증은 고양이의 대변을 통해 사람도 감염이 되는 인수공통 전염병인데, 고양이에게는 그 증상이 나타나지 않는다. 그러나 사람, 특히 임산부에게는 위험하다. 톡소포자충증을 효과적으로 예방하려면 고양이가 대변을 본 후 24시간 이내에 처리하고, 화장실을 충분한 양의 물과 세제로 자주 씻는다. 일부 가정용 제품은 가정에서 사용하기에는 문제없지만, 고양이에게 해가 되는 성분이 들어 있을 수 있다. 동물병원에 이런 문제에 대해 묻고 조언을 듣는다.

화장실용 모래 선택

시중에서 파는 다양한 화장실용 모래는 고양이에게 적합하고 냄새를 줄여주며 소변을 잘 흡수하는 성분으로 되어 있다. 고양이가 대변을 본 후 본능적으로 발로 모래를 덮을 때 잘 퍼지는 모래를 선택하는 것이 좋다. 톱밥, 대팻밥, 숯조각, 재 그리고 신문지는 바람직하지 않고, 자극적일 수 있는 일부 소나무 제품들도 적당하지 않다.

⌃ **왼쪽에서 오른쪽으로 _** 점토, 나무, 종이 재질의 화장실용 모래. 어떤 것은 흡수력이 매우 좋고, 어떤 것은 입자가 고와서 젖으면 한 덩어리로 뭉친다.

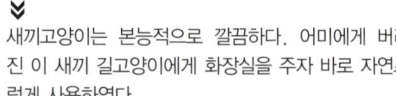

⌄ 새끼고양이는 본능적으로 깔끔하다. 어미에게 버려진 이 새끼 길고양이에게 화장실을 주자 바로 자연스럽게 사용하였다.

« 화장실은 찬바람을 막아주고 수줍음 많은 고양이에게 혼자만의 공간을 제공할 뿐만 아니라 냄새도 막아주는 것이 가장 좋다.

식기류

사료그릇으로 사용하기 좋은 그릇이 있으면 따로 구입할 필요가 없다. 가장 실용적인 것은 단단한 플라스틱이나 도자기, 스테인리스 제품들인데, 모두 세척과 소독이 간편해야 한다. 금이 가거나 이가 빠진 도자기 그릇은 그 부분에 세균이 번식할 수 있으므로 버린다. 새로 산 것이든 기존에 쓰던 것이든, 한번 고양이 그릇으로 사용하면 나중에 다른 용도로 사용하지 않는다.

많은 사람이 주방에서 고양이에게 먹이를 주고, 주위에 개가 있으면 조리대 위에서 주는 경우도 있다. 두 가지 경우 모두 톡소포자충증(아래 톡소포자충증 참조)의 위험을 예방하기 위해 엄격하게 위생 규칙을 지키는 것이 매우 중요하다. 먹이를 주는 장소는 청소와 소

왼쪽에서 오른쪽으로, 위에서부터 아래로_ 고양이에게 먹이를 줄 때 사용하는 포크는 다른 용도로 사용하지 않는다. 먹다 남은 통조림을 플라스틱 뚜껑으로 덮어두면 음식이 마르거나 냄새가 나는 것을 막을 수 있다. 기본 플라스틱 그릇, 금속 그릇, 일체형 플라스틱 그릇, 자동급식기.

독을 쉽게 자주 할 수 있는 곳이어야 한다. 이것은 고양이를 위해서도 중요한데, 고양이는 후각이 매우 발달해서 오염되거나 딱딱하게 굳은 사료를 먹지 않기 때문이다. 마찬가지 이유로 최소한 하루에 한 번은 신선한 물을 주어야 한다. 기어 다니거나 걷는 아기가 있으면 아기가 접근할 수 없는 곳에서 먹이를 주는 것이 바람직하다.

바빠서 고양이에게 사료를 규칙적으로 줄 수 없는 경우에는 타이머 스위치가 달린 자동급식기를 사용한다. 미리 설정한 시간에 뚜껑이 자동으로 열려서 고양이가 먹이를 먹을 수 있다. 급수통이 달려 있는 물그릇을 사용할 때는 급수통의 물을 자주 갈아주는 것도 잊지 않는다.

톡소포자충증

다른 이름으로 톡소플라스마(toxoplasma)라고 한다. 톡소포자충증은 많은 동물에게서 발생하는데, 고양이는 대변으로 충체를 배출하는 유일한 동물이다. 충체를 배설하는 것은 고양이가 톡소포자원충에 감염되고 나서 잠깐 동안만이며, 대변은 배변 후 24시간이 지나야만 전염성을 갖는다. 대부분의 경우 고양이에게 눈에 보이는 증상이 나타나지 않는다. 이 병은 고양이의 대변을 통해 전염되며, 24~48시간 동안 사람에게 전염될 수 있다. 면역 체계에 이상이 있는 경우가 아니면 감염된 사람에게서 증상이 나타나는 경우는 거의 없다. 그러나 임산부가 감염될 경우, 태아가 감염될 확률이 40%이다. 감염된 태아 중 15%가 자연 유산되거나 기형아가 될 수 있다.

- 고양이가 자주 다니는 정원을 손질할 때는 장갑을 낀다.
- 모래밭 같은 어린이놀이터는 사용하지 않을 때 덮개로 덮어둔다.
- 고양이 화장실의 대변은 매일 치우고, 충분한 양의 물과 세제로 화장실을 자주 닦는다.
- 고양이 식기류는 따로 정해놓아 사람과 함께 사용하지 않으며, 자주 씻는다.

사람이 먹을 음식을 준비하는 조리대 위보다는 바닥에 먹이를 주는 것이 더 위생적이다.

CREATING THE RIGHT ENVIRONMENT

이동장(케이지·캐리어)

고양이 이동장은 빌려 쓰지 말고 반드시 준비해둔다. 이동장은 고양이를 처음 집으로 데리고 올 때만 사용하는 것이 아니라, 나중에 동물병원에 가거나 다른 장소로 이동할 때도 필요하다. 동물병원을 방문하는 사람들 중에는 고양이에게 전혀 어울리지 않는 온갖 기묘한 기구에 고양이를 넣어 오는 사람들이 의외로 많다. 때로는 고양이가 갇혀서 고통을 느낄 수 있거나, 잔뜩 겁먹게 하고 스트레스를 많이 받게 하는 물건도 있다.

이동장 크기

새끼고양이만 들어갈 수 있는 작은 이동장을 충동구매해서는 안 된다. 미래를 생각해서 고양이가 컸을 때도 충분히 쓸 수 있는 적당한 크기여야 한다. 지금은 귀엽고 여린 솜털 같지만 나중에는 아주 큰 성묘로 자란다. 이동장의 크기가 30×30×55㎝(가로×세로×깊이) 정도이면 고양이가 커서도 사용하기에 충분하다. 특대형 수고양이는 한 치수 더 큰 것으로 준비한다. 고양이는 여행과 같이 일상적이지 않은 일로 불안을 느낄 때면 몸에 꼭 맞는 아늑한 환경에 있는 것을 좋아한다. 그래도 돌아서거나 몸을 뻗을 수 있을 정도의 공간은 필요하다. 또한 고양이가 갇혀 있다는 느낌이 덜 들게 밖을 볼 수 있는 구조가 좋다.

1~2시간 이상 걸리는 장거리일 경우에는 작은 화장실(변기)과 탈착식 물그릇 및 사료그릇을 장착할 수 있는 이동장을 가져간다. 그러나 캣쇼에 참가할 때와 같이 고양이를 아주 먼 곳에 데리고 가야 한다면, 이동장이 클수록 들고 다니기가 힘들다는 것을 알아야 한다. 이 때문에 어깨와 등이 뻐근하다고 하는 캣쇼 참가자들을 심심치 않게 볼 수 있다.

△ 큰 이동장은 여유 공간이 넓고, 고양이가 적응하는 기간 동안 우리로도 사용할 수 있다. 그러나 들고 다니기에는 불편하다.

≪ 문이 위쪽에 달린 바구니모양의 이동장은 고양이집으로도 사용할 수 있어 일석이조이다.

좋은 환경 만들기

▼
청소하기는 쉽지만 고양이를 넣고 꺼내기가 어려운 플라스틱 이동장.

▼
접을 수 있는 판지 소재의 이동장. 전염병 위험이 있는 동물을 운반할 때 사용 후 폐기할 수 있다.

이동장 종류

기본 판지로 만든 이동장은 비닐 코팅된 것이 좋은데, 펼쳐진 것을 구입한 뒤 조립해서 사용한다. 가격이 저렴해서 사용 후 태워버릴 수 있으므로, 아프거나 전염병에 걸렸을지도 모르는 고양이를 운반할 때 적합하다. 그러나 세척이나 소독이 쉽지 않고 내구성이 낮기 때문에 보다 일반적인 용도로는 맞지 않다. 전통적인 취향을 가진 사람들은 키버들(고리버들)로 만든 바구니모양을 선호하는데, 모양이 다양하고 보통 가죽끈과 손잡이가 달려 있다. 모양이 훌륭할 뿐만 아니라 집에서는 고양이 보금자리로도 충분히 활용할 수 있다. 물론 자신의 보금자리에 앉아 이동한다면 고양이도 덜 불안해할 것이다.

짜임이 성긴 철사 바구니 중에서 특히 흰 플라스틱으로 코팅된 철사망 이동장은 소독이 쉽고 안쪽의 고양이가 잘 보여서 수의사협회의 인증을 받았다. 위쪽의 문은 별도의 막대를 단단한 고리에 걸어 고정시키게 되어 있다. 통풍구가 잘 되어 있는 플라스틱 이동장은 디자인이 매우 다양하고, 세척을 위한 분해와 조립도 간편하다. 통기구가 있는 투명 아크릴 제품의 이동장은 시간이 지나면서 플라스틱이 갈라지거나 품질이 떨어지기 쉬우므로 그다지 좋은 선택은 아니다. 만약 직사광선을 받으며 운반한다면 안에 있는 고양이의 체온이 급상승할 위험도 있다.

문이 위쪽에 달린 디자인이 가장 실용적으로, 고양이와 사람 모두에게 스트레스가 덜하다. 고양이를 위에서 잡을 수 있기 때문에 고양이와 불필요한 신경전을 벌이지 않고 쉽게 꺼낼 수 있다. 문이 앞쪽에 있으면 종종 겁먹은 고양이가 이동장 구석에서 스스로 나올 때까지 기다려야 하고, 고양이를 다시 이동장 안으로 넣는 것도 어렵다.

▼
독특하거나 보다 개성 있는 이동장을 원한다면 직접 디자인해서 그림을 그려 넣을 수도 있다.

CREATING THE RIGHT ENVIRONMENT

목걸이, 하네스, 리드줄

방울이 달린 부드러운 목걸이를 해주면 고양이가 어디에 있는지 쉽게 찾을 수 있다. 또한 새처럼 사냥감이 되는 동물들에게 고양이가 나타난 것을 알려주어 고양이의 사냥 성공률을 훨씬 낮출 것이다.

목걸이는 단지 장식용이 아니다. 이름표를 달아주면 고양이가 길을 잃거나 부상을 당했을 때 고양이를 쉽게 찾을 수 있다. 이름표는 음각으로 이름 등을 새긴 단순한 원반모양이 있고, 뚜껑을 돌려서 열고 닫게 되어 있어 고양이 이름이나 주인의 주소와 전화번호 및 수의사의 비상 연락처 등을 적은 종이를 말아 넣을 수 있는 원통모양도 있다. 고양이 출입문을 드나드는 열쇠 기능이 포함된 마그네틱 이름표를 목걸이에 달아줄 수도 있다.

대부분의 목걸이에는 고양이가 움직일 때마다 소리가 나는 방울이 달려 있어서, 고양이의 사냥감이 될지도 모를 정원에 있는 새나 다른 동물들의 희생을 줄여줄 것이다. 벼룩 제거제가 들어 있는 목걸이도 있는데, 알레르기 반응을 일으킬 수 있으므로 고양이에게 처음 해주고 나서 주의 깊게 살펴봐야 한다. 목이나 눈 주변의 염증 증상이 알레르기 징후일 수 있다. 벼룩 퇴치용 목걸이는 다른 어떤 벼룩 제거용 제품과도 함께 사용해서는 안 된다.

목걸이에는 2가지의 큰 단점이 있다. 이름표를 지속적으로 착용하고 있으면 목 주변의 털이 손상되는데, 특히

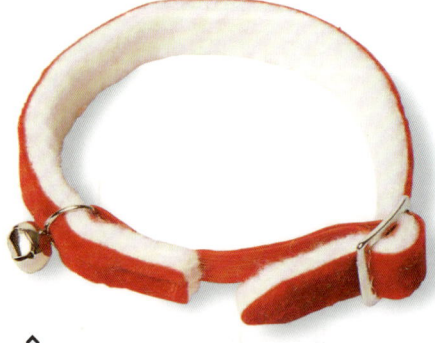

▲ 방울과 고무밴드가 달려 있고 패드를 덧댄 부드러운 재질의 벼룩 퇴치용 목걸이. 이 목걸이는 알레르기 반응을 보일 수 있으므로 6개월 이상 된 고양이에게만 사용한다.

▲ 고무밴드가 달려 있는 부드러운 가죽 목걸이. 반드시 고무밴드가 있는 목걸이를 구입해야 한다. 목걸이가 어딘가에 걸렸을 때 밴드가 늘어나서 고양이가 다치지 않고 빠져 나올 수 있게 하기 위해서다.

▲ 목둘레에 맞춰 잘라낼 수 있는 천 목걸이는 새끼고양이나 작은 고양이에게 좋다. 저렴해서 자주 새것으로 바꿀 수 있고, 색깔별로 구입하여 다양하게 사용할 수도 있다.

좋은 환경 만들기

장모종 고양이의 털이 쉽게 상한다. 이것은 보기 흉할 뿐 아니라 캣쇼 참가자들에게는 심각한 문제가 된다. 대부분의 심사위원들이 목 주변의 흔적이 왜 생겼는지 충분히 짐작하면서도 감점을 줄 것이다. 두 번째 단점은, 고양이가 나무나 관목숲에서 사냥감을 쫓을 때 목걸이가 나무 등에 걸릴 수 있다는 것이다. 그러나 목걸이가 부드러운 가죽이나 스웨이드 또는 부드러운 직물 재질이고 고무밴드가 들어 있으면, 목걸이가 걸렸을 때 밴드가 늘어나서 고양이 혼자서도 빠져나올 수 있다. 목걸이는 비상시를 대비하여 고양이 머리에서 벗겨질 정도로 항상 조절해두는데, 앞다리를 밀어 넣을 수 있을 정도로 헐거워서는 안 된다. 목걸이가 겨드랑이 아래 끼어서 다칠 수도 있기 때문이다.

산책

고양이 리드줄은 함께 산책을 나가거나, 낯선 집에 데리고 가서 고양이를 통제해야 할 때만 사용한다. 일부 고양이, 특히 샤미즈는 리드줄을 적극적으로 즐긴다. 샤미즈가 리드줄에 매여 대중교통을 이용하는 모습은 흔히 볼 수 있다. 그러나 대부분의 고양이는 이런 제어장치를 몸에 착용하는 것을 선천적으로 싫어하고 거부하는데, 특히 겁먹었을 때 더 싫어한다. 어떤 상황이든 고양이에게 이동장 대신 리드줄을 매서 버스나 기차를 타려는 것은 무모한 짓이다.

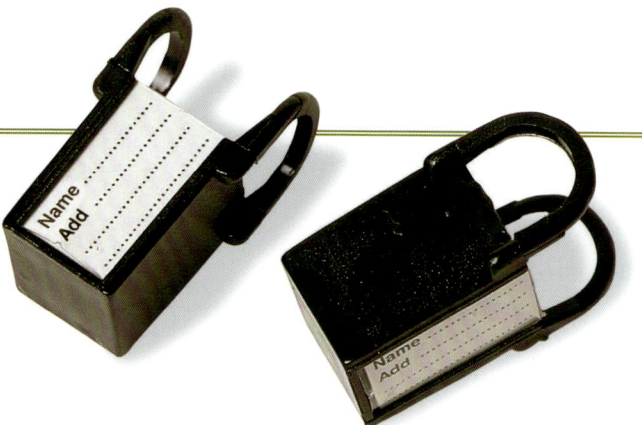

고양이가 공황 상태가 되면 날뛰다가 줄이 꼬여서 다치거나 도망갈 수도 있다. 리드줄을 사용하는 것이 더 나은 상황이라면 줄 길이를 1m 이하로 하고, 리드줄은 목걸이 대신 몸에 딱 맞는 하네스에 연결한다. 리드줄을 하네스에 연결하는 것이 고양이를 통제하기가 더 쉽고, 고양이에게도 더 편안하고 안전하다. 그러나 고양이는 탈출 능력이 뛰어나기 때문에 신경 써서 잘 입힌 하네스도 벗겨질 수 있다.

하네스와 리드줄은 가능하면 고양이가 어릴 때부터 접하게 하는 것이 좋다. 처음에는 매일 짧은 시간 동안 하네스만 해준다. 이것을 며칠 반복한 다음 며칠 동안은 잠깐씩 하네스에 리드줄을 달아둔다. 이때 줄을 잡지 말고 고양이가 움직이는 대로 둔다. 고양이가 리드줄에 대한 경계를 푼 것 같으면 줄을 잡고 걸어본다. 처음에는 실내에서 간단하게 한 바퀴 돌고, 다음에는 정원에서, 그 다음에는 자동차와 사람들에게 익숙해지도록 거리로 나가본다. 단, 절대로 지나치게 연습을 시켜서는 안 된다.

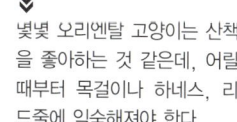
마그네틱 이름표는 고양이의 관련 정보를 표시하는 이름표 기능 이외에 고양이 출입문을 드나드는 열쇠 기능도 있다.

냇냇 오리엔탈 고양이는 산책을 좋아하는 것 같은데, 어릴 때부터 목걸이나 하네스, 리드줄에 익숙해져야 한다.

이름표는 주인의 이름과 전화번호를 새겨 넣을 수 있는 금속제의 단순한 원반모양도 있고, 주인의 주소 및 수의사의 주소와 비상 연락처까지 적어 넣을 수 있는 원통모양도 있다.

CREATING THE RIGHT ENVIRONMENT

장난감과 그 밖에 필요한 물건

아이와 마찬가지로 새끼고양이도 건강한 삶을 위해서는 놀이가 매우 중요하다. 집에서 키우는 고양이가 1마리뿐이라면 사람이 함께 놀아주는 것이 특히 중요하다. 놀이를 통해 근육을 사용하고 단련시키며, 정신을 초롱초롱한 상태로 유지시키고, 눈에 생기가 넘치게 한다. 사람이 함께 놀아줌으로써 고양이와 사람의 유대감도 끈끈해진다.

고양이가 가구나 커튼, 깔개 같은 직물 제품을 긁지 않도록 최소한의 스크래처는 준비해둬야 한다. 고양이는 선천적으로 나무껍질 같은 거친 표면을 이용하여 발톱을 날카롭게 다듬고 발톱 길이를 조절한다. 발톱은 고양이의 주된 방어 수단이며, 나무 따위를 기어오를 때 기둥을 단단히 잡기 위해서도 꼭 필요하다. 실내용 스크래처를 직접 만들 수도 있는데, 단단한 울타리용 기둥에 아주 튼튼한 마끈이나 무명끈을 감아서 적당한 받침을 붙이면 된다. 오래된 카펫 조각을 사용할 수도 있지만 빨리 닳고 보풀이 잘 생겨서 자주 바꿔줘야 하므로 그다지 효과적이지 않다. 고양이 물건이 집 안을 넓게 차지해도 상관없다면 다양한 크기와 구조의 캣타워를 준비할 수도 있다. 마끈이 감겨 있는 원형 지지대, 카펫이 덮인 쉼터, 집과 원통이 달려 있는 높이가 2m가 넘는 캣타워도 있다. 이런 제품은 흔히 캣쇼나 전문가용 고양이 잡지 광고, 규모가 큰 페트숍 등에서 볼 수 있다.

≫ 10개월 된 고양이로 성숙했다고 해서 커튼을 잡아찢는 장난을 하지 않는 것은 아니다.

≫ 새끼고양이는 누군가가 함께 놀아주는 것을 좋아한다. 특히 집에서 1마리만 키운다면 더 신경을 써야 한다. 고양이는 혼자서 하는 공놀이에 금방 흥미를 잃는다.

≪ 어린 고양이에게는 발톱을 긁을 곳이 필요하다. 수직으로 세운 책꽂이나 난간에 마끈을 감아서 만든 것이 파는 것보다 더 효과적이고 좋다.

놀이 목적

고양이의 놀이는 사냥 방법에 맞춰져 있다. 가을에 고양이가 낙엽을 위에서 덮칠 때 낙엽은 상상 속의 새라고 할 수 있다. 의자 다리 뒤로 보이는 탁구공은 고양이에게는 가상의 쥐다. 몰래 접근해서 어느 순간 와락 덤벼들어 탁구공을 발로 치며 놀 것이다. 돌돌 뭉친 종이를 공중으로 던졌다가 잡아서 다시 던지고 쫓아가며 놀고 있는 고양이 역시 머릿속에서는 사냥을 하고 있는 것이다. 주변에 아무것도 없어 보일 때도

좋은 환경 만들기

« 집고양이에게 필요한 모든 것이 갖춰져 있다. 함께 놀아주는 사람, 보살핌, 관심, 그리고 고양이를 위해 만든 것으로 보이는 게임. 그러나 전선의 접속 부분은 주의해야 한다.

고양이는 종잇조각, 잃어버린 단추, 그림자 따위의 놀거리를 잘도 찾아낸다. 그러나 특이한 단추나 실바늘 등의 물건은 조심해야 한다. 긴 실을 삼키면 구불구불한 장을 통과하면서 장을 절단하여 바늘보다 더 큰 손상을 줄 수 있다.

구입한 고양이 장난감이 정말로 견고한지도 확인해야 한다. 수입된 몇몇 싸구려 장난감은 장난감에 붙어 있던 작은 플라스틱 조각이 떨어져서 고양이가 삼킬 수 있다. 또, 일부 플라스틱은 어린이에게는 유해하지 않지만 고양이에게는 해로운 물질이 들어 있을 수도 있다. 집 안에 있는 물건을 장난감으로 사용할 수도 있다. 종이를 공모양으로 뭉쳐서 던져주어 계단을 오르내리며 고양이가 다시 물어오게 할 수도 있고, 종이로 나비를 만들어서 줄에 매달아 고양이가 쫓아다니게 하거나, 발로 차며 놀 수 있게 의자 뒤에 매달아둘 수도 있다. 어떤 고양이는 숨바꼭질을 특히 좋아하기도 한다. 여러 사람이 고양이와 함께 할 수 있는 놀이로는 카펫에 둘러앉아 탁구공을 서로에게 굴려서 고양이가 공을 쫓아가게 하는 것이 가장 좋다.

꼭 태엽을 감아주는 쥐 인형은 진짜 쥐에 비해 보잘것없지만, 사람의 입장에서는 위생적으로 걱정이 덜 되어 좋다.

△ 고양이는 타고난 최고의 포식자이다. 맛있는 개박하(마타타비)를 가득 넣어 천으로 만든 장난감 쥐는 어린 오시캣의 손에서 오래가지 않을 것이다.

» 고양이가 자꾸 공을 쳐서 없어지기 때문에 아마도 계속 새 공을 사줘야 할 것이다.

» 고양이가 발톱으로 후벼 파기 좋은 부드럽고 폭신한 인형이다. 부디 곰인형의 눈이 안전해서 새끼고양이가 삼키지 않기만을 바란다.

어미고양이가 새끼에게 바깥세상을 구경시켜주고 있다.
어미는 생존 능력과 사냥의 기술을 가르칠 것이다.

The Ultimate Encyclopedia of Cats

집에서의 관리, 여행할 때의 관리
Care at Home and Away

🐈 고양이는 본능적으로 자신의 육체적 한계를 안다. 또한 후천적으로 습득한 행동과 훈련으로 위험한 상황을 피할 줄도 안다. 현명한 주인이라면 고양이에게 필요한 자유를 주고, 때로는 위험을 감지하여 보호하기도 하며 균형을 유지한다.

관리를 잘 받은 것으로 보이는 황갈색과 흰색이 섞인 비순혈통 고양이. 집이든 바깥이든 어디에서나 긴장을 완전히 풀고 있다.

CARE AT HOME AND AWAY

영역 관리

고양이가 귀한 혈통이거나 연약한 품종인 경우, 또는 주거지가 아파트이거나 바쁜 도시생활을 하는 경우에는 고양이를 실내에서만 키우는 것이 적합한데, 대부분의 고양이가 실내생활에 잘 적응한다. 미국 일부 지역의 수의사는 도시에서 고양이를 키우는 사람들에게 이것을 적극 권장한다.

요즘은 영양적으로 균형 잡힌 사료를 구입할 수 있으므로 고양이가 직접 사냥을 해서 영양 보충을 할 필요가 없다. 그리고 사람이 장난감을 갖고 고양이와 함께 놀아주기만 한다면 실외 활동 역시 불필요하다.

고양이가 원래 야행성이지만 사랑스런 고양이가 밤거리를 돌아다니게 하는 것은 현명하지 못하다. 어릴 때부터 실내에서 지내도록 훈련시키고, 항상 깨끗한 화장실을 사용하도록 관리한다. 이런 훈련이 오랜 기간의 실내생활에도 고양이가 만족하며 지내는 데 도움이 된다.

실내 고양이로 길들이기

메인 쿤 브리더인 한 컨설턴트는 고양이가 6개월(중성화수술 후 약 2~3개월이 지난 시점)이 되기 전까지는 절대 외출을 시키지 않는다. 고양이가 실내 화장실을 사용하도록 훈련시켜서, 외출을 하더라도 얼마 지나지 않아 평소에 사용하던 화장실에 볼일을 보러 급히 들어오게 된다. 중성화수술을 받으면 사냥이나 배회 본능이 많이 줄어들어 자기 집 정원을 벗어나서 돌아다닐 확률이 거의 없다.

《 버미즈 고양이가 바깥세상에 매혹되어 있다. 어떤 고양이는 실내에 갇혀 있기보다 자유를 원한다.

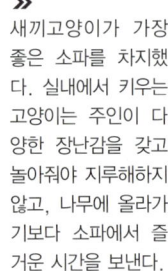
》 새끼고양이가 가장 좋은 소파를 차지했다. 실내에서 키우는 고양이는 주인이 다양한 장난감을 갖고 놀아줘야 지루해하지 않고, 나무에 올라가기보다 소파에서 즐거운 시간을 보낸다.

《 페르시안 고양이는 안락함을 좋아하기 때문에 실내생활에 적합하다. 그리고 털이 긴 고양이는 실내에서 관리하기가 더 쉽다.

고양이가 집 밖을 배회하려는 성향과 교통사고의 위험, 다른 고양이와의 다툼이나 전염병의 위험 등은 중성화수술로 간단히 해결할 수 있다. 발정 난 암고양이나 성욕이 왕성한 수고양이는 도로에서의 안전을 전혀 생각하지 않는다. 거세되지 않은 수고양이는 11km 이상의 지역을 돌아다니며 사냥할 수 있다. 중성화된 후에는 기껏해야 220m 범위에서만 영역권을 행사할 것이다.

실내의 위험 요소

고양이가 실내에서만 생활하더라도 위험은 있기 마련이다. 고층빌딩에 사는 경우에 창문과 발코니 주변에 보호망을 해두고, 그 앞에는 화분을 놓아 고양이가 쉽게 접근하지 못하게 한다. 집 안에서도 안전하다고 판단되는 높이까지만 올라가게 한다. 특히 계단 난간에 틈이 있으면 새끼고양이가 올라가다 떨어질 수 있는데, 안전하게 착지하지 못하는 경우가 많다. 새끼고양이가 돌아다닐 경우에는 잘 지켜봐야 한다.

기계

세탁기나 건조기는 따뜻함이나 냄새, 기계의 움직임 등이 고양이의 관심을 끌기에 충분하다. 사용하지 않을 때는 반드시 문을 닫아둔다. 또 기계를 작동시키기 전에는 그 안에 고양이가 웅크리고 있지 않은지 반드시 확인한다. 냉장고 안의 음식 냄새 또한 고양이를 유혹하는 것 중 하나다. 우연히 냉장고 안에 갇히더라도 안에 공기가 있으면 한동안은 살 수 있지만 오랜 시간 생존할 수는 없다. 15분이면 치명적인 저체온증이 나타난다.

불과 그 밖의 물건

고양이가 맛있는 음식 냄새가 나는 곳을 찾아가다 뜨거운 물이나 불에 데는 경우가 심심치 않게 생기고, 종종 심한 화상을 입기도 한다. 또, 인덕션 히터(전기레인지)의 원모양의 붉은 열선을 좇아 움직이다가 발바닥을 데는 경우도 있다.

전기선 역시 고양이가 갖고 놀 수 있으므로 전기선이 벗겨져 있거나 눈에 띄는 곳에 있지 않게 한다. 만약 고양이가 전기선을 씹고 있는 것을 보면 선을 카펫 아래 숨기거나, 두껍고 부드러운 고무나 플라스틱 튜브로 선을 감싸서 고양이가 손상시키지 못하도록 안전하게 관리한다. 고양이는 여러 잡동사니 물건이 담긴 서랍이나 박스에도 관심을 갖고 뒤지는데, 여기에도 핀이나 클립 등과 같은 위험한 물건이 있을 수 있다. 탄력 있는 고무밴드 역시 주워서 씹고 놀기에 재미있는 장난감이지만, 잘못되는 경우 기도가 막히거나 질식사할 위험이 있다. 고양이는 올리브에도 관심을 많이 보이는데, 올리브 씨앗은 목에 걸리기에 딱 적당한 크기다. 개방된 벽난로는 불을 피우지 않은 상태에서도 고양이가 절대 들어갈 수 없도록 안전장치를 해둔다. 고양이가 굴뚝을 타고 올라갔다가 그을음만 묻히고 나오면 다행이지만, 굴뚝에 끼거나 다리 골절 등의 사고를 당할 수도 있다. 전기나 가스 난로 역시 위험하다. 어느 고양이 주인은 거실에서 새끼고양이들과 즐거운 한때를 보내다가 화재가 났는데, 새끼고양이들의 무게 때문에 인화성 강한 의자가 가스난로 쪽으로 쓰러진 것이 원인이었다.

» 어미고양이와 새끼가 함께 쉬고 있는 아주 안락한 시간이다. 그러나 사람이 보고 있지 않을 때는 고양이가 이렇게 개방되어 있는 불에 접근할 수 없게 막아둔다.

금방 전원을 끈 세탁기는 여전히 따뜻하다. 고양이에게는 세탁조가 누구에게도 방해받지 않고 단잠을 자기에 안성맞춤인 장소로 보일 것이다.

이 고양이라면 테이블에서 자기 의도대로 뛰어내릴 수 있다. 그러나 새끼고양이는 이 정도 높이에서 뛰어내리거나 떨어지면 다칠 수 있다.

실외 생활

예전에는 집고양이가 밤에 자유롭게 외출하여 설치류를 잡는 자신의 의무를 수행하였고, 집에서 볼일을 보지 않았다. 그러나 다른 효과적인 설치류 제거 방법이 나오고 실내용 고양이 화장실이 나오면서 고양이의 외출이 불필요해졌다. 오늘날은 고양이의 자유시간이 주인의 하루 일과에 많이 좌우된다. 그러나 전시회나 캣쇼 출전을 목적으로 순혈통 고양이를 기르는 경우이거나 반드시 실내에서만 생활해야 하는 주거공간이 아니라면, 고양이가 바깥세상을 구경하는 것을 어느 정도 허락해준다.

어떤 고양이는 스스로 자신의 영역을 뒷마당으로 한정하고, 또 어떤 고양이는 집 주위의 교통상황을 인식하여 출퇴근 시간을 피한다. 그러나 자신의 고양이가 어떤 능력이 있는지 알 수 없고, 때로는 한적한 거리에서도 예상치 못한 차량 때문에 위험할 수 있다. 이 밖에도 고양이들의 영역 다툼과 감염성 질환에 노출되는 것을 고려했을 때 고양이의 외출을 어느 정도 통제할 필요가 있다.

브라운 버미즈 1마리가 주변의 자기 영역을 감시하기에 좋은 높은 곳을 찾아 앉아 있다.

고양이는 자신의 전용 출입문을 신뢰하여 금방 익숙해질 것이다. 고양이 출입문은 앞뒤로 움직여서 고양이가 지나가면 문이 닫힌다.

고양이 출입문

고양이 출입문이란 고양이 크기의 작은 문으로, 바닥에서 15㎝ 높이에 설치한다. 가장 실용적인 디자인은 문 위쪽이 고정되어 있고, 고양이가 드나들 때 열리고 닫히는 형태이다. 문이 투명한 플라스틱 재질인 경우에는 고양이가 밖으로 나가기 전에 주위를 탐색할 수도 있어 좋다.

출입문은 이 문을 통해 실내외를 마음껏 돌아다니는 고양이는 물론 고양이 기분에 맞춰 늘 함께 놀아줄 수 없는 사람에게도 요긴한 것이다. 이 작은 통로 덕분에 고양이와 사람 모두 어느 정도 독립된 생활을 유지할 수 있다. 그러나 주변의 다른 고양이가 통제되지 않고 있는 경우, 이웃의 고양이나 길고양이가 드나들 수 있다는 것이 가장 큰 단점이다. 특히 문 안쪽에 항상 맛있는 음식이 있다는 사실을 고양이들이 알게 되면 골칫거리일 것이다. 이 때문에 집 안으로 전염병이나 질병을 끌어들이고, 영역 다툼까지 일어날 수 있다. 다행히 이런 문제는 목걸이와 마그네틱 이름표를 인식하는 전자문을 설치함으로써 해결할 수 있다.

다른 방법은 고양이에게 제한된 자유를 허락하는 것이다. 예를 들어 다른 고양이가 드나드는 것을 감시할 수 없는 야간에는 문을 잠가둔다. 특정 시간대에 고양이가 외출하거나 외부에서 다른 고양이가 들어올 수 없도록 잠글 수 있는 문을 설치하는 것도 해결 방법이다. 고양이도 곧 정해놓은 틀에 익숙해질 것이다.

고양이에게 처음 고양이 출입문을 알려줄 때는 문의 사용법을 알려주고 사용하는데 익숙해지기까지 시간이 필요하다. 고양이를 문 반대쪽에 두고 다른 쪽에서 부르는 것을 여러 번 반복하

집에서의 관리, 여행할 때의 관리

» 수고양이가 야간 순찰을 준비 중이다. 해가 질 때면 고양이가 사냥하는 대부분의 작은 설치류들이 활동을 시작하는데, 이때는 고양이가 짝을 찾기에도 가장 좋은 시간이다.

면 고양이가 사용법을 알게 된다. 그러나 몇몇 고양이는 절대로 문을 사용하지 않으려고 하는데, 특히 고양이를 데려온 후에 문을 설치했을 경우에 그렇다. 뚜껑이 있는 화장실에 대해서도 마찬가지 반응을 보인다.

실외 공간 만들기

고양이에게 실내생활 이외에 추가로 안전한 실외생활을 제공할 수도 있다. 정원에 철사나 플라스틱 망으로 울타리를 만들거나, 고양이 전용 우리(헛간 같은 건물) 또는 실외장을 만들어주는 것이다. 철사나 플라스틱 망을 덩굴식물로 덮어서 꾸밀 수도 있는데, 특정 식물은 고양이에게 독성을 일으킬 수 있으므로 전문가의 조언을 구한다.

실외장은 정원에 따로 만들 수도 있고, 고양이 출입문을 통해 드나들 수 있게 실내와 연결된 구조로 만들 수도 있다. 실외장은 먼저 기둥과 지붕을 나무로 튼튼하게 골격을 만든 다음 철사나 플라스틱 망으로 덮는다. 실외장에는 숨을 수 있는 가려진 공간이 있고, 나무 기둥과 선반, 장난감 등이 갖춰진 놀이터도 있다. 이런 실외장이 상품으로 판매되기도 한다. 정원이 아주 작거나 정원 전체를 안전하게 만들고 싶은 경우에는 집 안의 고양이가 나갈 수 없고, 더 중요한 것은 외부의 다른 고양이가 들어오지 못하도록 정원 전체에 망을 씌운다. 약 3m 높이의 튼튼한 말뚝을 세우고, 그 사이를 철사망으로 둘러쳐서 울타리를 만들 수 있다. 울타리 망을 고양이가 타고 올라가지 못하도록 느슨하게 만들면 지붕을 덮지 않아도 된다. 대신 땅에 닿는 철사망의 밑부분은 바닥에 잘 묻어서 안 보이게 한다.

⌃ 사진 속 브라운 버미즈같이 유연한 사냥꾼은 정원에서 경계를 서는 것을 즐긴다.

« 고양이는 종종 주차된 따뜻한 차를 안식처로 삼는다. 출발 직전에 항상 차 밑을 확인한다.

» 고양이들이 안전한 실외장에서 신선한 공기와 햇볕을 즐기고 있다.

CARE AT HOME AND AWAY

정원의 위험 요소

고양이가 정원에서 장난치며 돌아다니는 것을 보는 것은 즐겁지만 고양이에게는 위험할 수도 있다. 고양이도 수영을 할 수 있지만 일반적으로는 잘 못한다. 그리고 매년 고양이 익사 사건도 종종 있다. 정원의 연못이나 개울 또는 수영장에서의 익사 위험을 없애는 가장 쉬운 방법은 물 위를 촘촘한 그물로 덮거나 주변에 장애물을 세워서 고양이의 접근을 막는 것이다.

고양이는 높은 곳에서 떨어지더라도 완벽하게 발로 착지하는 놀라운 균형 감각을 갖고 있다. 그러나 실제로는 낙상으로 심하게 부상을 입고 동물병원에 실려 오는 고양이가 꽤 있다. 보통 1층 높이 정도 되는 3~4m 위에서 딱딱한 바닥으로 떨어질 경우에 다칠 확률이 높다. 나무에서 떨어지는 경우도 마찬가지다. 고양이가 높이 올라가서 문제가 생기는 가장 큰 원인은 사냥이나 탐색에 열중하여 몸을 돌리기에 너무 작은 가지 위까지 올라가는 것이다. 이 경우 구조를 요청해야 한다. 고양이가

높은 나무에 올라가는 것을 좋아한다면 좋아하는 나무 아래에 그물을 쳐서 못 올라가게 한다. 그러나 높은 곳을 좋아하는 고양이라면 곧 다른 나무를 찾을 것이다.

« 갈증이나 물 속에 비치는 그림자, 금붕어 등이 모두 고양이를 물 근처로 유혹하는 요소가 된다. 고양이는 수영을 잘 하는 동물이 아니므로 정원의 연못 근처에 그물을 치는 것을 고려해 본다.

» 호기심 많은 새끼고양이가 난감한 상황에 처해 있다. 이렇게 호기심이 많을 시기의 고양이 중 모험심이 많은 고양이는 주의 깊게 감시해야 한다.

« 모험심과 호기심이 있는 대신 성숙하고 지혜로운 고양이에게는 정원이야말로 햇볕을 쬐며 편안하게 쉴 수 있는 훌륭한 공간이다.

집에서의 관리, 여행할 때의 관리

« 새끼고양이가 위험에 처해 있다. 호기심에 꼼짝달싹할 수 없는 좁은 나무 사다리 위에 올라가서 다리가 끼거나 떨어져 다칠 수도 있다.

« 정원 헛간의 깨진 유리 구멍은 고양이에게 위험하다. 만약 고양이가 깨진 구멍을 통해 나가려고 하면 심하게 베일 수 있다. 수리할 곳이 있으면 고양이를 위해서도 빨리 수리한다.

보험

여러 동물보험회사의 보상 범위와 약관을 비교한 후 결정한다. 귀한 고양이를 키운다면 고양이의 가치를 보상받기 위해 부상이나 사망, 도난에 대한 보험을 원할 수 있다. 대부분의 일반 보험들이 사고나 응급상황 또는 부상 및 질병에 대한 진료비 부담을 덜어주지만, 기본 예방접종 및 추가접종이나 중성화수술에 대한 혜택은 없다. 한 해 납입 보험료는 보험의 혜택 범위와 보험에 가입하는 고양이의 의료 기록에 따라 달라진다. 보험 가입 여부는 매월 또는 1년치 보험료가 얼마인지, 갑자기 지불해야 하는 고가의 진료비를 부담할 능력이 있는지를 모두 고려하여 결정한다. 보험 가입과 함께 추가로, 또는 보험의 대안으로 고양이에게 갑자기 들어가게 될 비용에 대비하여 비상금을 저축할 수도 있다.

외국의 경우, 브리더가 새끼고양이를 분양할 때 기본적인 건강보험 보증서를 제공하기도 한다. 이런 보험은 보통 판매일로부터 6주간 유효한데, 그 후에는 새 주인이 동일한 약관으로 보험을 연장하거나 새로운 보험 상품에 가입할 수도 있다.

고립 상황

정원의 헛간이나 차고에는 위험 요소가 숨어 있고, 때로는 빠져 나갈 구멍이 없어 고양이에게는 자칫 탈출구 없는 감옥이 될 수도 있다. 고양이는 아주 더운 장소만 아니면 물과 음식이 없이 10~14일까지 생존할 수 있기 때문에 잠시 갇혀 있는 것은 큰 문제가 되지 않는다. 그러나 탈수와 배고픔으로 신장과 간 기능에 크게 무리가 갈 수 있고, 2차적으로 감염성 질환에 쉽게 감염되어 생명에 지장이 있다. 고양이가 한참 동안 보이지 않으면 지하실, 선반, 연장 창고나 차고를 확인해본다. 외출 전에도 혹시 고양이가 이런 곳에 있지 않은지 확인하고, 이웃이나 고양이를 돌보는 사람이 집 안이나 헛간 또는 차고에 드나들 수 있게 해두는 것이 좋다.

CARE AT HOME AND AWAY

▼
농장의 새끼고양이 한 마리가 따뜻하고 볕이 잘 드는 장소를 차지했다. 유독성 질산염이나 쥐약 등의 독극물이 없길 바란다.

중독 위험

고양이는 탐색을 좋아하고, 독성 물질이 있을지도 모를 어둡고 좁은 장소에 흥미를 느낀다. 그리고 가끔 독성 물질을 마시거나 먹어서 중독되고, 중독된 동물을 먹어 간접 중독되기도 한다. 더 흔한 경우는 발바닥이나 털에 묻은 독성 물질을 핥아 먹는 것이다. 이런 독성 물질은 피부를 통해 흡수되는데, 특히 발볼록살을 통해 흡수가 잘 된다.

가정용 세제는 고양이가 열지 못하게 선반에 잘 보관하고, 자동차 부동액과 제초제는 단단히 잠가서 차고나 연장 보관창고에 보관한다. 제품 설명서에 어린이에게 위험한 물질에 대한 경고문이 있는지 잘 살펴보는데, 만약 어린이에게 위험하다면 고양이에게도 위험할 수 있다. 고양이가 페인트 제거제를 일부러 마시지는 않겠지만 제거제가 든 병을 쏟을 수는 있다.

독성 물질이 고양이가 지나다니는

▼
테라코타 항아리가 넘어지지 않거나, 넘어지더라도 독성 물질이 들어 있지 않다면 그다지 위험하지 않을 것이다.

▼
고양이가 온실 안에 살고 있다. 이 고양이는 토마토 알레르기가 있어서 주인이 미리 온실에 있는 토마토와 그 밖의 중독성 식물을 모두 없앴다.

바닥에 쏟아지면 완전히 닦아내고, 실내장식 공사 중에는 고양이가 방에 들어오지 못하게 한다. 장식 재료의 냄새조차도 일부 고양이에게 영향을 줄 수 있다. 또한 정원에 사용하는 살충제는 여러 경로로 널리 퍼질 수 있기 때문에 특히 더 위험할 수 있다. 살충제를 먹은 달팽이를 새가 잡아먹고, 그 새를 고양이가 다시 잡아먹을 수 있다. 또는 고양이가 정원을 돌아다니다 발바닥에 묻은 달팽이 살충제를 핥아 먹을 수도 있다. 그러므로 제초제나 살충제 또는 식물 성장촉진제의 성분을 꼼꼼히 확인하여 가능하면 환경 친화적 상품을 사용하는 것이 좋다. 환경 친화제품 중에도 반려동물에게 유해한 물질이 들어 있을 수

↗
고양이가 가지고 노는 쥐는 이미 몸속에 먹이사슬 아래 단계에서부터 축적된 독성 물질이 있을 수 있다.

》
튼튼한 체격의 연한 적갈색(ginger) 일반 고양이가 먹을 풀을 찾고 있다. 대부분의 고양이는 본능적으로 유해 식물을 구별한다.

있고, 일부 고양이는 대부분의 고양이에게는 안전한 물질에도 특별히 반응을 보일 수 있으므로 항상 세심하게 주의한다.

고양이는 보통 본능적으로 독성이 있는 식물을 알아서 피하지만, 그런 식물을 먹은 설치류나 새를 먹이로 하기 때문에 간접적으로 중독될 수 있다. 또, 고양이는 미네랄과 비타민 섭취를 위해, 또는 헤어볼(위 속에 쌓인 털뭉치)을 토해내기 위해 스스로 풀이나 나무들을 뜯어 먹는다. 그래도 선천적으로 꼼꼼한 성격이기 때문에 먹고 싶은 풀을 마음껏 골라 먹을 수 있는 환경에서는 독성이 있는 풀을 뜯어 먹는 실수를 거의 하지 않는다. 시중에서 고양이에게 유익한 풀씨를 판매하기 때문에 실내에서 직접 기를 수도 있다. 정원용품 판매점에서 어떤 풀이 고양이에게 유해한지 알아볼 수 있다. 만약 고양이가 아무 풀이나 마구 뜯어먹는 습관이 있다면 위험할 수 있는 풀을 실내나 정원에서 모두 치운다.

집을 비우는 경우

주인이 한동안 집을 비울 경우, 고양이는 다른 곳에 맡겨지는 것보다 자신의 집에서 지내는 것을 더 좋아할 것이다. 영국에서는 고양이를 다른 곳에 맡길 필요 없이 직원이 직접 집을 방문하여 고양이를 돌봐주는 서비스 업체도 있다. 그러나 고양이가 1마리뿐일 때 이용하기에는 비용이 비쌀 수 있다. 국내에서는 친구나 이웃 또는 근처에 사는 친척에게 매일 고양이 먹이를 챙겨주고 상태를 확인하도록 부탁하는 경우가 많다. 그런데 고양이는 개인주의적 성향이 강하기 때문에 주인과 함께 있을 때는 이들에게 상냥하게 대하다가도 주인 없이 혼자 남겨지면 다른 반응을 보일 수 있다. 오히려 스트레스를 받아 밖으로 떠돌 수도 있다. 그러므로 휴가를 안심하고 즐기려면 출발 전 며칠 동안 고양이가 돌봐줄 사람과 친해지도록 연습을 하는 것이 좋다. 고양이 출입문을 통해 실내와 실외를 마음대로 드나드는 고양이라면 보통은 문제가 안 되지만, 사람 입장에서는 자신이 집을 비우는 동안 고양이가 마음대로 돌아다니는 것이 걱정되어 고양이 출입문을 잠그고 갈 수 있다. 이 경우 평상시의 자유를 누리지 못하게 된 고양이는 기회만 되면 탈출하려고 할 것이다. 고양이를 돌봐주는 사람에게 고양이가 있을만한 장소를 속속들이 알려주고, 집 열쇠와 차고는 물론 별채 열쇠까지 주고 간다. 연락 전화번호와 수의사 연락처 및 응급상황일 때 도움을 받을 수 있는 곳의 연락처도 반드시 남겨둔다. 고양이를 부탁할 사람에게 책임 소재와 반드시 해야 할 일에 대해서도 확실히 상의한다. 필요할 경우에는 지시사항을 메모해주는 것이 좋다.

주인이 없을 때 고양이에게 사료와 물, 화장실만 챙겨주면 고양이가 만족할 거라고 생각하면 잘못이다. 고양이가 외롭다고 느끼지 않도록 안아주고 놀아주는 것도 중요하다.

고양이 위탁

집에서 고양이를 돌봐줄 사람을 구하지 않기로 결정한 경우에는 수의사에게 믿을만한 고양이 위탁소(고양이 호텔, 많은 동물병원에서 고양이를 직접 맡아주기도 함)를 추천 받거나, 고양이를 맡겨본 친구에게 추천을 받는 것도 좋다. 유명한 고양이 위탁소는 몇 달 전부터 예약이 찰 수 있기 때문에 출발 전 여유 있게 예약을 하도록 한다. 대부분의 고양이 위탁소에서는 방문 전에 예약하기를 원하겠지만, 예약 전에 직접 찾아가서 실제 환경이나 분위기가 자신의 고양이와 맞는지 확인하는 것이 좋다.

이 고양이는 집 안을 마음대로 돌아다니고 고양이 출입문을 통해 바깥 구경도 하며 밥을 줄 이웃도 있기 때문에, 주인 없이 혼자 집을 지키는 것이 전혀 문제가 되지 않는다.

집에서의 관리, 여행할 때의 관리

» 영국에서는 외부 실외장에서 고양이를 맡아주는 곳도 있다. 실내에서만 생활하던 고양이라면 이곳이 충분히 따뜻하고 만족스럽다고 생각하지 않을 수 있다.

고양이 위탁소 체크 사항

맡기기 전에 고양이 위탁소를 직접 방문하여 꼼꼼히 확인한다.

- 각 고양이마다 개별 우리나 집이 있는가?
- 우리와 집이 실내에 있는가, 실외에 있는가? 난방은 잘 되는가?
- 우리 안에 숨을 곳이 있는가? 청결한가? 개도 함께 맡는 곳이라면 개가 접근할 수 없도록 안전하게 격리되어 있는가?
- 고양이가 새로 들어올 때마다 침구와 깔개를 새 것으로 교체하거나 완벽하게 소독하는가?
- 고양이가 새로 들어올 때마다 밥그릇을 소독하는가?
- 직원이 행복해 보이고 명랑하며 동물을 좋아하는가? 자격증을 가진 직원이 있는가?
- 고양이를 돌봐줄 직원이 충분히 있는가?
- 전염병이 옮기지 않도록 각 우리 사이에 충분한 공간이 있는가? 우리 사이의 칸막이가 완전히 막혀 있는가?
- 제대로 된 튼튼한 캣타워가 있는가?
- 직원이 고양이를 돌보러 하루에 몇 번씩 방문하는가?
- 주방은 깨끗한가?
- 언제든 달려갈 수 있는 동물병원이 근처에 있는가?

« 맡기기 전에 고양이 위탁소를 방문해보면 그곳에서 지내고 있는 고양이가 만족해하는지 확인할 수 있다.

고양이 위탁소에서 하는 가장 중요한 질문은 고양이의 건강 상태와 정기적인 예방접종 여부이다. 위탁소에서는 담당 수의사의 이름과 연락처 및 고양이 주인의 연락처를 알고 있어야 한다. 또한 고양이에게 특별한 식단이 필요한지도 확인할 것이다. 병에 걸릴 경우에는 적절한 치료를 받게 하고, 주인이 모든 치료비를 부담한다는 동의서를 요청하기도 한다.

 혹시 다른 고양이가 전염병에 감염되었을 경우를 대비하여 각 우리마다 공간을 충분히 띄워두었는지 확인한다.

CARE AT HOME AND AWAY

고양이와의 여행

캣쇼 등을 위해 고양이와 자주 여행을 할 예정이라면 고양이가 어릴 때부터 여행에 익숙해지게 하는 것이 좋다. 아무리 짧은 여행이라도 고양이에게는 스트레스가 될 수 있으므로 이동장 안에서 편안하도록 최대한 배려를 해야 한다. 샤미즈와 같은 특정 고양이는 여행 내내 울부짖으며 불평하기도 한다. 고양이들이 갇혀 있어서 괴로워하는 것인데, 운전자에게는 매우 신경이 쓰일 수밖에 없다. 수의사가 진정제를 투여할 수도 있지만 가능하면 이 방법은 피하는 것이 좋다. 임신 또는 수유 중인 어미 고양이와 새끼고양이는 스트레스를 받기 쉬우므로 가능하면 여행에 동행하지 않는 것이 좋다.

이동장에 따로 변기를 둘 공간이 없으면 바닥에 키친타월이나 아기요, 기저귀 등 흡수가 잘 되는 것을 깔아준다. 신문지를 깔면 털에 인쇄 잉크가 묻을 수 있으므로 연한 색 고양이라면 특히 신문지를 깔아주는 것은 피한다. 평상시 사용하던 담요를 위에 덮어주고 좋아하는 장난감도 함께 넣어주면 좋다.

▷ 순혈통 고양이가 캣쇼에 출전하기 위해 주인과 함께 여행을 떠나고 있다. 여행하는 동안 이동장은 차 뒷좌석에 단단히 고정한다.

▽ 실 포인트 샤미즈가 빛과 외풍이 차단되는 이동장에서 나오고 있다.

안락한 이동 환경

캣쇼를 위해 여행이 잦은 많은 전문가들은 고양이 이동장을 가능하면 자동차 엔진이나 엔진 소음과 멀리 떨어지게 놓고, 히터나 에어컨 바람이 고양이에게 직접 닿지 않게 하라고 충고한다. 빛과 외풍을 차단할 수 있도록 특별히 디자인된 이동장 덮개도 있다. 여의치 않으면 추운 날에는 이동장을 덮개나 수건으로 가려줄 수도 있다. 단, 숨을 쉴 틈을 남겨 환기가 되게 한다. 캣쇼 초기에는 자신의 소중한 고양이를 바구니에 넣고 세심하게 봉해서 기차로 보냈는데 질식사해서 도착한 고양이가 종종 있었다고 한다.

집에서의 관리, 여행할 때의 관리

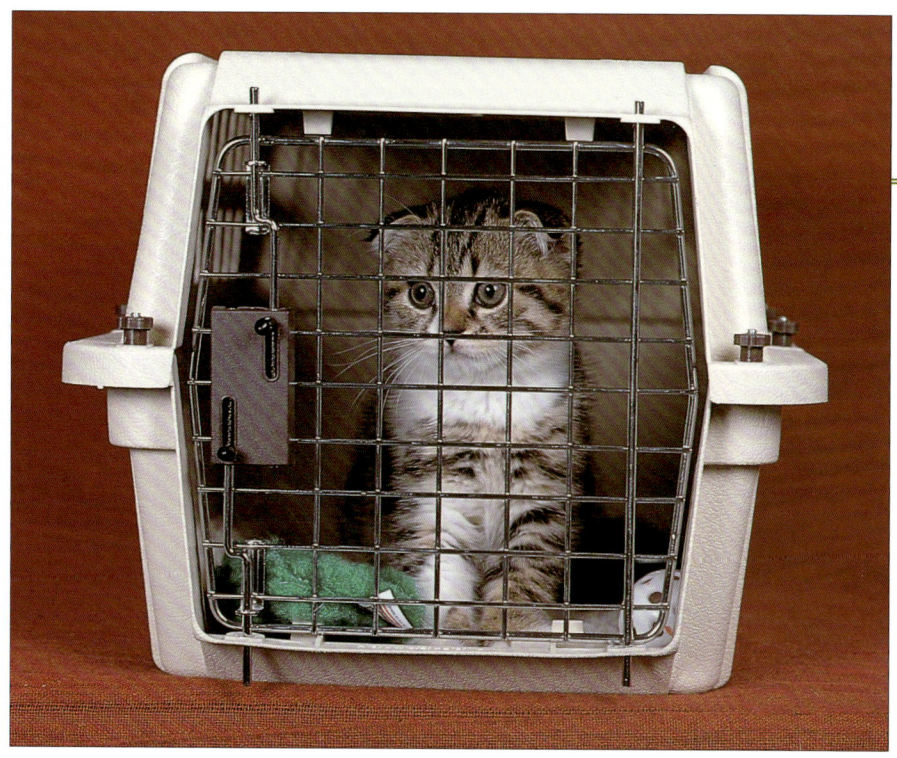
항공여행에 적합한 견고한 이동장이다. 이동장 중간 부분을 빙 둘러서 튀어 나오게 만들어 틈이 생기기 때문에 환기 구멍이 막히지 않는다.

함께 사료와 물 급식에 관한 지시사항이 적힌 라벨을 단단히 붙여둬야 한다. 장거리여행인데 이동장 안에 화장실이 없는 경우에는 흡수력이 좋은 수건이나 일회용 기저귀를 두툼하게 깔아준다.

일부 항공사에서는 고양이를 이동장에 넣어 객실에 들고 타는 것을 허용하기도 한다. 그러나 대개는 국제항공운송연합의 규정에 따라 냉난방과 빛 조절이 되는 별도의 공간에 다른 동물들과 함께 싣게 되어 있는 것이 일반적이다.

사전 예약

버스나 장거리여행을 예약하기 전에 항상 여행사에 연락해서 동물 이동과 관련된 규약을 미리 확인한다. 회사마다 규약이 달라서 동물과 함께 여행할 수 없는 경우도 있다. 미국의 그레이하운드 버스 노선에서는 동물을 실어 운반하는 것을 허용하지 않는다. 대부분의 경우 고양이에게 별도 요금이 부과되며, 몇몇 회사에서는 수화물 요금을 적용하기도 한다.

항공 여행

항공사는 국제항공운송연합(International Air Transport Association, IATA)의 규정을 따르기 때문에 동물 운송에 관한 규약이 명확하다. 출발일로부터 적어도 1개월 전에는 항공사에 연락해서 준비해야 할 사항들을 미리 확인한다. 특별히 제작된 이동장을 준비해야 할 수도 있다. 어떤 경우이든 이동장은 튼튼하고 단단한 재질이어야 하고, 안정적이며 환기가 되어야 한다. 운반하기 쉽게 손잡이가 달려 있어야 하고, 다른 사람이 함부로 열 수 없도록 문에 잠금장치도 있어야 한다. 보호자의 이름, 주소와

동물병원을 방문하는 등 단거리를 이동할 때는 2마리의 고양이를 함께 넣어 가면 서로 의지가 될 수 있다. 그러나 장거리여행일 때는 답답할 수 있다.

CARE AT HOME AND AWAY

해외 여행

소중한 순혈통 고양이를 다른 나라로 보내는 일이 일류 브리더에게만 있는 일은 아니다. 많은 사람들이 퇴직, 직업 변동 또는 건강상의 이유로 다른 나라로 가게 되고, 체류 기간에 상관없이 고양이를 데려가기도 한다.

고양이의 출국을 준비하려면 영국은 농 수 산 식 품 부 MAFF(Ministry of Agriculture, Fisheries and Food), 미국은 농산부(Department of Agriculture) 등 정부기관의 지역 동물보건관리국에 연락하는 것이 우선이다. 반드시 이런 정부기관에 연락해야 하며, 이렇게 해서 얻을 수 있는 정보도 많다. 출국허가서가 반드시 필요한데, 적어도 약 4~6주 전에 미리 신청하는 것이 좋다. 이것은 입국하려는 나라에서 요구하는 특정 질환에 대한 예방 접종을 하고, 미리 정해진 기한 이전에 접종을 마쳐야 하기 때문이다. 고양이가

« 검역소 우리에서도 고양이는 자신만의 쉼터와 뛰어다닐 수 있는 충분한 공간이 주어진다.

▽ 이곳은 하와이 오아후(Oahu) 섬의 검역소이다. 고양이 주인들은 모두 휴가 중일까?

집에서의 관리, 여행할 때의 관리

▼ 영국에서 캣쇼 출전용 고양이는 수입할 때 특정 요구사항만 따르면 엄격한 검역 규정을 적용받지 않는다.

영국에서 출발하는 경우, 대부분의 나라에서 최소한 입국 21~28일 전에는 광견병 접종을 마칠 것을 요구한다. 영국에서는 현재까지 광견병 발생이 없었기 때문에 영국 농수산식품부 소속의 지역 수의검역관으로 임명된 수의사에게만 광견병 백신이 공급된다. 신청서에는 동물의 보호자와 동물의 정보, 출발일, 입국 국가 및 이동수단을 적는다. 접종할 때마다 백신을 별도로 주문해야 하고, 대부분 출국일로부터 정확히 21~28일 전까지 접종을 마쳐야 한다.

한국에서 출발하는 경우에는 먼저 국립수의과학검역원에 문의하며, 가축전염병예방법령에 따라 상대국의 정부기관이나 수입자가 요구하는 기준을 따라야 한다. 기본적으로 3개월령 이상은 광견병예방접종 증명서를, 3개월령 미만은 동물병원에서 발행한 건강진단 증명서를 첨부하여 국립수의과학검역원 관할지원에 동물검역신청을 하고, 검역 후 발행된 검역증명서를 해당 국가에 제출한다. 그러나 입국 가능한 개월령과 광견병예방접종 기한이 나라마다 다르므로 세부사항은 출국공항에 있는 국립수의과학검역원 관할지원사무소와 해당 국가의 주한대사관에 문의한다(자세한 내용은 국립수의과학검역원 홈페이지 참조).

간혹 출국허가서 발급 전에 광견병예방접종 증명서(입국하려는 나라에 따라 기타 질환에 대한 예방접종 증명도 필요함)가 필요할 수도 있다.

서류는 입국과 동시에 면밀히 검토된다. 종종 출국일과 출국 시각, 운송자의 주소, 운송 경로 및 이동수단 등을 광견병예방접종 신청서류 및 입국서류에 기재해야 한다. 항공사에서는 고양이를 운송했던 이동장 형태와 이동장에 함께 넣었던 물건에 대해 상세한 정보를 제공할 것이다.

일부 광견병 청정국가에서는 광견병 유입을 막기 위해 일정 기간의 검역을 요구한다. 영국에서도 현재 관련법 개정을 검토하고 있으나, 아직은 해외 반려동물을 영국 내 주인의 품으로 보내기 전에 6개월간의 법적 검역기간을 반드시 마치도록 하고 있다. 긴 검역기간이 고양이에게 미칠 영향과 부대비용을 신중히 검토할 필요가 있다. 검역을 받기 전에 건강 증명을 원하고, 수고양이의 경우 중성화 수술을 요구할 수도 있다.

2012년 12월 1일부터 새롭게 시행되는 수입검역방법에 따르면 고양이가 마이크로칩을 이식하고, 수출정부기관이 발행한 동물검역증명서를 제출해야 한다. 이 증명서에는 마이크로칩 이식 번호, 광견병중화항체가 검사사항이 기재되어 있어야 하는데, 마이크로칩을 이식하여 개체 확인이 되고, 광견병 중화항체가가 0.5U/㎖ 이상인 경우에는 당일 입국이 가능하다.

캣쇼 고양이의 수입

영국에서는 일반 가정의 반려동물이 아닌 캣쇼용 고양이와 교역용 동물 등에 대해서는 다소 완화된 무역 규정을 적용한다. 교역용 동물은 입국 전 요구사항만 갖추면 검역 기간을 거치지 않고 바로 입국 허가를 받을 수 있다. 입국 전 요구사항은 광견병 예방접종, 면역력 확인을 위한 혈액검사, 신분 확인을 위한 마이크로칩 삽입 및 고양이가 등기 명의인의 지역에서 지난 6개월간 출생하였거나 사육되다가 수입될 것 등이다.

▲ 고양이가 새로운 집에 도착하면 애정으로 따뜻하게 돌봐주며 한동안은 실내에서 관리해야 한다.

지금은 접시에 담긴 식사를 하고 있지만 주인이 사라진다면 이 고양이는
야생에서 스스로 먹이를 찾는 것에 적응해야 한다.

The Ultimate Encyclopedia of Cats

영양과 사료
Nutrition and Feeding

🐈 고양이에게 균형 잡힌 식사를 제공하면 고양이는 아주 건강하다. 맑은 눈빛과 윤기 흐르는 털, 촉촉한 코, 그리고 만족스런 표정과 민첩하고 활동적인 모습을 볼 수 있을 것이다. 규칙적인 식사에 다양한 식감과 맛까지 제공한다면 고양이의 만족도는 더 높아지고 건강도 더 좋아질 것이다.

각자의 몫만 충분하다면 두 마리 고양이가 함께 식사할 수도 있다.

NUTRITION AND FEEDING

식습관

고양이가 먹잇감을 쫓고 있다. 이것은 배가 고파서라 기보다 고양이의 즐거움이자 본능이다.

고양이는 육식동물이기 때문에 자연상태에서 주된 먹이는 자신이 사냥한 먹잇감이다. 고양이의 이빨과 전반적인 식습관은 곤충이나 작은 설치류, 새, 양서류 및 생선을 먹고 소화하기에 적합하도록 진화되었다. 고양이가 일부 식물을 먹기는 하지만, 동물의 조직에서만 섭취할 수 있는 특정 영양소를 필요로 하므로 고양이 식사에 최소한의 고기가 들어 있어야 한다. 따라서 주인이 고양이에게 채식을 하게 하는 것은 가혹한 일이라 할 수 있다.

영양소란 조직을 구성하고 대체하는 데 필요한 원료이고 에너지를 공급하는 물질로 식품에서 섭취해야 된다. 고양이는 필요한 양의 균형 잡힌 식사를 하지 않으면 정상적이며 활동적인 생활을 할 수 없다. 고양이의 성장 단계에 따라 필요한 영양소도 다르기 때문에 오늘날은 사료가 새끼고양이, 성묘, 노령묘를 위한 사료로 구분되어 있다. 고양이를 잘 먹이면 사냥을 덜 할 것이라거나, 고양이가 배고프면 쥐를 더 잘 잡을 것이라는 것은 근거가 없는 이야

기다. 따라서 고양이가 사냥하게 하기 위해 배고프게 할 필요는 없다. 건강할수록 더 훌륭한 사냥꾼이 될 것이다.

먹이를 먹고 있는 표범. 집고양이도 간혹 날뼈를 주면 좋아한다.

버려진 새끼고양이들이 고양이 보호소에서 균형 잡힌 식사를 하고 안락한 생활을 즐기고 있다.

올바른 급식 방법

다 자란 고양이(성묘)는 하루에 1~2회 사료를 준다. 사료는 매일 같은 시간, 같은 장소에서 주는 것이 좋다. 건조사료와 습식사료를 섞어 주면 다양해서 좋은데, 특히 건조사료는 고양이가 이빨과 턱을 사용하게 하므로 좋다. 캔이나 사료 봉투에 나와 있는 제조사의 권장량을 참고하여 적절한 양을 준다. 몸무게가 4kg인 성묘는 일반적으로 매일 400g의 습식사료 또는 50g의 건조사료를 필요로 하는데, 생활방식에 따라 조금씩 다를 수 있다. 실내에서만 생활하는 고양이에 비해 마음대로 밖을 돌아다니는 고양이는 조금 더 많이 먹어야 하고, 추운 겨울에는 따뜻한 계절에 비해 더 많은 열량이 필요하다. 식사 중간에 간식은 피하는 것이 좋다. 고양이가 계속 밥을 더 달라고 조르면 급식량이 기준 권장량에 적합한지 확인한다. 무조건 고양이가 달라는 대로 주면 안 되고 수의사와 상담한다. 개에 비해서는 덜하지만 고양이에게도 과식과 비만이 나타난다.

사료, 특히 습식사료를 오랜 시간 그릇에 담아두지 않도록 한다. 사료가 마르기도 하고 냄새가 나면 파리가 모여드는데, 이것이 후각과 미각이 예민한 고양이에게 불쾌감을 준다. 먹지 않고 남은 사료는 바로 치우고 그릇을 깨끗이 씻는다. 식탁에서 음식을 조금씩 떼어주는 습관은 만들지 않는 것이 좋다. 고양이에게 안 좋은 습관이 생기기 쉽고, 가족과의 식사시간을 망칠 수 있다.

《 상온에서 데워진 음식은 맛있게 먹는데, 냉장고에서 바로 꺼낸 차가운 음식은 싫어할 수 있다.

≫ 샤미즈가 낮은 목소리로 끊임없이 음식을 달라고 조르고 있다. 실내와 실외를 모두 돌아다니는 일부 고양이는 추운 계절에 더 많이 먹어야 하고, 실내에서만 생활하는 고양이에 비해 더 많이 활동하기 때문에 에너지가 더 필요하다.

≫ 고양이가 조리대에서 사료를 먹고 있다. 이곳이라면 개에게 먹이를 빼앗길 염려가 없지만, 사람 음식을 준비하는 곳을 고양이 식사 장소로 하는 것은 좋지 않다. 창문턱이 고양이 식사 장소로 더 바람직하다.

NUTRITION AND FEEDING

균형 잡힌 식사

고양이는 단백질, 탄수화물, 지방, 비타민, 미네랄 및 수분이 균형을 이룬 사료를 먹어야 한다. 다음에 설명하는 원칙에 따라 신선한 일반 사료를 규칙적으로 주기만 하면 고양이에게 필요한 모든 영양소가 충분히 공급되기 때문에 비타민 알약 등의 영양 보충제를 따로 줄 필요가 없다. 고양이 사료의 라벨을 보고 그 안에 들어 있는 영양소와 함량을 확인하는 습관을 들인다.

근력에 필요한 단백질

단백질은 몸을 구성하는 기본 영양소인 아미노산으로 이루어져 있다. 단백질은 조직의 성장과 상처 회복에만 사용되는 것이 아니라, 에너지를 공급하기 위해 대사작용을 한다. 고양이 사료에 들어 있는 단백질 양은 고양이 연령대에 따라 달라진다. 나이가 들면서 활동량이 줄어들면 사료의 단백질 함량도 줄인다. 게다가 단백질 분해 후 생성되는 몸에 해로운 대사 부산물을 해독하고 배설하는 간과 신장의 기능도 떨어진다. 성묘의 경우 사료의 단백질 함량이 30%가 적당하나, 근육량을 늘리며 빠르게 성장하는 새끼고양이의 식사라면 단백질이 약 50%는 차지해야 한다. 고양이의 단백질 요구량은 같은 연령대의 개에 비해 약 20%가 더 많다. 고양이 소화기관은 단백질 처리 효율이 매우 높아서 섭취한 총단백질 양의 5%만 배설물로 나가고 나머지는 모두 흡수된다. 고양이는 단백질을 정기적으로 섭취해야 몸무게가 줄지 않고 건강을 유지할 수 있다. 야생에서 사는 고양이들은 필수 아미노산을 사냥한 여러 동물들에게서 얻는다. 단백질이 풍부한 음식으로는 육류, 생선, 달걀, 우유와 치즈 등이 있다. 파는 고양이 사료는 과학적으로 만들어져 필요한 모든 영양소가 적절한 비율로 배합되어 있다.

에너지를 공급하는 지방

지방은 고양이에게 두 번째로 중요한 에너지원이며, 전체 식단에서 건조 함량으로 최소 9%가 지방으로 공급되어야 한다. 고양이는 섭취하는 지방의 95%를 소화할 수 있고, 사용 후 남은 지방은 피하지방 또는 내장지방으로 저장되어 추위를 견디거나 내부 장기를 보호하는 데 사용된다. 그러나 정상적인 활동 후에도 섭취량과 소비량의 균형이 안 맞으면 지방이 지나치게 많이 축적되어 비만이 될 수 있다. 지방은 체내에서 지방산으로 분해되는데, 지방산은 세포막을 구성하는 주요 성분이다. 또한 지방은 비타민 A, D, E, K 같은 지용성 비타민의 흡수를 돕는다. 일부 지방산은 고양이 식사에서 빠져서는 안 되는데, 채소로는 거의 섭취할 수 없고 오로지 동물성 지방과 조직으로만 섭취할 수 있다.

다량의 에너지 공급원인 탄수화물

탄수화물은 대부분의 동물에게 가장 중요한 에너지 공급원이지만, 고양이는

« 고양이는 다양한 음식을 즐기며, 주인의 음식 저장고를 습격하기도 한다.

▲ 고양이는 배가 고파서가 아니라 타고난 본능 때문에 사냥을 한다. 건강하고 균형 잡힌 식사를 하더라도 사냥을 그만두지 않을 것이며, 사냥 실력이 나날이 향상될 것이다.

▼ 1쌍의 새끼 싱가푸라는 충분한 에너지를 공급해줄 동물성 지방과 조직이 풍부한 사료를 먹고 있다.

영양과 사료

≪ 야간 시력을 유지하려면 비타민 A가 필요하다. 동물의 간이 조금 들어 있는 균형 잡힌 사료를 준다.

≪ 야생고양이와 그 후손인 집고양이의 이빨은 작은 동물을 잡아먹기에 알맞은 구조이다. 채식은 고양이에게 맞지 않다.

탄수화물 없이도 생존이 가능하다. 먹잇감의 위 속 내용물과는 별개로 고양이가 야생에서 얻는 먹잇감인 새나 생쥐는 탄수화물 함량이 다소 낮은 편이다. 그러나 탄수화물은 단백질이 풍부한 고기나 생선에 비해 아주 값싼 에너지원이기 때문에, 대부분의 파는 고양이 사료에는 탄수화물이 들어 있다.

탄수화물은 성장기, 임신기, 수유기 및 스트레스를 받을 때 필요한 에너지를 쉽게 공급해주는 유익한 영양소이다. 또한 탄수화물은 고양이가 소화를 시키지는 못하지만 대부분 대변으로 배출되는 섬유소의 유용한 공급원이다. 야생고양이는 먹잇감의 털이나 깃털 또는 위 속 내용물에서 섬유소를 얻지만, 집고양이는 고양이 사료에 함유된 셀룰로오스나 자연적인 식물성 섬유소에서 섭취한다. 탄수화물이 전체 식사의 40% 이상을 차지해서는 안 된다.

미네랄과 비타민

단백질과 지방, 탄수화물은 다량영양소인 반면 비타민과 미네랄은 적은 양으로도 충분한 미량영양소이다. 고양이는 비타민 C를 체내에서 합성할 수 있으므로 따로 섭취할 필요가 없다. 비타민 A, D, E, K는 생체기능을 높이기 위해 모두 필요하며, 비타민 B 복합체도 균형 잡힌 사료와 함께 반드시 공급해줘야 한다. 그러나 과다한 비타민 섭취는 해로울 수 있다. 간이 주식이 될 경우(간은 지방 함량이 높아서 고양이가 좋아함) 과잉 섭취된 비타민 A가 간에 축적될 수 있다. 비타민 A 중독은 심지어 어린 고양이에게도 치명적인 관절 질환을 일으켜 다리와 척추(특히 목뼈)에 문제가 생길 수 있다.

⌃ 고양이 간식으로 판매되는 비스킷과 우유맛 사탕. 이런 간식은 가끔 1~2개 주는 것은 괜찮지만 식사를 대신할 정도로 너무 많이 주면 안 된다.

≫ 고양이가 병 속에 있는 간식을 꺼내는 데 성공할 것 같다. 고양이가 간식을 마음대로 먹게 내버려두고 싶지 않다면 병뚜껑을 잘 닫아두거나 고양이가 열 수 없는 찬장에 보관한다.

63

NUTRITION AND FEEDING

미네랄은 필요한 양만큼만 공급되어야 하고, 각 미네랄이 균형을 이루어야 한다. 다량미네랄(인, 칼슘, 나트륨, 칼륨, 마그네슘)의 1일 요구량도 밀리그램(㎎, 1g의 1/1,000) 단위이다. 영양의 균형이 잡힌 식사를 규칙적으로 하는 고양이는 미네랄이 결핍될 확률이 거의 없으며 보충제도 필요하지 않다.

칼슘과 인은 모두 우유에 함유되어 있으며, 성장기 새끼고양이에게는 매우 중요한 영양소이다. 그런데 새끼고양이가 우유를 먹지 못하고 고기만 먹게 되면 뼈에 심각한 이상이 생기기 쉽다. 왜냐하면 고기에는 인이 다량 함유되어 있으나 칼슘이 부족하기 때문이다. 수년간 샤미즈 브리더들은 고양이가 우유를 먹으면 설사를 한다고 믿어 고기와 물만 먹였는데, 그 결과 샤미즈 고양이에게 뼈 질환이 자주 일어났다.

식사 공급
다양한 식사를 위해 고양이에게 건조사료와 습식사료를 섞어서 줄 수도 있다.

▽
사료에 전혀 관심을 보이지 않는 순혈통 고양이. 아파서 그럴 수도 있고, 배가 고프지 않기 때문일 수도 있다. 또는 매일 똑같은 식사에 싫증이 나서 색다른 음식을 원하는 것일 수도 있다.

△
그리스 항구에 사는 길고양이들. 작은 음식점에 들른 관광객들이 던져주는 생선 조각을 먹으며 살아간다.

▽
새끼고양이는 날고기를 씹으면서 턱관절 운동을 하고 이빨을 청소하며, 야생에서의 식사를 떠올린다. 야외에서 날고기를 먹이는 것은 좋은 방법이다.

특별한 요리를 해주는 것은 더 많은 시간이 들지만, 남은 음식은 적은 노력과 준비만으로 고양이에게 다양한 맛과 식감을 맛보게 해줄 수 있다. 그러나 특정 음식의 장단점이라든가, 간이나 비타민 A의 과다 공급 같은 균형 잡히지 않은 식사의 위험성을 반드시 고려해야 한다. 만약 고양이를 집에서 만든 음식만 먹여서 키우려면 음식의 형태, 종류, 양 등을 수의사와 상의한다.

신선한 고기
집고양이는 예전부터 사람이 남긴 음식이나 약간의 고기들을 먹으며 살아왔는데, 이것은 영양학적으로 훌륭한 식사였다. 반면에 야생고양이는 작은 설치류를 뼈, 내장과 근육까지 통째로 먹고, 그 동물에게 있는 모든 좋은 영양소를 섭취한다.

집에서 기르는 고양이에게 날고기를 주식으로 주려면, 탄수화물과 미네랄과 섬유소 공급원으로 밥이나 채소 등 다른 음식을 추가로 주어야 한다. 이는 설치류의 뼈나 내장에 있는 영양소를 대신하는 역할도 한다.

종류에 상관없이 가장 좋은 고기는 단백질이 약 20% 함유된 육류이다. 조

영양과 사료

» 레드 태비가 접시에 놓인 먹이를 먹고 있다. 위생 문제가 있으므로 이 접시는 반드시 이 고양이만 사용하게 한다.

리하면 비타민이 파괴되거나 단백질이 변질될 수 있으므로 고기는 날로 주거나 아주 살짝만 조리해서 주는 것이 가장 좋다. 가격이 쌀수록 고기의 단백질 함량은 적어지고 지방 함량이 늘어난다. 고양이는 지방을 잘 소화하고 에너지로 잘 이용하기 때문에 적정량만 주면 지방 함량이 높은 고기가 특별히 문제되지는 않는다.

닭, 오리 같은 가금류는 고기와 내장을 모두 먹이로 줄 수 있으나 조리할 때 뼈가 날카롭게 부서지기 쉬워서 위험하므로 뼈는 반드시 제거하고 준다. 그러나 돼지나 양의 큰 뼈는 고양이들이 오랜 시간 씹는 즐거움이 있고 턱의 힘을 길러주며, 이를 깨끗하게 해주어 나이가 들었을 때 치아 문제를 줄이는 데 도움이 된다. 반면에 첨가제나 소금 함량이 높은 베이컨이나 소시지는 피하는 것이 좋다. 간이나 심장 등의 내장은 철분 등 미네랄이 풍부하지만, 심각한 관절 문제를 가져올 수 있는 비타민 A도 다량 들어 있으므로 주의한다.

생선
날생선은 단백질 함량이 10%를 조금 넘지만 생선 알은 20~25%로 높은 편이다. 그러나 날생선에는 필수 비타민 B 일부를 파괴하는 효소가 있으므로 가끔 특별식으로 주어야 한다. 날생선을 과다섭취하면 신경계와 소화기계 및 피부에 영향을 주어 여러 가지 증상이 나타날 수 있다. 청어나 정어리 등 기름이 많은 생선은 흰살 생선에 비해 지방 함량과 영양가가 높은 좋은 먹이다. 1주일에 1번씩 기름진 생선을 주면 고양이의 헤어볼(위 속에 쌓인 털뭉치) 제거에 도움이 되고 지용성 비타민도 제공할 수 있다.

채소
고양이에게 파는 사료를 주면 채소를 따로 줄 필요가 없다. 때로는 고양이가 자연 구토제이자 미네랄과 비타민 공급원인 풀을 스스로 먹는다. 또한 채소는 값싼 단백질과 섬유소 공급원이기 때문에 파는 사료나 집에서 만드는 고양이 음식에 흔히 들어간다.

유제품
우유에는 젖당(lactose, 유당)뿐만 아니라 유용한 지방과 단백질이 들어 있어 성장기, 임신기와 수유기 그리고 스트레스를 받을 때 도움이 된다. 치즈와 우유는 칼슘과 인 등의 주요 미네랄도 제공한다. 그러나 유제품을 고양이의 주식으로 주면 안 되고 가끔씩 간식으로 주어야 한다. 지나치게 많이 먹일 경우, 특히 나이든 고양이라면 설사를 일으킬 수 있다.

달걀에는 단백질과 비타민 A가 풍부하지만, 날달걀에는 비타민 B를 파괴하는 효소가 들어 있다. 그러므로 달걀은 삶아서 으깨거나, 풀어서 익혀 주는 등 반드시 조리하여 주는 것이 좋다.

△ 고양이에게는 정어리 같은 기름진 생선이 흰살 생선보다 영양면에서 더 훌륭한 먹이다.

« 우유는 영양이 풍부하지만 주식으로 주면 안 된다. 나이든 고양이는 우유를 먹고 설사할 수 있다.

NUTRITION AND FEEDING

고양이 사료

지난 수십 년간 고양이 급식 방법이 매우 많이 발전하여 요즘은 고양이의 성장 단계와 생활방식에 맞춰 사료를 구입할 수 있다. 사료 형태도 건조, 반건조, 습식사료뿐만 아니라 거의 날고기나 날생선에 가까운 급속냉동 먹이까지 다양하다. 잘 알려진 회사의 제품이라면 포장지에 적혀 있는 영양 정보를 안심하고 믿을 수 있다. 완전사료라고 판매하는 제품은 말 그대로 고양이에게 필요한 모든 영양소가 완벽하게 들어 있기 때문에 사료에 물만 주면 된다. 비타민, 미네랄 또는 기타 보충제가 필요 없다. 그러나 품질이 좋을수록 사료 가격도 비싸다. 가장 비싼 사료는 3단계 성장과정(성장기, 성묘기, 노년기)의 영양 요구량을 맞추고, 과학적으로 시험을 거친 제품이다.

제품 라벨에 표시된 첨가 영양소(가능하면 미네랄이 좋음), 원료 및 영양 구성표를 확인한다. 습식사료의 단백질 함량이 단지 6~12%일 경우, 이것은 건조중량 기준이 아니라 캔 내용물 100g 기준이다. 따라서 단백질 함량이 10%인 습식사료는 같은 무게의 건조사료 기준으로는 40%의 단백질이 들어 있는 것과 같고 적절한 수준이다. 만약 건조사료만 준다면 항상 깨끗한 물을 먹을 수 있게 신경 써서 갈아준다.

수분 함량이 10%인 건조사료는 수분 함량이 높은 사료에 비해 개봉 후 오래 보관할 수 있고, 그릇에 담아서 오래 두어도 상하지 않는 편이다.

수분 함량이 40~50%인 반건조사료를 줄 경우 건조사료에 비해 추가로 주는 물의 양을 조금 줄여도 된다.

수분 함량이 75~85%인 습식사료는 바로 먹지 않으면 마르거나 상하기 쉽다. 습식사료 위주로 급식하는 경우, 비스킷을 추가로 주면 턱운동에 도움이 된다.

물

물은 신체가 정상 기능을 하기 위해 반드시 필요하다. 고양이는 음식 없이도 10~14일을 생존할 수 있지만, 물을 한 방울도 먹을 수 없으면 며칠 이내에 사망한다. 1일 수분섭취량은 사료에 포함된 수분량, 날씨, 온도 등 여러 요인에 따라 달라진다. 고양이는 물을 많이 마시는 동물이 아니고 대부분 필요한 수분을 먹이에서 얻을 수 있기 때문에 물을 전혀 마시지 않는 것처럼 보일 수도 있다. 날고기와 습식사료는 75% 정도가 수분인 반면 건조사료는 수분 함량이 10%에 불과하다. 집고양이는 사막에서 살던 아프리카 야생고양이로부터 진화하였기 때문에 신장의 물 보존기능이 뛰어나다. 그러나 항상 깨끗한 물을 먹을 수 있게 하는 것이 중요하며, 특히 건조 또는 반건조 사료를 주식으로 할 때는 더 신경 써야 한다.

2마리의 고양이가 불평 없이 식사를 즐기고 있다. 바른 먹을거리를 찾아서 고양이들에게 계속 같은 음식을 준다면, 고양이 주인은 많은 시간과 수고를 덜 수 있다. 가끔은 고양이가 다양한 먹이를 원하지만 한 가지만 꾸준히 먹여도 건강에는 무리가 없다.

특수 사료

심장질환, 소화기질환, 하부 요로기질환 및 비만 등 각종 질환에 적합한 특수 목적의 사료를 개발하기 위해 지금까지 많은 연구가 행해졌다. 고양이에게 특별식이 필요하면 수의사와 상의한다. 대부분의 특수 사료는 수의사의 처방을 받아 구입한다.

노령묘

성장기와 성묘기에는 성장과 노화세포 조직의 교체를 위해서, 그리고 중요한 에너지 공급원으로서 단백질이 필요하다. 그러나 고양이가 나이가 들면서 활동이 줄고 주요 장기의 기능도 떨어지므로 단백질 필요량도 감소하게 된다. 노령묘에게 새끼 또는 성묘 때 먹던 사료를 계속 먹이면 단백질 과다섭취가 될 수 있다. 단백질은 분해되어 몸 밖으로 배설되어야 하기 때문에, 지나치게 많이 섭취한 단백질이 기능이 약해진 간과 신장에 부담을 줄 수 있다. 나이가 들어 신장이 제 기능을 못 하면 몸은 현상 유지를 위해 갈증을 느끼게 만들고, 결국 소변량이 증가한다. 이렇게 몸속에 쌓인 대사산물을 씻어낼 수 있지만, 이때 필수 비타민과 미네랄도 함께 빠져나간다. 성묘에게 필요한 단백질 함량이 사료 **건조 중량의 40%**라면, 노령묘는 일반적으로 30%만 필요하다. 대신에 에너지를 적절한 수준으로 공급하기 위해 지방 함량은 늘려야 한다. 그렇다고 사료량을 늘려서 비만을 만들면 안 된다. 노령묘가 소화를 잘 못 시켜서 설사나 다른 문제가 생길 수 있으므로 탄수화물(전분 및 설탕)은 가능하면 피한다. 간혹 식욕 감소가 없거나 식욕이 오히려 증가했는데 몸무게가 감소할 때도 있다. 이 경우 갑상선기능항진증 등의 치료 가능한 질환이 있을 수 있으므로 수의사의 진료를 받는다.

이 비만 고양이가 정상체중으로 돌아오려면 적어도 6개월 이상 걸릴 것이다. 고양이의 체중 감량은 사람이나 개에 비해 훨씬 어렵다.

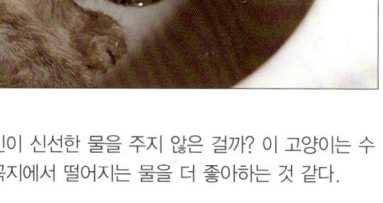

주인이 신선한 물을 주지 않은 걸까? 이 고양이는 수도꼭지에서 떨어지는 물을 더 좋아하는 것 같다.

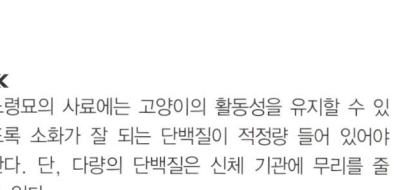

노령묘의 사료에는 고양이의 활동성을 유지할 수 있도록 소화가 잘 되는 단백질이 적정량 들어 있어야 한다. 단, 다량의 단백질은 신체 기관에 무리를 줄 수 있다.

활동적인 성묘는 생활방식을 볼 때 노령묘에 비해 더 고단백 식사가 필요하고 소화기능도 좋다.

NUTRITION AND FEEDING

어미고양이는 생후 3주 동안 새끼에게 완벽한 식사를 포함하여 모든 것을 준다.

브라운 버미즈 새끼고양이 한 마리가 어미를 잃었다. 다행히 어미 불테리어가 쫓아내지 않아 불테리어 새끼들 틈에 끼어서 함께 점심을 먹고 있다.

임신한 고양이

고양이의 첫 임신 징후는 불어난 배가 아니라 늘어난 식사량일 것이다. 짝짓기할 때 암고양이가 건강하다면 임신 제3기(7~9주)에 들어서기 전까지는 사료량을 늘릴 필요가 없다. 그러나 이 시기가 되면 자궁 속 태아가 성장하고 자궁이 커지기 때문에 조금씩 하루에 4회 정도 줘야 한다. 하루에 섭취하는 전체 사료량은 평상시보다 1/3 정도 늘어난다. 이 시기에는 적은 양에 영양가가 많은 최상의 영양식을 주는 것이 특히 중요하다.

수유하는 고양이

새끼들에게 먹일 젖의 양을 유지하기 위해 수유 중인 고양이는 먹는 양이 거의 2배로 늘어날 것이다. 그러므로 고품질의 부피가 적은 사료, 즉 단위 부피당 열량과 영양소가 최대한 많이 들어 있는 사료를 주어야 한다. 이것은 수유 중인 고양이의 영양요구량에 맞춰 나온 고열량의 특수사료를 주면 쉽게 해결되며, 성장기용 사료(새끼고양이용)를 줘도 된다.

새끼고양이

새끼고양이는 생후 3~4주까지는 어미의 젖에만 의존한다. 그러나 주위 환경을 인지하게 되면서 어미의 사료도 조금씩 맛을 보려고 하는데, 이것은 이유 시기가 되었음을 보여주는 징후이다. 어미는 3개월까지 새끼고양이에게 계속 젖을 먹이려 하겠지만, 새끼들이 약 8주가 될 무렵부터 사료를 먹이는 것이 일반적이다. 새끼고양이가 건강하게 자라면서 소화불량이 안 될 정도로 충분히 먹을 수 있게 양을 잘 조절해서 준다. 이유는 서서히 단계적으로 하고, 고단백 음식을 먹기 좋게 잘게 썰어서 조금씩 자주 준다. 가장 쉬운 방법은 시중에 나

어미 버밀라가 새끼에게 성장기 사료를 먹이고 있다. 고품질의 새끼고양이용 사료는 수유 중인 어미와 성장기인 새끼 모두에게 영양가 있는 식사이다.

영양과 사료

▼
젊고 활발한 성묘는 다음 급식까지 못 참고 허기를 느끼기 때문에 중간에 간식을 주어야 한다.

▼
페르시안 새끼고양이는 성장 속도가 느려서 4년이 지나야 완전히 성장한다. 따라서 이 기간 동안 영양가 높은 사료를 자주 주어야 한다.

와 있는 새끼고양이 사료(건조사료 또는 습식사료)를 이용하는 것이다.

새끼들이 습식사료의 고기냄새를 좋아하기 때문에 이유할 때 습식사료를 더 선호할지도 모른다. 그러나 건조사료 역시 영양가 있고 이유식으로 적합하다. 집 안의 다른 동물이나 가족들의 방해를 받지 않는 시간에 어미와 새끼가 편안히 먹을 수 있도록 먹이 주는 시간도 잘 계획한다.

알맞은 식사량과 식사 횟수

약 8주가 되면 새끼고양이는 조금씩 자주 먹어야 한다. 건조사료는 습식사료에 비해 그릇에 오래 둘 수 있기 때문에 새끼고양이가 먹고 싶을 때 마음껏 먹을 수 있게 자유급식을 하고 싶을 수도 있다. 그러나 새끼고양이가 비만 경향이 있으면 자유급식을 안 하는 것이 좋다. 이유 초기에는 하루에 4번 이상 사료를 주는 것이 적당하고, 3~4개월쯤은 하루에 3번, 6개월이 되면 하루에 2번으로 사료를 주는 횟수를 점차 줄여나간다.

젊은 성묘

생후 9~12개월에 접어들면 식사 횟수를 하루에 1번으로 줄일 수 있다. 그러나 젊고 활동량이 많은 고양이는 24시간에 1번 있는 식사시간이 돌아오기 전에 배고파할 것이다. 그래서 아침에 간식을 주고, 밤에 주식을 주는 경우가 많다. 이 경우 아침에 준 간식의 열량만큼 저녁에 주는 사료량을 줄여야 과체중이 되는 것을 막을 수 있다. 대부분의 품종은 생후 1년이면 성장을 마치는데, 일부 장모종의 경우에는 4살까지 성장하기도 한다. 성장 속도가 느린 고양이를 기르는 경우에는 성장기에 반드시 최고의 사료를 충분히 준다. 최상의 성장을 위해서는 단백질 함량이 건조 중량의 30% 이상인 사료를 하루에 2~3회 계속 주어야 한다.

▼
12주 된 새끼고양이는 하루에 3번 정도 먹이를 원한다.

연한 적갈색(ginger) 고양이가 앞발로 혀가 닿지 않는 부분의 털을 정리하고 있다. 앞발로 머리를 비빌 때 머리의 분비샘이 자극되고, 이때 분비된 물질이 앞발에 묻어 신체의 다른 부위에도 전달된다.

The Ultimate Encyclopedia of Cats

그루밍
Grooming

🐈 고양이는 깔끔한 동물로 깨어 있는 시간의 대부분은 그루밍(grooming, 털 손질)을 하느라 바쁘다. 그래도 장모종 또는 중모종인 경우에 사람이 따로 약간의 그루밍을 해줘야 한다. 심지어 단모종에게도 그루밍은 중요하다. 그루밍을 해주면서 고양이와의 유대감을 높일 수 있고, 고양이와 사람이 모두 즐겁고 보람 있는 시간을 가질 수 있다. 따로 그루밍을 해주면 피하혈관을 자극하고 근육을 긴장시키기 때문에 고양이 건강에 전반적으로 도움이 된다.

그루밍이 끝난 후 만족스러운 듯이 카메라 앞에서 포즈를 취하고 있는 레드 버미즈.

GROOMING

고양이 스스로 하는 그루밍

고양이는 그루밍에 필요한 모든 것을 갖추고 있어 혀, 이빨, 발과 발톱을 모두 이용하여 스스로 털을 정리한다. 까끌까끌한 혀에 침을 묻혀서 핥으면 털에 묻은 모래와 끈적끈적한 물질을 제거할 수 있다. 고양이가 매우 유연하지만 혀가 닿지 않는 부분도 있는데, 이때는 혀로 앞발을 핥은 다음 이 발로 수건처럼 몸을 구석구석 닦는다. 털이 마르는 동안에는 작은 앞니로 털을 가지런히 정리하고 남은 이물질을 제거한다. 뒷발톱은 성긴 빗처럼 털 사이의 큰 이물질을 제거하는 역할을 한다. 앞발은 머리 주변에 있는 분비샘을 자극하여 약간의 기름진 물질이 분비되게 하고, 이것을 신체의 다른 부위에도 발라준다. 즉, 고양이가 영역 표시할 때도 사용하는 자신의 향수로 털을 손질하는 것이다.

실버 태비 한 마리가 앞발을 핥아서 수건처럼 얼굴을 닦고 있다.

보송보송한 털의 새끼고양이가 뒷다리 털을 단장하면서 유연성을 자랑하고 있다. 장모종은 털이 엉켜서 피부 감염이 일어날 수도 있으므로 특히 그루밍이 중요하다.

털갈이

자연 상태에서 고양이는 1년에 1번, 주로 봄에 털갈이를 한다. 털갈이는 일조량과 온도의 영향을 받기 때문에 따뜻하게 난방이 되고 조명이 있는 실내에서 생활하는 고양이는 1년 내내 털갈이를 한다. 갑자기 눈에 띄게 털이 빠졌다가 다시 나는 것이 아니라 몸 전체에서 조금씩 빠지기 때문에 가구와 옷, 카펫에 묻은 털이 아니면 털이 빠지는 것을 눈치 채기 어렵다.

고양이가 평상시 그루밍을 하면서 빠지는 털 중 일부는 고양이가 삼킨다. 이렇게 삼킨 털은 서서히 헤어볼이라는 털뭉치가 되는데, 이것이 나중에 장에 축적되어 단단한 알갱이가 될 수도 있다. 대부분의 고양이는 며칠 간격으로 작은 털뭉치를 토해내는데, 일부 밖으로 나오지 않은 털뭉치가 소화기관을 막아 식욕 저하와 체력 저하의 원인이 되기도 한다. 극단적인 경우에는 수의사가 수술을 하여 헤어볼을 제거해야 할 수도 있다. 헤어볼 문제는 언제 생길지 모르며, 장모종일 경우가 가장 위험하다. 가끔 기름기 많은 생선을 먹이면 몸속의 털이 대변으로 빠져나가는 데 도움이 될 수 있다.

2마리의 새끼고양이가 그루밍에 온통 정신이 팔려 있다. 그루밍은 고양이에게 필수이기도 하지만 즐거운 놀이이기도 하다.

사람이 해주는 그루밍

건강한 야생고양이는 보통 스스로 털 손질을 잘 한다. 그러나 고양이를 길들이고 선택적 교배를 하는 과정에서 일부 품종이 스스로 그루밍하는 것으로는 부족할 만큼 털이 길어져서 사람의 도움이 필요하다. 나이 많은 고양이는 스스로 그루밍할 의욕과 힘을 잃어서 사람의 손길을 더 반길 수도 있다.

고양이를 사법게 쓰다듬는 것만으로도 빠지는 털을 제거할 수 있다. 또 윤기를 내는 작업으로 털에 아름다운 광택을 줄 수도 있다. 몇몇 경험 있는 사람들은 그루밍하기 가장 좋을 때가 설거지를 마친 직후라고 한다. 손이 약간 촉촉한 상태이기 때문에 쓰다듬을 때 털이 더 잘 제거된다는 것이다. 얇은 고무장갑도 같은 효과가 있다.

그루밍 도구

그루밍에 필요한 물건은 고양이의 털 유형에 따라 달라진다. 또한 지속적으로 그루밍을 하면서 자신의 고양이에게 어떤 도구가 가장 적합한지 점차 알게 된다. 순혈통 고양이를 기르는 경우에는 브리더, 특히 캣쇼 출전용 고양이를 키우는 브리더의 조언을 듣는 것이 시간과 비용을 가장 아끼는 방법이다. 새끼고양이를 입양하면 고양이가 익숙해지도록 가능하면 빨리 정기적인 그루밍을 시작하는 것이 좋다. 나이든 고양이가 사람의 빗질에 익숙해지게 하려면 처음에 조금 달래야 하는데, 부드럽게 해주면 곧 아주 좋아하게 될 것이다. 고양이의 생활방식을 잘 파악하여 고양이가 가장 차분해지는 시간을 고른다. 필요한 물건을 모두 손이 닿는 곳에 준비해놓고 무릎 위에 수건을 얹은 다음 고양이를 앉힌다. 놀려는 고양이를 억지로 붙잡아서 하지 말고 고양이가 편히 쉬고 있을 때 빗질을 해준다.

《 왼쪽에서부터 슬리커 빗, 끝이 둥근 빗, 벼룩 제거용 빗, 성긴 빗살과 촘촘한 빗살의 합체형.

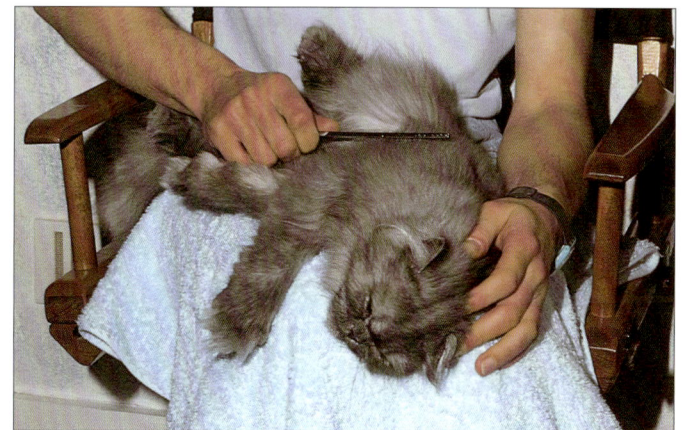

《 무릎에 수건을 얹고 그 위에 고양이를 눕힌 다음 빗질을 한다. 털뭉치를 버리기 쉽게 옆에 휴지통을 두는 것이 좋다.

▽ 빗질이 끝나면 쓰다듬으면서 고양이가 만족한다는 표시로 가르랑거리는 소리를 내는지 확인한다. 쓰다듬으면서 아직까지 남아 있는 빠진 털도 제거하고, 마지막으로 윤기를 더할 수도 있다.

Grooming

단모종의 그루밍

단모종은 스스로 그루밍하는 것으로 충분하기 때문에 캣쇼에 출전할 경우를 제외하고는 사람이 털 손질을 도와줄 필요가 거의 없다. 그러나 1주일에 2번 정도만 약간 관리를 해주면 고양이 몸에서 털이 빠져 가구에 묻거나 집 안에 날리는 것을 막을 수 있다. 그루밍은 벼룩이 있는지 점검하고, 귀와 치아 관련 질병이 있는지도 확인할 수 있다. 또한 고양이와 사람의 유대관계를 단단히 하고 서로에게 즐거운 시간이 될 수도 있다. 단모종의 그루밍은 장모종에 비해 간단하다. 그루밍에 필요한 도구로는 빗살 끝이 둥근 쇠빗, 털을 정리할 때 쓰

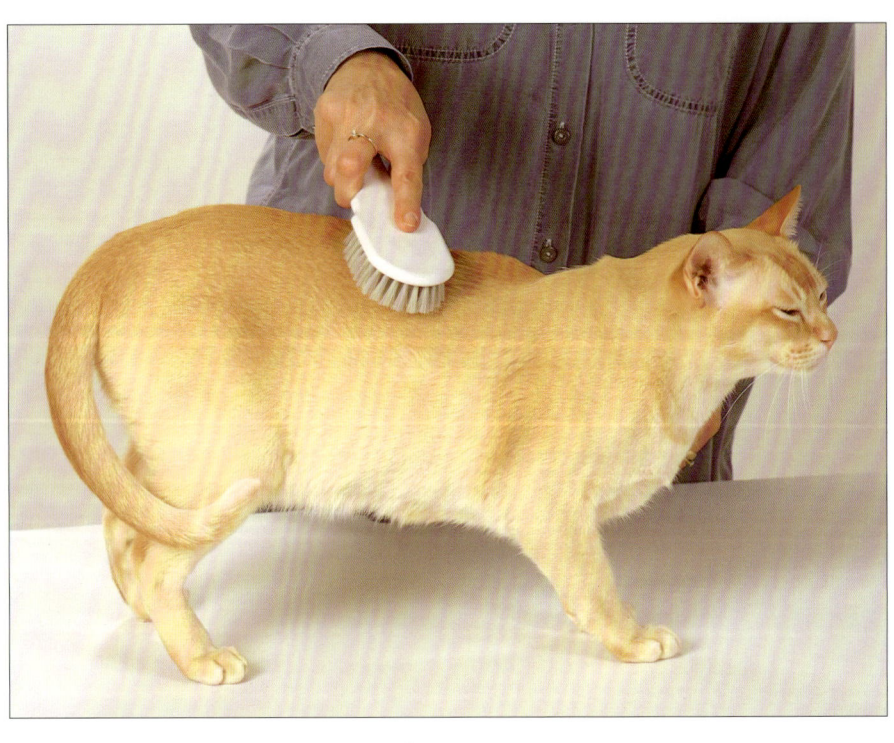

그루밍 도구
- 수건
- 고무솔
- 빗살이 성긴 쇠빗
- 부드러운 천연모 빗
- 벼룩 제거용 빗
- 섀미 가죽 또는 벨벳 장갑
- 면 솜
- 귀 세정제
- 눈 닦을 면봉과 화장지

는 부드러운 천연모 빗, 고무솔(렉스 고양이의 경우 빗으로 피부를 자극하지 않도록 고무솔이 필수)과 윤기 내는 데 필요한 명주천이나 섀미 가죽(chamois, 염소나 양의 부드러운 가죽)이 있다. 그루밍을 시작하기 전에 먼저 고양이가 안심하도록 부드럽게 쓰다듬는다. 다음에

는 고무솔로 털이 누운 방향을 따라 부드럽게 빗으면서 먼지나 빠진 털을 흩뜨린다. 그리고 몸 전체를 빗기는데 귀와 겨드랑이, 사타구니, 배와 꼬리 주변 같이 민감한 부위는 더 부드럽게 빗질한다. 그런 다음 쇠빗으로 빗어서 빠진 털을 제거한다. 이때 정전기가 발생해

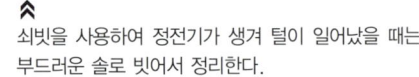
그루밍이 끝나면 고양이가 꼬리털을 정리하며 마무리하도록 지켜본다. 고양이들은 기회가 되면 함께 그루밍을 한다. 이것은 중요한 사회적 활동이다.

쇠빗을 사용하여 정전기가 생겨 털이 일어났을 때는 부드러운 솔로 빗어서 정리한다.

고무솔은 단모종 고양이의 피부에 무리하게 자극을 주지 않으므로 고양이도 좋아한다. 빠진 털과 비듬을 함께 제거할 수 있다.

함께 뭉치거나 겉털이 듬성듬성 일어나기도 한다. 이 경우 부드러운 솔로 다시 털을 정리해주고, 섀미 가죽이나 벨벳 또는 명주천으로 문질러서 털에 윤기를 주고 마무리한다.

물을 사용하지 않는 왕겨 목욕

단모종은 캣쇼 출전을 목표로 하는 옅은 색 털을 가진 고양이거나, 자동차 밑에 들어갔다가 기름이 묻은 경우만 아니면 목욕을 시킬 필요가 거의 없다. 일부 캣쇼 출전자들은 과도한 기름기나 먼지 또는 비듬을 제거하기 위해 고양이를 왕겨로 목욕시키기도 한다. 5~6 움큼의 왕겨 가루를 손으로 만졌을 때 따뜻한 정도로 오븐에서 데운다. 이렇게 데워진 왕겨 가루를 손에 묻혀서 얼굴과 귀 안쪽을 제외하고 몸 구석구석을 문지르듯이 비빈 다음 부드러운 솔로 빗어준다. 대부분의 털이 검은색인 고양이라면 목욕 후 바로 윤기가 흐르지만, 파스텔 블루나 크림색 고양이는 최적의 촉감과 윤기가 생기기까지 며칠이 걸릴 수도 있다.

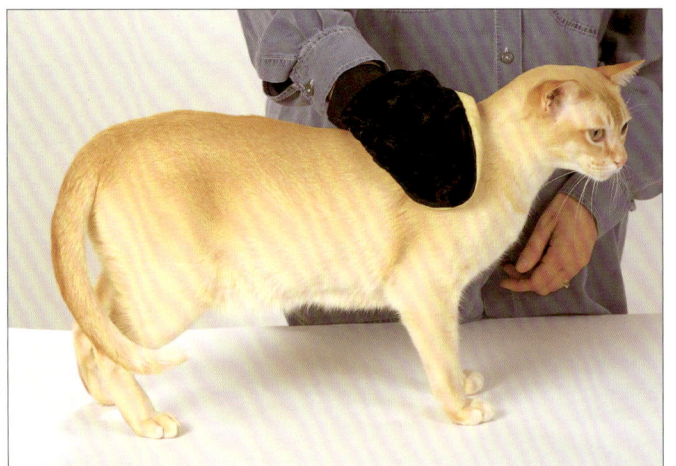

단모종은 마지막으로 윤기를 낼 때 섀미가죽이나 벨벳장갑으로 부드럽게 쓰다듬는다. 실크스카프로 해도 효과가 좋다.

그루밍 후 매우 만족스럽고 맵시 있어 보이는 레드 버미즈.

장모종의 그루밍

장모종 고양이는 품종이나 순혈통 여부와 관계없이 모두 사람이 어느 정도 그루밍을 해줘야 한다. 장모종 고양이는 털에 먼지와 이물질이 잘 묻기 때문에 이물질을 제거하고 털이 엉기지 않게 하기 위해 사람의 손길이 필요하다. 그루밍은 매일 해줘야 하며, 그렇지 않을 경우 특히 겨드랑이와 사타구니 부위에 있는 털이 엉켜서 불쾌감을 느낄 수 있다. 털이 심하게 뭉치면 고양이의 움직임이 어색해지고, 움직일 때마다 털이 당겨서 빠질 수도 있다. 이렇게 털이 심하게 뭉치면 전체적으로 털 상태가 좋지 못하고 헤어볼 문제가 생길 가능성이 크다.

장모종의 그루밍은 단모종에 비해 손이 훨씬 많이 간다. 우선 빗살 끝이 무디고 성긴 빗으로 엉킨 부분을 풀고 이물질을 떨어뜨린다. 고양이를 빗기기 전에 자신의 머리를 빗어보아 아프지 않으면 고양이에게 사용해도 좋다. 잘 풀리지 않는 매듭 부분이나 엉킨 부분은 무향의 땀띠분(talcum powder, 활석가루가 주성분인 화장용 가루)을 뿌리고 손으로 비비면서 푼다. 땀띠분을 뿌리면 지나치게 많은 기름기나 이물질도 일부 제거할 수 있다. 이 과정에서 몸에 남은 파우더는 빗질을 하면서 모두 제거해야 한다. 꼬리털을 빗을 때는 구역을 나누어 각 구역의 털을 옆으로 빗는다. 마지막으로 수고했다는 표시로 털의 결을 따라 쓰다듬어주는 것으로 마무리한다.

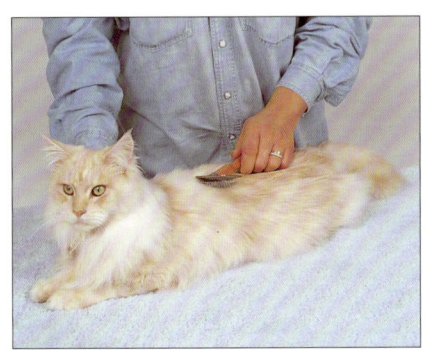

1 빗으로 부드럽게 빗어주면서 엉킨 부분이나 매듭이 생긴 부분을 꼼꼼히 풀어준다. 1주일에 1번 정도 무향의 땀띠분을 뿌려준다. 배와 다리를 먼저 한다.

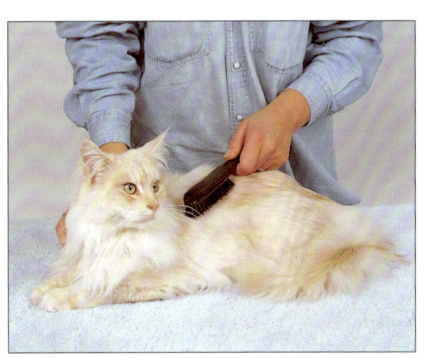

2 몸통을 빗을 때는 구역을 나누어서 털이 누운 방향과 반대쪽, 즉 고양이의 머리를 향해 빗는다. 땀띠분을 뿌린 경우에는 가루가 남지 않도록 꼼꼼히 빗어서 제거한다.

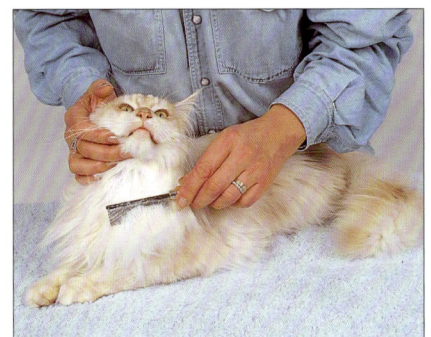

3 목 주위에 있는 털을 빗을 때는 빗살이 촘촘한 빗을 사용한다. 페르시안의 경우에는 턱 아래에 있는 털을 위쪽을 향해 빗어서 털이 풍성해 보이게 한다.

목욕과 그루밍 도구

- 수건
- 빗살이 성긴 쇠빗
- 빗살이 촘촘한 빗
- 천연모 빗
- 무향 땀띠분
- 고양이용 샴푸 또는 유아용 샴푸
- 샤워기
- 드라이기

» 메인 쿤이 캣쇼 출전을 앞두고 그루밍을 마쳤다.

목욕과 털 손질

고양이 목욕은 시간이 많이 걸리지만 캣 쇼에 출전하려면 반드시 거쳐야 할 과정이다. 새끼고양이 때부터 목욕을 자주 시켜서 적응이 되지 않으면 대개는 목욕에 거부 반응을 보인다. 가능하면 두 명이 함께 목욕을 시키는 것이 좋다. 먼저 욕실 온도가 따뜻하고 외풍이 들어오지 않으며 도망갈 틈이 없는지 확인한다. 욕조는 넓고 평평한 것이 좋다. 욕조 주변 공간을 넓게 확보하고 수건을 몇 장 챙겨두며 건조대에도 수건을 1장 둔다. 목욕 시작 전에 필요한 물건들을 모두 손이 닿는 곳에 준비한다.

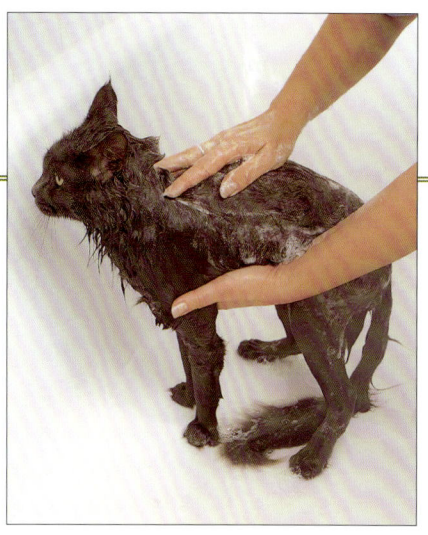

1 욕조에 물을 5cm 깊이로 채운다. 목욕하는 동안 고양이에게 부드럽게 말을 건넨다. 물 온도가 적당한지 확인한 다음 샤워기로 털이 모두 젖도록 물을 뿌린다. 샴푸를 조금 묻혀서 거품을 낸다. 샴푸가 고양이 눈이나 코 또는 입에 들어가지 않게 한다.

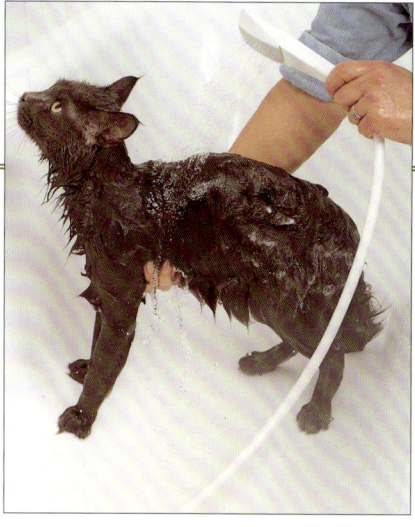

2 물로 한 번 깨끗이 헹군 다음 다시 샴푸를 바른다. 컨디셔너를 사용하는 경우에는 등 부분에 묻힌 다음 성긴 빗으로 털을 빗어서 몸 전체에 골고루 묻게 한다. 다시 한 번 물로 깨끗이 헹군 다음 몸통과 다리와 꼬리에 있는 물을 가능한 많이 짜낸다.

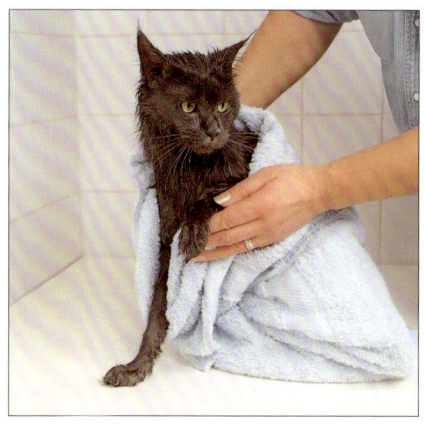

3 욕조에서 고양이를 꺼내자마자 수건으로 감싸고 물기가 거의 없을 때까지 부드럽게 문지른다. 이때 수건이 몇 장 더 필요할 수도 있다.

4 드라이기는 가장 약한 바람으로 너무 가까이서 말리지 않으며, 고정된 스탠드 형태가 더 편리하다. 빗으로 털을 세워 빗기면서, 털이 아직 약간 축축해서 몸에 붙어 있을 때까지만 말린다. 고양이가 드라이기를 싫어하면 수건과 솔로 꼼꼼히 말린다.

5 부드러운 솔로 털이 누워 있는 반대 방향으로 빗기면서 털을 세운다. 엉킨 부분은 손으로 부드럽게 풀어준다. 꼬리털이 매끄럽게 흘러내리도록 특히 신경 쓴다. 다리에 털이 엉킨 부분이 없는지 확인하고, 겨드랑이와 사타구니를 비롯해 아랫부분 털이 마르지 않았는지 확인한다. 페르시안 고양이는 목 주위 털이 풍성해 보이도록 집중적으로 관리한다.

Grooming

부위별 관리

눈
눈 안쪽의 눈곱은 손가락으로 조심스럽게 제거한다. 얼굴이 짧은 고양이는 눈 아래 눈물자국이 잘 생기는데, 동물병원이나 펫트숍에서 눈물자국 제거제를 구입하여 닦아준다.

입과 코
고양이 턱에 어두운 갈색이나 검은색을 띠는 검은 타르 같은 분비물이 있으면, 영역 표시에 사용하는 모낭의 피지가 지나치게 많이 분비되고 있는 것이다. 꼬리 여드름이라는 질환도 이와 비슷한 증상을 보이며, 꼬리가 시작되는 부위에 생긴다. 대부분 동물병원에서 치료를 받을 필요가 있다. 동물병원에서 처방 받은 특수 항균 샴푸를 쓰면 재발을 막을 수 있다.

치아와 잇몸
고양이 사료의 등장으로 고양이의 잇몸 질환이 늘고 있는데, 양치질을 해주면

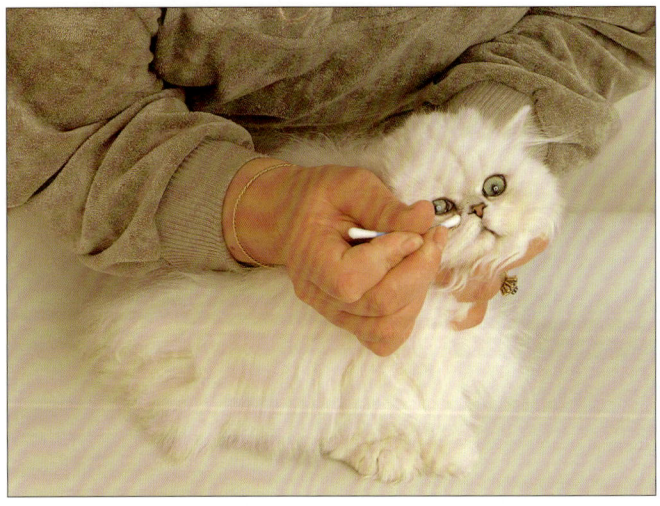

《 ↙ 페르시안 고양이는 특히 눈 주위를 매일 닦아줘야 한다. 이 새끼고양이는 어려서부터 매일 눈 청소를 받는 일에 익숙해지는 중이다. 미지근한 물로 적신 면봉으로 눈가를 닦아낸 다음 화장지로 물기를 닦는다.

≫ 닭고기, 생선 또는 고기 냄새가 나는 치약을 사용하면 고양이가 양치질에 더 협조적일 것이다.

잇몸 질환을 줄일 수 있다. 치석을 지속적으로 관리하면 그 위험성이 더 줄어든다. 수의사는 고양이의 구강을 1년에 1~2번 정기 점검하고, 필요하면 전신마취를 하여 치석 제거(스케일링)와 연마 시술을 할 수도 있다. 집에서 관리해주는 방법은 1주일에 1~2번 양치질을 해주는 것이다. 손가락에 끼워 사용하는 칫솔과 고양이 먹이맛이 나는 치약을 사용하면 쉽지만, 반드시

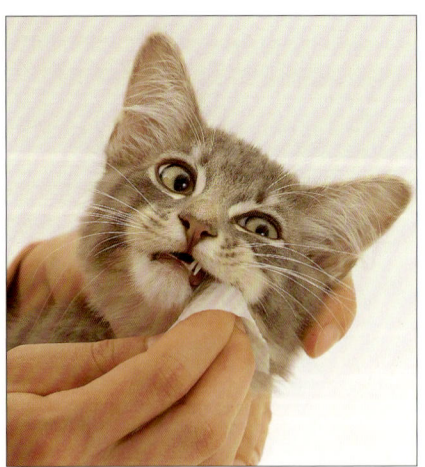

≫ 새끼고양이의 치아 바깥쪽 치석을 제거하고 있다. 치아 안쪽은 고양이의 거친 혓바닥으로 치석이 어느 정도 제거될 것이다.

목욕과 털 손질

고양이 목욕은 시간이 많이 걸리지만 캣 쇼에 출전하려면 반드시 거쳐야 할 과정이다. 새끼고양이 때부터 목욕을 자주 시켜서 적응이 되지 않으면 대개는 목욕에 거부 반응을 보인다. 가능하면 두 명이 함께 목욕을 시키는 것이 좋다. 먼저 욕실 온도가 따뜻하고 외풍이 들어오지 않으며 도망갈 틈이 없는지 확인한다. 욕조는 넓고 평평한 것이 좋다. 욕조 주변 공간을 넓게 확보하고 수건을 몇 장 챙겨두며 건조대에도 수건을 1장 둔다. 목욕 시작 전에 필요한 물건들을 모두 손이 닿는 곳에 준비한다.

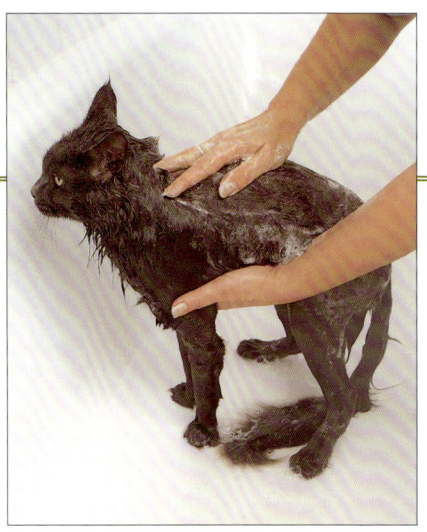

1 욕조에 물을 5㎝ 깊이로 채운다. 목욕하는 동안 고양이에게 부드럽게 말을 건넨다. 물 온도가 적당한지 확인한 다음 샤워기로 털이 모두 젖도록 물을 뿌린다. 샴푸를 조금 묻혀서 거품을 낸다. 샴푸가 고양이 눈이나 코 또는 입에 들어가지 않게 한다.

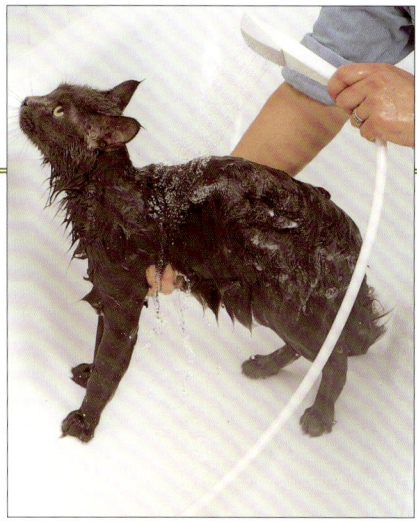

2 물로 한 번 깨끗이 헹군 다음 다시 샴푸를 바른다. 컨디셔너를 사용하는 경우에는 등 부분에 묻힌 다음 성긴 빗으로 털을 빗어서 몸 전체에 골고루 묻게 한다. 다시 한 번 물로 깨끗이 헹군 다음 몸통과 다리와 꼬리에 있는 물을 가능한 많이 짜낸다.

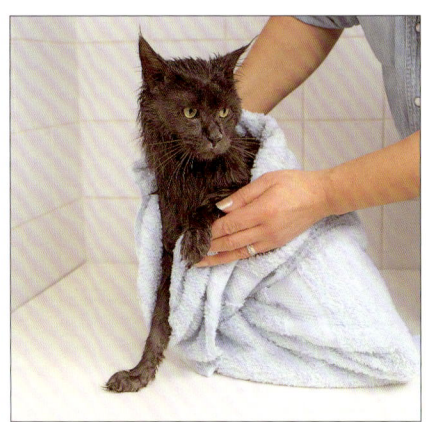

3 욕조에서 고양이를 꺼내자마자 수건으로 감싸고 물기가 거의 없을 때까지 부드럽게 문지른다. 이때 수건이 몇 장 더 필요할 수도 있다.

4 드라이기는 가장 약한 바람으로 너무 가까이서 말리지 않으며, 고정된 스탠드 형태가 더 편리하다. 빗으로 털을 세워 빗기면서, 털이 아직 약간 축축해서 몸에 붙어 있을 때까지만 말린다. 고양이가 드라이기를 싫어하면 수건과 솔로 꼼꼼히 말린다.

5 부드러운 솔로 털이 누워 있는 반대 방향으로 빗기면서 털을 세운다. 엉킨 부분은 손으로 부드럽게 풀어준다. 꼬리털이 매끄럽게 흘러내리도록 특히 신경 쓴다. 다리에 털이 엉킨 부분이 없는지 확인하고, 겨드랑이와 사타구니를 비롯해 아랫부분 털이 마르지 않았는지 확인한다. 페르시안 고양이는 목 주위 털이 풍성해 보이도록 집중적으로 관리한다.

부위별 관리

눈

눈 안쪽의 눈곱은 손가락으로 조심스럽게 제거한다. 얼굴이 짧은 고양이는 눈 아래 눈물자국이 잘 생기는데, 동물병원이나 페트숍에서 눈물자국 제거제를 구입하여 닦아준다.

입과 코

고양이 턱에 어두운 갈색이나 검은색을 띠는 검은 타르 같은 분비물이 있으면, 영역 표시에 사용하는 모낭의 피지가 지나치게 많이 분비되고 있는 것이다. 꼬리 여드름이라는 질환도 이와 비슷한 증상을 보이며, 꼬리가 시작되는 부위에 생긴다. 대부분 동물병원에서 치료를 받을 필요가 있다. 동물병원에서 처방 받은 특수 항균 샴푸를 쓰면 재발을 막을 수 있다.

치아와 잇몸

고양이 사료의 등장으로 고양이의 잇몸 질환이 늘고 있는데, 양치질을 해주면

≪↙ 페르시안 고양이는 특히 눈 주위를 매일 닦아줘야 한다. 이 새끼고양이는 어려서부터 매일 눈 청소를 받는 일에 익숙해지는 중이다. 미지근한 물로 적신 면봉으로 눈가를 닦아낸 다음 화장지로 물기를 닦는다.

» 닭고기, 생선 또는 고기 냄새가 나는 치약을 사용하면 고양이가 양치질에 더 협조적일 것이다.

잇몸 질환을 줄일 수 있다. 치석을 지속적으로 관리하면 그 위험성이 더 줄어든다. 수의사는 고양이의 구강을 1년에 1~2번 정기 점검하고, 필요하면 전신마취를 하여 치석 제거(스케일링)와 연마 시술을 할 수도 있다. 집에서 관리해주는 방법은 1주일에 1~2번 양치질을 해주는 것이다. 손가락에 끼워 사용하는 칫솔과 고양이 먹이맛이 나는 치약을 사용하면 쉽지만, 반드시

⌃ 새끼고양이의 치아 바깥쪽 치석을 제거하고 있다. 치아 안쪽은 고양이의 거친 혓바닥으로 치석이 어느 정도 제거될 것이다.

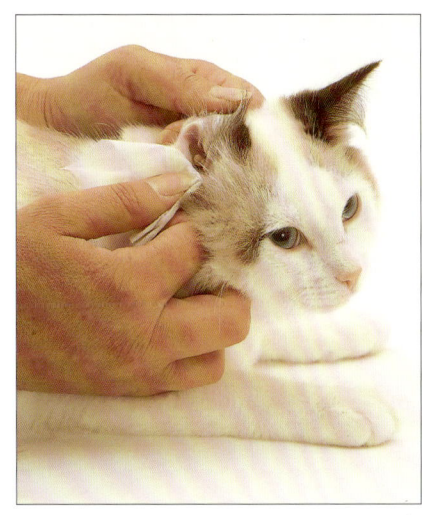

단모종 한 마리가 그루밍의 하나로 귀청소를 받고 있다. 약간의 귀지는 화장지로 부드럽게 닦아낸다.

성공한다고 확신할 수는 없다. 이런 방법으로 안 될 경우 먹이를 주기 직전에 집게손가락에 면 반창고를 감고 습식사료를 조금 묻힌 다음, 다른 손으로 고양이의 머리를 잡은 상태에서 이빨에 대고 부드럽게 문질러 닦아준다.

귀

귓속이 지저분하면 부드러운 화장지로 손가락을 감싼 다음 올리브 오일이나 유동 파라핀(liquid paraffin, 액상 파라핀 또는 바셀린유라고도 함) 또는 펫숍에서 파는 귀 세정제를 발라서 부드럽게 닦아낸다. 눈에 보이는 곳까지만 닦고, 면봉은 사용하면 안 된다. 짙은 갈색의 마른 귀지가 많이 나오면 귀진드기에 감염되었을 수 있으므로 동물병원에서 치료를 받는다.

발톱

일부 샤미즈 고양이와 여기서 파생된 발리니즈, 오리엔탈 쇼트헤어, 오리엔탈 롱헤어는 발톱을 완전히 감출 수 없기 때문에 카펫이 깔리지 않은 딱딱한 바닥에 있으면 불안해한다. 그 밖에도 어떤 품종이든 나이가 들면 이와 비슷한 증세를 보일 수 있다. 발톱은 계속해서 자라는데 나이든 고양이는 운동량이 현저하게 줄기 때문에 발톱이 잘 닳지 않는다. 이렇게 되면 딱딱해진 발톱을 완전히 감출 수 없다. 이 경우 사람이 발톱을 깎아주면 좋은데, 실외생활을 하는 고양이는 앞발톱만 깎아준다. 예기치 않게 적을 만났을 때 날카로운 뒷발톱은 무언가를 타고 올라 도망가는 데 필요하기 때문이다. 발톱을 깎다 실수하면 위험할 수 있으므로 가능하면 동물병원에 맡긴다. 발톱 색이 옅으면 진한 색 혈관이 비치는 것을 볼 수 있는데, 이 혈관을 자르면 심한 출혈과 함께 고양이가 통증을 느낀다.

발톱을 빼는 발톱절제술은 영국에서 불필요한 시술로 여겨진다. 그러나 미국에서는 널리 시행되고 있으며, 중성화수술과 함께 시술하는 경우가 많다. 이 시술은 고양이의 주요 방어수단을 제거하는 것이므로 꼭 필요한 경우에 실내에서만 생활하는 고양이에 한해서 한다.

고양이 전용 발톱깎이로 버미즈 혼혈종 고양이의 발톱을 깎고 있다. 사람이 쓰는 발톱깎이를 사용하면 고양이 발톱이 갈라질 위험이 있다. 발톱의 날카로운 끝부분만 깎아주는데, 자신이 없으면 수의사에게 맡기는 것이 현명하다.

고양이는 스스로 그루밍을 하여 벼룩이나 기생충을 예방하는데, 이 행동이 더운 날씨에는 체온을 낮추는 효과도 있다. 고양이 침이 사람의 땀처럼 증발하면서 체온을 낮추기 때문이다.

새끼고양이가 거울 앞에서 관심을 보이고 있다. 고양이는 사람만큼 색을 뚜렷이 구분할 수는 없지만 인지할 수는 있다.

The Ultimate Encyclopedia of Cats

행동과 지능
Behaviour and Intelligence

🐈 　일반적으로 고양이는 지능이 꽤 높다고 알려져 있지만, 개에 비해 그들의 묘기는 보잘것없어 보인다. 개는 무리생활을 하는 동물로 무리의 지도자라고 생각하는 사람에게 인정받고 보상받기 위해 자신이 이해한 명령에 복종하지만, 고양이는 보다 독립적인 동물이어서 무엇을 해야 하는지 잘 알면서도 따르지 않기 때문이다.

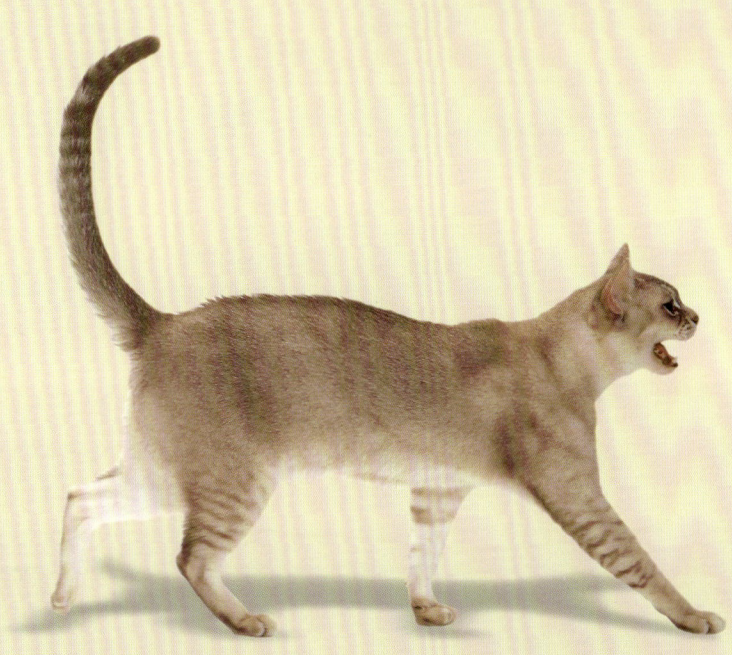

고양이는 사냥꾼의 몸과 골격, 그리고 그에 걸맞는 기질과 본능을 갖고 있다.

고양이와의 의사 소통

고양이가 하고 싶어 하는 것과 할 수 있는 것에는 꽤 차이가 있다. 예를 들어, 고양이는 천성과 본능에 따라 우아하고 섬세하며 조용하게 움직이지만, 그들의 몸은 빠르고 민첩하게 움직일 수 있게 만들어졌다. 고양이와 친해지려 할 때 고양이가 하지 말라는 행동을 할 수 있다는 사실도 염두에 두어야 하는데, 그것은 고양이가 주인을 우위로 생각하면서도 그렇게 하고 싶어서 하는 것뿐이다.

신체와 정서 발달이 균형 잡힌 고양이는 행동이 민첩하고 독립적이며 호기심이 많다. 고양이가 소심하고 의존적이며 끊임없이 관심 받기를 원한다면 어릴 때(6~16주일 때) 학대를 받았거나 사회화되지 않았기 때문일 수 있다.

소리 언어

의사소통은 양방향의 과정이다. 만약 주의해서 관찰하면 고양이의 소리와 몸짓에서 나타나는 미묘한 차이를 알 수 있다. 고양이가 어떤 행동을 할 때의 전후 사정을 생각하며 고양이 소리에 귀를 기울이면 배고픔이나 만족 등의 의미와 특정 소리의 연관성을 찾을 수 있다. 발성이나 '야옹' 하는 울음소리는 고양이마다 다르다. 샤미즈 고양이는 소리를 많이 내고 주인에게 말을 하는 경향이 있으나, 다른 고양이들은 거의 소리를 내지 않는다. 가르랑거리는 소리는 숨을 들이쉬거나 내쉴 때 아주 오랫동안 연속해서 내는 소리로 보통 만족의 표시다. 새끼고양이는 태어난 지 1주일가량 지났을 때부터 가르랑거리기 시작하는데 주로 젖을 빠는 동안 소리를 내고, 어미 고양이는 모두 문제없이 젖을 잘 빨고 있다는 신호로 받아들인다. 새끼고양이는 각자 고유의 가르랑거리는 소리를 가지고 있어서, 어미는 어느 새끼가 내는 소리인지 구별할 수 있다고 알려져 있

고양이가 주인의 무릎에 편안히 자리를 잡고 있다. 그러나 귀를 쫑긋 세운 채 경계심을 풀지 않고 있다.

다. 공포와 분노, 불만은 성난 소리를 내뱉거나 쉭쉭 하는 소리, 이빨을 드러내고 으르렁거리는 것으로 표현된다. 고양이가 사냥을 할 때는 으르렁거리는 소리의 음높이가 낮아져 마치 최면을 거는 듯이 웅웅거리는 소리로 변한다. 몇몇 고양이는 사냥감을 발견했을 때 기대감과 흥분에 '지저귀기(연속적으로 내는 단발적인 울음)'도 하고 침을 흘리기도 한다. 긴장감이 느껴지는 강한 울부짖음은 고양이들끼리의 의사소통에만 사용되며, 특히 암고양이가 발정 상태일 때 이런 소리를 낸다.

신체 언어

고양이는 기분 좋을 때 귀를 똑바로 세워서 앞쪽을 향하고, 수염은 긴장을 푼 상태로 있다. 친숙한 사람의 무릎에서 휴식을 취할 때는 가르랑거리거나 발을 벌렸다 오므렸다 하면서 어미의 젖을 빨 때 젖을 마사지하듯 발로 누르는 행동을 할 수도 있다. 만일 고양이가 수염을 앞쪽으로 곤두세우고 귀를 뒤로 젖히면서 동공을 가느다랗게 좁히고, 털을 특히 척추와 꼬리를 따라 쭈뼛 세운다면 싸울 태세를 갖추는 것이다. 털을 세울 때는 등을 아치형으로 구부리기도 하는데, 이것은 가능한 몸을 크게 하여 위협적으로 보이기 위해서다. 눈을 크게 뜨고 수염과 귀를 몸에 바짝 붙인 것은 공포를 느끼는 것이다. 고양이 수염은 접촉에 매우 민감한데, 때때로 다른 고양이를 만났을 때 수염을 접촉하여 친근감을 표현하기도 한다.

적절한 스트레칭은 고양이의 늘씬한 몸의 유연성과, 언제든 행동을 취할 수 있는 민첩성을 유지하는 데 도움이 된다.

» 정서적으로 안정된 고양이는 자신감 있어 보이고 민첩하며 여유롭다.

기본적인 본능

고양이는 야행성이고, 실제로 자는 것은 아니라도 하루에 16시간까지 휴식을 취한다. 사냥꾼인 고양이는 먹잇감을 뒤쫓을 때 순간적인 힘을 내기 위해 에너지를 비축하는 것이다. 고양이가 나가서 작은 생물을 사냥하려는 것은 강한 본능이다. 이런 사냥 본능은 심지어 새끼고양이가 장난감이나 나뭇잎을 갖고 놀 때도 나타난다.

청각, 시각, 후각은 목표물을 조용히 뒤쫓아 가서 사냥하기에 가장 적합하게 발달하여 사람보다 훨씬 더 예민하다. 촉각을 이용하는 수염은 가까이 있는 물체를 감지하는 센서 역할을 하는 또 다른 감각이다. 수염은 우호적인 관계를 표현하기 위해 다른 고양이들과 수염과 수염을 서로 비비는 행동을 할 때도 이용된다. 고양이는 사교적이어서 다른 동물과 관계를 잘 형성하는 편이고, 바깥으로 외출이 허락되면 주위에 있는 고양이 무리의 구성원이 될 것이다. 이런 무리는 중성화되지 않은 수고양이와 암고양이가 지배하는 계급사회로 세력 다툼이 심하다.

가벼운 영역 표시

암고양이나 수고양이 모두 사물이나 사람에게 머리를 문질러서 가볍게 영역 표시를 한다. 고양이는 몸의 여러 부위, 특히 귀 주변과 목 그리고 머리 뒤쪽의 분비샘에서 나오는 분비물로 냄새를 남긴다. 이 분비물은 고양이가 발톱을 갈기 위해 나무를 긁을 때 발볼록살 사이에서도 분비된다.

△ 고양이가 의자에 이마를 문지를 때 냄새가 분비되어 이 의자가 자기 영역의 일부임을 표시한다.

△ 태어난 지 몇 주가 안 된 이 새끼고양이는 신뢰나 길들여지는 것을 받아들이지 못한다. 아직 야생 상태로 불청객에 대해 두려움과 공격성을 보인다.

≪ 고양이가 무언가를 덮치려고 뛰어올랐다. 시야가 넓은 고양이 눈은 어두운 곳에서도 부족한 빛을 최대한 활용하여 조그마한 움직임조차 놓치지 않도록 최적화 되어 있다.

BEHAVIOUR AND INTELLIGENCE

영역 다툼

고양이는 본능적으로 무리를 이루며, 스스로 사냥 영역을 개척한다. 이 습성은 중성화되지 않은 수고양이에게서 뚜렷이 나타나는데, 수고양이의 삶의 목적이 자신의 유전자를 다음 세대에 전하는 것이기 때문이다. 수고양이는 싸움을 통해 영역을 10㎞까지 확장할 수 있으며, 싸워서 무리 내에서의 자신의 지위를 지키고 암고양이들과 교미할 우선권을 갖는다. 따라서 수고양이의 삶은 치열하고 짧을 수 있다.

중성화되지 않은 암고양이는 사냥 영역을 넓히거나 방어할 때 수고양이만큼 잘 싸울 수 있다. 암고양이는 생후 4개월부터 주기적으로 발정이 오고 새끼를 가질 수 있다.

집고양이와 영역권

중성화수술을 한 집고양이에게는 집과 정원이 자기 영역의 중심이다. 그러나 중성화되지 않은 고양이는 영역을 확장하며 주변 고양이들에게 도전할 것이다. 새끼 때부터 함께 자란 고양이들은 보통 큰 문제없이 잘 지내지만, 집 안에 고양이가 너무 많은 경우에는 영역 표시를 할 수도 있다. 이미 고양이가 있는 가정에 다 자란 성묘를 새로 데려올 때는 주의해야 하며, 전문가의 지도가 필요할 수도 있다. 중성화된 고양이들은 영역 다툼이 있을 때 격렬한 울음소리와 신체 언어를 이용하거나 비폭력적인 방법으로 우월함을 입증하여 해결한다. 물론 중성화되지 않은 고양이들의 영역 다툼은 완전히 다른 형태이다.

스프레이

고양이는 자신의 구역 경계에 아주 강한 냄새의 농축된 소변을 뿌려 영역을 표시한다. 이것을 '스프레이(spray)'라

▲ 고양이가 자신의 영역이라고 생각하는 경계 지역에 소변을 보아 표시를 하고 있다. 중성화되면 암수 모두 소변 냄새가 강하지 않다.

« 2마리 고양이가 이마를 비벼 서로의 애정을 표현하고 있다. 서로 핥아주거나 수염을 비비는 것으로 우정을 표현하기도 한다.

행동과 지능

« 버미즈 수고양이가 사냥에 나섰다. 중성화되지 않았다면 먹이와 암고양이를 찾아 10km를 돌아다닐 수도 있다.

» 그 지역의 고양이 무리와 계급 조직 안에서 자리를 잡을 준비를 마친 새끼고양이가 바깥세상을 탐험하기 시작했다.

˅ 생후 6개월 된 새끼 수고양이가 어미 곁에서 떨어지지 않으려 한다. 그러나 중성화되지 않고 서열이 높은 어미고양이는 언제까지나 이렇게 안주해 있지 않고 종종 독립적으로 움직이려고 한다.

고 한다. 낯선 사람이나 동물이 집에 와서 위협이나 불안을 느낄 때도 이런 행동을 한다. 중성화되지 않은 수고양이가 스프레이를 가장 많이 하며, 소변 냄새 또한 코를 찌른다. 암고양이도 스프레이를 하는데, 특히 발정기에 많이 한다. 중성화된 고양이도 스프레이를 하지만 냄새가 덜 자극적이다. 극단적으로, 화장실 밖에 대변을 떨어뜨려 영역 표시를 할지도 모른다. 이것은 단순히 지저분한 행동이 아니라 기능 장애이므로 반드시 그 원인을 찾아야 한다. 자기 영역에 끊임없이 영역 표시를 반복하는 고양이는 그 행위가 가치 있다는 것을 스스로 확신하려는 것이다. 이 경우 수의사에게 의학적 조언을 구한다. 가정에서의 관심과 애정 어린 치료가 문제를 해결할 수도 있다. 만약 이와 같은 이상 행동이 계속되면 동물행동 전문가와 상담한다.

중성화수술의 효과
중성화수술은 자기 영역을 지키려는 고양이의 본능을 확실하게 줄여주어 고양이가 자신의 영역을 주로 집 주변으로

» 새끼고양이 때부터 서로 알고 지낸 중성화된 버미즈 고양이 2마리가 집과 정원의 좁은 영역을 사이좋게 공유하고 있다.

제한한다. 물론 집 주변도 이미 중성화된 다른 암고양이 또는 수고양이가 강력하게 지키고 있을 수 있다.

수고양이의 중성화수술(거세수술)은 성 충동을 일으키는 호르몬을 생산하는 고환을 제거하는 것이다. 고환 적출은 생후 4개월 이후부터 하는 것이 이상적이며 전신마취를 하고 진행한다. 봉합은 필요 없고 24시간 안에 회복이 되며, 고양이에게서 정신적 외상의 영향은 보이지 않는다. 그러나 장기적으로 영역 보호나 생식 및 사냥과 관련된 행동에 변화가 있다. 암고양이는 난소와 자궁을 적출하는 방법으로 중성화수술을 한다. 수술 후 임신을 할 수 없고, 더 이상 발정이 오지 않으며, 주변의 다른 수컷들을 유혹하지 않는다. 수술은 생후 4~5개월이 지나서 하는 것이 바람직하다. 일단 마취에서 회복되면 고양이가 그다지 힘들어하지 않는다. 중성화된 암컷은 시간이 지나면서 좀 더 다정다감하고 얌전해진다. 중성화된 동물은 음식의 흡수나 대사 효율성이 높아지는 반면 활동량은 줄어들 수 있다. 통통해 보이면 비만이 되지 않도록 사료에 신경을 쓴다.

문제 행동

고양이의 눈과 귀 사이는 종종 다른 곳보다 털이 적다. 그러나 이 고양이처럼 이 부분에 탈모 증상이 보인다면 스트레스 징후이거나 지나치게 문지르기 때문일 수 있다.

혼자 있기 좋아하는 독립적인 고양이에게 스트레스 징후를 알아차리는 것이 때로는 어려울 수 있다. 몇몇 품종은 다른 품종에 비해 좀 더 예민하다. 예를 들어, 몹시 예민한 오리엔탈은 낯선 환경에 아주 기분 나쁘게 반응할 수 있다. 심지어 고양이 위탁소에 맡겨진 첫날 성격이 바뀔 수도 있다. 무신경해 보이는 쇼트헤어 집고양이도 마찬가지로 흥분할 수 있는데, 쉬익(보통 하악질이라 함) 하고 소리를 내거나 또는 할퀴거나 무는 등 더 공격적인 반응을 보일 수 있다. 고양이가 개에 비해 스트레스를 더 크게 표현하겠지만, 처음에 나타나는 징후는 때때로 너무 미묘해서 알기 어렵다.

스트레스 징후

고양이는 약하다고 느끼면 자기 안으로 틀어박혀버리는데, 이런 상태를 말해주는 첫 번째 단서가 고양이의 냉랭한 무관심이다. 전투태세를 갖춘 고양이는 가능하면 몸을 크게 보이려고 하지만, 곤경에 처하면 생쥐처럼 작아지려고 한다. 털을 납작하게 눕히고, 꼬리는 동그랗게 말아 몸을 웅크린다. 이런 상황이 계속되면 고양이가 떨기 시작한다. 침흘림, 구토, 배변 또한 신경과민이나 긴장 때문에 나타나는 증상일 수 있다.

고양이는 두려울 때 적극적이거나 소극적인 반응을 보일 수 있다. 전형적인 적극적 반응은 동공 확대, 등 구부리기, 털 곤두세움과 쉭쉭 소리 지르기다. 달래듯 말을 하거나 신체 접촉으로 안심시키려는 어떤 시도에도 더욱 공격적으로 반응할 수 있다.

공포에 대한 소극적 반응은 더 미묘하고 알아차리기 힘들다. 고양이가 숨어버리거나, 귀를 뒤로 젖힌 채 꼼짝하지 않고 몸이 작아 보이게 할 수 있다. 소심한 고양이는 아주 작은 움직임이나 갑작스런 소음에도 깜짝 놀란다. 이것은 새끼고양이일 때 학대를 당했거나 사회화가 적절히 이루어지지 않았기 때문일 수 있다. 어려서부터 일반 가정에서의 생활과 소음에 익숙해지도록 사회화시킨다.

고양이의 공포심

고양이가 가지는 약간의 두려움은 사람의 도움으로 극복할 수 있다. 소심한 고양이에게는 몸을 숨길 수 있는 덮개가 있는 잠자리 등 안전하고 조용한 장소를 준비해준다. 고양이에게 지나치게 관심을 보이지 말고 먼저 다가올 때까지 기다린다. 고양이가 좀 더 자신감을 찾을 때까지 항상 천천히 움직이고 부드럽고

공격적인 고양이가 불청객을 쫓아내고 있다. 중성화 수술을 하면 고양이가 좀 더 얌전해진다.

소심한 고양이는 아주 작은 소음이나 예상치 못한 상황으로 공포심을 느낄 때 몸을 웅크리거나 숨는다.

차분하게 이야기하며, 낯선 사람이나 낯선 환경에 노출시키지 않는다.

고양이의 두려움을 없애려면 원인을 아는 것이 중요하다. 만일 그 원인이 동물병원 방문처럼 확실한 것이 아닌 한 원인을 알아내는 것이 항상 쉽지 않을 수 있다. 어린아이의 가벼운 장난이나 끊임없는 소음, 또는 갇히는 것과 같은 지속적인 문제일 수 있다. 일단 원인이 밝혀지면 문제점을 제거하고 고양이의 자신감을 찾아주어야 한다.

고양이가 공포를 스스로 극복하게 할 수도 있다. 고양이는 도주 반응이 매우 발달되어 있어서 이동장이나 차에 갇히는 등 위협적인 상황에 처하면 반사적으로 탈출을 시도한다. 부드럽게 달래거나 그 상황에 조금씩 자주 노출시킴으로써 두렵지 않다는 것을 서서히 깨닫게 하여 치유할 수도 있다.

고양이가 고양이 위탁소나 동물병원에 도착하여 받는 초기의 충격은 보통 48시간이 지나면 진정된다. 이 전에

고양이를 건드리면 아무리 부드럽게 만져도 사람의 손길을 초기의 공포와 연관 지어 생각할 수 있으며, 이후 누군가 먹이를 주려고 접근해도 공격적으로 반응할 수 있다. 고양이는 보통 혼자 두면 진정이 되며, 곧 전날은 아주 싫어했던 사람과 친구가 되려고 할 것이다.

▲ 새끼고양이가 발톱으로 어딘가 긁는 것을 좋아하는데, 커튼이나 깔개 같은 직물 제품들을 망가트리게 해서는 안 된다. 스크래쳐(발톱 가는 것)를 준비하고 약간의 훈련을 시켜 이 문제를 해결한다.

고양이의 공격성

평상시에는 차분하고 얌전하던 고양이가 갑자기 할퀴고 물기 시작한다면 질병이 있거나 따분하거나 겁을 먹었을 수 있으므로 원인이 무엇인지 알아본다. 장난칠 때라도 공격적인 행동은 안 된다는 것을 새끼 때부터 훈련시키는 것이 중요하다. 물거나 할퀼 때마다 단호하게 '안 돼'라고 말하며, 즉시 놀이를 중단하고 코를 살짝 치며 혼내줘야 이런 공격적인 행동이 교정된다. 고양이는 독립적인 생활을 좋아하는데 고양이가 원치 않을 때, 예를 들어 잠들어 있을 때 관심을 표현하면 본능적으로 공격할 수 있다.

▲ 듣고 있는 자세의 새끼고양이. 고양이가 말을 잘 들을 때는 칭찬을 해주는 것이 중요하다. 잘못된 행동을 했을 때도 절대 소리치거나 때리면 안 된다. 단호하고 침착하게 '안 돼'라고 말하고 코를 살짝 치는 것만으로도 충분히 나쁜 짓을 못 하게 할 수 있다.

▲ 실내생활을 하는 고양이는 되도록 주인이 자주 놀아주어 충분히 운동을 시키고 관심을 가져줘야 한다. 그렇지 않으면 고양이의 권태감이 파괴적 성향으로 변할 수도 있다.

BEHAVIOUR AND INTELLIGENCE

훈련과 학습 행동

호기심 많고 지능적인 고양이는 얼마 안 있어 자신을 애지중지하는 사람을 다루는 법을 알게 된다. 고양이 또한 일정하게 반복되는 행동을 하도록 훈련시킬 수 있는데, 훈련되는 정도는 사람이 고양이와 보내는 시간에 따라 많이 달라진다. 새끼고양이의 놀이는 사실 본능에 따른 사냥과 생존 기술의 습득을 의미한다.

고양이의 대부분의 사냥 행동은 본능이지만 다른 고양이에게 배우기도 한다. 그러나 사람 손에서 홀로 자란 새끼고양이는 사냥법을 배우지 못한다.

새끼고양이는 저마다 고유의 기질과 특별한 기술을 가지고 있다. 새끼고양이의 장난을 북돋아주고 놀이 범위를 넓혀나가면 새끼고양이가 가진 기질과 기술의 강점과 약점을 알 수 있다. 뛰어난 동물 조련사들의 비법이 바로 동물의 타고난 특성을 잘 관찰하여 발달시키는 것이다. 모든 고양이에게 균형 감각과 공간지각 능력이 있지만, 몇몇은 다른 고양이보다 더 뛰어나다. 새끼고양이가 구겨진 종잇조각을 물어서 다시 던지라고 주인에게 가져올 수도 있다. 보상으로 맛있는 간식을 한입 주면서 이 놀이를 반복 훈련하면 머지않아 '물어 오기'를 할 수 있게 된다.

각 가정에서 고양이가 잘 알아듣고 반응할 수 있는 명령어를 사용하여 몇 가지 규범을 따르도록 훈련시킬 수도 있다.

바이컬러 래그돌 새끼고양이가 던져준 장난감을 찾아 물고 있다. 고양이가 주인이 다시 던질 수 있게 장난감을 갖다 줄지도 모른다.

의사 소통

훈련의 첫 단계는 고양이와 의사소통을 하는 것이므로 새끼고양이에게 가능하면 빨리 이름을 지어준다. 성묘를 데려온 경우에는 마음에 안 들더라도 기존의 이름으로 불러주는 것이 좋다. 고양이를 부를 때 고양이 이름을 반복해서 말하면 고양이가 곧 자신의 이름에 반응한다. 고양이가 자신의 이름에 반응하는 순간부터 특정 명령어를 가르치는 일이 훨씬 쉬워진다. 절대 소리치지 말고, 낮은 목소리로 단호하게, 같은 명령

새끼고양이는 각자 자신만의 장점과 약점 및 특기를 가지고 있다. 이 고양이의 특기는 곡예인 것 같다.

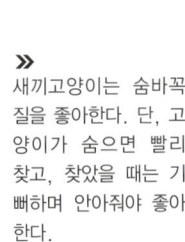

새끼고양이는 숨바꼭질을 좋아한다. 단, 고양이가 숨으면 빨리 찾고, 찾았을 때는 기뻐하며 안아줘야 좋아한다.

행 동 과 지 능

« 지능적인 고양이는 스스로 간식을 꺼내 먹을 수 있다.

때마다 부드럽지만 단호하게 '안 돼'라고 말하고, 고양이를 스크래처로 데려가서 발을 스크래처에 올려놓는다. 고양이가 스크래처를 사용하면 칭찬하고 쓰다듬는다.

고양이 출입문 사용

고양이가 고양이 출입문을 사용하도록 훈련할 때도 역시 연습과 칭찬이 중요하다. 문이 고양이에게 알맞은 높이에

있는지, 문이 쉽게 여닫히는지 꼭 확인한다. 훈련 방법은 먹음직스러운 먹이를 문 건너편에 두고 고양이를 부드럽게 밀어서 문으로 통과시킨다. 그리고 나서 문을 살짝 열고 고양이를 다시 부른다. 몇 번을 더 반복하면 고양이는 곧 혼자서도 출입문을 사용할 수 있게 된다.

을 반복해서 말하는 것이 핵심이다. 고양이에게 소리 지르면 고양이가 충격을 받아 나중에 행동 장애가 나타날 수 있으므로 절대 고함을 치면 안 된다.

가구 보호

고양이는 발톱을 다듬거나, 영역을 표시하거나, 또는 단지 만족하기 위해서 나무나 가구를 긁는다. 그러므로 가구를 보호하고 싶다면 따로 스크래처(발톱 가는 것)를 준비하고, 스크래처에 개박하(마타타비)를 문질러두면 더 좋다. 고양이가 커튼이나 값비싼 소파에 흠집을 낼

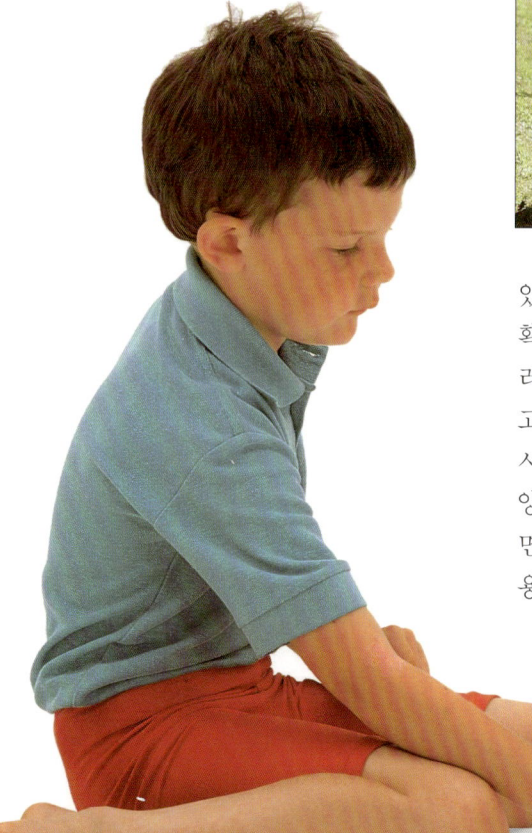

▲ 고양이가 실내 화초를 뜯어먹지 못하게 하려면 고양이 전용 개박하 화분을 준비한다. 또 한편으로 물에 레몬주스를 타서 식물의 잎을 닦아주면 고양이가 화분에 입을 못 대게 하는 데 어느 정도 효과가 있다.

« 고양이가 어린 주인과 즐겁게 우정을 나누고 있다. 대부분의 고양이가 독립적이기도 하지만 사교적이어서 친구를 좋아한다.

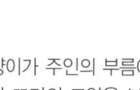

▲ 고양이가 주인의 부름에 반응을 보인다. 기대하는 표정과 꼬리의 모양을 보아 아마도 저녁식사 시간인 것 같다.

« 남자아이와 새끼고양이가 함께 놀고 있다. 이것은 둘 모두에게 중요하다. 아이는 동물에게 부드럽고 친절하게 대하는 법을 배우고, 새끼고양이는 외롭거나 지루하지 않으며 사냥 기술을 배운다.

아래 사진 속 고양이의 맑은 눈빛과 빈틈없어 보이는 표정, 그리고 오른쪽 고양이의 꼿꼿이 세운 꼬리 등이 모두 육체적, 정신적으로 건강한 상태를 나타낸다.

The Ultimate Encyclopedia of Cats

일반 관리와 건강 관리
General Care and Everyday Health

고양이는 생존 본능이 강한 동물로, 종종 아파도 개의치 않고 살아가기 때문에 어디가 안 좋은지 알기 어렵다. 고양이의 성격을 알고 정기 검진을 받으면서 고양이 신체의 강점과 약점을 조금씩 이해해 나간다면 병이나 부상의 초기 징후를 발견하기 쉽다. 평소에 부지런히 건강 관리를 해주는 것이 궁극적으로 병원비를 절약하는 방법이다. 또한 응급 상황일 때 그 대처법을 알아두면 나중에 고양이의 생명을 구할 수 있고, 병의 완치율도 높아진다.

# 고양이의 이상 징후

고양이에게는 털이 건강 지표이다. 털은 현재 먹고 있는 사료의 질과 전반적인 상태를 반영하는 것으로, 윤기가 흐르고 비듬이 없어야 한다. 건강한 고양이는 눈에 분비물이나 충혈, 눈 깜빡임 등이 없이 맑고 깨끗하다. 눈 주위 피부는 염증이 있어 붉은색이기보다는 연분홍빛이다. 코눈물관을 따라 눈물이 비강 안으로 흐르고 혀로 코를 핥게 되므로 코평면이 차갑고 조금 촉촉한 것이 정상이다.

고양이의 평상시의 정상적인 행동이나 표정과 반응을 알고 있어야 어디가 안 좋은지 알 수 있다. 수의사는 1년에 1번 정도만 만나므로 고양이의 성격이나 정상적인 행동을 모른다. 고양이의 건강에 대해 가장 잘 아는 것은 함께 사는 사람이므로 아무리 작은 것이라도 이상한 점은 수의사에게 모두 말한다. 특히 고양이의 식습관이나 물 마시는 행태에 변화가 있는지 잘 살펴본다.

아픈 고양이의 특징

고양이 상태가 좋지 않다는 첫 번째 징후는 같이 사는 사람만이 알아차릴 수 있는 행동이나 겉모습의 변화이다. 평상시에는 친근한 성격인 고양이가 공격성을 보이거나, 활달한 성격의 고양이가 갑자기 움츠러들거나 소심해지고 두려워한다면 아픈 증상이 있는지 확인한다. 불러도 반응이 없는 것은 열이 있거나, 귀진드기 감염 등으로 일시적인 청력 저하가 있기 때문일 수 있다.

△ 건강한 고양이라면 모두 그렇듯이, 레드 태비 1마리가 주변 상황에 관심을 보이고 있다.

△ 빈틈없는 표정, 쫑긋 선 귀와 윤기 흐르는 털은, 이 고양이가 균형 잡힌 식사를 하며 건강하고 만족스러운 생활을 하고 있다는 것을 말해준다.

≪ 고양이는 놀고 있을 때 성격이 드러난다. 고양이가 장난치는 일에 갑자기 무관심해지거나 열의가 없어지면 건강에 문제가 있는지 살펴본다.

> **수의사의 진료가 필요한 증상**
>
> 고양이에게 다음과 같은 증상이 나타나면 곧바로 수의사를 찾아간다.
>
> - 구토물이나 소변 또는 대변에 피가 보인다
> - 심한 갈증
> - 배가 불러오고 누르면 아파한다
> - 발열
> - 구토와 설사가 함께 나타난다
> - 음경 또는 외음부에서 피가 보인다
> - 호흡이 얕거나 힘들어 보인다
> - 교통사고

털

털이 비정상적으로 서 있고 정돈되지 않아 지저분해 보이면 일반적으로 건강이 나쁘다는 표시다.

대변

고양이의 건강이 우려될 경우 변을 확인해본다. 건강한 고양이의 변은 지독한 냄새나 썩는 냄새가 나지 않고 단단하다. 실외에서 기르는 경우, 당분간 실내에 두고 고양이 변기에 변을 보게 하여 확인한다.

쓰레기통을 뒤지는 고양이라면 상한 음식을 먹고 설사할 수도 있으나 더 심각한 병일 수도 있다. 특히 설사를 계속할 경우에는 더욱 더 다른 병이 아닌지 의심해봐야 한다. 통증이 따라오는 변비도 문제가 될 수 있는데, 특히 변에 피가 묻어나오면 문제가 된다.

일반 관리와 건강 관리

고양이 몸 Cat's Anatomy

고양이의 골격은 연약한 내부 장기를 보호하고 지지하는 기능을 한다. 또한 고양이의 전체 골격은 단단하지만 가벼워서 사냥꾼으로 알맞다.

털은 속털과 겉털로 이루어져 있는데, 빽빽하게 난 부드러운 속털이 보호털로 알려진 좀 더 거친 겉털로 덮여 있다. 털이 빽빽이 덮여 있으면 피부(표피)를 더 잘 보호한다

피부는 여러 세포층으로 이루어져 있는데, 자연적으로 죽거나 상처로 인해 떨어져 나가는 세포를 메우기 위해 끊임없이 새로운 세포가 다시 생겨난다.

꼬리
각각의 꼬리뼈는 작은 근육과 힘줄로 섬세하게 연결되어 있어 꼬리가 움직일 수 있는 범위가 매우 넓다. 움직임이 자유로운 꼬리는 균형 감각에 도움을 주고, 고양이의 감정 상태를 나타내기도 한다.

머리
전형적인 포식자의 머리 형태로 뇌를 보호하는 단단한 두개골이 있다. 목 관절이 유연하여 머리를 움직이는 범위가 넓다.

눈
앞쪽을 향해 있는 깊고 큰 눈구멍은 안구를 보호한다. 양안시(양쪽 눈으로 상을 보는 것)는 물체의 거리감을 느끼게 해주는데, 이것은 먹이와의 거리를 정확히 측정하기 위해 포식자가 반드시 갖춰야 할 조건이다.

귀
컵처럼 생긴 큰 귀는 매우 넓은 범위의 소리를 듣는다. 이것은 작은 근육들 덕분에 귀가 아주 유연하게 움직일 수 있기 때문이다. 내이는 균형을 유지하는 기능을 한다.

등
등 근육은 무거운 몸을 지탱하고, 먼 거리를 움직이기 알맞게 잘 발달되어 있다. 등 쪽의 척추는 촘촘한 간격의 등뼈에서부터 주요 장기를 지지하는 굵은 허리뼈와 엉치뼈까지 이어져 있다.

골반
골반뼈는 허리 쪽의 척추와 점점 가늘어지는 꼬리뼈에도 이어져 있다.

치아
이 역시 전형적인 육식 동물의 특징을 가지고 있다. 동물을 죽이는 데 사용하는 송곳니, 먹이를 무는 데 사용하는 앞니, 먹이를 씹고 찢는 기능을 하는 크고 날카로운 어금니가 그것이다. 옆으로 움직일 수 있는 유연한 아래턱은 이의 씹는 저작 기능의 효율성을 더 좋게 한다.

앞다리
앞다리는 약간의 회전 운동이 가능해서, 세수하기 위해 발바닥을 얼굴에 갖다 댈 수 있다.

발
고양이는 발이 길어서 발가락으로 걸으며, 예민한 감각의 발볼록살이 쿠션 역할을 한다. 발톱은 감출 수 있다.

뒷다리
뒷다리는 앞뒤로만 움직일 수 있다. 앞쪽의 팔꿈치와 마주 보며 구부리는 방식으로, 이 때문에 고양이는 높이 뛰어올라 먹이를 순식간에 덮칠 수 있다.

눈

제3안검(셋째눈꺼풀, 순막)이 보일 경우 감염이 되었거나 눈 안에 이물질이 있을 수 있다. 눈의 발적이나 염증 또는 짙은 노란색 분비물이 계속해서 많이 나오면 병일 수 있다. 양쪽 눈동자가 모두 확대되었거나 밝은 빛을 비춰도 크기가 변하지 않으면 바로 수의사에게 진료를 받는다.

입, 코

부러지거나 변색된 이빨은 없는지, 잇몸이 부었는지, 구취가 나는지, 목 주위에 만져지는 혹(림프절 비대)은 없는지 확인한다. 코는 촉촉하고 살짝 시원한 느낌이며 콧물이 나오지 않아야 한다.

귀

귓속의 투명한 귀지는 정상이지만, 짙은 갈색 귀지는 귀진드기 때문일 수 있으므로 수의사에게 진료를 받는다. 혹시 잔디 씨앗과 같은 식물의 씨앗이 들어 있는지도 확인한다. 귓속에 들어간 씨앗이 외이도로 들어가면 고양이가 고개를 흔들며 발로 귀를 긁는 행동을 한다. 가볍게 긁힌 상처라도 깨끗이 닦아서 감염이 안 되게 해야 한다. 외이도와 귓바퀴는 아주 연약해서 싸우는 과정에

▲ 정기적인 관리 방법의 하나는 아무데나 피부가 보이게 털을 헤집어서 살펴보는 것이다.

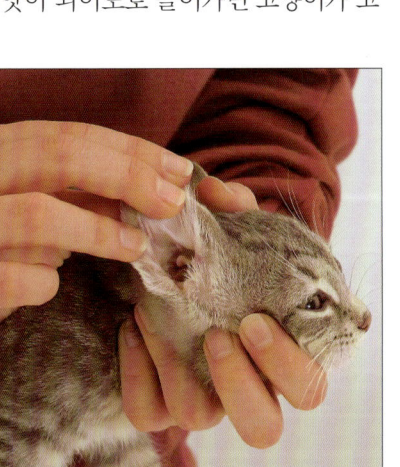

▲ 귀를 살짝 뒤집어서 귓바퀴 안쪽에 상처가 있는지 확인한다. 짙은 색 귀지가 있는지도 살펴본다.

≪ 사람이나 다른 동물과 마찬가지로 고양이의 눈은 신체 다른 곳에 질환이 있음을 알려주기도 한다. 이 고양이의 눈은 건강한 고양이의 빛나는 눈이다.

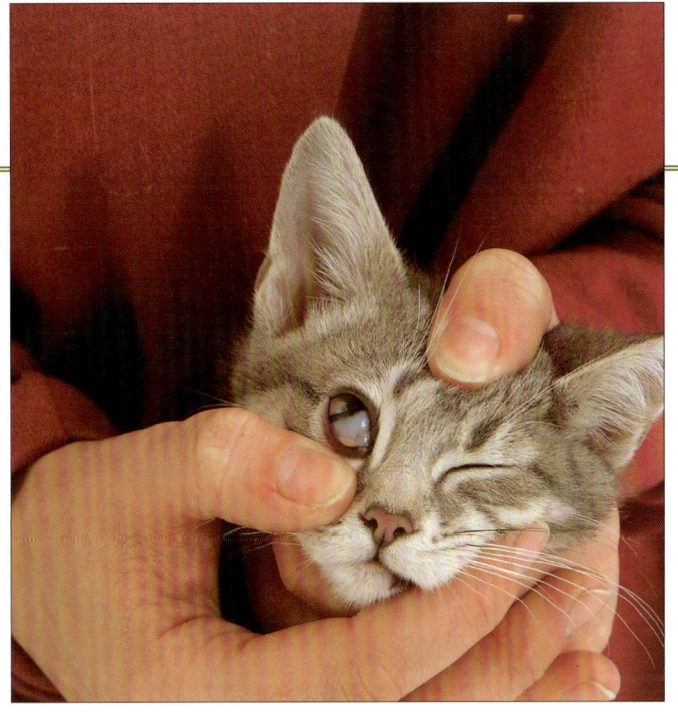

》
고양이의 제3안검(셋째 눈꺼풀, 순막)을 확인하는 것은 중요하다. 가만히 있는데도 제3안검이 보이는 경우에는 감염되었거나 눈에 이물질이 들어갔을 확률이 높다.

서도 쉽게 다칠 수 있다. 귓바퀴에 구멍이 난 경우에는 흔히 혈종(큰 혈액성 수포)이 생길 수 있는데, 치료하지 않으면 감염될 수 있다. 귀가 아주 뜨거운 듯하면 열이 있을 수 있는데, 수의사에게 데려가기 전에 먼저 고양이가 햇볕이나 난로 옆에 누워 있어서 그런 것인지 확인해본다.

발
실내생활을 하는 고양이는 발톱을 잘라줄 때가 되었는지 정기적으로 확인한다. 방치할 경우 발톱이 안쪽으로 자라서 살을 파고들 수 있다. 발바닥에 혹시 상처나 부상이 있는지도 확인한다.

털과 피부
단모종이라도 정기적으로 그루밍을 해야 하는 중요한 이유는 빗질 과정에서 몸에 새로 생긴 혹이나 벼룩, 진드기 등의 감염 징후를 발견할 수 있기 때문이다. 빗에 모래 같은 이물질이 보이면 더 꼼꼼히 살펴봐야 한다. 물에 적신 흡수력 좋은 종이 위에 고양이를 올려놓고 빗질을 한다. 만약 종이 위에 떨어진 이물질이 붉은색이면 피를 배불리 먹은 벼룩의 똥일 수 있다. 그렇지 않으면 고양이가 정원에서 구르고 온 직후일 수 있다. 회색이나 흰색의 조금 볼록한 혹이 있다면 진드기 감염을 의심할 수 있다. 진드기는 머리를 고양이 피부에 박은 채 몸만 겉에 드러내고 있어 고양이를 아주 예민하게 만든다. 진드기는 보이는 즉시 제거해야 하는데, 머리까지 모두 빼내도록 신경 쓴다. 만약 진드기 몸통만 제거하고 머리는 피부에 남게 되면 그 부위에 농이나 궤양이 생길 수 있다.

체온
열이 있는지 확인하는 가장 좋은 방법

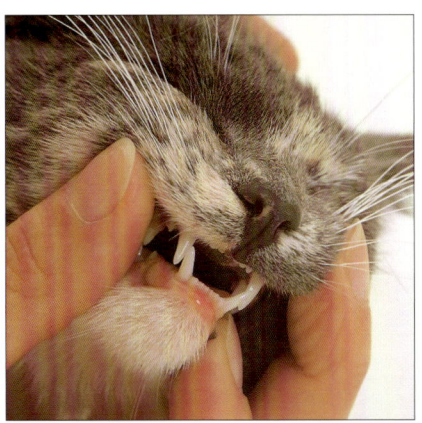

△
야생의 먹이를 먹는 경우와 달리 파는 사료를 먹으면 턱관절 운동을 하거나 이빨을 청소할 기회가 없다. 따라서 구강 검사를 자주 하는 것이 중요하다.

은 귀가 뜨거운지 만져보는 것이다. 그러나 정확한 체온을 알려면 직장 체온계가 필요한데, 38~38.5℃가 적정 체온이다. 직장 체온계를 사용하는 방법을 잘 모르면 전문가에게 맡긴다.

맥박
맥박을 재기에 가장 좋은 곳은 겨드랑이 또는 허벅지 안쪽이다. 맥박은 측정하기 전의 활동량에 따라 1분당 120~170회로 달라진다. 평균 맥박은 1분당 150회다.

구토
고양이는 가벼운 구토를 자주 하므로 놀랄 필요가 없다. 음식을 씹지 않고 너무 빨리 통째로 삼켰기 때문이거나, 섭취한 음식이나 헤어볼(위 속에 쌓인 털뭉치)을 몸 밖으로 배출하기 위해 뜯어 먹은 풀 때문일 수도 있고, 또는 헤어볼을 제거하려는 생리적 반응일 수도 있다. 그러나 구토를 지속적으로 하고, 특히 구토물에 피가 보일 경우에는 수의사에게 진료를 받아야 한다.

정기점검
고양이를 아낀다면 고양이의 몸 상태가 좋은지 정기적으로 확인한다. 진드기나 벼룩 감염 등의 조기 증상을 찾아내면 나중에 더 심각한 상황에 이르는 것을 막을 수 있다. 정기점검은 고양이와 함께 시간을 보내고 있을 때 하거나, 만약 정기적으로 빗질을 해줘야 하는 고양이라면 그루밍할 때 필수 과정으로 할 수도 있다. 병의 징후가 보이거나 고양이가 불편해하면 앞에서 설명한 점검 사항들을 참조하여 살펴본다. 수의사에게 데려갔을 때 점검 과정에서 발견한 이상 징후를 자세히 설명할 수 있다.

GENERAL CARE AND EVERYDAY HEALTH

동물병원 선택

상시진료 시스템으로 운영되는 동물병원은 예약 없이 정해진 진료시간에 언제든지 방문할 수 있다. 그러나 진료 대기실에 다른 동물과 보호자들이 먼저 와서 대기하고 있을 수 있다.

응급상황이 발생한 다음에 수의사를 찾지 말고, 새로운 고양이를 집에 데려오기 전에 미리 수의사를 정해두는 것이 현명하다. 거주 지역에서 고양이를 데려오는 경우라면 고양이보호소나 분양가정 또는 브리더에게 동물병원을 추천받을 수도 있다. 고양이가 분양되기 전에 건강검진이나 예방접종을 받던 병원을 계속 다닐 수도 있다. 만약 고양이를 다른 지역에서 데려오는 경우라면 주변의 고양이를 기르는 이웃에게 물어보거나, 지역 고양이 클럽에서 추천받을 수도 있다[영국고양이애호가관리협회 GCCF(Governing Council of the Cat Fancy), 미국의 국제고양이애호가협회 CFA(Cat Fanciers' Association)이외에 다른 나라의 유사 협회에서도 지역 동물병원의 전화번호와 주소를 알 수 있다].

어떤 수의사가 좋을까
고양이와 잘 맞는 수의사를 찾는 것은 자신의 주치의를 찾는 것과 마찬가지로 중요하다. 단, 한 가지 차이점이 있다면 의사는 사람만 전문적으로 다루지만, 수의사는 햄스터부터 소까지 다양한 동물을 치료한다는 점이다. 따라서 모든 분야를 다 잘 하는 수의사는 없으며, 고양이에게 관심이 없는 수의사는 고양이 질병에 대한 최신 정보를 갖고 있지 않을 수 있다. 특히 농촌지역에서 소나 말 같은 큰 동물을 주로 보는 수의사인 경우에는 문제가 될 수 있다. 그러나 도시의 수의사는 대부분 고양이, 개와 그 밖의 작은 동물들을 전문적으로 치료하기 때문에 동물병원을 선택할 때 고민할 필요가 없다. 시간이 된다면 몇 군데 동물병원에 연락을 해보고 선택한다. 방문하려면 전화로 먼저 예약한다. 상담 비용과 기본 진료비, 예방접종, 혈액검사 및 벼룩이나 기생충 구제 등의 비용에 대해 물어볼 수도 있다.

△ 마취가 필요한 경우, 수의사가 고양이를 전날 저녁에 데려오라고 할 수 있다. 이렇게 하면 동물병원에서 음식 섭취를 조절할 수 있고, 고양이도 병원 환경에 적응하여 안정될 수 있다.

≪ 매년 정기검진을 받는 고양이. 전반적인 상태에 대해 물을 수 있는 기회다. 필요한 추가접종은 없는지, 필요한 구충약이나 벼룩 구제약이 무엇인지도 알아본다.

확인할 사항
수의사를 방문하기 전에 상담할 내용을 확실히 생각해둔다. 외출을 거의 하지 않는 중성화수술을 한 고양이를 기른다면 거의 1년에 1번 예방접종을 하는 것 외에는 특별히 방문할 일이 없으므로 정기검진 방법을 문의한다.

일반 관리와 건강 관리

» 새끼고양이는 생후 약 9주일 때 첫 건강검진을 받는다. 이때 첫 예방접종도 함께 하게 되며, 순혈통 고양이라면 다른 집으로 분양되기 전에 이런 과정을 거친다.

▼ 고양이는 천연구토제로 풀을 뜯어 먹는다. 이렇게 함으로써 장폐쇄(장폐색)를 일으킬 수 있는 헤어볼을 제거하고, 비타민을 추가로 섭취할 수 있다.

고양이를 캣쇼에 출전시키거나 번식시킬 계획이라면, 번식과 순혈통 고양이 및 캣쇼에 대한 지식이 많은 수의사를 찾는 것이 더 도움이 될 것이다. 이런 수의사는 시골보다 도시에서 찾기가 더 쉽다.

고양이에게 좋은 동물병원을 찾았으면 미리 알아두어야 할 것들을 확인한다. 예를 들어 진료 시작시간, 예약이 필요한지, 예약 없이 정해진 시간에 방문하면 진료를 받을 수 있는지 등을 알아본다. 효율적으로 운영되는 병원이라면 예약진료와 상시진료 체제가 모두 잘 운영되고 있을 것이다. 고양이 주인이 직장을 다닌다면 두 가지 체제가 모두 적용되는 동물병원을 이용하는 것이 진료시간을 내기에 가장 좋다. 또한 주말이나 주중 저녁시간에 가끔 진료를 받을 수 있는지도 확인한다.

응급상황일 경우 24시간 언제든지 진료를 받을 수 있는지도 확인한다. 이 경우에 수의사가 직접 처치를 하는지, 아니면 응급진료를 전담하는 직원이 처치를 하는지도 알아봐야 한다. 특별히 주의해야 할 귀한 순혈통 고양이라면 이 점도 중요하다. 또한 왕진이 가능한지도 알아본다. 고양이를 번식시킬 계획이라면 나중에 출산이 임박해서 집으로 수의사를 불러 도움을 받아야 하는 상황까지 미리 고려해야 한다. 일반 진료를 모두 하는 동물병원인지, 고양이 진료를 전문으로 하는 병원인지도 확인한다.

동종요법(homeopathy, 몸에 질병 증상과 비슷한 증상을 유발시켜 치료하는 방법)이나 척추 지압법 또는 침술 치료 등의 대체의학에 대해 긍정적인지, 그리고 긍정적인 사고로 치료를 하고 거시적 접근법을 사용하는지도 확인한다. 노령묘를 치료할 때는 이런 치료법이 장점이 될 수 있다.

▼ 아시안 레드 셀프의 건강한 모습이다.

GENERAL CARE AND EVERYDAY HEALTH

기본적인 건강 관리

아무리 튼튼한 고양이라도 기본 예방접종과 추가접종을 정기적으로 하지 않으면 언제나 치명적인 바이러스에 감염될 위험이 있다. 백신 접종으로 예방은 할 수 있으나 치료제는 없는 감염성 질환에 노출될 경우 고양이는 심각한 상황에 처할 수 있다. 이때 수의사가 할 수 있는 일은 증상 완화와 고통을 줄이는 일 정도이며, 고양이가 타고난 자연면역력으로 병을 이겨내기를 바랄 뿐이다.

예방 접종

새끼고양이는 생후 며칠 동안 항체가 풍부한 초유(출산 직후 분비되는 어미의 젖)를 먹어 면역력이 증가한다. 며칠이 지나면 초유 성분과 다른 일반 젖으로 바뀌지만 여전히 일정 수준의 항체는 들어 있다. 그러므로 어미젖을 먹는 동안에는 어미의 면역력이 새끼에게 전달되는 셈이다. 이유를 시작하면 어미로부터 받은 항체가 점차 감소하고, 새끼고양이 체내에서 능동면역이 형성되어 어미로부터 항체를 전달받을 필요가 없어진다.

능동면역은 실제로 감염성 질환에 걸렸을 때 생체 스스로 만들어내는데, 더 안전하고 확실한 방법은 예방접종을 하는 것이다. 예방접종은 기본적인 건강 관리의 핵심이라 할 수 있다. 예방접종은 생후 9~12주에 시작하며, 첫 접종 후 약 1~2주(백신으로 능동면역이 형성되는 데 필요한 최소한의 시간)는 외부 출입을 자제하여 감염원에 노출되지 않도록 한다. 기본접종 후에는 매년 추가접종을 하여 항체를 일정 수준으로 유지해야 한다. 가끔 예방접종 후에 상태가 조금 안 좋을 때도 있으나 크게 문제가 될 일은 거의 없다.

질병 걱정은 NO

지난 30년 동안 고양이 질병의 예방과 치료에 큰 진전이 있었다. 심각한 질병이었던 것도 이제는 정기적으로 예방접종만 하면 크게 걱정할 필요가 없다.

« 생후 2주 된 새끼고양이는 여전히 어미젖을 통해 면역력을 얻고 있다. 단, 어미가 매년 정기적으로 예방접종을 잘 했을 경우에만 새끼도 양질의 항체가 들어 있는 젖을 먹을 수 있다.

« 생후 6주 된 6마리의 새끼고양이가 새롭게 사회활동을 시작하려 하고 있다. 그러나 첫 접종까지 아직 3주 정도 남았으므로 절대 외부의 다른 고양이와 만나게 해서는 안 된다.

일반 관리와 건강 관리

▼
새끼고양이를 한 마리만 낳은 어미 길고양이. 힘들고 배고픈 생활이라서 더 많은 새끼를 낳을 수 없었을 것이다.

▼
새끼고양이는 생후 6~9주경에 생애 첫 예방접종을 시작한다. 두 번째 예방접종을 하고 2~3주까지는 실내에서만 길러야 한다.

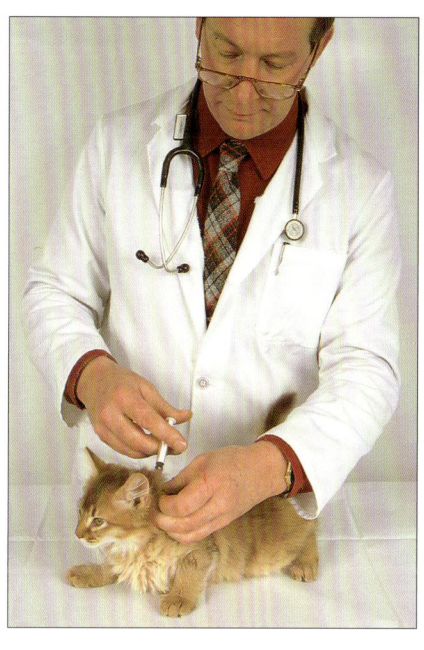

일반 검진
수의사는 건강한 고양이에게만 예방접종을 한다. 그러므로 조금이라도 건강이 좋지 않은 듯하면 백신 접종을 하러 가지 않는다. 매년 추가접종을 하기 위해 동물병원을 방문했을 때 귀, 이빨, 잇몸 등 전체적으로 정기검진을 받는 것이 좋다. 다행히 건강히 잘 지내고 있다면 이때가 수의사를 만나는 유일한 시간일 수도 있다. 구충약과 벼룩 예방약도 미리 구입해둘 수 있다.

▼
15주가 된 초콜릿 실버 오시캣 새끼고양이. 기본 예방 접종을 마쳐서 더 이상 어미의 면역력에 의존하지 않는다.

필수 예방 접종
권장 접종의 종류는 나라마다 조금씩 다를 수 있다. 예를 들어 미국의 도시 지역에서는 고양이를 실내에서 키울 것과 함께 고양이바이러스성비기관염(고양이독감), 고양이범백혈구감소증(고양이홍역, 고양이전염성장염) 및 광견병 예방접종을 권장한다. 클라미디아증이나 고양이백혈병, 고양이전염성복막염 예방접종은 바깥으로 자주 외출하는 고양이에게만 주로 권한다. 그러나 고양이는 언제든 탈출하여 예방접종하지 않은 질병에 노출될 수 있다. 담당 수의사와 상담하여 예방접종할 종류를 결정한다.

치명적인 질환
가장 심각한 감염성 질환으로는 고양이바이러스성비기관염, 고양이범백혈구감소증, 클라미디아증, 고양이백혈병을 들 수 있다. 광견병 발생 국가에서는 광견병 역시 여기에 속할 것이다. 이 병원균들만 고양이에게 영향을 미치는 감염원은 아니지만 과거 집고양이에게 매우 큰 피해를 준 것은 사실이다.

고양이바이러스성비기관염과 고양이범백혈구감소증에 효과적인 백신이 개발되어 상용화되고 있으며, 더 최근에 개발된 고양이 백혈병 백신도 현재 접종 가능하다. 영국에서는 아직 광견병 발생 보고가 없어 광견병 백신은 광견병 유행 지역으로 출국하는 고양이에 한해 허가 받은 수의사가 접종한다. 국내의 경우는 광견병이 제2종 법정전염병이므로 매년 정기적으로 예방접종을 해야 한다.

시기별 건강 관리
- 생후 9주 : 예방접종 시작
- 생후 12주 : 두 번째 예방접종
- 생후 16주 : 암고양이의 중성화수술(난소자궁적출술)
- 생후 4~6개월 : 수고양이의 중성화수술(거세수술)
- 생후 6개월 : 벼룩 예방 치료 시작
- 매달(생후 6개월 이후) : 벼룩 예방약 투여
- 6개월마다 : 구충약 투여
- 매년: 추가접종 및 정기검진

중성화수술

▼ 최근에 중성화수술을 받은 암고양이로 피부 절개 부위의 털을 밀었다. 가끔 이 부위에 주변의 털과 다른 색 털이 자라기도 한다.

중성화수술은 번식 기능을 제거할 뿐만 아니라 암고양이의 발정이나 발정 울음소리로 생기는 불편함도 피할 수 있다. 이 수술을 암고양이의 경우에는 난소자궁적출술이라고 한다. 수고양이의 경우에는 거세수술(고환 제거)이라고 하며, 스프레이 습성과 소변의 독특한 냄새를 줄여준다.

이 수술은 성욕과 영역 표시행위(스프레이)에 영향을 미친다(〈행동과 지능〉 참고). 그 결과 중성화수술을 한 고양이는 차분하고 다정한 경향이 있으며, 사람과 유대관계를 쉽게 맺는 편이다. 최근 영국과 미국의 임상 결과는 중성화수술을 기존에 알려진 것보다 더 빨리 해도 건강에 해롭지 않다는 것을 보여준다. 일부 고양이 구조 단체에서 고양이가 새 가정으로 분양되기 전인 8~12주 전에 중성화수술을 하지만, 아직 대다수 수의사는 4~6개월경에 수술하는 것을 더 선호하는 편이다. 이 수술은 성별에 관계없이 전신마취가 필요하기 때문에 수술하기 약 12시간 전에는 음식이나 물을 먹으면 안 된다. 암수 고양이 모두 이 수술을 받으면 원래의 성을 회복할 수 없다.

▼ 버밀라는 일반적으로 성격이 좋다고 알려져 있는데, 중성화수술을 받으면 약간의 공격성이 더 줄 수도 있다.

수고양이의 중성화수술 _ 거세수술

수술은 전신마취를 한 상태에서 수고양이의 고환을 제거한다. 작은 절개창을 만들지만 봉합할 필요는 없다. 고양이는 수술 후 24시간 이내에 일상생활로 돌아갈 수 있으며, 새끼와 성묘 모두 거세수술을 받을 수 있다. 만약 수컷 길고양이를 분양하려 한다면, 거세수술이 몇 가지 도움이 된다. 예를 들어, 고양이가 새로운 곳에 빨리 정착하고, 공격성과 영역 보호본능이 줄어들며, 밖으로 배회하는 습성도 줄어든다.

암고양이의 중성화수술 _ 난소자궁적출술

중성화수술을 받으면 암고양이는 더 이상 발정이 나지 않고 더욱 안전하게 생활할 수 있다. 발정이 왔을 때 수컷을 찾아 밖을 헤매지 않고, 중성화수술을 받지 않은 수고양이와 교미할 일도 없기 때문이다.

발정이 나지 않도록 암고양이의 생식기인 난소(난자가 만들어지는 곳)와 자궁을 제거하므로 암고양이의 중성화수술이 수고양이의 거세수술보다 더 복잡하다. 수술할 때는 발정이 나 있으면 안 된다. 배 부분의 털을 밀고 작은 절개창을 만들어 생식기를 제거한 다음 다시 봉합한다.

수술을 마친 고양이는 금방 일상생활로 돌아갈 수 있지만, 적어도 실밥을 뽑을 때까지 1주일간은 보온에 주의하고 소화되기 쉬운 음식을 주는 등 신경 써서 더욱 세심히 보살핀다.

고양이의 수명

블루 바이컬러 페르시안 수고양이가 새끼를 통해 자신의 혈통을 후대에 물려주어야겠다는 생각을 하고 있는 것 같다.

고양이는 10~12살쯤 되면 서서히 나이든 징후가 나타날 수 있다. 노화에 따른 변화는 서서히 그리고 천천히 나타난다. 내부 장기기능도 예전만 못 하고 관절도 다소 뻣뻣해진다. 시간이 지나면서 활동량이나 장난이 줄어들고, 앉아 있거나 엎드려 있기만 좋아한다. 당뇨병이나 관절염이 있을 경우에는 지속적인 관찰과 치료가 필요하다.

기록상 가장 오래 산 고양이는 퍼스(Puss)라는 고양이로 36년을 살았다고 한다. 순혈통 고양이 중 최장수 기록을 세운 고양이는 수쿠(Sukoo)라는 샤미즈 고양이로 1989년에 31살의 나이로 죽었다. 그러나 이것은 극히 예외적인 경우이고, 대부분의 고양이는 수명이 약 14~16년이다. 가끔 20년까지 사는 경우도 있다. 순혈통 고양이라면 출생일자와 등록번호가 협회에 등록되어 있으므로 정확한 나이를 추정하기가 쉽다.

생후 12주 된 고양이를 데려온다면 앞으로 약 10~15년을 살 것으로 예상하면 된다. 그 동안 고양이는 주인은 물론 그 자녀에게도 반려동물로서 친구가 되어줄 것이다. 고양이가 더 오래 사는 경우도 없지 않아 간혹 주인의 손자 손녀까지 모두 알고 지낼 수도 있다. 애견인 사이에서 흔히 하는 말을 빌리자면 "고양이는 크리스마스 선물이 아니라 평생을 함께할 친구이다". 즉 고양이의 수명과, 고양이의 존재가 가정에 미칠 영향을 모두 이해한 다음에 고양이를 입양해야 한다.

중성화수술을 한 고양이는 그렇지 않은 고양이에 비해 수명이 조금 더 긴 편인데, 특히 수고양이가 더 길다. 중성화수술을 받지 않은 수컷은 영역 다툼을 하다 부상을 입고 감염되어 수명이 단축될 확률이 높다. 그러나 암고양이는 수고양이에 비해 상대적으로 큰 문제 없이 지내는 편이며, 건강 관리만 잘 하면 출산의 경험이 수명에 거의 영향을 미치지 않는다.

나이와 생활환경에 따라 영양필요량이 달라지는 것과는 별개로, 나이가 들면 생리반응이 느려지고 관절은 뻣뻣해진다. 이것은 유연성과 민첩성을 감소시킬 뿐만 아니라 그루밍 같은 일상적인 관리에도 영향을 미친다.

사람과 고양이의 긴 인연이 시작되는 순간이다. 새끼 고양이는 이 소녀가 어린이에서 10대 청소년으로 자라는 오랜 시간을 함께 지내게 될 것이다.

GENERAL CARE AND EVERYDAY HEALTH

고양이의 죽음

마지막은 언제나 갑자기 찾아온다. 나이가 많은 고양이는 노쇠한 신체기능을 반영하듯이 자신의 일상에 안주한다. 고양이는 자신의 품위를 지키는 일을 다른 동물보다 더 중요하게 여기는 것 같다. 그래서 나이가 들어 신체기능이 뜻대로 따라주지 않을 때 몹시 힘들 것이다. 실제로 어떤 노령묘는 난청이나 실명으로 기본 감각을 잃고 힘들어하기도 한다. 몸의 유연성이 떨어져서 스스로 그루밍하기가 점점 힘들어지고 요실금이 생기기도 하는데, 이런 것들이 천성적으로 깔끔한 고양이에게는 스트레스일 수도 있다.

고양이가 수면 중에 사망하는 경우도 있는데 흔한 일은 아니다. 그러나 만약 만성적인 통증이 있거나 기본적인 본능에도 반응할 수 없는 질병에 시달리고 있다면 그 상태로 살려두는 것이 고양이에게 좋은 선택인지 신중히 생각해봐야 한다. 주인이 원하면 수의사는 고양이가 고통 없이 생을 마감하도록 도와줄 수 있다. 안락사는 다량의 마취제를 주사하여 말 그대로 깨어날 수 없는 깊은 잠에 빠지게 하는 것이다. 원할 경우에는 고양이의 마지막 순간을 함께

△ 조금 비만인 중년 고양이. 좀 더 나이가 들어서 병 없이 건강하게 살려면 몸무게를 조금 줄여야 한다.

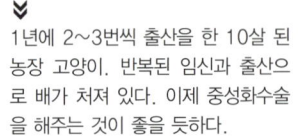

▽ 1년에 2~3번씩 출산을 한 10살 된 농장 고양이. 반복된 임신과 출산으로 배가 처져 있다. 이제 중성화수술을 해주는 것이 좋을 듯하다.

△ 건강식을 먹고 병에 걸리거나 감염이 되지 않는 한 10살 된 태비 화이트는 앞으로도 몇 년은 더 잘 살 수 있다.

할 수 있다. 아주 예외적인 경우를 제외하고 대부분 수의사는 조언만 할 뿐 안락사에 대한 결정은 주인이 해야 한다. 안락사는 생을 함께 나눈 동물에 대한 마지막 배려라고 할 수 있다.

고양이를 잃은 슬픔

고양이의 자연적인 수명은 인간의 수명보다 훨씬 짧지만, 유아기같이 인간의 중요한 삶의 한 부분을 매일 함께한 친구로서 그 존재가 매우 크다. 고양이가 죽으면 정원 한쪽, 예를 들어 고양이가 생전에 좋아하고 잠자던 자리 등에 묻어줄 수 있다. 또는 화장을 하거나 반려동물 공동묘지에 매장을 할 수도 있다.

고양이가 죽고 얼마동안 가족들은 깊은 슬픔에 잠길 것이다. 고양이도 가족의 일원이고 아주 소중한 존재였기 때문에 이것은 지극히 당연하다. 이 작은 털뭉치는 주인이 아플 때나 우울할 때나 화가 나 있을 때 가까이 다가와서 품에 안겼을 것이다. 그리고 반가움과 신뢰의 표시로 낮게 가르랑대던 목소리를 기억하고, 어느 누구에게도 자신의 마음을 표현할 수 없을 때 말없이 귀기울여주고 해결책을 찾을 수 있게 달래주던 것도 잊을 수 없을 것이다.

» 이 2마리 고양이는 각자 다른 방식으로 나이가 들었다. 과체중인 의자 위의 수고양이가 야위고 허약한 암고양이에게 자리를 비켜주는 것이 좋을 것 같다.

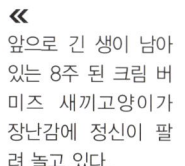

« 앞으로 긴 생이 남아 있는 8주 된 크림 버미즈 새끼고양이가 장난감에 정신이 팔려 놀고 있다.

↗ 고양이는 늙어서도 우아함을 잃지 않으며, 난로 위처럼 따뜻한 장소를 좋아한다. 그러나 뜨거운 난로 때문에 위험할 수 있으므로 주의한다.

» 묘비와 장미꽃에서 고양이에 대한 주인의 사랑과 그리움이 느껴진다.

103

이 고양이는 다친 다리 때문에 한동안 스트레스를 받을 것이다. 그러나 적응력이 뛰어난 고양이라면 부상에서 회복될 때까지 잘 적응한다.

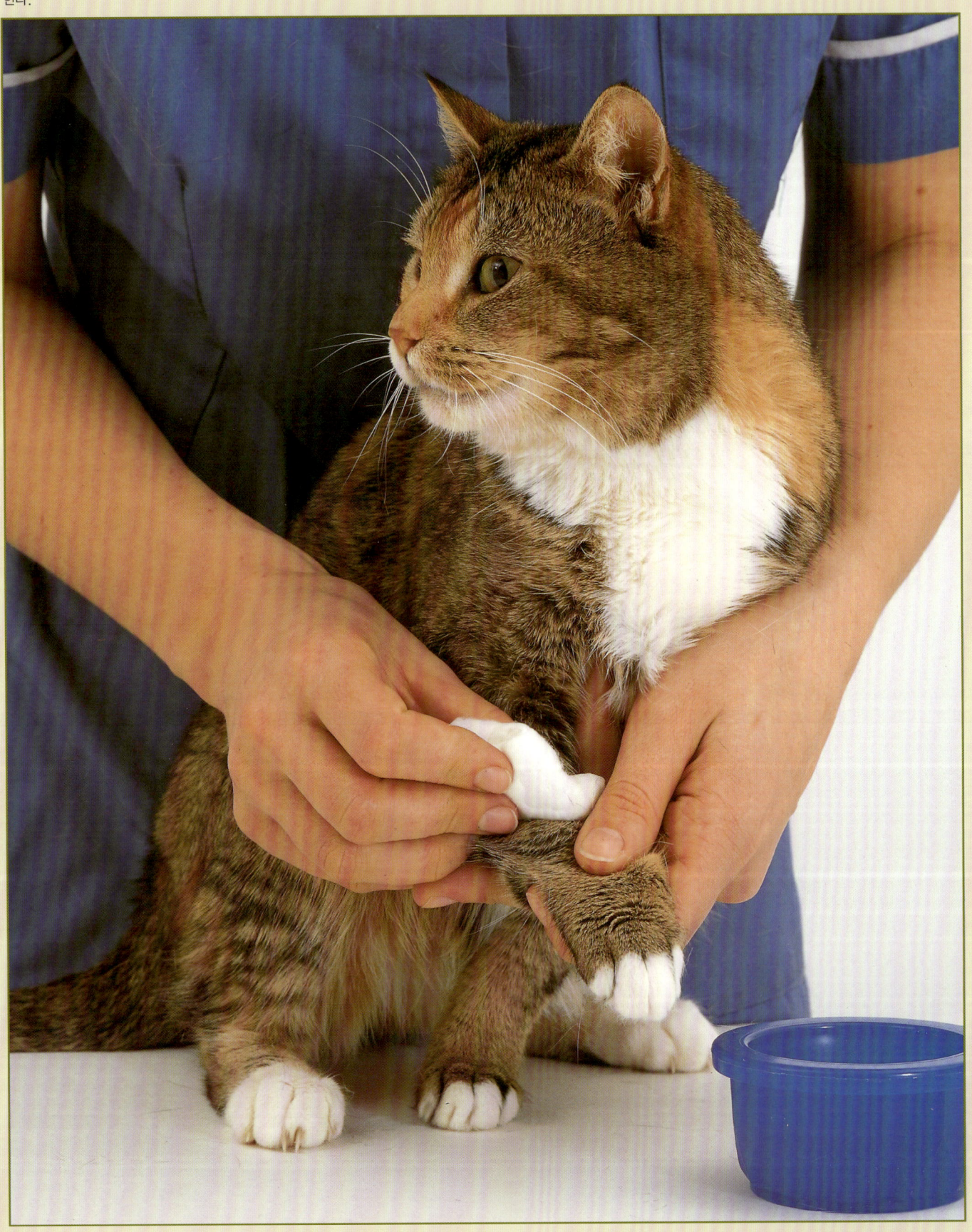

The Ultimate Encyclopedia of Cats

부상과 질병
Injuries and Ailments

예로부터 고양이가 개보다 더 장수하는 편이라 수명이 20년이나 되는 고양이도 종종 있다. 균형 잡힌 식사를 제공하고 예방 접종과 정기 검진을 꾸준히 하면, 고양이는 오랜 시간을 인간과 함께 행복하게 살 수 있다. 그러나 질병과 부상은 언제든 찾아올 수 있다. 고양이에게 조금이라도 이상한 행동이 나타나면 어딘가 문제가 있다는 신호이므로 주의해서 잘 지켜봐야 한다. 대부분의 부상이나 질병은 수의사의 도움이 필요하지만, 집에서 일반적인 간호나 간단한 응급처치로도 해결할 수 있는 경우가 많다.

이 고양이는 한쪽 다리를 절단했지만 활동적이고 충실한 삶을 살 수 있다.

가정 간호

아픈 고양이는 외풍이 들지 않는 따뜻하고 조용하며 청소와 소독이 쉬운 곳에 두어야 한다. 보온과 방풍이 되는 조용한 곳은 쉽게 찾을 수 있으나 소독하기 쉬운 곳을 찾는 것은 다소 까다로울 수 있다. 현대식 건물은 대부분 집안 곳곳에 카펫이 깔려 있어서 소독이 번거로울 수 있다. 바닥 청소를 쉽게 할 수 있는 별도의 공간이 없을 경우, 널찍한 조립식 플라스틱 이동장을 구매하면 각 부분을 해체하여 쉽게 세척할 수 있다. 소독제는 수의사가 권하는 것을 사용한다. 콜타르나 나무 타르, 페놀, 크레솔 및 클로록실레놀(chloroxylenol)이 함유된 소독제는 피해야 한다. 이런 물질이 들어 있는 소독제는 사람에게는 무해하나 고양이에게는 치명적일 수 있다. 고양이가 전염성이 강한 병에 걸린 경우에는 아픈 고양이를 만질 때 입을 옷과 신발을 따로 준비하고, 착용 후에는 철저히 세척한다. 사용한 붕대나 도구는 항상 곧바로 폐기한다. 구토물이나 대소변 역시 바로 닦아내고, 배설물이 묻었던 곳은 깨끗하게 소독한다.

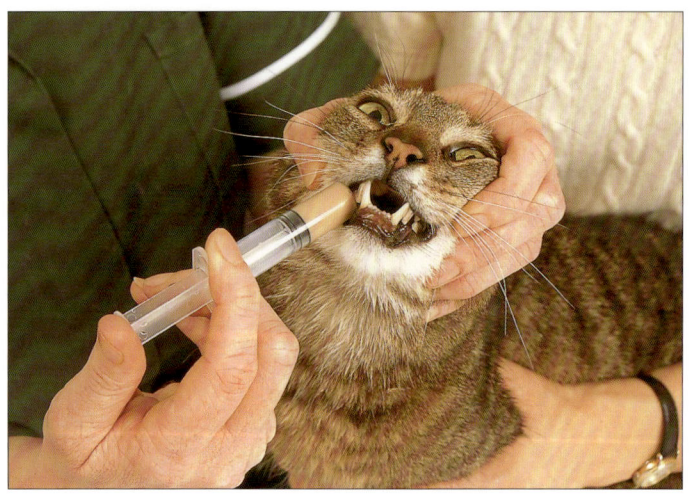

《 주사기는 고양이에게 약을 먹일 때 매우 요긴하며, 동물병원이나 펫트숍에서 구할 수 있다.

▽ 아픈 고양이를 간호할 때는 따뜻하고 편안한 잠자리와 함께 애정 어린 보살핌이 필수이다.

간호 방법

고양이가 아플 때 주인이 정성과 사랑으로 성실하게 보살피면 고양이의 회복에 큰 도움이 된다. 조용히 말을 걸어주거나, 지나치지 않을 정도로 신체 접촉을 하며 함께 시간을 보내고, 생리적 요구를 들어주도록 한다. 고양이 스스로 아무것도 할 수 없을 만큼 아프면, 먹여주고 물을 마시게 하며 털을 빗겨주고 화장실에서 변을 볼 수 있도록 도와주는 것이 주인의 책임이다. 곁에서 간호하는 데 많은 시간이 필요하지만, 이것이 고양이가 아프기 전에 형성된 유대 관계를 더욱 돈독히 만들어줄 것이다. 그루밍, 급식, 화장실 배변 등의 다양한 간호법은 동물병원의 간호사에게 배울 수 있다.

약 먹이기

수의사는 약을 처방할 때 어느 정도의 용량을 얼마나 자주 고양이에게 투여해야 하는지 알려준다. 약의 형태는 물약, 알약, 캡슐, 점적약(한 방울씩 넣는 약), 로션제 등 다양하다. 이런 약들을 가능하면 조용히 성공적으로 투여하는 비법은 바로 주인이 자신감을 갖는 것이다. 그러나 몇몇 고양이는 자신의 입에 어떤 이물질을 강제로 집어넣는 경우에 이빨과 발톱을 써가며 반항하기도 한다. 고양이가 이럴 때는 혼자서 먹이지 말고 다른 사람의 도움을 받는다. 필요하다면 고양이가 움직이지 못하게 수건으로 감싸는 것도 하나의 방법이다.

물약은 주사기로 먹이면 편한데, 주사기는 동물병원이나 페트숍에서 구할 수 있다. 주사기는 사용한 다음 깨끗이 씻어서 아기 이유용품을 소독하는 소독제 등에 담갔다가 다음에 또 사용한다. 방법은 1회 투약 분량을 주사기로 빨아들인 다음 고양이 머리를 단단히 잡고, 입 옆쪽의 입술 사이로 주사기를 부드럽게 밀어 넣는다. 고양이가 조금씩 먹을 수 있도록 주사기를 천천히 눌러서 약을 입 안에 넣어준다. 이때 고양이가 약을 삼킬 시간을 줘서 약이 폐로 넘어가지 않게 한다. 혹시라도 약이 폐로 들어가면 아픈 고양이는 급속히 폐렴으로 진행될 수 있다. 외국에서는 고양이 입을 벌리기가 힘든 경우에 긴 주사기처럼 생긴 알약 먹이는 도구(pill popper)를 사용한다. 도구 안에 알약을 넣고 고양이 입에 댄 다음 플런저(주사기의 미는 부분)를 밀면 약이 고양이의 혀 위에 떨어진다. 도구가 혀를 누르지 않고 입천장을 향하게 한다. 약이 입 안에 들어가면 고양이 입을 닫고 고양이가 약을 삼킬 때까지 목을 가볍게 쓰다듬는다.

점적약

눈이나 귀에 1방울씩 떨어뜨려 넣는 약에는 대부분 스포이트나 약을 방울방울 떨어뜨릴 수 있는 약병이 함께 제공된다. 그렇지 않으면 스포이트를 약국에서 구입할 수도 있다. 약을 주기 전에 항상 투약 시간과 투약 방법에 대한 지시사항을 숙지한다.

안구의 막이나 귓속 피부는 아주 예민하므로 약을 넣을 때 고양이가 움직이지 못하게 잘 고정한다. 누군가 도와줄 사람이 있으면 약을 넣기가 훨씬 쉽다.

안약은 보통 1방울이면 충분하다. 귀약을 점적할 때는 귓바퀴를 단단히 잡고 귓구멍이 보이게 벌린 다음 약을 2~3방울 떨어뜨리고 귀를 가볍게 마사지해준다. 귀에 점적하는 약은 대개 기름진 성분이 들어 있어서 너무 많이 넣으면 머리털에 기름기가 묻을 수 있다 (역주: 고양이가 고개를 흔들거나 귓구멍 주변에 묻은 약을 발로 문지름).

알약 먹이기

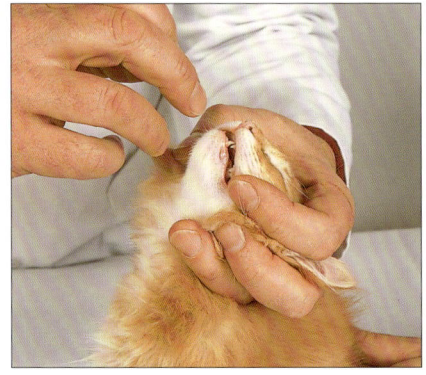

1 한 손으로 고양이 머리를 단단히 잡고 손가락을 입 양쪽에 댄 다음 턱이 벌어질 때까지 머리를 가볍게 뒤로 젖힌다.

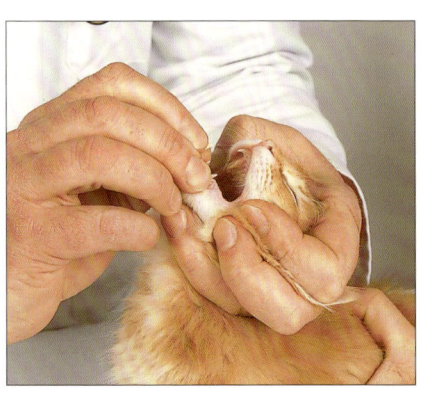

2 약을 먹이는 동안 고양이에게 달래듯이 조용히 이야기한다. 혀 안쪽에 알약이나 캡슐을 떨어뜨린다.

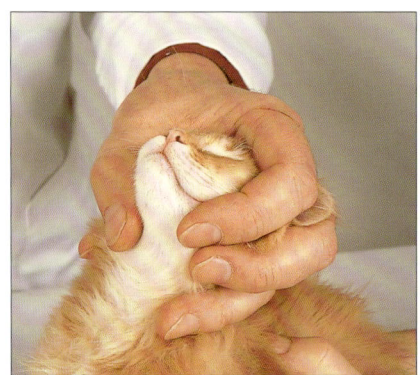

3 입을 닫은 상태로 잘 잡고 알약이나 캡슐을 완전히 삼키는 동작을 할 때까지 목을 가볍게 마사지해준다.

INJURIES AND AILMENTS

사고와 부상

집 안에서 사고가 났을 때 종종 구급약이 필요하다. 고양이가 자신의 신체적 한계를 잘 알고 있고, 어떤 식물이 독풀인지 구별할 수 있다고 단정하지 말아야 한다. 고양이는 어떤 각도에서 떨어져도 성공적으로 착지하고 바닥에서 금방 균형을 잡을 수 있지만, 이것은 일정 높이에서만으로 국한된다. 높은 건물의 발코니에서 떨어질 경우 고양이도 다른 동물과 마찬가지로 심각하게 손상을 입을 수 있다. 고양이는 어린아이와 마찬가지로 사고에 취약하기 때문에 주의 깊게 관찰하여 사고를 막아야 한다.

고양이가 부상을 당했을 때 동물병원에 데려가기 전에 그 자리에서 해줄 수 있는 처치법을 알면 유용하다. 극단의 경우, 이런 조치가 고양이의 생과 사를 가르는 직접적인 원인이 되기도 한다. 극도로 공포에 질려 있거나 통증이 있는 고양이는 본능적으로 방어적이 되어, 누군가 자신을 만지면 할퀴거나 물지도 모른다. 이런 일이 생기면 침착하게 말을 걸며 고양이를 따뜻하고 편안하게 해주고, 전문가의 도움을 받을 수 있을 때까지 일정 장소에 가둬둔다. 어떤 응급상황에서나 첫 번째 원칙은 당황하지 않는 것이고, 두 번째 원칙은 상식에 따르는 것이다. 경험이 없어도 주의 깊게 관찰하면 진짜 응급상황이라는 것을 알 수 있다. 이 경우 즉각적인 응급처치가 가장 필요하지만, 만약 조금이라도 심각한 상황이 의심된다면 바로 전문가의 도움을 요청한다. 모든 동물병원은 24시간 응급진료 서비스를 제공해야 한다. 응급진료가 가능한지 먼저 동물병원에 전화해서 확인하거나, 적어도 곧 병원에 도착한다는 것을 알려주는 것이 좋다.

응급상황일 때 종이 박스는 훌륭한 이동장이 된다. 단, 종이 박스를 들것으로 사용하여 부상당한 고양이를 운반할 때는 고양이가 떨어지기 쉬우므로 주의한다. 담요를 덮어주어 고양이의 체온을 유지하고, 곧바로 수의사에게 연락한다. 당황하지 말고 최대한 고양이를 부드럽게 다룬다.

《 움직이는 나뭇잎이나 곤충을 뒤쫓는 것에만 정신이 팔려 자기 무게를 지탱할 수 없는 높은 나뭇가지에 올라갈 수 있고, 이것이 곧 낙상으로 이어질 수 있다.

심각한 사고

- 확실한 낙상이거나 낙상이 의심되는 경우 (보통 4m 이상의 높이), 교통사고
- 확실한 골절상 또는 탈구
- 과도한 출혈
- 질식 또는 호흡곤란
- 심각한 화상 또는 데인 상처
- 허탈 또는 수 초 이상의 발작
- 눈의 상처 또는 이물질

구급용품

- 멸균 거즈와 드레싱
- 붕대 : 폭 2.5cm와 5cm
- 접착식 탄력붕대
- 솜 패드 또는 면 솜붕대
- 코튼볼(잘게 자른 솜, 염색 안 한 것)
- 소독 거즈, 연고와 로션제(수의사의 권장 사항을 따름)
- 끝이 뭉툭한 작은 가위
- 핀셋
- 비처방 안과용 윤활액(인공 눈물 성분)
- 귀 세정액
- 유동파라핀(바셀린유 또는 액상파라핀)
- 고령토 함유 혼합제(지사제의 일종)
- 항히스타민 크림
- 직장 체온계
- 수성 윤활제
- 안약 투약용 스포이트
- 5㎖(1작은술) 용량의 플라스틱 주사기
- 소독약
- 엘리자베스 칼라(상처 보호용)
- 수술용 장갑
- 적당한 이동장 또는 박스

응급처치

응급상황에서는 어떻게 해야 할까? 사고를 당한 고양이가 교통이 혼잡한 도로 위에 있어 추가로 부상을 입을 수 있는 상황이라면 고양이를 조심스럽게 안전한 곳으로 옮겨야 한다. 고양이를 들어 올려 이동에 알맞은 박스나 이동장에 넣어 운반한다. 고양이를 들어 올릴 때 잡는 곳은 부상 부위에 따라 다른데, 일반적으로 한 손으로 목덜미를 잡고 다른 한 손으로는 몸을 받쳐 들어야 한다. 고양이가 의식이 없는 경우 입 안에 혈액이나 구토물이 있는지 확인하여 이를 제거하고, 혀를 앞으로 빼주어 질식하지 않게 한다. 고양이를 눕힌 상태에서는 머리를 몸통보다 아래로 가게 하여 뇌로 가는 피의 흐름을 유지시켜야 한다. 출혈이 심하면 상처 부위에 압박붕대를 대고 지혈한다. 사지에 출혈이 있을 때는 이 방법이 효과적이다. 만약 당장에 붕대를 사용할 수 없으면 손가락으로 상처 부위를 압박하여 누른다.

질식

고양이가 숨을 억지로 들이쉬거나 가쁜 숨을 쉬면 고양이를 담요나 수건으로 말아서 움직이지 못하게 한 다음 기도를 막고 있는 것이 있는지 입 안을 들여다본다. 다른 사람이 동물병원에 전화를 거는 사이에 입 안의 식도 쪽을 손전등으로 비춰보면서 핀셋으로 문제가 되는 물체를 꺼낼 수 있을지도 모른다. 이때 고양이에게 물리지 않도록 조심해야 한다. 만약 고양이가 날카로운 물건을 삼켰다면 수의사가 처리하게 놔둔다. 긴 노끈이나 실을 삼켰다면 절대로 잡아당겨서 꺼내면 안 된다. 이런 끈모양의 이물질은 수의사에게 데려가기 전까지 그대로 두거나, 즉석에서 만든 칼라(상처를 보호하기 위해 목둘레에 두르는 것)에 이물질의 끝을 묶어서 뱃속으로

자유롭게 돌아다니는 고양이는 실내에서만 생활하는 고양이에 비해 훨씬 활동적이고 다양한 삶을 살지만 사고나 부상을 당할 위험이 더 크다.

완전히 들어가버리지 않게 하는 것이 중요하다.

이물질

모래나 식물의 씨앗 또는 기타 물질이 고양이 눈이나 귀에 들어간 경우, 안약이나 귀약 또는 올리브 오일을 떨어뜨려 이물질이 쉽게 미끄러져 나오게 한다. 눈이나 귀에는 절대 핀셋을 사용하지 않는다. 간혹 눈에 들어간 이물질을 면봉으로 제거할 수도 있다. 기름이나 페인트, 기타 화학약품 등 위험 물질이 고양이털에 묻었다면 약한 세정제를 희석한 물이나 비누 또는 물을 이용하여 곧바로 씻어낸다. 심하게 오염된 털뭉치는 조심스럽게 잘라내고, 그 부위를 비누와 물로 씻어준다.

사진 속 터키시 밴은 특히 물을 좋아하는 것 같다. 고양이는 수영을 할 수 있지만 폐에 물이 많이 차면 익사한다.

INJURIES AND AILMENTS

심폐소생술이 필요한 상황

허탈 상태에 빠진 고양이는 죽은 것처럼 보여도 재빨리 처치만 하면 종종 살아나기도 한다. 이런 상황은 출산 직후의 새끼고양이에게서 가장 흔히 일어난다. 심장이 뛰고 있는지는 겨드랑이 아래에서 맥을 짚어보면 쉽게 알 수 있다. 맥박이 느껴지지 않는다고 해서 꼭 뇌사 상태는 아니다. 고양이 머리가 아래로 향하게 한 다음 엄지와 나머지 손가락으로 고양이 가슴을 잡고 가볍게 마사지하면 살려낼 수도 있다.

심장발작

최근에 특히 순혈통 고양이들이 심장근육병증(심근병증)이라는 질환으로 사망하는 경우가 늘고 있다. 심장근육병증에는 여러 종류가 있는데, 이 병에 걸린 고양이는 겉으로는 건강해 보이지만 어느 날 갑자기 쓰러져 죽을 수 있다. 이 병은 유전되는 것으로 추측되나 아직 유전 기전이 확실히 밝혀지지 않아 전 세계적으로 많은 연구가 진행 중이다. 가벼운 발작이 있는 경우에 때때로 고양이 가슴을 엄지와 나머지 손가락으로 잡고 마사지를 해주면 도움이 된다.

감전

고양이가 장난으로 전기선을 씹다가 전기 충격을 받을 수 있다. 사고를 목격하면 추가 감전을 막기 위해 바로 전기를 차단해야 한다. 입술과 잇몸에 심하게 전기 화상을 입을 수 있으므로 반드시 수의사에게 진료를 받는다.

익사

익사하는 데 많은 양의 물이 필요한 것은 아니다. 혈액으로의 산소 공급을 차단할 정도의 물이 공기 대신 폐에 채워지기만 하면 익사하는 것은 순식간이다. 물에 빠진 고양이를 건져서 고양이 등을 두드려주기만 해도 폐에 찬 물이 어느 정도 나오지만, 가끔 뒷다리를 잡고 고양이를 흔드는 극단의 조치가 필요할 수도 있다. 그런 다음 위 〈심폐소생술 방법〉에 따라 심폐소생술을 하면 된다.

교상(물린 상처)

실내에서만 생활하는 고양이에 비해 밖으로 자유롭게 돌아다니는 고양이는 다른 동물과 마주칠 확률이 높고, 집 주위에서 영역 다툼으로 싸울 수도 있다. 입에는 세균이 많기 때문에 다른 고양이나 개, 쥐 또는 뱀 등에게 물린 상처는 위험할 수 있다.

상처 부위를 물린 직후에 바로 알아차리지 못할 수도 있는데, 다친 고양이는 대개 조용하고 한적한 곳에서 상처를 핥고 있다. 고양이 침에는 천연 살균 성분이 들어 있기 때문에 이것은 나름 고양이만의 응급처치법이다.

안 보이는 상처는 고양이를 직접 만져서 고양이가 반응하기 전까지는 알 수 없는 경우가 많다. 상처를 발견하면 고

심폐소생술 방법

사랑하는 고양이의 목숨을 구해야 한다면 비위가 상할 리가 없다. 고양이에게 인공호흡을 하는 것은 쉽지 않으며, 고양이 입이나 콧구멍에 자신의 입을 바짝 붙여서 숨을 불어넣어야 한다. 고양이의 생명을 구하려는 의지가 아주 강하기 때문에 고양이 주인이 인공호흡을 꺼려하지는 않을 것이다.

1. 기도를 막고 있는 핏덩어리나 구토물이 있으면 제거하고, 혀를 앞으로 잡아 뺀다. 고양이 머리를 뒤로 살짝 젖힌 상태에서 고양이 콧구멍으로 숨을 불어 넣는다. 콧구멍으로 숨을 불어넣을 수 없는 상황이면 손가락으로 고양이의 볼 양쪽을 눌러서 입을 벌린 다음 심호흡을 하여 고양이 입으로 숨을 불어 넣는다. 단, 고양이의 폐는 사람의 폐용적보다 훨씬 작으므로 숨을 과하게 불어넣으면 안 된다.

2. 숨을 불어 넣는 사이에 고양이 가슴을 가볍게 마사지하여 폐로 들어간 공기가 흘러나오게 하고, 심장박동을 자극하기 위해 비비는 동작을 계속한다. 고양이가 스스로 다시 호흡할 때까지 계속 인공호흡을 한다. 이 방법이 효과가 없는 경우에는 마지막으로 심장 마사지를 시도한다.

3. 심장 마사지는 고양이에게 부상을 입힐 수 있다. 부드러운 마사지로 심장박동을 유도할 수 없는 경우, 고양이를 옆으로 눕힌 상태에서 (바닥에 담요나 수건을 깔고 눕히는 것이 더 좋음) 앞다리 바로 안쪽 가슴을 1초에 1번씩 힘주어 압박한다. 가끔 노령묘는 이 과정에서 갈비뼈가 부러지기도 하지만 목숨을 구할 수는 있다. 이 방법으로도 고양이가 깨어나지 않는다면 적어도 할 수 있는 모든 조치를 다 한 것이다.

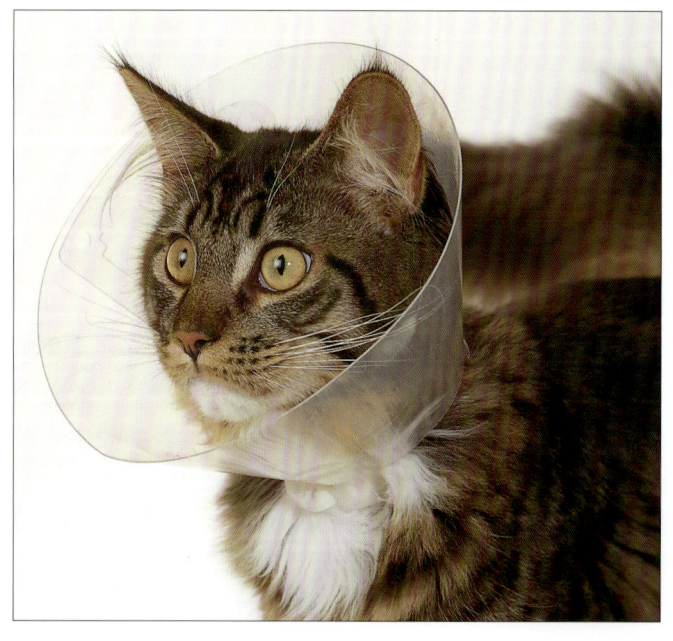

« 엘리자베스 칼라(목 칼라)를 고양이 목둘레에 둘러서 고양이가 몸을 구부려 상처나 드레싱을 핥지 못하게 한다. 고양이가 칼라를 하고 있는 동안에는 주인이 그루밍을 해줘야 한다.

부상과 질병

응급처치

△ 자유롭게 돌아다니는 고양이는 실내에서만 생활하는 고양이에 비해 훨씬 활동적이고 다양한 삶을 살지만 사고나 부상을 당할 위험이 더 크다.

응급상황에서는 어떻게 해야 할까? 사고를 당한 고양이가 교통이 혼잡한 도로 위에 있어 추가로 부상을 입을 수 있는 상황이라면 고양이를 조심스럽게 안전한 곳으로 옮겨야 한다. 고양이를 들어 올려 이동에 알맞은 박스나 이동장에 넣어 운반한다. 고양이를 들어 올릴 때 잡는 곳은 부상 부위에 따라 다른데, 일반적으로 한 손으로 목덜미를 잡고 다른 한 손으로는 몸을 받쳐 들어야 한다. 고양이가 의식이 없는 경우 입 안에 혈액이나 구토물이 있는지 확인하여 이를 제거하고, 혀를 앞으로 빼주어 질식하지 않게 한다. 고양이를 눕힌 상태에서는 머리를 몸통보다 아래로 가게 하여 뇌로 가는 피의 흐름을 유지시켜야 한다. 출혈이 심하면 상처 부위에 압박붕대를 대고 지혈한다. 사지에 출혈이 있을 때는 이 방법이 효과적이다. 만약 당장에 붕대를 사용할 수 없으면 손가락으로 상처 부위를 압박하여 누른다.

질식

고양이가 숨을 억지로 들이쉬거나 가쁜 숨을 쉬면 고양이를 담요나 수건으로 말아서 움직이지 못하게 한 다음 기도를 막고 있는 것이 있는지 입 안을 들여다본다. 다른 사람이 동물병원에 전화를 거는 사이에 입 안의 식도 쪽을 손전등으로 비춰보면서 핀셋으로 문제가 되는 물체를 꺼낼 수 있을지도 모른다. 이때 고양이에게 물리지 않도록 조심해야 한다. 만약 고양이가 날카로운 물건을 삼켰다면 수의사가 처리하게 놔둔다. 긴 노끈이나 실을 삼켰다면 절대로 잡아당겨서 꺼내면 안 된다. 이런 끈모양의 이물질은 수의사에게 데려가기 전까지 그대로 두거나, 즉석에서 만든 칼라(상처를 보호하기 위해 목둘레에 두르는 것)에 이물질의 끝을 묶어서 뱃속으로 완전히 들어가버리지 않게 하는 것이 중요하다.

이물질

모래나 식물의 씨앗 또는 기타 물질이 고양이 눈이나 귀에 들어간 경우, 안약이나 귀약 또는 올리브 오일을 떨어뜨려 이물질이 쉽게 미끄러져 나오게 한다. 눈이나 귀에는 절대 핀셋을 사용하지 않는다. 간혹 눈에 들어간 이물질을 면봉으로 제거할 수도 있다. 기름이나 페인트, 기타 화학약품 등 위험 물질이 고양이털에 묻었다면 약한 세정제를 희석한 물이나 비누 또는 물을 이용하여 곧바로 씻어낸다. 심하게 오염된 털뭉치는 조심스럽게 잘라내고, 그 부위를 비누와 물로 씻어준다.

▽ 사진 속 터키시 밴은 특히 물을 좋아하는 것 같다. 고양이는 수영을 할 수 있지만 폐에 물이 많이 차면 익사한다.

INJURIES AND AILMENTS

심폐소생술이 필요한 상황

허탈 상태에 빠진 고양이는 죽은 것처럼 보여도 재빨리 처치만 하면 종종 살아나기도 한다. 이런 상황은 출산 직후의 새끼고양이에게서 가장 흔히 일어난다. 심장이 뛰고 있는지는 겨드랑이 아래에서 맥을 짚어보면 쉽게 알 수 있다. 맥박이 느껴지지 않는다고 해서 꼭 뇌사 상태는 아니다. 고양이 머리가 아래로 향하게 한 다음 엄지와 나머지 손가락으로 고양이 가슴을 잡고 가볍게 마사지하면 살려낼 수도 있다.

심장발작

최근에 특히 순혈통 고양이들이 심장근육병증(심근병증)이라는 질환으로 사망하는 경우가 늘고 있다. 심장근육병증에는 여러 종류가 있는데, 이 병에 걸린 고양이는 겉으로는 건강해 보이지만 어느 날 갑자기 쓰러져 죽을 수 있다. 이 병은 유전되는 것으로 추측되나 아직 유전 기전이 확실히 밝혀지지 않아 전 세계적으로 많은 연구가 진행 중이다. 가벼운 발작이 있는 경우에 때때로 고양이 가슴을 엄지와 나머지 손가락으로 잡고 마사지를 해주면 도움이 된다.

감전

고양이가 장난으로 전기선을 씹다가 전기 충격을 받을 수 있다. 사고를 목격하면 추가 감전을 막기 위해 바로 전기를 차단해야 한다. 입술과 잇몸에 심하게 전기 화상을 입을 수 있으므로 반드시 수의사에게 진료를 받는다.

익사

익사하는 데 많은 양의 물이 필요한 것은 아니다. 혈액으로의 산소 공급을 차단할 정도의 물이 공기 대신 폐에 채워지기만 하면 익사하는 것은 순식간이다.

심폐소생술 방법

사랑하는 고양이의 목숨을 구해야 한다면 비위가 상할 리가 없다. 고양이에게 인공호흡을 하는 것은 쉽지 않으며, 고양이 입이나 콧구멍에 자신의 입을 바싹 붙여서 숨을 불어넣어야 한다. 고양이의 생명을 구하려는 의지가 아주 강하기 때문에 고양이 주인이 인공호흡을 꺼려하지는 않을 것이다.

1 기도를 막고 있는 핏덩어리나 구토물이 있으면 제거하고, 혀를 앞으로 잡아 뺀다. 고양이 머리를 뒤로 살짝 젖힌 상태에서 고양이 콧구멍으로 숨을 불어 넣는다. 콧구멍으로 숨을 불어넣을 수 없는 상황이면 손가락으로 고양이의 볼 양쪽을 눌러서 입을 벌린 다음 심호흡을 하여 고양이 입으로 숨을 불어 넣는다. 단, 고양이의 폐는 사람의 폐용적보다 훨씬 작으므로 숨을 과하게 불어 넣으면 안 된다.

2 숨을 불어 넣는 사이에 고양이 가슴을 가볍게 마사지하여 폐로 들어간 공기가 흘러나오게 하고, 심장박동을 자극하기 위해 비비는 동작을 계속한다. 고양이가 스스로 다시 호흡할 때까지 계속 인공호흡을 한다. 이 방법이 효과가 없는 경우에는 마지막으로 심장 마사지를 시도한다.

3 심장 마사지는 고양이에게 부상을 입힐 수 있다. 부드러운 마사지로 심장박동을 유도할 수 없는 경우, 고양이를 옆으로 눕힌 상태에서 (바닥에 담요나 수건을 깔고 눕히는 것이 더 좋음) 앞다리 바로 안쪽 가슴을 1초에 1번씩 힘주어 압박한다. 가끔 노령묘는 이 과정에서 갈비뼈가 부러지기도 하지만 목숨을 구할 수는 있다. 이 방법으로도 고양이가 깨어나지 않는다면 적어도 할 수 있는 모든 조치를 다 한 것이다.

물에 빠진 고양이를 건져서 고양이 등을 두드려주기만 해도 폐에 찬 물이 어느 정도 나오지만, 가끔 뒷다리를 잡고 고양이를 흔드는 극단의 조치가 필요할 수도 있다. 그런 다음 위 〈심폐소생술 방법〉에 따라 심폐소생술을 하면 된다.

교상(물린 상처)

실내에서만 생활하는 고양이에 비해 밖으로 자유롭게 돌아다니는 고양이는 다른 동물과 마주칠 확률이 높고, 집 주위에서 영역 다툼으로 싸울 수도 있다. 입에는 세균이 많기 때문에 다른 고양이나 개, 쥐 또는 뱀 등에게 물린 상처는 위험할 수 있다.

상처 부위를 물린 직후에 바로 알아차리지 못할 수도 있는데, 다친 고양이는 대개 조용하고 한적한 곳에서 상처를 핥고 있다. 고양이 침에는 천연 살균 성분이 들어 있기 때문에 이것은 나름 고양이만의 응급처치법이다.

안 보이는 상처는 고양이를 직접 만져서 고양이가 반응하기 전까지는 알 수 없는 경우가 많다. 상처를 발견하면 고

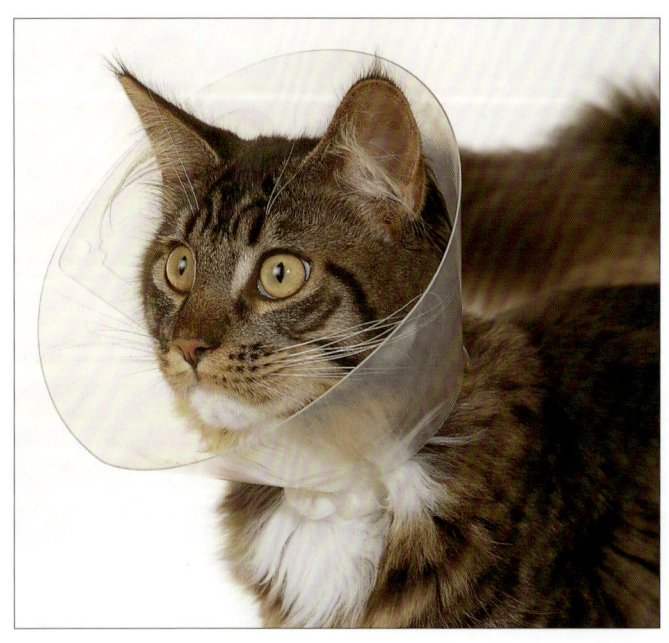

« 엘리자베스 칼라(목 칼라)를 고양이 목둘레에 둘러서 고양이가 몸을 구부려 상처나 드레싱을 핥지 못하게 한다. 고양이가 칼라를 하고 있는 동안에는 주인이 그루밍을 해줘야 한다.

겁에 질려 있거나 통증이 있는 고양이를 움직이지 못하게 고정하는 방법

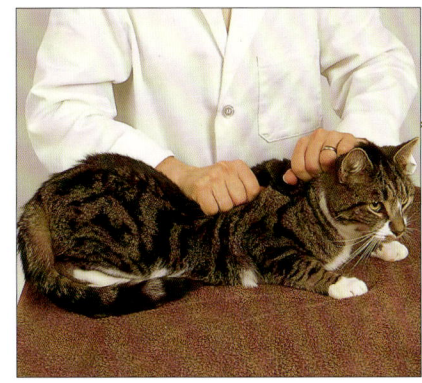

1 테이블에 수건을 깔고 그 위에 고양이를 올려놓는다. 고양이가 고개를 움직이지 못하도록 목덜미를 한 손으로 단단히 잡고, 다른 손으로는 고양이 등을 꼭 눌러서 고양이가 바닥에 엎드리게 한다.

2 고양이 머리가 움직이지 않도록 고양이 목덜미를 잡고 있는 손을 떼지 않는다. 다른 한 손으로 수건을 사용하여 고양이 목, 다리와 몸을 감싸서 다리를 움직이지 못하게 한다.

3 한 손으로 목덜미를 잡고 있는 상태에서 고양이 몸 아래로 부드럽게 수건을 돌려 감싼다. 이때 계속 차분한 목소리로 말을 걸어 고양이를 안정시킨다.

양이를 따뜻하게 해주고 안정을 취할 수 있게 하며, 동물병원에 도움을 요청한다. 치료가 늦어지면 감염이 진행되어 나중에 치료가 더 어려워지고, 고양이도 더 힘들어진다. 상처 부위는 정기적으로 세척과 소독을 해줘야 한다.

농양성 병변

찔린 상처를 치료하지 않으면 감염이 되기 쉽고, 고름이 가득 찬 농양성 병변이 된다. 치료를 하지 않은 농양은 결국 터져서 피에 농양 부위의 독소가 흘러 들어가 패혈증에 걸릴 위험이 아주 높다. 초기에 치료하면 상처가 금방 회복되므로 농양을 발견하는 즉시 수의사에게 데려간다. 농양은 절개하여 고름을 빼낸다.

패혈증은 사람의 경우와 마찬가지로 고양이에게도 위험하다. 일단 패혈증이 발병하면 급속도로 진행되어 수 시간 내에 심한 고열 증상이 나타나고, 경련이나 구토, 급속한 체온 저하를 보이며 저체온증, 허탈(저혈압, 맥박 및 심박수 감소, 의식 저하 등의 상태) 및 사망에 이르게 된다.

농양은 대부분 다른 고양이와의 싸움으로 생긴 교상이나 발톱으로 인한 창상 때문에 생긴다. 상처 부위는 주로 머리와 목, 발 및 꼬리 끝부분 등이다.

뱀에 물림

뱀에 물린 상처는 대부분 독성이 있을 수 있다. 상처 부위에 부종이 생기고 점차 무기력해지며, 경련을 동반한 과호흡을 보이다가 결국 허탈 및 혼수상태에 이르게 된다.

상처 부위를 발견하는 대로 가능한 빨리 상처 부위 위쪽에 압박띠를 묶어준다(아래 〈압박띠 사용법〉 참조). 뱀에게 가장 물리기 쉬운 부위는 발과 가까운 다리 부위인데, 이 경우 압박띠는 다리 위쪽에 묶어야 한다. 만약 얼굴이나 목 주위를 물린 경우에는 압박띠를 쓸 수 없다.

뱀에게 물렸을 때 압박띠를 사용하면 뱀독이 혈류로 들어가는 것을 막아준다. 그러나 압박띠 아래쪽은 혈류가 차단된다. 그러므로 2~3분에 1번씩 압박띠를 느슨하게 풀어줘서 압박띠 아래쪽 조직이 괴사되는 것을 막아야 한다. 이 과정에서 약간의 뱀독이 혈류로 흘러나갈 수 있으나, 혈행을 일정량 유지하지 않으면 심각한 조직 손상으로 다리를 절단해야 할 수도 있다.

벌에 쏘임

위험을 감지하기도 전에 곤충을 뒤쫓아 덮치는 행동은 고양이의 본능이다. 말벌에 한 번 쏘이는 것은 큰 문제가 아닐 수 있으나, 말벌이 여러 번 공격할 수도 있다. 고양이의 움직임이 빠르기는 하지만, 고양이 털 속에 뒤엉켜 있는 말벌은 고양이가 벌을 털어내려는 사이에 독침을 여러 번 쏠 수 있다. 반대로 꿀벌은 고양이에게 독침을 쏘고 죽는데, 독침을 쏠 때 자신의 독을 모두 독침으로

압박띠 사용법

1. 스타킹이나 넥타이같이 부드럽고 폭이 좁은 긴 천을 심장과 가까운 상처 부위의 위쪽 다리에 돌려 묶는다.
2. 볼펜, 연필, 수저 또는 가늘고 단단한 막대를 피부와 헝겊 사이에 끼운다.
3. 압박띠 아래쪽에 혈액이 통하지 않게 헝겊을 돌려 꽉 조인다.
4. 2~3분에 1번 잠깐씩 압박띠를 느슨하게 풀었다가 다시 조이는 것을 반복한다.
5. 부종(부기)이 생기면 얼음이나 냉동콩 봉투(운동선수의 조언)를 수건으로 싸서 부기가 있는 부위를 누른다.
6. 적절한 소독제를 제조사의 지시대로 희석하여 상처 부위를 가볍게 씻어낸다.
7. 만약 출혈이 멈추지 않고 계속된다면 압박띠가 충분히 조여지지 않은 것이다.
8. 상처에 붕대를 감아서 빨리 동물병원에 데려간다. 상처를 봉합해야 할 수도 있다.

INJURIES AND AILMENTS

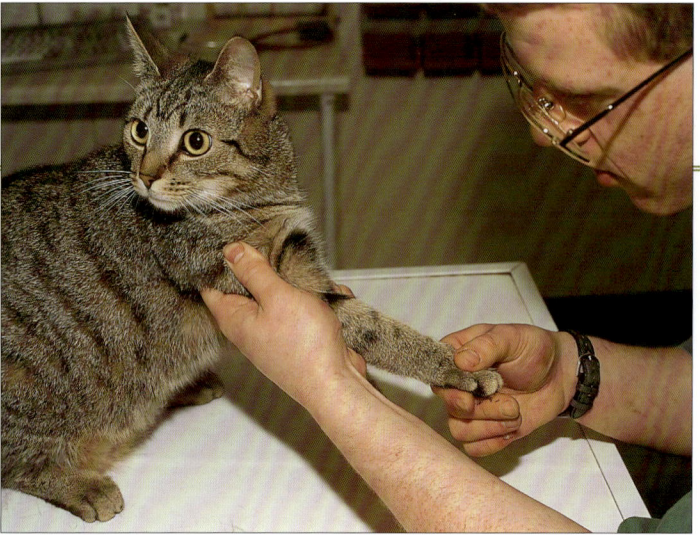
수의사가 다리를 저는 고양이 다리가 골절인지, 염좌(삠)나 관절염으로 안에 부종이 생긴 것인지 진찰하고 있다.

고양이가 다리를 절면 가장 먼저 발바닥에 유리 조각이나 가시 등의 이물질이 박혀 있는지 확인한다.

전달하고 죽는다. 고양이가 벌을 삼키면 입 안이나 목을 쏘일 수 있고, 이 부위 상처에 부종이 생기면 호흡이 곤란하거나 침 또는 음식을 삼키기 힘들 수 있다. 바깥 피부를 쏘이면 따갑고 아픈 정도이지만, 내부 점막을 쏘이면 아주 위험해질 수 있다.

고양이가 벌에 쏘이면 심하게 알레르기 반응을 보일 수도 있다. 벌에 쏘여 부종이 생기면 가능한 남아 있는 침을 핀셋으로 제거해야 한다. 몸 밖이든 안이든 고양이가 벌에 쏘이면 지체 없이 수의사에게 데려간다.

벌이 바깥 피부를 쏘였을 때의 응급처치는 약국에서 파는 항히스타민제 연고나 로션제를 발라주는 것이다. 만약 항히스타민제를 바로 구할 수 없으면 간단한 민간요법도 가능하다. 꿀벌에 쏘인 부위는 중탄산나트륨(베이킹 소다) 등의 알칼리 물질을, 말벌에 쏘인 부위는 식초 등의 산성 물질을 바르면 약간의 치료 효과가 있다[역주 : 꿀벌의 독은 산성이고, 말벌의 독은 알칼리성이라는 근거에서 나온 민간요법. 그러나 벌독에는 여러 물질이 혼합되어 있어 단순히 수소이온농도(pH)를 중화하여 큰 효과를 볼 것이라고 기대하기는 어렵다. 또한 강한 알칼리 또는 산성 물질은 피부에 위험하므로 주의가 필요하다]. 그러나 절대 고양이가 치료를 위해 바른 물질을 핥지 못하게 한다.

중독

고양이는 호기심이 많은 동물이라 언제든 독성 물질 사이를 돌아다니며 탐색할 수 있다. 고양이가 혀로 몸을 구석구석 청소하면서 몸에 묻은 독성 물질이 체내에 흡수되어 쉽게 중독되며, 독성 물질이 묻은 부위가 화끈거린다. 고양이를 수의사에게 데려가기 전에 먼저 순한 샴푸로 발을 씻기고 물로 충분히 헹구면 어느 정도 통증을 줄일 수 있다. 구토, 무기력, 시력상실, 경련 및 허탈 등이 모두 중독되어 나타나는 증상일 수 있다. 고양이가 이런 증상을 보이면 곧바로 수의사의 도움을 받아야 한다. 집에서 고양이를 따뜻하게 하고 안정시키는 것 이외에 고통을 덜어줄 방법을 찾으려 하는 것은 현명하지 못하다. 중독 물질을 확실히 알고 있는 경우, 샘플을 가져가거나 이름을 적어 가면 해독제가 있을 때 신속하게 처치할 수 있다. 영국의 경우 수의사가 국가기관의 중독센터에 연락을 취한다.

거리의 동물을 해로운 존재로 여기

고양이에게 정원에서 갖고 놀 장난감을 주면, 고양이의 주의를 야생동물 사냥에서 장난감으로 돌릴 수 있다.

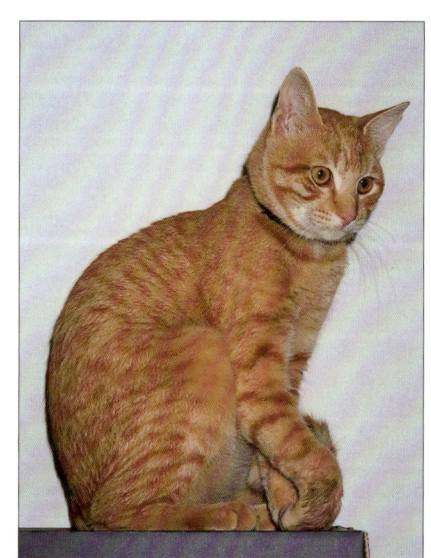
이 고양이는 앞다리의 주요 신경이 끊어졌다. 피부에 생긴 겨우 알아볼 수 있을 정도의 작은 구멍이 원인이었는데, 가시철사가 있는 담장을 넘다가 다쳤거나, 다른 동물에게 물린 상처로 추측된다. 한 달간 치료해도 나아지지 않아 결국 다리를 절단했으나 수술 후에도 활동적으로 실외생활을 하고 있다.

다리에 붕대 감는 방법

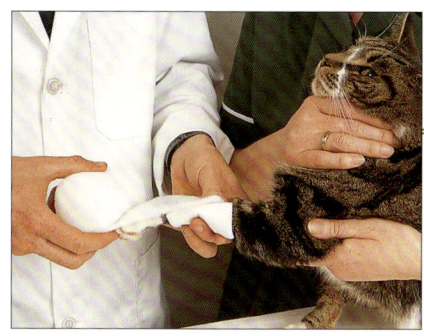

1 한 사람은 고양이를 잡아 고정시키고, 다른 사람이 붕대를 감는다. 우선 다친 부위에 솜 패드를 덮고 움직이지 않게 손으로 고정한다.

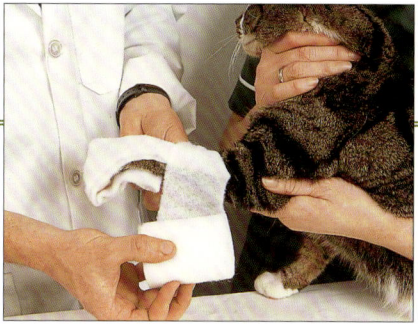

2 솜 패드를 발등 위까지 덮어 내린 다음 방향을 바꿔서 다리 뒤쪽으로 올리고, 붕대를 돌려 감아 솜 패드를 고정한다.

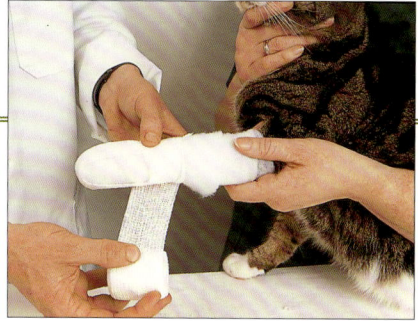

3 붕대를 느슨하지 않게 다리 전체에 골고루 감는다. 그러나 혈액 순환이 안 될 정도로 꽉 조이면 안 된다.

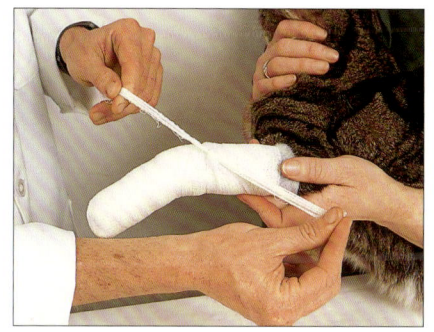

4 붕대 끝을 넉넉한 길이로 길게 반으로 가른 다음 서로 반대 방향으로 다리를 감고 매듭을 묶는다.

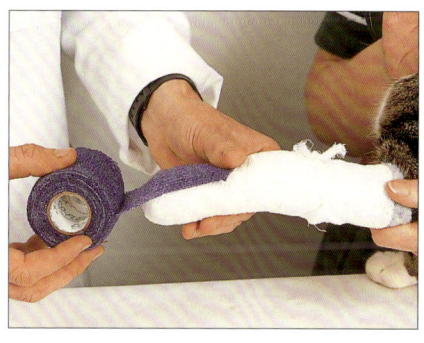

5 발 끝에 접착식 붕대를 대고 다리 뒤쪽으로 올린 다음 다리 전체를 감는다.

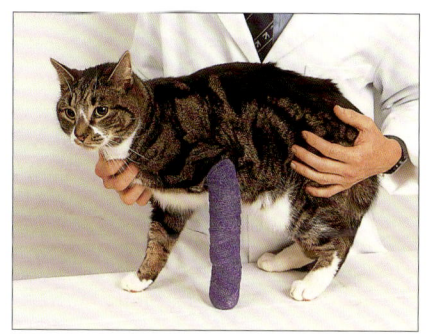

6 붕대를 하고 있는 동안은 고양이가 실내에서 지내게 한다. 붕대는 수의사의 지시에 따라 정기적으로, 또는 붕대가 더럽거나 헐거우면 교체한다.

는 일부 나라에서는 길고양이나 유기견을 종종 의도적으로 독극물로 중독시켜 없애려 하기도 한다.

고양이가 외출하였다가 온몸에 자동차 기름을 묻혀오면 바로 목욕을 시켜 기름을 제거해야 한다. 그렇지 않으면 고양이의 내부 소화기와 신장이 손상될 수 있다. 순한 가정용 세제와 다량의 미온수로 씻어내고, 문제가 있으면 수의사에게 연락한다.

찰과상과 타박상

멍든 부위를 만지면 고양이가 싫어하기 때문에 멍든 것을 알 수 있지만, 베인 상처에 비해서는 발견하기가 훨씬 어렵다. 또 농양이 진행 중일 때도 비슷한 반응이 나타난다. 사람의 타박상과 마찬가지로 고양이도 멍이 금방 겉으로 드러날 수 있으나, 깊은 곳에 생긴 멍은 겉으로 나타나기까지 며칠이 걸리기도 한다. 의심이 가는 부위가 있으면 전문가의 도움을 받는다. 타박상이나 멍은 하마멜리스(학명 *Hamamelis virginiana*, 풍년화의 유사종이며 수렴제로 사용)가 매우 효과적이다. 이 약은 극소량만 사용하게 되어 있지만, 목에 엘리자베스 칼라를 씌워서 고양이가 핥지 못하게 하는 것이 안전하다.

염좌와 절뚝거림

다리를 저는 고양이는 다친 부위를 심하게 핥는다. 무언가 문제가 있어 보이면 우선 발에 파편이나 가시가 박혀 있는지 확인한다. 이때 이물질이 있으면 핀셋으로 제거하고 소독한 다음 당분간 실내에 두고 주의 깊게 관찰한다. 나아지지 않을 경우에는 수의사에게 진찰을 받도록 한다.

관절을 삐어도 고양이는 알아서 휴식을 취하지 않으며, 지속적으로 활동하기 때문에 염좌 부위가 더 악화될 뿐만 아니라 치유도 더뎌진다.

화상

고양이는 단순히 음식 냄새에 끌려서 조리 공간에 뛰어올라가거나 심지어 오븐 속에 들어갈 수 있고, 뜨거운 물을 쏟아서 델 수도 있다. 또한 실내나 정원에서 치명적인 화학약품에 노출될 경우에는 몸 안과 밖에 끔찍한 화상을 입을 수도 있다.

피부는 화상을 입으면 스스로 응급 체제를 가동한다. 즉 체액이 상처 부위로 몰려 수포가 생기고, 수포가 피하조직을 보호한다. 수포는 감염을 막는 기능도 있으므로 굳이 터뜨리지 않는다. 열기가 가라앉을 때까지 화상 부위를 차가운 얼음물로 식히고, 수의사에게 연락한다.

감염을 막기 위해 살균한 마른 거즈로 화상 부위를 살짝 덮어줄 수도 있다. 그러나 기름진 물질은 절대 화상 부위에 닿지 않게 한다. 이것은 마치 뜨거운 팬에 버터를 넣는 것과 마찬가지다.

바이러스 감염

바이러스는 증식에 사용할 에너지를 얻기 위해 숙주를 필요로 하는데, 모든 바이러스가 질병을 일으키는 것은 아니다. 고양이에게 질병을 일으키는 주요 병원성 바이러스는 고양이전염성장염바이러스(고양이파보바이러스), 독감 바이러스(주로 헤르페스바이러스, 칼리시바이러스), 광견병 바이러스 등이다. 고양이전염성장염 즉 고양이범백혈구감소증을 일으키는 바이러스는 강하고 회복력이 좋아 오랫동안 생존하는 반면, 고양이독감 즉 고양이바이러스성비기관염의 원인이 되는 바이러스는 일반 살균제에 쉽게 파괴된다. 그 밖에 단기간에 질병을 일으키는 바이러스도 있고, 고양이면역부전바이러스(FIV)와 같이 잠복기가 긴 바이러스도 있다.

고양이 질병 찾아보기

바이러스와 그 밖의 감염성 질환
- 클라미디아증 ● 114
- 고양이바이러스성비기관염 ● 114
- 고양이범백혈구감소증 ● 115
- 고양이백혈병 ● 115
- 고양이면역부전바이러스감염증 ● 116
- 고양이전염성복막염 ● 116
- 광견병 ● 117
- 고양이해면상뇌증 ● 117

기생충과 기생충성 질환
- 벼룩 ● 118
- 진드기 ● 119
- 이 ● 119
- 좀진드기 ● 120
- 피부사상균증(백선증) ● 120
- 구더기증 ● 121
- 기관지염 ● 121
- 내부 기생충 ● 122
- 톡소포자충증 ● 124

신체 부위별 질환
- 눈, 귀, 코, 가슴과 폐, 피부, 소화기 ● 125~127

예방접종으로 많은 심각한 질병으로부터 고양이를 보호할 수 있지만, 일부 국가에서 광견병이나 고양이전염성복막염은 반드시 예방접종을 하지는 않는다. 예를 들어, 영국에서는 해외로 출국하는 고양이에게만 광견병 백신을 접종한다. 검역 규정이 까다로워지면 영국 내 모든 고양이에게 광견병 백신 접종이 의무화될 수도 있을 것이다. 백신 접종으로 예방이 잘 되는 바이러스성 감염은 장염과 독감 정도이다.

질환 증상은 정상적인 신체기능에 장애가 있을 때 나타나는 것으로, 바이러스에 감염된다고 반드시 질환 증상이 나타나는 것은 아니다. 예를 들어, 고양이코로나바이러스에 감염되어도 고양이에게 전혀 질환 증상이나 아픈 징후가 나타나지 않을 수 있다. 또한 감염성 질환이 모두 전염성은 아니다. 즉 직접 접촉했다고 해서 항상 다른 동물에게 전염되는 것은 아니다.

클라미디아증

클라미디아는 바이러스와 세균 사이의 미생물이다. 바이러스와 달리 세포의 형태를 띠고 있고, 숙주를 필요로 하지 않기 때문이다. 클라미디아는 고양이바이러스성비기관염과 유사한 증상을 일으키는 상부 호흡기질환의 원인균이다. 경증일 때는 한쪽 또는 양쪽 눈에 염증과 눈 분비물이 나타난다. 심한 경우에는 콧물, 후각 상실 및 식욕부진이 나타난다. 클라미디아증은 세균 치료에 사용하는 항생제로 치료가 된다. 클라미디아증 백신은 1991년부터 상용화되었고, 대부분이 잘 알려진 순혈통 고양이 브리더의 고양이 전문 사육장에서 감염된 것으로 확인되었다.

고양이바이러스성비기관염

고양이바이러스성비기관염(고양이독감)은 상부 호흡기에 영향을 주는 아주 고통스러운 질환으로, 고양이헤르페스바이러스와 칼리시바이러스가 주요 원인균이다. 2가지 바이러스 모두 기침과 재채기를 일으킨다. 콧물과 눈물 때문에 고양이가 스트레스를 받고, 기침 때문에 음식이나 물을 먹기가 힘들다. 칼리시바이러스는 종종 코나 입, 혀에 심한 궤양성 병변을 만든다. 헤르페스바이러스는 코나 기관, 폐에 심한 염증을 일으켜 고양이가 기침과 재채기를 아주 많이 하게 된다. 고양이를 따뜻하게 하고 편안히 쉬게 하며, 먹이와 물을 먹게 하면 고양이가 질병에서 회복될 확률이 높다. 항생제는 2차 세균 감염에는 효과적이지만, 원인이 되는 바이러스에는 효과가 없다. 고양이바이러스성비기관염에 효과적인 백신으로 예방하는 것이 최선이다.

어린 블루 통키니즈의 급성 결막염과 각막 혼탁은 상부 호흡기질환인 클라미디아증에 감염되었을 때 나타나는 안과 증상이다.

» 라일락 크림 버미즈 혼혈종인 새끼고양이가 고양이 바이러스성비기관염의 증상인 심한 결막염 증상을 보이고 있다.

고양이범백혈구감소증

개디스템퍼(개에게 발생하는 전염병)와 유사한 증상이 나타나며 고양이 홍역, 고양이전염성장염으로도 알려져 있다. 치명적이며 아주 빠르게 진행되는 고양이범백혈구감소증바이러스에 감염되면 처음에는 고열 증상이 나타난다. 바이러스는 빠르게 분화하는 세포를 공격하는데, 특히 장 세포를 좋아한다. 일반적으로 의기소침, 식욕부진, 구토 이외에 물을 마시려고 해도 마시지 못하는 증상이 있으며, 설사는 나타나지 않을 수도 있다. 탈수가 급속도로 진행되고, 혼수상태가 되었다가 사망한다. 잠복기가 짧고 병이 급성으로 진행되기 때문에 구토 증상을 보이고 2~3일 이내, 빠르면 심지어 24시간 이내에 폐사한다. 이 질환은 감염성이 높다. 치료는 고양이를 따뜻하게 하고, 탈수가 안 되게 유지하며, 수의사의 지시에 따라 대증요법을 실시한다.

고양이백혈병

고양이 브리더들이 이 질병을 알게 된 것은 1970년대 초반이다. 처음에는 이 질병이 사람들, 특히 어린이에게 위험하다고 알려져 두려워했다. 그러나 고양이백혈병바이러스(Feline Leukemia Virus, FeLV)는 고양이 사이에서 전염이 된다. 그리고 특정 품종의 순혈통 고양이에게 더 잘 발생한다고도 알려져 있으나 이것 또한 증명된 사실이 아니다. 모든 고양이가 이 바이러스에 노출되면 단기간에 비슷한 영향을 받는다. 또한 일반 집고양이의 발병률이 생각보다 훨씬 더 높고, 감염된 많은 고양이들이 오래 살았던 것으로 밝혀졌다. 그래서 고양이백혈병바이러스에 걸린 고양이는 곧바로 안락사시켜야 한다는 과거의 진료 지침도 수정되었다.

고양이백혈병바이러스에 감염되면 이 바이러스가 고양이의 면역체계를 파괴한다. 때문에 다른 병원균에 심각하게 감염이 되어 치료가 불가능한 고양이는 급속도로 폐사하지만, 반면에 영향을 덜 받는 고양이도 있다. 바이러스는 침이나 혈액으로 전염이 잘 되므로 한 집에 사는 고양이들 중 한 마리가 감염되면 그 고양이를 격리한다. 감염된 고양이를 고양이가 없는 새로운 가정으로 보내는 것이 전염을 막는 방법이다.

고양이백혈병바이러스 검사는 혈액 샘플을 이용해서 한다. 일시적인 감염에 지나지 않으므로 첫 번째 검사에서 양성 반응을 보이고, 2주 후의 재검사에서는 음성 반응을 보일 수도 있다. 고양이백혈병의 예방 백신은 1992년부터 영국에서 보급되어 미국에서도 꾸준히 사용되고 있다.

대부분의 브리더는 자신의 전문 사육장이 백혈병 청정지역임을 입증하기 위해 고양이 나이나 중성화수술 여부와 상관없이 모든 고양이에게 고양이백혈병바이러스 검사를 정기적으로 실시한다. 그리고 암고양이는 백혈병바이러스 검사에서 음성인 종묘(수고양이)와만 교배시켜서 백혈병바이러스가 수직 감염될 가능성을 차단하고, 새끼들은 바로 백신 접종을 하여 백혈병바이러스에 감염되는 것을 예방한다.

대부분의 브리더가 백혈병바이러스의 예방접종을 새 주인에게 맡기는 편인데, 새 주인이 다른 고양이를 키우고 있는 경우에는 고양이를 데려가기 전에 먼저 백혈병바이러스 백신을 접종시켜야 한다. 만약 기존에 키우는 고양이가 없고 새로 데려가는 새끼고양이가 유일한 반려동물이라면 백혈병바이러스 예방접종을 고양이가 조금 더 나이가 들 때까지 미뤄도 괜찮다.

» 고양이전염성복막염바이러스는 침과 변으로 배설되므로 정기적으로 화장실을 소독하는 것이 필수이다. 이 질환은 모든 연령대의 고양이가 감염될 수 있다.

고양이면역부전바이러스감염증

고양이면역부전바이러스 FIV(Feline Immunodeficiency Virus)는 사람에게 후천성면역결핍증 AIDS(Acquired Immunodeficiency Syndrome)을 일으키는 인간면역결핍바이러스 HIV (Human Immunodeficiency Virus)와 유사하다. 그러나 고양이면역부전바이러스는 사람에게 전염되지 않으며, 인간면역결핍바이러스 역시 고양이에게 전염되지 않는다.

고양이면역부전바이러스는 면역기능을 점차 저하시켜 이 바이러스에 감염된 고양이가 결국 다른 2차 감염성 질환에 취약해진다. 감염되고 나서도 한동안은 겉으로 건강해 보이지만, 나중에는 가벼운 질병도 치료가 잘 안 되는 상태가 된다. 현재까지 이 질환에 효과적인 예방 백신이 개발되지 않았다 (역주 : 2002년에 예방 백신이 개발되었으나 효과가 100%는 아님. 따라서 실외 생활을 하는 고양이는 백신의 장단점을 따져 접종을 결정함).

고양이전염성복막염

고양이전염성복막염(Feline Infectious Peritonitis, FIP)의 원인이 되는 바이러스는 고양이코로나바이러스로 많은 고양이에게 발견되며, 보통은 가끔 일시적으로 설사를 일으킬 뿐이다. 그러나 감염된 고양이의 약 10%는 장 세포에

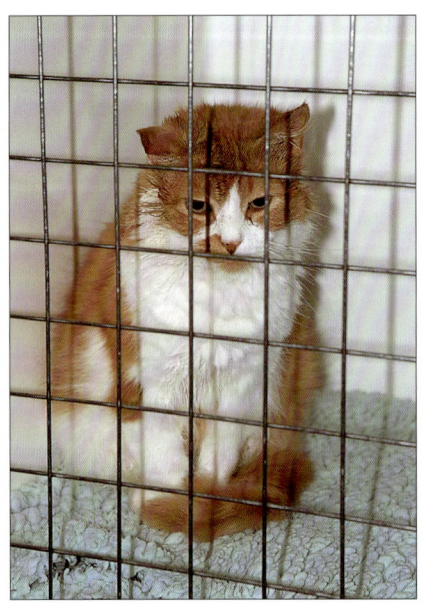
▲ 고양이가 다음날 수술하기 전에 동물병원 입원실에서 하룻밤을 보내고 있다.

있던 바이러스가 혈관에 침투하여 염증을 일으키면서 복막염 증상이 나타난다. 복강(뱃속)을 싸고 있는 막을 복막이라고 하는데, 복막의 혈관이 감염되어 염증이 생기면 치료가 아주 힘들어진다. 아직 뚜렷한 병의 진행 형태는 알려지지 않았으며, 모든 연령대의 고양이가 감염될 수 있다. 고양이전염성복막염에는 삼출형과 비삼출형이 있다.

삼출형 전염성복막염이 가장 흔한 형태로 발병 속도가 빠르다. 정상 식욕과 정상 배변을 보이며 활달하고 양호한 상태이던 고양이가 24시간 이내에 무기력해지고 식욕저하와 구토, 설사가 나타난다. 털은 종종 부스스하게 일어나고 윤기가 없으며, 가장 두드러지는 특징은 배에 물이 가득 차는 심한 복부팽만이다. 치료는 불가능하며 안락사가 유일한 인도적 방법이다.

비삼출형 전염성복막염은 흔하지 않고 질병 특유의 뚜렷한 증상이 나타나지 않기 때문에 종종 진단이 어렵다. 질병 말기에는 황달이나 고양이바이러스성비기관염과 유사한 증상이 나타나고,

몸의 균형감각 상실, 안구 내 출혈로 인한 시각 상실에 이어 경련이 나타난다.

코로나바이러스의 존재는 항체 검사로 확인한다. 캣쇼 출전용 고양이의 80%가 이미 항체 양성 결과를 보여 이 바이러스가 고양이에게 널리 퍼져 있음을 알 수 있다. 일부 브리더는 자신의 고양이들이 항체에 음성이라고 하는데, 대부분의 수의사가 어느 정도 낮은 농도의 항체 역시 정상으로 간주한다. 그리고 항체 농도가 높은데도 대부분의 고양이가 정상적으로 보일 수 있다. 이것은 바이러스에 감염되더라도 특별한 증상이 나타나지 않다가 새로운 고양이가 들어오거나 장거리 여행 같은 스트레스 상황일 때 몸에 있던 코로나 바이러스가 전염성복막염바이러스로 변형되어 전형적인 증상을 나타내기 때문으로 추측된다.

고양이전염성복막염은 초기에 생각했던 것만큼 전염력이 강하지는 않다. 바이러스는 고양이의 침과 대변으로 배출되므로, 수의사에게 추천 받은 소독약으로 화장실을 규칙적으로 자주 소독한다. 관리하기 쉽게 몇 마리 규모로 기르고, 철저한 위생 관리와 함께 스트레스를 주지 않으면 질병의 발생율을 낮출 수 있다. 고양이전염성복막염의 원인이 되는 바이러스는 숙주의 몸 밖에서 오래 살지 못하고, 소독약에 아주 쉽게 감염력을 잃는다. 영국을 제외한 일부 유럽 지역에서 이 백신이 판매되며, 국내에서도 수입 판매된다.

광견병

사람을 비롯한 모든 포유동물은 광견병에 걸릴 수 있고, 광견병에 걸린 동물에게 물린 교상으로 바이러스가 전파되므로 물리면 아주 위험하다. 광견병바이러스에 감염된 고양이는 공격 성향이 나타나고, 식욕과 목소리가 갑자기 변한다. 물을 마시지 못하는 증상이 있어서 공수병(물을 두려워함)이라고도 알려져 있다. 다른 증상으로는 입에 거품을 무는 증상, 머리의 부종, 턱 마비 및 방향감각 상실 등이 있다.

치료는 가능하지만, 광견병이 의심되는 동물에 물리고 나서 곧바로 치료해야 한다. 긴 잠복기가 지나서 증상이 나타났을 때는 거의 생존 가망성이 없다. 철저히 수입을 규제하고 있는 영국과 그 밖의 일부 국가만 광견병 청정지역이다(역주: 2007년 세계보건기구의 자료에 따르면 진정한 광견병 청정지역은 뉴질랜드이며 영국, 일본, 스페인, 프랑스 등은 박쥐 광견병만 존재하는 준청정지역임). 광견병은 백신이 있지만 광견병이 발생하는 지역에서만 상용화되고 있다. 영국에서는 외국으로 출국하는 동물에 한해 접종한다. 우리나라는 광견병 발생국가로 광견병 예방접종이 의무화되어 있다.

고양이해면상뇌증

고양이해면상뇌증 FSE(Feline Spongiform Encephalopathy)은 스스로 복제가 가능한 바이러스의 일부 단백질에 의해 발병한다. 이것은 영국에서 발생했던 소해면상뇌증과 유사하다. 일단 고양이가 이 병에 걸리면 아주 치명적이고, 사망 전에는 진단이 안 된다. 해면상뇌증에 걸린 소의 고기나 스크래피에 걸린 양의 고기를 먹어서 전염되는 것으로 추측된다. 감염된 고양이는 스스로 그루밍을 못 하고 침을 흘리며, 근육 떨림과 비정상적인 머리 자세를 보이는 등 이상행동이 나타난다. 그러나 정확한 진단은 사후 부검으로만 가능하다.

« 고양이해면상뇌증의 초기 징후는 그루밍에 관심이 없는 것이다.

기생충성 질환

기생충 예방의 첫 번째는 기생충과 기생충성 질환에 대해 잘 아는 것이다. 평상시 고양이를 돌볼 때 고양이의 털과 피부에 기생충이 있는지 세심히 살펴본다. 기생충은 숙주 동물이나 식물에 기생하며 양분을 섭취하고 안전한 장소를 제공받는다. 그리고 숙주를 손상시켜 기력을 떨어뜨리고, 때로는 사망에 이르게도 한다. 피부사상균증(백선증) 같은 일부 질환은 사람에게도 전염될 수 있다.

벼룩, 진드기, 이, 좀진드기 등의 외부 기생충은 물론 내부 기생충 구제약도 쉽게 구할 수 있다. 수의사와 상담하여 지시사항을 잘 따르고 위생 관리만 철저히 하면 기생충성 질환은 문제가 되지 않는다.

고양이에게 벼룩이나 이, 진드기가 있는지 살펴보고 있다. 매주 그루밍을 할 때마다 기생충 검사를 하면 기생충 예방에 도움이 된다.

심하게 긁으면 벼룩이나 이를 의심해봐야 한다.

벼룩

벼룩이 있는 고양이는 심한 가려움증으로 특히 목 주위와 꼬리 아래쪽을 저절로 심하게 그루밍할 수 있다. 또한 등 전체를 가려워할 수도 있다. 손가락 끝이나 손톱으로 귀 뒤쪽이나 목, 등, 꼬리 아래쪽을 긁어서 어두운 적갈색(chocolate-brown)의 모래 같은 것이 나오면 물에 적신 화장지에 놓는다. 만약 화장지에 붉은색이 나타나면 이것은 마른 피가 가득한 벼룩의 배설물이다.

벼룩이 아주 많거나 고양이가 벼룩이 물 때 나오는 분비물에 알레르기가 있는 경우에는 피부에 딱지가 있고, 딱지 사이로 궤양성 병변이나 진물이 흐르는 부분이 보인다. 이런 병변은 벼룩을 제거하면 금방 치유된다.

벼룩은 고양이 털 속에서 아주 빨리 움직이고, 보이더라도 손으로 잡기 힘들다. 고양이 몸에는 고양이벼룩뿐만 아니라 개벼룩, 사람벼룩이 침범할 수도 있다. 3가지 벼룩 모두 고양이털에 알을 낳고, 대부분의 알은 마룻바닥 틈이나 카펫 또는 천의 조직 사이로 떨어진다. 알에서 유충이 성장해 나와 성충이 되면 지나가는 동물을 감지하여 바로 동물의 털이나 몸에 들어가 기생한다. 벼룩의 수명은 일반적으로 2~6개월이지만, 흡혈기와 휴지기를 반복하며 2년까지도 살 수 있다.

가루약, 샴푸, 스프레이 등 다양한 형태의 기생충 구제약을 동물병원이나 페트숍 또는 슈퍼마켓 등에서 구할 수 있다. 감염이 심한 경우에는 고양이뿐만 아니라 주변도 함께 소독해야 한다. 장기간 효과가 있는 스프레이 형태는 실내외의 주변 환경에 가장 효과적이다. 고양이 몸에 있는 벼룩은 목 뒤에 바르는 살충제가 가장 쉽고 효과적이다. 이 방법은 한 달 동안 몸 전체에 효과가 있다.

오늘날의 기생충 구제약은 대부분 안전하고 새끼고양이에게도 발라줄 수 있다. 수의사와 상담하여 자신의 고양이에게 가장 적합한 기생충 구제약을 선택한다.

참진드기류(Parasitiformes)

진드기는 벼룩과 마찬가지로 흡혈 기생충이다. 그러나 벼룩과 달리 진드기는 평생을 숙주인 고양이 몸에서 산다. 진드기는 주로 시골에 많지만, 고슴도치 참진드기(*Ixodes hexagonus*)는 도시에서도 많이 발견된다. 진드기는 숙주의 피부에 굴을 파서 머리를 박고 피를 빨아먹으며, 피를 잔뜩 먹은 진드기는 몸이 강낭콩만큼 커지기도 한다. 충분히 배를 채운 진드기는 가끔 더 이상 숙주에게 해를 끼치지 않고, 숙주의 몸에서 떨어져 나와 다음 생활사 단계로 들어갈 준비를 하기도 한다. 그러나 집 안의 다른 동물에게 옮겨갈 수도 있다. 진드기를 제거할 때는 피부에 박힌 진드기의 머리 부분까지 남김없이 모두 제거해야 한다. 진드기가 파고들어 자극을 받은 고양이가 발로 긁거나 몸을 흔들어서 진드기 머리는 남고 몸만 떨어져 나갈 수도 있다. 그러면 이 부위가 보통 농양이나 궤양성 병변이 따라오는 만성 감염이 되기도 한다. 수의사는 진드기를 제거하기 전에 진드기가 피부에 붙어 있는 힘을 줄이기 위해 특별한 약을 사용하기도 한다. 가정에서는 소독용 알코올(또는 알코올성 주류)을 사용한다. 그 후 핀셋이나 진드기 제거 전용도구(페트숍에서 판매)를 이용하여 진드기를 조심스럽게 제거한다.

진드기는 라임병[역주 : 보렐리아 부르그도르페리(*Borrelia burgdorferi*)가 원인균. 미국 코네티컷 주의 올드 라임(Old Lyme)이라는 도시에서 최초로 보고되어 붙여진 이름이라는 세균성 질환의 매개체가 되기도 한다. 라임병은 영국에서도 발생하지만 미국에 훨씬 널리 퍼져 있다. 라임병에 걸린 고양이는 점프를 꺼리는 증상을 보이다가 급성으로 절뚝거림(파행), 고열, 무기력 및 림프절 비대(특히 머리와 다리 부위)가 나타난다. 혈액 검사로 진단이 되며, 4~6주의 항생제 치료가 필요하다. 라임병은 진드기 예방을 잘 하면 발생하지 않으며, 대부분의 벼룩 구제약은 진드기도 함께 예방된다.

이

다행히 이는 고양이에게 흔하지 않지만 환경이 불결하거나 고양이가 나이가 많으면 감염에 취약하다. 고양이에게 기생하는 것으로 알려진 이는 모두 3종류가 있는데, 1종류는 흡혈을 하고, 나머지 2종류는 물기만 한다. 가려움이 아주 심하지는 않지만 고양이가 가려워하며 긁고, 건조한 피부에서 비듬이 많이 떨어진다면 이 감염을 의심하기에 충분하다. 이의 성충은 눈으로도 잘 보이고, 알과 유충은 털 아래쪽에 붙어 있듯이 보인다. 벼룩 구제약이 이를 없애는 데 효과적이다.

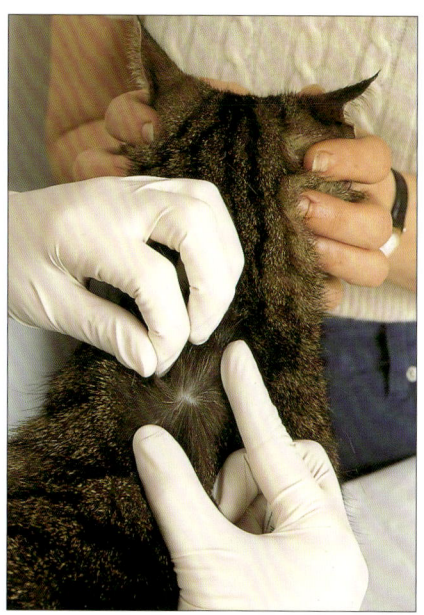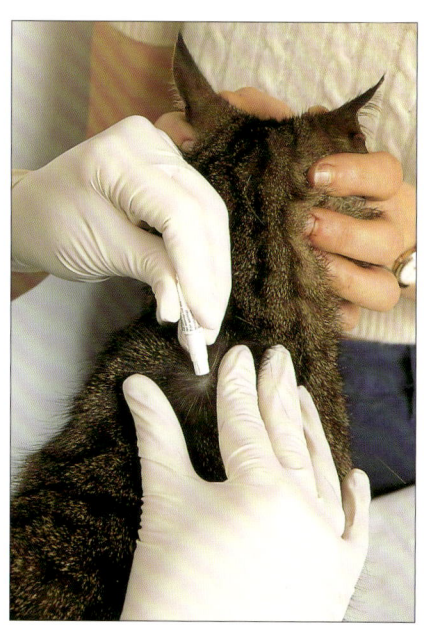

벼룩과 이를 예방하기 위해 기생충 살충 효과와 예방 효과가 있는 약을 1개월에 1번씩 발라준다. 등 뒤쪽의 털을 피부가 보이게 갈라준 다음 적당량을 짜서 피부에 바른다.

머리와 귀를 쉴 새 없이 긁는다면 귀진드기에 감염되었을 수 있다. 귀진드기는 빨리 치료하지 않으면 문제가 더 커질 수 있다.

기타 진드기류

고양이의 귀와 피부에 영향을 주는 진드기는 4종류이다.

털진드기(*Trombiculidae*)는 가을에 많이 나타난다. 털진드기 유충은 상대적으로 털이 덜 있는 발가락 사이, 아랫배나 사타구니 및 입과 코 주위를 좋아하는 듯하다. 오렌지색 유충은 눈으로도 보인다. 진드기가 피부에 자극을 주어 고양이가 발톱과 이빨로 해당 부위를 긁거나 물기 때문에 피부가 더 자극된다. 털진드기에 감염된 부위는 둥글고 진물이 나며, 딱지가 병변 주위를 둘러싸는 특징이 있다. 털진드기는 전염성이 매우 강하지만 살충제로 치료가 된다.

귀진드기(*Otodectes cynotis*)는 고양이 사이에 전염이 잘 된다. 가끔 심하게 자극을 받으면 고양이가 고개를 격하게 흔들고 귀를 납작하게 붙인 채 신경질적으로 긁어댄다. 이 때문에 상처가 생겨 2차 감염이 자주 일어난다. 짙은 갈색의 타르 같은 물질이 귀에서 묻어 나오면 귀진드기를 의심해야 한다. 귀 안쪽 피부는 아주 예민하기 때문에 발견하면 바로 수의사에게 치료를 받고, 집에서 귀를 부드럽게 청소해준다.

발톱진드기(*Cheyletidae*)는 '걸어다니는 비듬(walking dandruff)'으로도 알려져 있는데 그리 흔하지는 않다. 이 진드기에 감염되면 고양이가 평상시보다 조금 더 긁고 그루밍을 더 오래 하는 것처럼 보이지만 자극이 심하지는 않다. 가려움보다 비듬이 아주 많아지는 것이 특징이다. 이 진드기는 원래 토끼의 털에 기생하는데 사람에게도 감염된다(가슴, 배, 팔 등에 나타나는 발진). 이 진드기가 발견되면 고양이와 사람 모두 기생충 구제약으로 치료한다.

옴좀진드기(*Notoedres cati*)는 피부에 굴을 파고 기생하는 진드기 중 다행히 아주 드문 종류이다. 귀 아래쪽부터 머리 주변에서 주로 발견된다. 옴좀진드기에 감염되면 심한 가려움증과 탈모가 나타나고 전반적으로 몸 상태가 안 좋다. 심한 경우 전체 혈관으로 독소가 퍼지기도 한다. 2차 감염이 되면 항생제가 필요하지만, 진드기로 인한 피부 병변은 기생충 구제약으로 치료가 된다.

피부사상균증

다른 이름으로 백선증이라고도 한다. 곰팡이가 원인으로 사람에게도 감염되는데, 특히 어린아이가 감염이 잘 된다. 백선증의 영어 이름은 ringworm으로 사람의 피부 병변이 둥근 모양으로 나타나는 데서 유래한다. 사람의 경우 감

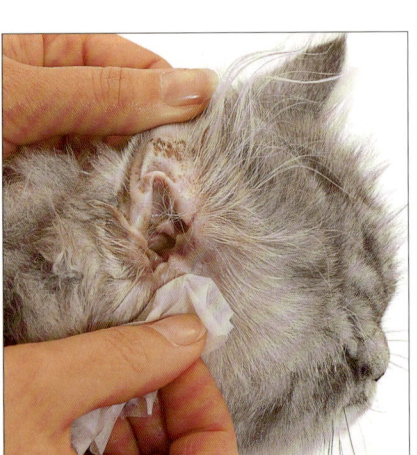

△ 그루밍할 때 귀를 정기적으로 확인하고 닦아주면 귀진드기 감염을 예방할 수 있다.

≫ 정기검진의 하나로 수의사가 고양이 귀에 귀진드기가 있는지 확인하고 있다.

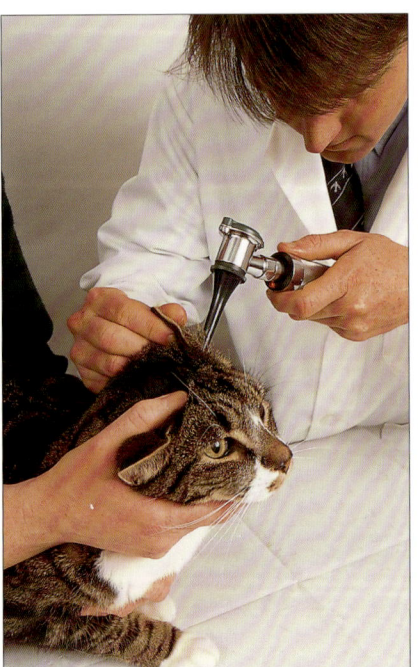

염되면 피부에 붉고 각질성의 아주 심하게 가려운 병변이 나타난다. 고양이, 특히 페르시안의 경우에는 단지 작은 여드름성 병변과 비듬만 보이는 것이 일반적이다(그렇지만 이런 병변도 전염성이 강하다). 최악의 경우 분비물이 나오는 붉은 병변이 몸 전체에 솟아나온다. 곰팡이가 피부가 아닌 털에 기생하여 털이 부서지게 된다. 따라서 캣쇼에 출전할 장모종 고양이가 감염되면 큰 문제가 될 수 있다. 건강 상태가 좋지 않거나 어린 고양이가 피부사상균증에 잘 감염된다.

피부사상균증 진단은 1차적으로 특정 파장대의 빛을 걸러서 비춰주는 우드램프(Wood's light)를 이용한다. 피부사상균증 병변의 약 65%가 우드램프 아래에서 형광빛을 띤다. 현미경 관찰이나 곰팡이 배양 등의 실험실 검사는 더 신뢰할 수 있지만 시간이 오래 걸린다. 치료 과정도 지루할 정도로 오래 걸린다. 감염된 고양이는 살진균제 연고, 샴푸와 함께 내복약도 사용하여 치료한다. 또한 함께 사는 사람과 동물은 물론 주거 공간까지 모두 소독하여 포자를 제거해야 한다. 피부사상균증 치료는 절대 간단하지 않다. 곰팡이 소독 방법은 전문가의 조언을 참고로 하고, 필요한 경우 지역 보건소 등과 상담한다. 미국과 영국에서는 피부사상균증 진단법과 치료법 개선에 대한 연구가 진행 중이다. 피부사상균증 백신 개발에 큰 진전이 있으나 아직까지는 치료 기간 단축 외에는 효과를 기대하기 어렵다.

구더기증

파리는 동물의 상처에서 나오는 분비물이나 설사에 모여들고, 동물의 털에 알을 낳는다. 구더기증은 특히 야생고양이같이 환경이 열악한 고양이에게 많이 나타난다. 구더기는 피부에 매우 깊게 터널을 파고 들어간다. 숙주의 피부를 뚫을 때 사용하는 독이 고양이의 온몸에 흡수되어 독소혈증을 일으킨다. 고양이 몸에 구더기가 있으면 비누와 물로 깨끗이 씻기고 바로 수의사와 상의한다.

기관지염

감염성 기관지염은 때때로 호흡기에 사는 세균총(세균집단)에 의해 발생한다. 체내에 기생하는 세균은 일반적으로 질환을 일으키지 않으나 특정 균주는 기관지염을 일으킨다. 개의 경우에는 '켄넬 코프(kennel cough)'라는 질환으로 발병한다. 고양이는 기침과 재채기를 할 수 있는데, 콧물과 눈물을 동반할 수도 있고 동반하지 않을 수도 있다. 정상적이라면 이 병에 걸려도 저절로 낫는다. 그러나 아주 어리거나 나이가 많은 고양이, 또는 다른 질병으로 쇠약한 고양이는 기관지염이 잘 낫지 않고 계속해서 문제가 될 수 있다. 원인균은 몇 가지 항생제로 치료가 된다.

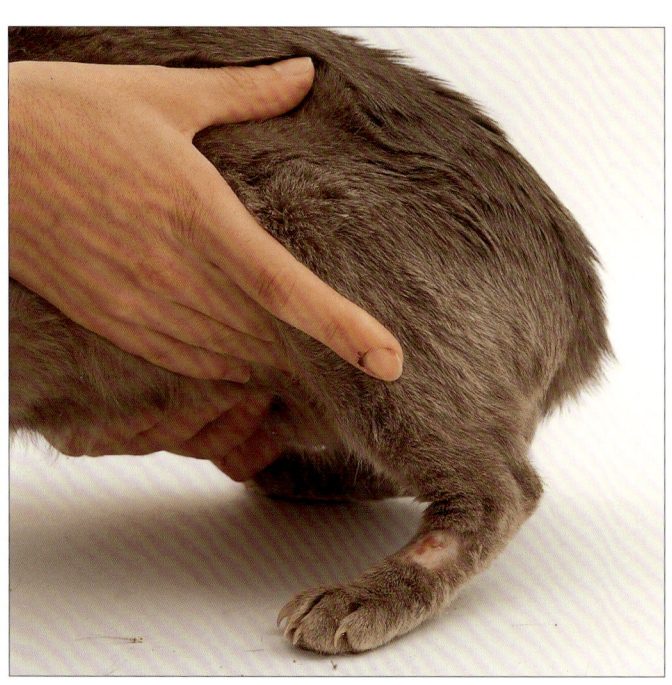

블루 버미즈의 뒷다리에서 털이 빠진 부분은 피부사상균증의 병변일 수 있다.

라일락 통키니즈 새끼의 머리 병변은 피부사상균증으로 확진되었다. 원인이 되는 곰팡이는 피부가 아닌 털에 기생하므로 털이 부스러진다.

내부 기생충

고양이는 선충류와 조충류, 주로 이렇게 2종류의 내부 기생충에 감염된다. 구충약은 수의사의 처방 없이 펫숍이나 대형 마켓에서도 구할 수 있다. 그러나 경험상 정확하게 투여하기가 어렵다. 일반적인 내부 기생충의 치료는 수의사의 도움을 받는 것이 가장 정확하다. 여러 기생충을 동시에 예방하는 효과가 있는 약제가 내복약, 주사제 또는 바르는 약 등 다양한 모양으로 판매되고 있다. 일정한 간격으로 꾸준히 구충약을 투여하면 기생충을 완벽하게 예방할 수 있다. 흔히 매년 추가접종을 하는 시기에 구충약을 투여해주는데, 적어도 6개월에 1번씩은 구충약을 투여한다.

선충류

선충에는 회충, 구충 및 폐충이 포함된다. 감염이 심하지 않으면 감염이 되었는지도 잘 모른다. 회충에 심하게 감염되면 고양이 대변에 살아 있는 성충이 실타래처럼 엉켜서 덩어리져 나오기도 한다. 기생충 감염이 의심되면 고양이 대변을 소량 채취하여 수의사에게 가져가 정확히 검사를 받는다.

회충과 구충은 소장에 기생하고 생활주기(life style)가 비슷하다. 단, 회충은 장 속을 돌아다니며 장관 속 음식을 섭취하는 반면, 구충은 장관 내벽에 붙어서 흡혈하며 기생한다. 그러므로 두 기생충의 감염 증상도 조금 다르다.

회충에 심하게 감염되면 고양이가 설사를 하고 털에 윤기가 없으며 전반적으로 불편해 보인다. 종종 올챙이배처럼 복부팽만이 되기도 한다(역주 : 장관 속 회충이 늘어 복부가 부푸는 것). 구충에 감염되었을 때는 주요 증상으로 빈혈이 나타나며, 코평면(코끝) 또는 잇몸이 창백하거나 흰색으로 보인다. 또한 전반적으로 활력이 없고 야위어 보인다.

폐충의 중간 숙주는 민달팽이나 집달팽이로 고양이가 달팽이를 먹어서 감염된다. 그러나 감염된 달팽이를 잡아

« 수의사가 잇몸과 혀의 색을 살피고 있다. 창백한 색은 빈혈일 가능성이 있으며, 빈혈은 구충 감염이 원인일 수 있다.

먹은 새나 쥐를 다시 고양이가 먹어서 감염되는 경우가 더 많다. 그렇지만 폐충 감염은 매우 드물다. 일단 고양이 몸속에 들어온 폐충은 장과 림프절을 돌며 유충에서 성충으로 자라고, 마지막에는 혈관을 타고 폐로 옮겨가서 자리를 잡는다. 결과적으로 호흡기 증상이 나타나는데, 기관지염이나 폐렴 증상과 유사하다.

조충류

조충은 상대적으로 진단하기가 쉽다. 알이 들어 있는 조충의 분절[역주 : 조충의 몸은 숙주의 장에 부착하기 쉽게 생긴 머리 부분(scolex), 분절화되어 있지 않은 목 부분(neck), 끊임없이 재생산되는 분절 부분(proglottids)과 같이 3부분으로 이루어져 있음]이 몸 밖으로 배출되면서 직장 주위의 털에 붙어 있는데, 이것이 마치 흰쌀처럼 보인다. 조충은 중간 숙주를 필요로 하는데, 고양이를 조충에 감염시키는 대표적인 중간 숙주가 벼룩이다. 그러므로 벼룩의 구제는 조충 예방을 위해서도 중요하다. 알이 가득 들어 있는 조충의 분절을 벼룩의 유충이 먹으면 조충은 벼룩의 몸속에서 유충으로 자란다. 벼룩의 유충은 성체가 되면 고양이를 흡혈 숙주로 선택하여 고양이 몸에 뛰어올라가고, 고양이가 털을 고르는 과정에 벼룩을 발견하여 먹게 되면 조충은 성공적으로 고양이 몸속으로 들어가게 된다.

두 번째로 대표적인 중간 숙주는 작은 설치류로, 조충은 설치류의 간에서 유충으로 자란다. 그리고 고양이는 조충의 유충에 감염된 설치류를 사냥하면 간과 다른 내부 장기를 먹을 것이 거의 확실하다. 조충의 감염을 예방하려면 벼룩을 없애고 밖에서 사냥을 못 하게 해야 하는데 두 가지 모두 쉽지 않을 수 있다. 완벽하게 예방 조치를 취하지 않으면 고양이가 계속 조충에 감염되겠지만 아주 심하게 감염된 경우에도 설사 이상의 큰 문제는 없어 보인다.

» 고양이의 복부를 촉진 중이다. 복부팽만은 회충에 감염된 증상일 수 있다.

가끔 정원을 찾아와서 배변하는 외부 고양이를 주의해서 본다. 자신이 기르는 고양이에게는 톡소포자충증이 없어도 이런 고양이들에게 있을지 모른다.

톡소포자충증

톡소포자충증은 톡소포자충(*Toxoplasma gondii*, 톡소플라스마)이라는 원충에 의해 발생하며, 톡소플라스마증이라고도 한다. 톡소포자충은 사람에게도 감염이 되지만 증상은 거의 나타나지 않는다. 그러나 임신한 여성이 감염될 경우 유산되거나 태아의 뇌가 손상될 수 있다. 고양이 역시 감염되어도 눈에 띄는 증상은 나타나지 않으나, 가끔 어린 고양이의 경우 폐렴 등 호흡기 증상에 시달릴 수 있다. 노령묘 경우에는 전반적인 체력 저하, 소화기 이상과 빈혈이 생길 수 있고, 안과 질환은 흔하지 않다.

톡소포자충의 미성숙 충체(접합자낭)가 고양이의 대변으로 배설되므로 화장실 모래를 바꾸거나 청소할 때 대변을 만지지 않도록 철저한 위생 관리가 필요하다. 고양이의 대변으로 배설된 충체는 24시간이 지나야 감염성을 가지므로 고양이가 배변하면 바로 고무장갑을 끼고 화장실을 청소하는 것이 좋다. 어린이는 고양이의 화장실 근처에 절대 가지 못하게 한다. 정원에 가끔 들러서 배변을 하는 이웃집 고양이나 들고양이의 배설물도 보는 대로 치우는 것이 중요하다.

신체 부위별 질환

실버 태비 새끼고양이의 눈물과 콧물은 아마도 바이러스 감염 증상으로 보인다.

눈

결막염은 고양이에게 비교적 흔한 질병으로, 가벼운 감염에서부터 클라미디아에 의해 일어나는 심각한 감염까지 그 원인이 다양하다.

가벼운 결막염은 주로 생후 7~10일 된 눈을 갓 뜬 고양이에게 나타나며, 약 3주까지 결막염 증상이 계속된다. 분비물로 눈이 붙은 것처럼 보이는데, 바이러스 감염이 원인일 수 있다. 보통은 어미고양이가 새끼고양이의 눈을 핥아서 눈을 뜨게 해주는데, 때로는 사람이 직접 도와줘야 할 때도 있다. 방법은 멸균 거즈를 차가운 물에 적셔서 새끼고양이의 눈을 닦아주는 것인데, 이때는 항상 콧날 옆의 눈 안쪽에서 바깥쪽으로 닦는다. 결막염이 며칠 이상 계속되면 수의사에게 문의한다.

귀

가려움증이나 자극 때문에 고양이가 고개를 심하게 흔들거나 귀를 긁어대면 귓바퀴에 혈종이라는 피가 가득 찬 물집이 생길 수 있다. 제대로 치료를 하지 않으면 혈종이 생긴 귀가 변형되어 '꽃양배추 귀'가 된다.

코

고양이는 고양이바이러스성비기관염 등의 바이러스 감염으로 콧물이 종종 나는데 동물병원에서 치료를 받아야 한다. 특정 품종, 특히 페르시안은 콧구멍이 좁고 짧으며 납작한 얼굴이라 코눈물관이 곧게 뻗어 내려오지 못하고 비틀어져 눈물이 비강으로 효과적으로 배출되지 못한다. 이런 고양이는 항상 눈물과 콧물을 흘려서 사람이 닦아주어야 한다.

드물지만 고양이도 주변의 수많은 물질 중 하나 또는 그 이상의 물질에 알레르기를 일으키는 천식에 걸린다. 이 경우 수의사가 반복해서 진단을 해야 알 수 있으며, 알레르기 원인물질도 찾아낼 수 있다. 천식은 장기적으로 치료해야 한다.

흉부와 폐

흉강(가슴 안)과 폐를 둘러싸고 있는 얇은 막, 즉 흉막에 염증이 생긴 것을 흉막염이라고 한다. 고양이는 심부전, 외상 등의 이유로 흉수(흉강 내 액체)가 생길 수 있다. 흉수는 대개 무균상태이지만 혈액, 교상이나 그 밖의 상처를 통해 특정 세균에 감염될 수 있다.

흉막염이 있는 고양이는 점차 호흡이 힘들어지고, 갑자기 움직일 경우에 눈을 크게 뜨고 숨을 헐떡이는 등 아주 힘든 모습을 보일 수 있다. 이런 증상이 나타나면 곧바로 동물병원에 데려가서 치료를 받아야 한다. 그러나 흉관 배액(흉관을 삽입하여 흉수를 빼내는 것)과 항생제 처치에도 불구하고 치료 효과가 없는 경우가 많으며, 흉강에 농이 차서 사망에 이른다.

피부

고양이는 때때로 턱에 블랙헤드(위쪽에 검은 기름덩이가 있는 여드름)가 나타나는 여드름성 병변이 생길 수 있다. 이것은 털에 윤기를 주는 피지가 지나치게 많이 생산, 분비되어 피지가 분비되는

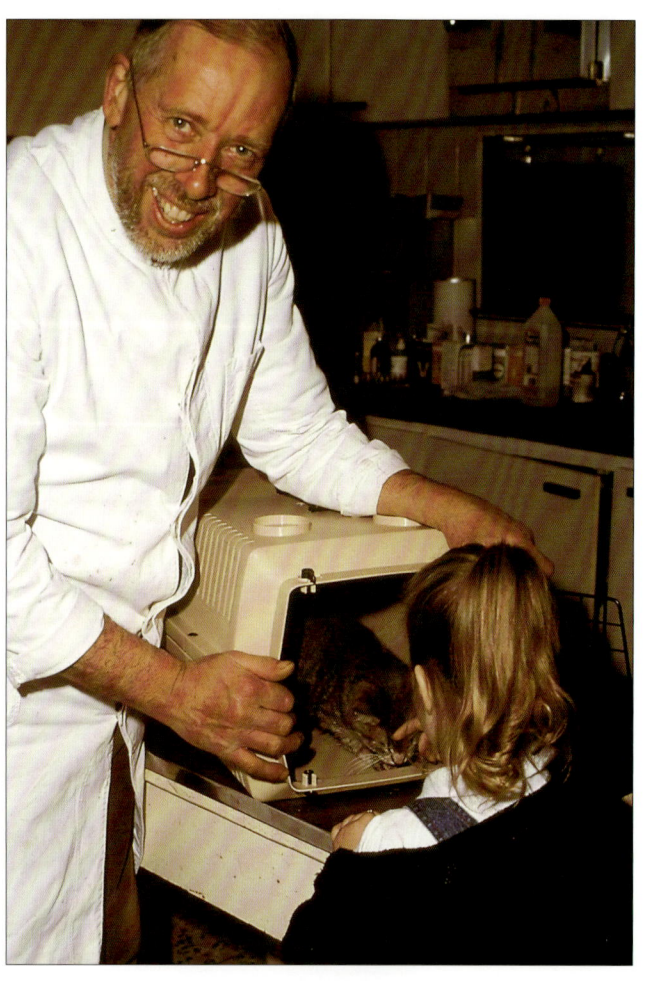

» 정기검진을 받으러 동물병원을 찾은 고양이와 어린아이. 아이가 고양이에게 이동장 밖으로 나오라고 달래고 있다.

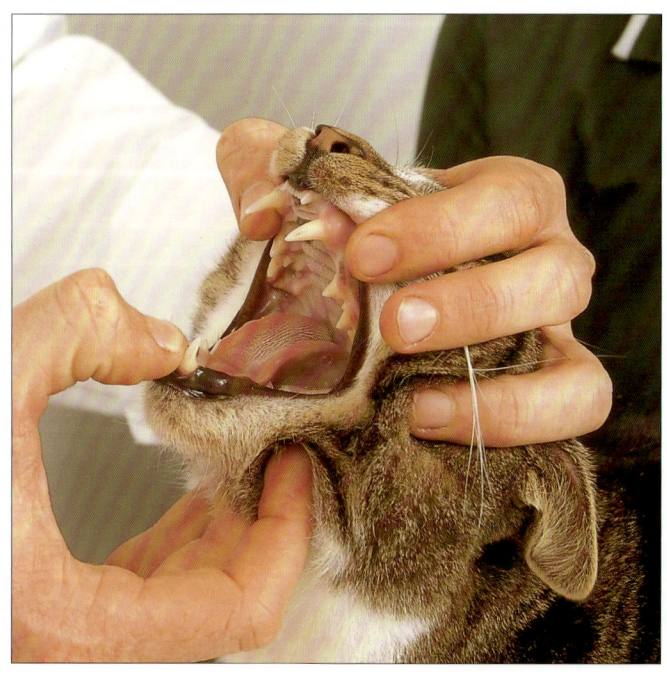

» 입과 잇몸, 이빨 검사는 정기검진에서 매우 중요하다.

통로의 구멍이 막혔기 때문이다. 이런 병변이 꼬리 위쪽에 생기면 꼬리 여드름(stud tail)이라고 한다. 턱 여드름과 꼬리 여드름 모두 항생제와 소염제로 치료한다. 고양이가 여드름이 잘 생기면 평소에 턱과 꼬리 부위를 꼼꼼히 닦아주고, 증세가 심하면 수의사에게 문의한다.

털 관리가 잘 되어 있는 고양이도 비듬이 생길 수 있다. 비듬이 생기면 단모종 고양이라도 목욕을 하고 컨디셔너 제품을 사용해야 한다. 꼼꼼히 관리해도 비듬이 계속 있다면 피부 자체에 병변이 있을 수 있다.

소화기

특별히 건강에 이상이 없는 고양이도 종종 변비와 설사가 나타난다. 변비가 되는 원인은 다양한데, 대부분은 헤어

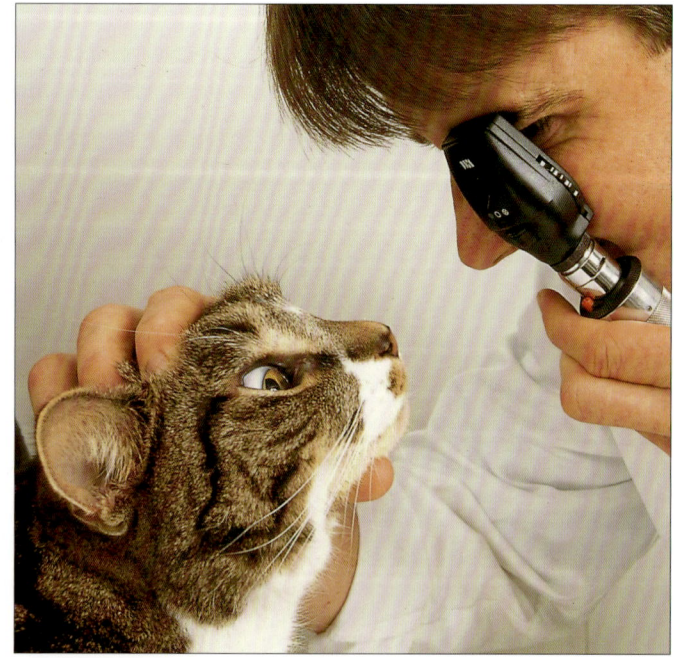

» 수의사가 검안경으로 고양이 눈을 검사하고 있다.

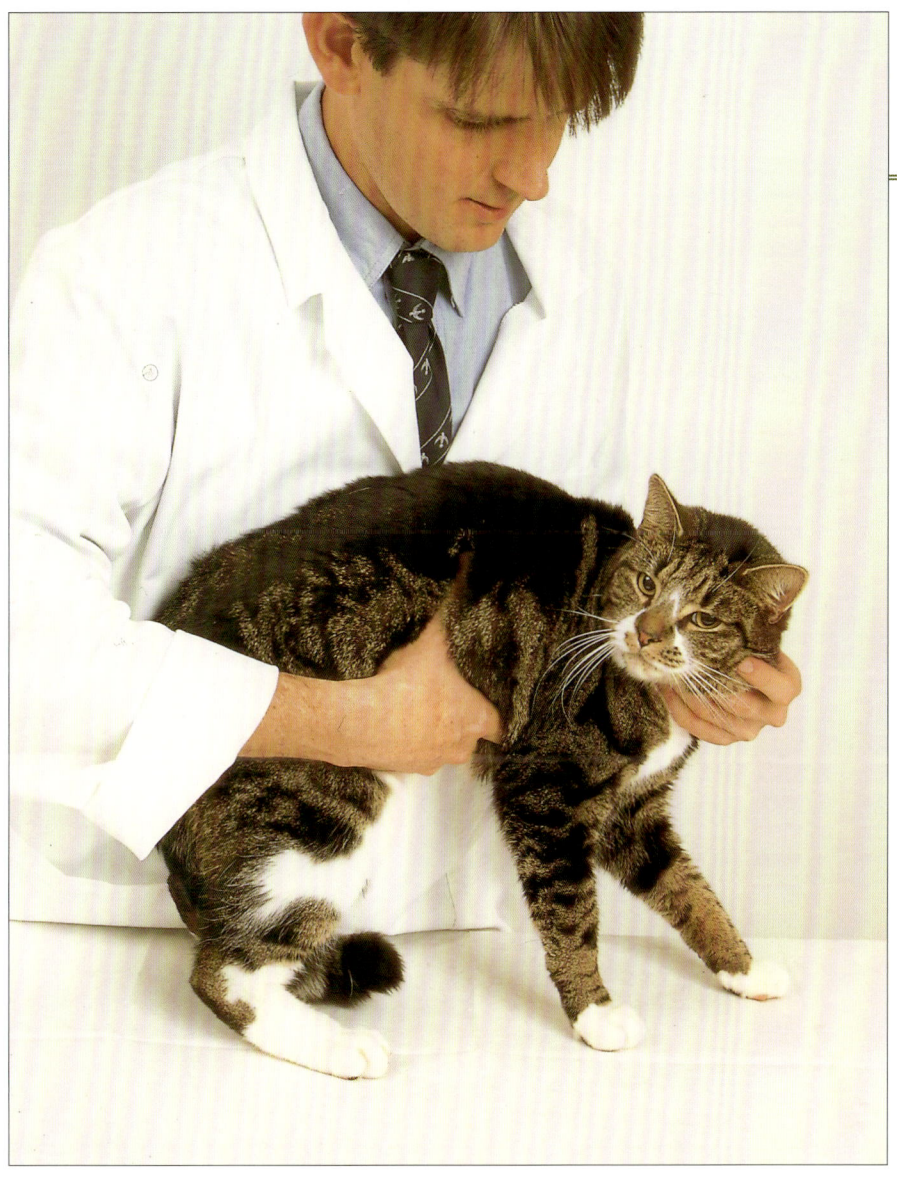

▲ 수의사는 고양이의 복부를 촉진하여 복부 비대나 압통(누를 때 통증)이 없는지 확인하고, 목과 다리 위쪽을 만져서 림프절 비대가 없는지 확인한다.

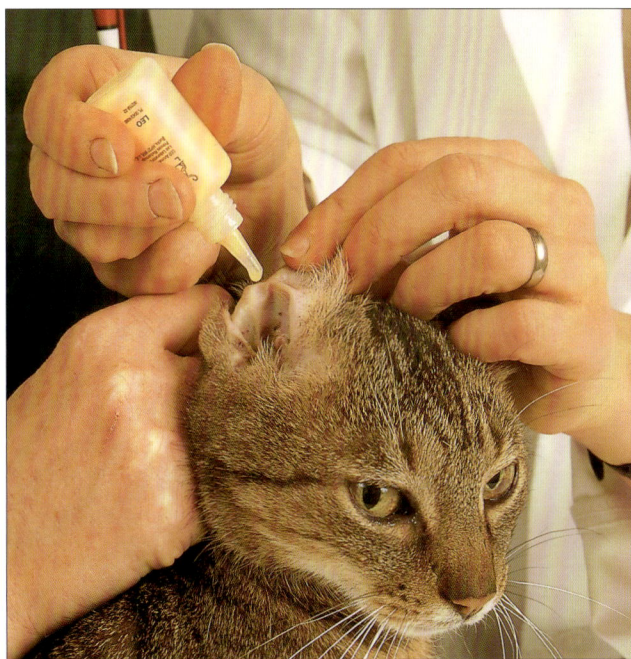

▶ 수의사가 귓병이 있는 고양이 귀에 약을 넣고 있다. 귀와 외이도 피부는 아주 예민하기 때문에 문제가 있으면 우선 수의사에게 맡기는 것이 좋다.

볼(위 속에 쌓인 털뭉치)이 원인이다. 그러나 때로는 섬유소가 부족하거나 식사량이 적은 것이 원인일 수도 있다(〈영양과 사료〉 참조). 이 경우에는 식사에 왕겨나 곡물을 추가하여 먹이거나, 사료에 유동파라핀(액상 파라핀, 바셀린유)을 조금 섞어서 준다. 그래도 증상이 지속되면 거대결장 등 더 심각한 질환이 있을 수 있으므로 동물병원에 데려가서 검사를 받는다. 유동파라핀을 너무 많이 주면 고양이가 오히려 설사를 할 수도 있다.

시중에서 설사나 변비를 하는 고양이를 위한 전용 사료를 팔고 있지만, 집에서 직접 특별식을 만들어주는 것도 효과가 있다. 이때 주의할 것이 특별식은 배탈이 나지 않고, 소화기에 자극을 주지 않아야 한다는 것이다. 익힌 쌀이나 파스타에 두툼한 흰살 육류와 흰살 생선을 올려서 요리한 것을 먹이로 주면 좋다. 천연 요구르트를 좋아하는 고양이도 있고, 사료에 말린 감자칩을 뿌려줘도 좋다. 상식에 어긋나 보이지만 실제로 효과가 있다.

변비나 설사가 있는 경우, 항문 양쪽에 있는 항문낭이 막히거나 감염되거나 부을 수가 있다. 집에서도 항문낭을 짜줄 수 있지만 유쾌한 일이 아니고 약간의 기술이 필요하므로 전문가에게 맡긴다.

고양이가 심한 설사나 변비로 힘을 줘야 하기 때문에 스트레스를 받는 것 이외에도 간혹 직장 탈출이 일어날 수 있다. 이것은 항문으로 대장 일부가 삐져나오기 때문에 쉽게 알 수 있다. 직장 탈출을 발견하면 집에서 절대 손을 대지 말고 곧바로 동물병원에 데려가도록 한다. 수의사는 탈출한 직장을 제자리에 돌려놓고, 필요한 경우 재발 방지를 위해 한두 바늘 봉합할 것이다.

The Breeds
고양이 종류

고양이 종류

고양이가 세계 곳곳의 여러 문명의 사람들과 살아온 지는 오래되었지만, 구별이 확실히 되는 품종을 만들어내기 위해 계획적으로 선택 교배를 해온 것은 불과 100여 년이다. 개는 사람들이 수천 년에 걸쳐 사냥을 목적으로 크기, 생김새, 성격 등을 다양하게 개량해온 반면, 고양이는 체구나 생김새, 털의 유형 및 성격 등 품종의 다양성이 한정되어 있다.

초콜릿 태비 페르시안

순혈통의 정의

순혈통 고양이란 부모고양이가 확실히 알려져 있고, 몇 세대를 거쳐 역으로 추적이 가능하며, 가계도(혈통)가 문서로 기록되어 있는 고양이를 말한다. 예를 들어, 순혈통 페르시안 고양이를 동급의 순혈통 샤미즈 고양이와 교배시킨다고 가정해보자. 이 경우 태어나는 고양이는 순혈통이라고 할 수는 있지만 몇 세대(품종 등록기관의 규정과 표준에 따라 다르지만 보통 3세대 이상을 의미)에 걸쳐 일관된 특성을 갖는 건강한 새끼를 지속적으로 출산해야만 비로소 새로운 페르시안 샤미즈 품종으로 분류된다. 이런 순혈통 고양이는 해당 품종이 정식으로 인정되기까지 등록은 되더라도 '기타 미분류'로 지정된다.

동일 국가 내에서도 고양이 애호가에 따라 품종 분류가 달라질 수 있다. 이 책에 나오는 고양이 중 일부는 특정 국가에서 전혀 다른 품종으로 분류되기도 하고, 또 다른 국가에서는 동일한 품종의 색만 다른 유형으로 규정되기도 한다. 블랙 페르시안이나 실 포인트 샤미

레드 버만

컬러포인트 래그돌 블루

즈와 같이 독특한 털색과 무늬가 확립되면 기존의 품종에서 분리되어 독립된 품종으로 인정되지만, 실버 셰이드 버밀라는 단순히 버밀라 품종의 다양한 색 유형 중 하나로만 구분된다. 일부 품종이나 품종 내 특정 유형의 고양이는 조상은 같지만 이름이나 분류가 영국이나 유럽 대륙, 미국 등에서 각각 다를 수 있다. 하나의 예로 브리티시 태비 포인트 발리니즈는 아메리칸 링스 포인트 자바니즈와 같은 품종인데, 유럽 대륙에서는 브리티시 앙고라를 자바니즈라고 한다. 그러나 티파니(Tiffany)와 티파니(Tiffanie)처럼 이름은 비슷하지만 실제로는 아무런 관계가 없는 경우도 있다. 그래서 이렇게 혼란을 줄 수 있는 경우에는 적절한 설명을 추가하여 해결하였으니 다음 장에서 소개하는 다양한 고양이의 매력을 감상해보자. 자신의 생활방식이나 개성에 잘 어울리고 취향에도 맞는 품종을 선택할 수 있도록, 각 품종이나 유형별로 주요 특징과 생김새 등에 중점을 두어 자세히 설명하였다.

라일락 토티 포인트 발리니즈

털에 따른 분류

이 책에서는 고양이 품종을 털 길이에 따라 크게 장모종(페르시안), 중모종, 단모종으로 분류하였다. 그러나 캣쇼에서 고양이 품종을 심사할 때는 종종 장모

스팟 태비 오리엔탈 쇼트헤어

종과 중모종을 같은 범주로 묶어서 보기도 한다.

페르시안과 같은 장모종은 그루밍에 손이 많이 간다. 털이 가늘고 길기 때문에 사람이 정기적으로 자주 빗질을 해줘야 한다. 그러나 페르시안 고양이는 대부분 조용한 성격으로 품위가 있고 아름다워서 실내에서 키우기에 매우 적합하다. 반면, 대부분의 단모종은 캣

쇼 같은 행사에 나가지만 않는다면 거의 신경을 쓰지 않아도 될 만큼 관리하기가 쉽다. 대신 단모종은 페르시안류에 비해 타고난 성격이 보다 활동적이고 발랄해서 비슷한 성격인 사람이 키우는 것이 좋다. 중모종 고양이의 그루밍 수준은 단모종과 장모종의 중간이라고 보면 된다. 단모종보다는 손이 더 가고, 장모종에 비하면 훨씬 간편하다. 중모종 고양이의 성격은 조상에 따라 달라진다. 소말리(중모종 털 길이의 아비시니안)같이 성격은 단모종인 아비시니

블랙 토티 태비 스핑크스

안 혈통을 닮아 활달하고 활동적이지만 털은 긴 품종이 있는가 하면, 노르위전 포리스트 캣이나 메인 쿤같이 두텁고 긴 털을 가지고 있으면서 쥐를 사냥하던 강인한 조상의 외향적인 성격을 보이는 것도 있다.

　털 길이로 분류한 각 그룹 내의 품종은 중요도 순서로 소개하였다. 중요도는 공인된 기간이 길수록, 그리고 명성이 높을수록 높게 평가하였다. 그러나 일부 품종은 다른 품종과의 연관성 때문에 중요도와 상관없이 배치하기도 하였다. 한 예로 이그조틱 쇼트헤어(이그조틱)는 페르시안류의 품종이지만 단모종이기 때문에 단모종 그룹에서 첫 번째로 소개하였다.

유전 정보의 확립 이유

잘 알려진 순혈통 고양이의 장점은 다음에 태어날 새끼고양이의 특성을 어느 정도 예측할 수 있다는 것이다. 조상고양이의 유전자풀(유전 정보)에 따라 같은 배에서 태어난 형제라도 털색은 달라질 수 있지만, 해당 품종의 전형적인 특징은 일정하게 나타난다. 즉, 메인 쿤 고양이를 교배시키면 반드시 메인 쿤이 태어난다. 그러나 순혈통이 아닌 일반 집고양이를 교배시킬 경우에는 태어나는 새끼고양이의 특성이 천차만별이다.

　이 책에서 소개하는 각 품종과 유형은 여러 고양이 애호단체에서 만든 가장 이상적인 표준에서 공통되는 내용을 중심으로 정리하였다. 그러나 앞에서 말했듯이 나라마다 표준이 다른 경우도 있다. 예를 들어, 미국의 고양이 애호단체에서는 토터셸의 반점이 색 구분이 뚜렷해야 한다고 규정하고 있으나, 유럽에서는 오히려 색 구분이 뚜렷하지 않은 토터셸을 더 선호한다. 고양이를 캣쇼에 출전시킬 계획이라면 이런 세부적인 국가별 표준을 알아야 하며, 처음 새끼를 고를 때도 도움이 된다. 많은 순혈통 고양이가 공식 표준에 완벽하게 들어맞지는 않지만 여전히 그 혈통만의 아름다움이나 우아한 품성을 갖고 있다.

찾아보기

장모종 그룹
- 페르시안 134~145

중모종 그룹
- 버만 148~149
- 터키시 밴 150
- 터키시 앙고라 151
- 소말리 152~153
- 메인 쿤 154~155
- 노르위전 포리스트 캣 156~157
- 발리니즈(자바니즈 포함) 158~159
- 앙고라 160
- 래그돌 161
- 티파니(Tiffany, Tiffanie와 샨틸리 포함) 162~163
- 킴릭 163

단모종 그룹
- 이그조틱 쇼트헤어 166~167
- 브리티시 쇼트헤어 168~174
- 아메리칸 쇼트헤어 175~177
- 유러피언 쇼트헤어 178~179
- 샤르트뢰 179
- 오리엔탈 쇼트헤어 180~181
- 샤미즈 182~185
- 스노슈 186
- 세이셸루아 186
- 아비시니안 187~189
- 러시안 블루 190
- 코라트 191
- 버미즈 192~194
- 아시아 그룹 195~198
- 버밀라 195
- 봄베이 197
- 벵갈 199
- 통키니즈 200~201
- 이집션 마우 202
- 싱가푸라 203
- 오시캣 204
- 재패니즈 밥테일 205
- 맹크스 206~207
- 코니시 렉스 208
- 데번 렉스 209
- 셀커크 렉스 209
- 아메리칸 컬 210~211
- 스코티시 폴드 211
- 아메리칸 와이어헤어 212
- 스핑크스 212~213

비순혈통 일반 고양이 214~217

슈프림 그랜드 챔피언인 이 고양이는 순혈통 장모종 고양이의 전형적인 특징과 화려함을 모두 보여주고 있다. 크림 컬러포인트 페르시안으로, 영국 슈프림 캣쇼(Supreme Cat Show)에서 오버올 베스트 캣(Overall Best Cat)을 수상하였다.

장모종 그룹
The Longhair Group

🐈 　장모종은 단모종보다 털이 최대 10배 정도 길다. 대부분의 순혈통 장모종 고양이는 페르시안 품종이 다양하게 변형된 것으로 볼 수 있다. 장모종 고양이는 터키 앙카라 지역의 초기 앙고라 고양이와 오늘날 이란의 초기 페르시안 품종을 교배하여 생긴 것으로 추정된다. 장모종의 털은 부드러운 속털과, 속털을 덮고 있는 더 길고 거친 보호털로 이루어져 있다. 대부분의 장모종은 스스로 꼼꼼하게 그루밍을 하는 편이지만, 캣쇼에 출전하지 않더라도 대개는 사람이 매일 빗질을 해줘야 한다. 장모종 고양이를 입양하려면, 고양이가 1년 내내 털갈이를 하기 때문에 집 안 곳곳에 털이 날릴 수 있음을 고려해야 한다. 그러나 관리만 잘 한다면 장모종 고양이에게서만 볼 수 있는 화려하고 기품 있는 매력을 매일 감상할 수 있다.

토터셀 화이트 페르시안이 길고 풍성한 털을 자랑하고 있다.

THE LONGHAIR GROUP

페르시안 The Persian

오늘날 공식적으로 장모종 페르시안 타입으로 알려진 모든 페르시안 고양이는 기본적인 신체 특징이 동일하다. 페르시안 고양이는 얼굴이 돌출되어 있다기보다 평평하고 코가 짧으며 귀가 작다. 몸은 넓은 가슴과 튼튼한 다리와 큰 발을 갖고 있고, 목둘레에 독특한 러프(목둘레의 풍성한 장식털)가 있으며, 털은 부드럽고 많이 나 있다. 꼬리는 풍성하고 낮게 달려 있다.

페르시안의 긴 털은 색과 패턴이 다양하게 나타난다. 미국 등 일부 국가에서는 이런 다양한 색을 같은 품종의 한 유형으로 보지만, 영국에서는 각각의 색마다 다른 품종으로 분류한다.

페르시안 고양이는 지금까지 알려진 순혈통 고양이 중에서 가장 오래된 품종이다. 아시아의 추운 내륙 지역에서 긴 털을 가진 변종 야생고양이가 우연히 생겨나고, 이후 사람들이 지속적으로 동계교배(근친교배)를 하여 만들어졌다. 오늘날 페르시안 고양이의 조상은 1600년대에 페르시아(지금의 이란)에서 유럽으로 전해진 다부진 체격의 장모종 회색 고양이와 부드러운 털을 가진 터키의 흰색 앙고라(지금의 앙고라와는 다른 품종)로 추정된다.

현재 장모종 페르시안 타입은 색이 60종류 이상이다.

▲ 레드 컬러포인트는 페르시안 품종 중에서 비교적 최근에 생겨난 유형이지만, 페르시안의 전형적 특징인 풍성한 털, 다부진 몸, 짧은 코와 작은 귀를 가지고 있다.

Black Persian
블랙 페르시안

블랙 셀프 페르시안은 1600년대부터 공식적으로 알려진 가장 오래된 페르시안 중 하나로 생각되지만, 현재는 흔하지 않은 품종이다. 캣쇼에서는 바랜 느낌이나 흰 털, 셰이드가 없이 빽빽이 많은 단색의 검은 털을 표준으로 본다. 새끼고양이 때는 종종 회색이나 붉은색을 띠기도 하는데, 이것이 6개월 내지 8개월까지 지속되면 블랙 페르시안으로 인정하지 않는다. 매력적인 검은색 털을 유지하기 위해서는 직사광선이 닿지 않는 시원하고 건조한 환경에서 길러야 한다. 습도가 높고 햇빛이 밝게 비치는 곳에서는 검은색 털이 바래는 현상이 있다. 한 브리더는 자신의 고양이가 햇빛을 마음껏 쬘 수 있도록 캣쇼에 더 이상 출전하지 않고 있다. 다른 페르시안 고양이와 마찬가지로 블랙 페르시안도 다정다감하고 기품 있는 편이지만, 화이트 페르시안보다는 발랄한 것으로 알려져 있다.

cat's data	
털	풍성하고 윤기가 흐름. 목과 어깨 주위에 풍성한 러프
눈	구리색 또는 짙은 오렌지색. 눈 테두리가 검은색
기타 특징	코평면과 발볼록살은 검은색
그루밍	매일 철저한 관리가 필수
성격	차분함

« 다 자란 블랙 페르시안으로 적당한 길이에 짙은 검은색의 최상의 털을 가졌으며, 짙은 구리색(copper) 눈이 인상적이다

▲ 사진의 검은색 새끼고양이는 앞으로 잘 자라서 캣쇼에서 우수한 성적을 거둘 가능성이 충분하다. 새끼 때는 약간 바랜 색도 인정되지만, 이 새끼고양이는 이미 풍성하고 완벽한 검은 털을 갖고 있다.

White Persian
화이트 페르시안

페르시안은 새끼 때 목둘레의 러프가 뚜렷하지 않고 풍성한 꼬리털이 없이 털북숭이다. 깔끔한 모양의 귀와 짧은 얼굴에 단단한 코비 체형의 이 새끼고양이는 앞으로 훌륭한 외모의 성묘로 자랄 것이다.

화이트 페르시안 고양이의 순백색 털은 터키의 초기 앙고라 고양이로부터 온 것이다. 터키의 원조 앙고라 고양이는 지금의 앙고라 품종과는 많이 다른데, 부드러운 털로 유명하고 흰색 털이 사람들에게 가장 인기가 많았다. 1800년대에 원조 앙고라 고양이와 페르시안 고양이를 교배하여 순백색 털의 화이트 페르시안 품종이 탄생하였다. 캣쇼에서 인정되는 화이트 페르시안의 가장 큰 특징은 눈부신 흰색 털에 다른 색이 전혀 섞이지 않은 것이다. 새끼 때는 머리 위쪽에 다른 색 털이 섞이는 경우도 있지만, 9개월로 접어들기 전에 모두 사라진다. 화이트 페르시안은 일반적으로 스스로 그루밍을 꼼꼼히 하는 편이나,

cat's data

털	털이 많고 촘촘하며 부드러움. 목과 어깨 주위에 풍성한 러프
눈	화이트 페르시안에서 잘 알려진 종류는 3가지다. 블루아이 화이트 : 선명한 푸른색 눈. 푸른색이 짙을수록 선호. 눈 테두리가 분홍색 오렌지아이 화이트 : 구리색 또는 짙은 오렌지색 눈. 눈 테두리가 분홍색 오드아이 화이트 : 한쪽 눈은 파란색, 다른 한쪽은 오렌지색 또는 짙은 구리색. 눈 테두리가 분홍색
기타 특징	코평면과 발볼록살은 분홍색
그루밍	매일 철저한 관리가 필수
성격	차분함

눈색이 선명한 사진의 오드아이 화이트 페르시안은 반려묘로 좋다. 그러나 귀가 너무 크고 쫑긋 선 모양이라 캣쇼에 출전할 정도로 완벽한 모습은 아니다.

사진의 오렌지아이 화이트 페르시안은 캣쇼의 심사위원이 만족할만한 특징을 모두 갖고 있다. 특히 아름답게 관리한 화려한 털이 돋보인다.

르시안은 청각장애이기 쉬우므로(항상 그런 것은 아니지만) 블루와 블랙 페르시안을 이종교배시켰다. 이렇게 태어난 고양이는 일반적으로 튼튼하다. 그리고 일부는 구리색 눈이며, 나머지는 한쪽은 파란색이고 다른 한쪽은 오렌지색 또는 구리색 눈을 가졌다. 오드아이(양쪽 눈색이 다름) 화이트 페르시안의 경우, 푸른 눈 쪽의 귀가 청각장애일 수 있다. 눈색과는 별개로 두 눈의 색이 뚜렷해야 캣쇼에서 우수한 성적을 거둔다.

화이트 페르시안 고양이는 생김새 자체가 우아하고 화려하기도 하지만, 고양이 스스로 그루밍을 하여 그런 모습을 만들려는 습성이 있다. 활달하지만 조용한 성격이므로 실내에서 키우기에 아주 이상적인 반려동물이다.

완벽하게 관리하려면 역시 사람의 도움이 필요하다. 얼굴 주변, 다리와 꼬리 부분의 털은 특히 누렇게 변색될 수 있다. 이런 현상을 방지하고 청결을 유지하려면 흰색 털 관리용 파우더를 사용한다. 그루밍을 부지런히 해주면 신비한 색의 눈을 더욱 돋보이게 하는 풍성하고 아름다운 순백색 털을 유지할 수 있다.

화이트 페르시안은 눈색에 따라 몇 가지 유형으로 구분된다. 화이트 페르시안의 원조였던 블루아이(푸른 눈) 페

Blue Persian
블루 페르시안

블루 페르시안은 1800년대 말경 부유층의 반려동물로 매우 인기 있었고, 가격도 상당히 비쌌다. 그 중에서도 특히 유럽 왕실에서 인기가 높았다. 영국의 빅토리아 여왕은 블루 페르시안을 2마리 키웠고, 독일 슐레스비히홀슈타인 주의 빅토리아 공주는 이 품종의 열성적인 브리더였으며, 에드워드 7세 국왕은 블루 페르시안에게 최우수상을 수여하기도 했다.

블루 페르시안이 인기 있던 이유는, 1600년대에 무역상들이 유럽으로 처음 데려왔던 원조 페르시안의 색과 가장 가까운 것이 블루 페르시안이라고 생각했기 때문인 듯하다. 현재 우리가 알고 있는 블루 페르시안은 지중해의 몰타 섬에서 유전적 돌연변이로 생겨났을 가능성이 크다. 그래서 종종 몰티즈 블루라고도 한다. 청회색이 도는 털색은 검은색이 희석된 것이다. 푸른빛은 옅은 색 털에 밝은 빛이 더해져서 생긴 연보라색 광채에서 온다. 캣쇼에 출전하려면 이런 특성이 더 뚜렷해야 하며, 셰이드나 얼룩무늬 또는 흰색 털이 전혀 없이 보통 또는 옅은 청회색이 털 전체에 고르게 나타나는 것이 이상적이다. 어두운 청회색 털은 매우 바람직하지 않다. 아주 오랜 시간 선택적 교배를 해온 역사 깊은 품종이기 때문에, 페르시안 블루는 종종 다른 페르시안 품종을 비교해보는 표준 페르시안 품종으로 이용된다. 따라서 다른 페르시안의 형질을 개선하기 위해 때로는 의도적으로 블루 페르시안과 교배시키기도 한다.

블루 페르시안은 매우 온순하고 다정다감해서 사람들과 친밀한 관계를 잘 유지하는 것으로도 알려져 있다.

《 블루 페르시안은 페르시안 종류 중 가장 오래된 품종으로, 1800년대 말 부유층과 귀족들에게 인기 있던 반려동물이다.

cat's data	
털	털이 많고 촘촘하며 부드러움. 목과 어깨 주위에 풍성한 러프
눈	구리색 또는 짙은 오렌지색. 눈 테두리는 청회색
기타 특징	코평면과 발볼록살은 청회색
그루밍	매일 철저한 관리가 필수
성격	차분함

《 귀족적 품성이 아주 잘 나타난 블루 페르시안. 고른 털색과 풍부한 윤기가 화려한 구릿빛 오렌지색(copper-orange) 눈과 잘 어울린다.

Chocolate Persian
초콜릿 페르시안

초콜릿 페르시안은 샤미즈의 특징이 있어서 성격이 다소 대담하다. 원래는 페르시안 컬러포인트를 얻기 위해 블루 페르시안을 초콜릿 포인트 샤미즈와 교배시켰는데, 이런 교배 과정에서 예측하지 못했는데 생겨난 유형이다. 그러나 여러 세대에 걸친 교배 과정에서 점차 브리더의 눈에 더 자주 띄게 되었고, 마침내 독립된 유형으로 인정받게 되었다. 캣쇼에 출전하려면 셰이드나 얼룩무늬 또는 흰 털이 없어야 하고, 전체적으로 따뜻한 느낌을 주는 중간 또는 어두운 색 털이 고르게 분포되어야 한다. 털색이 짙고 어두운 초콜릿색인 것보다 따뜻한 느낌인 것이 매우 중요하다. 새끼 고양이는 가끔 회색을 띠기도 하지만 생후 6~9개월 정도 되면 이런 색감이 없어진다. 눈은 옅은 황금색이나 녹색으로 되돌아갈 기미가 없고, 선명한 구릿빛 오렌지색(copper-orange)이어야 한다.

조상 중에 샤미즈가 있기 때문에 초기에는 초콜릿 페르시안의 털이 다른 페르시안보다 더 짧았다. 그러나 더 이상은 짧은 털이 나타나지 않는다.

초콜릿 페르시안은 눈이 선명한 구릿빛 오렌지색이어야 한다. 눈색은 옅은 황금색이나 녹색으로 되돌아가려는 경향이 있다.

cat's data

털	털이 많고 부드러움
눈	구리색 또는 짙은 오렌지색. 눈 테두리는 초콜릿빛 갈색
기타 특징	코평면과 발볼록살은 초콜릿빛 갈색
그루밍	매일 철저한 관리가 필수
성격	차분함

Lilac Persian
라일락 페르시안

다른 이름으로 라벤더 카슈미르(Lavender Kashmir)라고도 불린다. 초콜릿 페르시안과 마찬가지로 컬러포인트 장모종을 만들기 위한 교배 과정에서 우연히 생겨난 유형이다. 라일락 페르시안은 샤미즈의 특징적 요소를 갖고 있으며, 블루 페르시안의 청회색이 희석된 색의 페르시안이라고 볼 수 있다. 이 때문에 혼자서도 잘 노는 독립적인 성격을 보인다. 그러나 사람과 금세 친해진다.

완벽한 순혈통 라일락 페르시안은 색은 물론 느낌도 따뜻하고 부드러운 털이 풍성하며, 전혀 어떤 무늬나 흰색 털도 보이지 않는다. 눈은 구리색 또는 짙은 오렌지색이며, 눈 테두리는 라일락색이다. 코평면과 발볼록살도 라일락색이다. 라일락색 고양이는 동종의 라일락색 고양이와 교배시키면 새끼가 모두 라일락색이다. 이 법칙은 오리엔탈 쇼트헤어 샤미즈와 브리티시 쇼트헤어 품종을 제외한 모든 품종에서 똑같이 나타난다.

라일락 페르시안은 몸 전체가 따뜻한 색으로 셰이드가 전혀 없다.

cat's data

털	털이 많고 부드러움
눈	구리색 또는 짙은 오렌지색. 눈 테두리는 라일락색
기타 특징	코평면과 발볼록살은 라일락색
그루밍	매일 철저한 관리가 필수
성격	차분함

Red Persian
레드 페르시안

» 이 고양이는 레드 페르시안의 특징을 모두 갖고 있지만, 캣쇼 심사위원이 판단하기에 코가 좀 길어 보일 수 있다. 이마 부분의 약간의 셰이드는 허용되지만, 성묘일 때 태비무늬가 있으면 안 된다.

불과 몇십 년 전에도 레드 페르시안은 가장 보기 드문 품종 중 하나였다. 이유는 새끼 때 긴 털과 강렬한 색을 가지고 있으며 선명한 매커럴 태비를 보이는 고양이를 부모고양이로 주로 선택했기 때문이다. 레드 페르시안의 강렬한 붉은색 털은 평범한 연한 적갈색(ginger)의 일반 고양이 털보다 훨씬 더 진하다. 캣쇼에 출전하려면 색이 일정해야 하고 흰 털이 없어야 한다. 그러나 이마와 다리에 있는 약간의 셰이드는 허용된다. 붉은색을 발현하는 반성유전자(성염색체에 존재하는 유전자)는 태비무늬가 나타나는 것을 막지 못하므로, 새끼고양이 때 약간의 조명 아래에서 태비무늬가 나타난다. 그래서 거의 대부분의 레드 페르시안은 어릴 때 태비무늬가 나타나는데, 자라면서 바탕색이 진해지면 안 보인다.

cat's data	
털	털이 많고 부드러움
눈	구리색 또는 짙은 오렌지색. 눈 테 두리는 짙은 분홍색
기타 특징	코평면과 발볼록살은 짙은 분홍색
그루밍	매일 철저한 관리가 필수
성격	차분하나 가끔 불 같은 성격

» 페르시안 고양이는 여름철에 높은 온도 때문에 털갈이를 하여 겉털이 빠지는 것이 일반적이다. 사진의 아름다운 레드 페르시안은 털갈이로 털이 빠져 있는 상태이지만 여전히 훌륭한 모습이다.

Cream Persian
크림 페르시안

크림 페르시안은 털색이 옅은 붉은빛인데, 이것은 아마도 1800년대에 페르시안과 이종교배된 화이트 앙고라의 영향으로 추측된다. 블루 페르시안은 예전부터 가장 인기 있는 품종일 뿐만 아니라 페르시안으로서 가장 모범적인 형질을 지녔기 때문에, 다른 색 페르시안 브리더들도 블루 페르시안을 종묘로 많이 이용했다. 블루는 블랙이 희석된 색으로, 블루 페르시안의 희석유전자(다른 유전자의 작용을 약하게 하는 변경 유전자)가 많은 교배를 통해 퍼져나가 마침내 지금의 모든 옅은 색 페르시안들이 생겨나게 되었다.

초기의 크림 페르시안은 지금보다 귀가 크고 코도 더 긴 편이었으며, 눈은 아몬드모양이었다. 오늘날의 크림 페르시안은 미국에서 시작하여 1세기에 걸쳐 선택적 교배만 해서 나왔다. 영국에서는 크림 페르시안의 희석된 붉은빛을 '상한 오렌지(Spoiled orange)'라 하며 1920년대 이전까지 정식 페르시안 품종으로 인정하지 않았다. 이상적인 크림 페르시안은 털에 셰이드가 없고, 얼룩무늬나 흰 털이 없어야 한다. 흰색 속털이 없이 옅은 크림색이나 일반 크림색 털이 고르게 덮여 있어야 한다.

cat's data	
털	털이 많고 부드러움
눈	구리색 또는 짙은 오렌지색. 눈 테 두리는 분홍색
기타 특징	코평면과 발볼록살은 분홍색
그루밍	매일 철저한 관리가 필수
성격	차분함

» 일부 브리더는 다른 장모종보다 크림 페르시안이 새끼를 적게 낳는다고 생각하기 때문에 크림 페르시안 새끼고양이의 가치가 더 특별할 수밖에 없다.

Tortoiseshell Persian
토터셸 페르시안

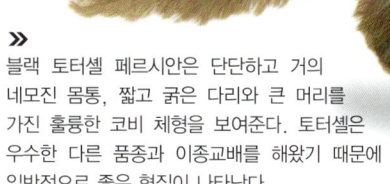

클래식 토터셸은 검은색, 붉은색과 옅은 붉은색이 화려하게 섞여 있다. 토터셸 새끼고양이의 털색 구성에는 어미고양이가 가진 다수의 색 유전자가 크게 영향을 미친다. 예를 들어 어미고양이의 X염색체 2개 모두에 오렌지 유전자(붉은색 발현)가 있으면, 태어나는 새끼고양이는 암수 모두 붉은색 털을 가지게 된다. 반면에 어미의 X염색체 중 하나에만 오렌지 유전자가 있으면 새끼는 붉은색과 비붉은색 계열이 섞인 토터셸 새끼고양이가 태어날 수 있다. 토터셸 발현에는 복잡한 유전자 구성과 생물학적 기전이 관여하여 대부분의 토터셸은 암컷이다(〈교배하기〉 중 '교배와 유전학' 참조).

토터셸은 토티(Tortie)라고도 하며, 다음과 같이 희석된 색으로도 나타난다. 초콜릿 토티(Chocolate Tortie), 블루 크림(Blue-Cream)과 라일락 크림(Lilac-Cream) 토티가 있으며, 이들의 부모고양이의 털색이 이름에 반영되어 있다.

토터셸 순혈통 품종의 교배 목적은 색 혼합이 완벽하게 균형을 이루는 토터셸을 얻는 것이다. 검은색과 초콜릿 색이 붉은색과 혼합되면 마치 고양이 몸 전체에 불꽃이 퍼진 듯 환상적인 조합이 나타난다. 이런 종류의 고양이를 원하는 애호가들은 선명한 색을 선호하고, 새끼고양이 얼굴 중앙에 화려한 붉은색 털이 불꽃무늬처럼 있으면 더욱

» 블랙 토터셸 페르시안은 단단하고 거의 네모진 몸통, 짧고 굵은 다리와 큰 머리를 가진 훌륭한 코비 체형을 보여준다. 토터셸은 우수한 다른 품종과 이종교배를 해왔기 때문에 일반적으로 좋은 형질이 나타난다.

▲ 사진의 블랙 토터셸 페르시안은 위 사진의 토터셸과 무늬가 다르다. 토터셸은 여러 색이 섞여 있는데, 기본 바탕색에 붉은색이나 크림색이 섞여 있는 모습이 매력적이다. 색과 무늬가 같은 토터셸은 전혀 없다.

« 블루 크림 페르시안은 블루 페르시안과 크림 페르시안을 교배하여 나온 옅은 색 토터셸이다. 영국에서는 2가지 색이 섞이는 것을 선호하는 반면, 미국에서는 2가지 색의 경계가 확실한 것을 선호한다.

훌륭한 고양이로 평가한다. 새끼고양이 중에서 6개월 내지 9개월 이후에 검은색 털이 회색으로 자라 나오는 경우도 간혹 있다.

붉은색을 가진 토터셸은 레드 페르시안의 불 같은 성질을 물려받는다고 하는데, 애호가들은 그것은 단지 개성이 강한 것이라고 일축한다. 또한 붉은색 토터셸 암컷은 모성애가 강한 편이다. 한 배에서 토터셸 새끼가 나오는 비율을 높이기 위해 토터셸 암컷은 블랙이나 레드 수컷과 교배를 시킨다.

토터셸의 희석된 옅은 색은 독특한 매력이나 유순한 성격과 아주 잘 어울린다. 영국의 품종 표준에 따르면, 토터셸의 부드러운 색은 보는 각도에 따라 색이 달라지는 비단처럼 서로 잘 섞여 있어야 한다. 반면 미국에서는 색마다 뚜렷한 경계가 있는 것을 더 좋아한다. 토터셸 페르시안은 눈이 크고, 짙은 구리색 또는 짙은 오렌지색이다.

cat's data

털	털이 많고 부드러움
눈	짙은 오렌지색 또는 구리색
기타 특징	주가 되는 털색에 따라 코평면과 발볼록살의 색이 분홍색 또는 검은색이 됨
그루밍	매일 철저한 관리가 필수
성격	차분함

Bi-Colour Persian
바이컬러 페르시안

cat's data	
털	털이 많고 촘촘하며 비단같이 부드러움. 목과 어깨에 풍성한 러프
눈	짙은 오렌지색 또는 구리색
그루밍	매일 철저한 관리가 필수. 흰 털은 특히 더 관리해야 함
성격	차분함

순혈통 교배 과정의 초기에는 흰색 반점이 있는 장모종이 전혀 환영을 받지 못했다. 그러나 배나 목 주위에 흰색 반점이 없는 고양이가 많지 않아 캣쇼에서 해당 클래스를 채울 수 없게 되자 바이컬러 페르시안도 참가 자격을 얻게 되었다. 단색 바탕에 아랫배, 코와 입,

블루 바이컬러는 품종의 다양성을 단적으로 보여주는 예이다. 바이컬러는 붉은색, 크림색, 초콜릿색과 같이 단색으로 인정되는 모든 색이 바탕색이 된다.

아름답게 그루밍을 끝낸 블랙 화이트 바이컬러 페르시안은 캣쇼 고양이로서 이상적인 선명한 흰색 반점을 가지고 있다.

가슴, 다리와 발에 흰 털을 가진 바이컬러 페르시안은 초기에는 토터셸 페르시안이나 화이트 페르시안과 함께 '기타 미분류 부문'에 포함되었으나 마침내 브리더들이 바이컬러를 독립된 품종으로 인정하기 시작하였다. 흰색 반점이 대칭으로 균형 있게 나타나고, 코 위에 거꾸로 V자모양의 흰색 무늬가 선명하게 있어야 이상적으로 평가된다.

Tortoiseshell and White Persian
토터셸 화이트 페르시안

블랙 토티 화이트는 색이 있는 부분의 무늬가 잘 어우러져 있고 흰색 반점이 선명하며, 매우 부드럽고 긴 털을 갖고 있다.

그루밍을 자주 잘만 해주면 클래식 토터셸의 검은색과 붉은색 털(또는 희석색)이 눈부신 흰색 반점과 잘 어울린다. 미국에서는 이 품종을 인쇄된 캘리코 면직물의 이름을 따서 '캘리코(Calico)'라 부른다. 영국에서는 한때 친츠(Chintz)라고 하였으나 지금은 사용되지 않는다. 미국의 품종

cat's data	
털	특히 길고 부드러움. 목과 어깨에 풍성한 러프. 풍성한 꼬리
눈	오렌지색 또는 짙은 구리색
그루밍	매일 철저한 관리가 필수. 흰 털은 특히 더 관리해야 함
성격	차분함

토티 화이트는 토터셸만큼 색 조합이 다양하다. 이 고양이는 희석색인 블루 토티(블루 크림) 화이트 페르시안이다.

표준에 따르면 색깔별로 반점이 확실히 구분되어야 하지만, 영국에서는 다리와 가슴, 배 부분에만 일부 흰색 반점이 있는 고양이부터 밴무늬(Van Pattern, 온몸이 흰색이고 머리와 꼬리에만 색이 있음) 고양이까지 모두 허용된다.

Tabby Persian
태비 페르시안

태비 페르시안의 털을 다른 페르시안처럼 풍성하게 부풀린 모양으로 다듬으면 화려한 태비무늬의 아름다움이 많이 반감된다. 풀코트(겉털과 속털이 모두 자란 상태. 여기서는 빗질로 겉털과 속털을 모두 풍성하게 띄우는 것을 말함)도 중요하지만 태비 페르시안은 조금 덜 빗긴다는 느낌으로 빗질을 해야 한다.

태비 페르시안의 특징적인 무늬로는 척추를 따라 있는 3줄무늬, 어깨 부분의 나비무늬, 옆구리의 굴껍질무늬(또는 나선형 무늬)가 있다. 다리와 꼬리에는 일정 간격으로 짙은 고리무늬가 있고, 아랫배에는 점무늬가 있어야 한다. 영국에서는 블로치 태비(대리석무늬)만 인정하지만 스팟(점무늬), 매커럴(고등어무늬), 틱 태비무늬도 있다. 또 주요 색은 브라운, 레드, 실버이지만 크림, 라일락, 카메오(황백색 바탕에 붉은 태비무늬, 속털은 흰색) 같은 색도 소개된다. 브라운 태비는 짙은 흑갈색 바탕에 짙은 검은색 무늬가 있다. 이 품종은 1800년대 후반 블루 페르시안의 초기 브리더였던 프랜시스 심슨(Frances Simpson)이 특히 아꼈던 품종으로, 챔피언을 획득한 프랜시스 심슨의 고양이 중 1마리가 오늘날 전 세계 대부분의 브라운 태비 페르시안의 조상이다. 현재는 미국에서 개량된 짙은 색 태비 페르시안이 전 세계에 소개되고 있다.

그러나 가장 인기 있는 품종은 짙은 황갈색(ginger) 털과 털색에 잘 어울리는 눈을 가진 레드 태비이고, 두 번째로 인기 있는 품종은 실버 태비다. 캣쇼 고양이로 적합한 실버 태비의 눈색에 대해 논란이 있었는데, 특히 영국에서 그 논란이 심했다. 다른 곳에서는 다양한 눈색을 인정하여 현재 실버 태비 페르시안은 최고의 페르시안 특성을 갖춘 고양이와 교배가 계속되고 있다.

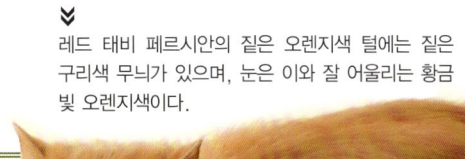
레드 태비 페르시안의 짙은 오렌지색 털에는 짙은 구리색 무늬가 있으며, 눈은 이와 잘 어울리는 황금빛 오렌지색이다.

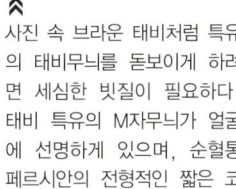
사진 속 브라운 태비처럼 특유의 태비무늬를 돋보이게 하려면 세심한 빗질이 필요하다. 태비 특유의 M자무늬가 얼굴에 선명하게 있으며, 순혈통 페르시안의 전형적인 짧은 코와 귀를 갖고 있다.

지금은 실버 친칠라가 인기가 더 많지만, 초기 캣쇼에서는 사람들이 실버 태비의 화려한 무늬에 관심을 많이 가졌다.

cat's data

털	털이 많고 부드러움. 종종 다른 장모종보다 짧음
눈	브라운과 레드 태비 : 눈색이 오렌지색 또는 구리색. 눈 테두리는 녹색이 아님
	실버 태비 : 눈색이 녹색 또는 옅은 갈색(hazel)
기타 특징	브라운 태비 : 코평면은 붉은 벽돌색. 발볼록살은 검은색 또는 갈색
	레드 태비 : 코평면과 발볼록살은 짙은 분홍색
	실버 태비 : 코평면은 검은색 테두리가 있는 붉은 벽돌색. 발볼록살은 검은색
그루밍	매일 철저한 관리가 필수. 태비무늬가 잘 나오게 특별 관리
성격	차분함

THE LONGHAIR GROUP

Chinchilla Persian
친칠라 페르시안

» 친칠라 페르시안이 움직이면 털에서 빛이 나기 때문에 종종 천사나 요정 같다고 표현하기도 한다.

1882년에 무늬가 없는 실버 앙고라 유형의 체격이 좋은 암고양이를 비슷한 색의 비혈통 일반 수고양이와 교배시켰다. 이 둘 사이에서 태어난 암고양이가 출산한 고양이가 최초로 친칠라 페르시안으로 등록되었다. 최초의 친칠라 페르시안이 된 고양이는 현재 런던의 자연사박물관에 박제로 전시되어 있다.

친칠라 페르시안의 속털은 순백색이다. 등, 옆구리, 머리, 귀와 꼬리 부분의 털에는 검은색 팁(끝에만 검은색)이 있다. 은빛 광택이 제대로 나타나려면 털 끝부분에 검은색이 고르게 있어야 한다. 다리는 팁 때문에 약간 얼룩이 있을 수 있지만, 아래턱이나 귀 장식털, 가슴, 배는 순백색이어야 한다. 태비무늬나 갈색 또는 크림색이 섞여 있으면 바람직하지 않다. 친칠라 페르시안의 표준 체구에 대해 논란이 많았는데, 친칠라를 가끔 요정 같다고 표현하지만 이는 체구와 관계없는 말로 보통 친칠라는 중간 크기에 꽤 다부진 체격이다.

cat's data	
털	백조의 솜털같이 두껍고 촘촘함
눈	에메랄드빛 또는 청록색. 눈꺼풀 피부색은 검은색 또는 짙은 갈색
기타 특징	코평면은 붉은 벽돌색. 발볼록살은 검은색 또는 짙은 갈색
그루밍	지속적인 관리가 필수
성격	차분함. 종종 다른 페르시안보다 활발함

⌃ 친칠라 페르시안은 눈이 에메랄드빛 또는 청록색이고 눈 테두리가 검은색이라 아이라인을 그린 것 같다.

Golden Persian
골드 페르시안

골드 페르시안 고양이는 1920년대 친칠라 교배 과정에서 우연히 나온 것으로 보인다. 그러나 1970년대에 영국으로 유입된 미국 혈통의 뉴질랜드산 친칠라와 미국산 친칠라의 수가 폭발적으로 늘어나면서 골드 페르시안도 독립된 유형으로 인정받았다. 겉색이 전체적으로 금빛을 띠려면 등, 옆구리, 머리와 꼬리 부분의 속털에 암갈색이나 검은색 팁이 충분히 있어야 한다. 살구색 속털은 금빛이 진해지는 반면, 턱이나 귀 장식털, 가슴, 배 부분은 옅은 살구색을 띤다. 몸 전체의 진한 팁 효과로 친칠라 페르시안보다 색이 더 짙고, 꼬리가 몸통보다 팁이 진하다. 다리에는 셰이드가 허용되지만, 발 끝에서 발꿈치까지의 다리 뒤쪽은 암갈색이나 검은색으로 단색이어야 한다. 새끼고양이는 태비무늬가 있거나 속털의 뿌리 부분이 회색일 때가 종종 있다.

« 골드 페르시안은 원래 골드 친칠라 페르시안으로 불렸으며, 친칠라와 마찬가지로 눈 주위가 짙은 색이다.

cat's data	
털	털이 많고 부드러움
눈	에메랄드빛 또는 청록색. 눈 테두리는 검은색 또는 암갈색
기타 특징	붉은 벽돌색 코평면에 암갈색 또는 검은색 테두리가 있음. 발볼록살은 검은색 또는 암갈색
그루밍	매일 철저한 관리가 필수
성격	차분함. 종종 다른 페르시안보다 활발함

Shaded Silver Persian
셰이드 실버 페르시안

셰이드 실버 페르시안은 친칠라 페르시안의 크기와 형질을 개선하기 위해, 친칠라를 단색의 장모종 페르시안과 교배하여 나온 결과이다.

일반적으로 셰이드 실버 페르시안은 친칠라 페르시안보다 더 어두운 색이다. 셰이드 실버의 속털은 순백색이고, 등에서 옆구리 부분까지는 검은색(블루는 아님) 팁이 있으며, 얼굴과 다리의 팁은 옅은 편이다. 꼬리 끝부분도 팁이 있지만 턱, 가슴, 배 부분 및 다리 안쪽과 꼬리 아래는 순백색이다. 팁은 전체 털길이의 약 3분의 1 정도이다. 발바닥에서부터 발목 관절까지 검은색 셰이드가 있을 수 있고, 다리에 줄무늬가 없다. 입술 선은 검은색이다. 태비무늬나 갈색 또는 크림색이 있으면 캣쇼에 출전할 수 없다. 미국의 브리더들은 친칠라를 최고의 페르시안(블랙 또는 블루 페르시안)과 교배시키고, 다시 친칠라의 특성을 얻기 위하여 근친 교배를 시켰다. 이 과정에서 셰이드 실버의 탄생은 필연적이었다. 미국에서 실버 페르시안을 번식시킨 이래 지금까지 친칠라와 셰이드 실버 페르시안의 새끼가 모두 같은 배에서 태어났다.

cat's data

털	털이 많고 촘촘하며 부드러움
눈	에메랄드빛 또는 청록색
기타 특징	붉은 벽돌색 코평면은 테두리가 검은색. 발볼록살은 검은색 또는 암갈색
그루밍	매일 철저한 관리가 필수
성격	차분함. 종종 다른 페르시안보다 활발함

셰이드 실버 페르시안은 친칠라보다 짙은 색 팁이 더 뚜렷이 나타난다. 셰이드 실버는 친칠라의 이종교배에서 생겨났으며, 영국에서 고유의 유형으로 인정받기까지 오랜 시간이 걸렸다.

Smoke Persian
스모크 페르시안

스모크 페르시안은 친칠라, 블루와 블랙 페르시안을 이종 교배하여 나타났다. 초기 스모크 페르시안은 검은색과 청회색뿐이었으나, 붉은색 반성유전자와 초콜릿 유전자의 유입으로 지금은 장모종에서 나타날 수 있는 모든 색이 나타난다. 스모크 페르시안의 시초는 블랙 스모크 페르시안이었다. 블루 스모크 페르시안은 초기에 하급의 블루 페르시안으로 인식되었기 때문에 캣쇼 고양이보다는 반려묘로 길러졌다.

스모크 페르시안은 모두 털의 색 차이가 뚜렷하다. 속털은 최대한 흰색이어야 하며, 털끝에 적절한 색의 셰이드가 있어야 한다. 주로 등, 머리와 발 부분의 털색이 더 진하고 선명하며, 옆구리와 목 주위의 러프나 귀 장식털의 색은 좀 더 옅은 색이다.

cat's data

털	털이 많고 촘촘하며 부드러움. 풍성한 러프
눈	크고 둥글며 오렌지색
그루밍	매일 철저한 관리가 필수
성격	차분함

강렬한 오렌지색 눈이 짙은 털색 때문에 다소 차분해 보인다. 스모크 페르시안은 짙은 색 겉털과 대비를 이루는 회백색 속털이 인상적이다.

THE LONGHAIR GROUP

Cameo Persian
카메오 페르시안

》 페르시안 레드 셸 카메오는 털끝에만 살짝 팁이 있어서 전체적으로 털빛이 은은한 느낌이다.

카메오 페르시안은 오랫동안 우연히 얻은 선물로만 여겨왔으나 1950년대 말에 미국에서 정식 품종으로 등록되었다. 카메오를 얻는 방법은 의외로 매우 간단한데, 잡종 1세대(첫 번째 자식세대)에서부터 이미 일정한 색과 생김새를 가진 새끼고양이를 얻을 수 있었다. 레드와 크림 카메오 이외에 블루 크림과 토터셸 카메오도 가능하다.

cat's data	
털	털이 많고 촘촘하며 비단처럼 매끄러움. 목과 어깨에 풍성한 러프
눈	크고 둥글며, 짙은 오렌지색 또는 구리색
그루밍	매일 철저한 관리가 필수
성격	차분함

카메오는 팁 정도에 따라 2가지로 구분된다. 셸 카메오는 털끝에만 색이 나타나서 전체적으로 진주층 같은 부드러운 윤기가 난다. 셰이드 카메오는 팁이 깊게 나타나는데, 친칠라를 레드 또는 크림 페르시안과 교배했을 때 잡종 1세대에서 주로 나타난다. 카메오 페르시안은 모두 속털이 가능하면 흰색이어야 하며, 레드 계열의 경우는 털끝이 붉은색 또는 토터셸 색(검은색과 붉은색)을 띠고, 크림 계열의 경우는 크림색 또는 희석된 토터셸 색(크림색과 청회색)을 띤다. 얼굴을 비롯하여 머리부터 꼬리 끝까지 이어지는 척추 부분, 다리와 발의 털색이 가장 진하다. 옆구리, 배, 목의 러프, 귀 장식털은 옅은 색이다.

Pewter Persian
퓨터 페르시안

토티 카메오를 번식시키면 털끝의 색이 붉은색, 크림색 또는 토터셸보다 검은색을 가진 고양이가 나온다. 이런 고양이들은 비교적 최근에 나온 것으로 퓨터라고 이름지었다. 퓨터 페르시안은

cat's data	
털	털이 많고 길며, 목과 어깨에 풍성한 러프
눈	짙은 오렌지색 또는 구리색
기타 특징	코평면과 발볼록살은 붉은 벽돌색
그루밍	매일 철저한 관리가 필수
성격	차분함

겉모습이 셰이드 실버와 비슷하지만, 눈색은 오렌지색 또는 구리색으로 다르다. 영국에서는 검은색 팁만 인정한다. 퓨터는 코비 체형을 거의 가릴 만큼 긴 털이 특징이고, 러프가 앞다리까지 내려온다.

△ 비슷하게 생긴 셰이드 실버 페르시안과 구분되는 퓨터 페르시안만의 특징은 바로 오렌지색 또는 구리색 눈이다. 확연히 눈에 띄는 러프는 앞다리를 모두 가릴 만큼 충분히 내려온다.

Colourpoint Persian(Himalayan)
컬러포인트 페르시안(히말라얀)

컬러포인트가 등장하기 전까지 모든 페르시안 장모종의 색과 패턴은 단색을 바탕으로 하였으나, 태비무늬와 반성유전자 색, 은색 또는 흰색 얼룩무늬가 도입되며 변형되었다. 컬러포인트의 품종 개량을 주도했던 초기 브리더들은 페르시안 장모종을 히말라얀 패턴의 샤미즈와 교배시켰는데, 이 때문에 미국에서는 컬러포인트가 히말라얀으로 알려져 있다. 이렇게 교배시킨 결과 장모종의 긴 털 색이 신체 말단 부위에만 나타나는 샤미즈의 털 특징을 갖는 페르시안을 얻게 되었다. 이 유형은 머리, 다리, 발과 꼬리의 포인트 색이 고르게 나타나며, 몸통과 포인트 부분의 색이 적절히 대비를 이룬다. 몸통에 약하게 셰이드가 있더라도 어깨와 옆구리로만 한정되어야 하며, 포인트 색과 조화를 이루어야 한다. 마스크(얼굴의 포인트)가 얼굴 전체를 덮는다. 성숙한 수컷의 마스크는 암컷의 마스크보다 더 넓게 나타나는데, 이마 위로 올라가면 안 된다. 새끼고양이는 복슬복슬한 흰 털을 가지고 태어나는데, 1주일이 채 안 되어 포인트 색이 나타난다.

샤미즈 고양이의 패턴을 페르시안 고양이에게 도입하려는 시도가 제2차 세계대전 이전부터 있었지만 이것이 실현된 것은 1957년 캘리포니아에서였으며, 1984년 영국 국제고양이애호가협회 CFA(Cat Fanciers' Association)에서 페르시안 품종으로 공식 인정되었다. 이후 다양한 교배 계통을 확립하여 다양한 포인트 색을 얻게 되었다. 오늘날 컬러포인트 페르시안은 장모종 중 블루 페르시안의 인기를 뛰어넘는다.

크림 컬러포인트의 이 고양이는 슈프림 그랜드 챔피언이다. 붉은빛이 도는 구릿빛 크림색(red-gold cream) 털과 대비되는 샤미즈의 신비로운 푸른 눈을 가지고 있다.

cat's data

털	털이 많고 촘촘함. 털에 양털모양의 흔적이 없고 윤기 있음. 어깨의 풍성한 러프가 앞다리까지 내려옴
눈	크고 둥글며, 선명한 푸른색
기타 특징	코평면과 발볼록살은 포인트 색을 따름
그루밍	매일 철저한 관리가 필수
성격	차분함

블루 컬러포인트 페르시안. 샤미즈의 짙은 포인트 색이 페르시안 장모종의 특성과 조화를 이룬다.

포인트 컬러

각 단체에서는 실버 계열과 붉은색 반성유전자를 가진 실버 계열의 포인트 컬러를 인정한다. 영국에서는 포인트 컬러를 다음과 같이 크게 4그룹으로 나눈다.

솔리드 포인트 컬러	실(암갈색), 블루(청회색), 초콜릿, 라일락, 레드, 크림
토티 포인트 컬러	실 토티, 블루 크림, 초콜릿 토티, 라일락 크림
태비 포인트 컬러	실 태비, 블루 태비, 초콜릿 태비, 라일락 태비, 레드 태비, 크림 태비
토티 태비 포인트 컬러	실 토티 태비, 블루 크림 태비, 초콜릿 토티 태비, 라일락 크림 태비

미국에서는 블루 포인트, 초콜릿 포인트, 실 포인트, 플레임(레드) 포인트, 라일락 포인트, 블루 크림 포인트, 토터셸 포인트의 7가지로 분류한다.

중모종 일부는 추운 겨울에도 충분히 보온이 되는 털을 가지고 있다.
메인 쿤도 그 중 하나이다.

The Ultimate Encyclopedia of Cats

중모종 그룹
The Semi-longhair Group

🐈 노르위전 포리스트 캣과 같은 많은 중모종 고양이는 야생 조상고양이의 한 종류이다. 반면에 래그돌과 소말리 같은 다른 중모종 고양이는 비교적 최근에 만들어진 품종이다. 그리고 각 품종마다 자라면서 다른 고양이들과 구분되는 독특한 모습을 갖는데, 메인 쿤에서 뚜렷이 나타나는 스라소니 같은 귀 장식털, 귓속에서 뻗어 나온 장식털, 앞다리까지 내려오는 가슴 부분의 러프처럼 공통된 특징도 있다. 주요 몸통 부분에 있는 털은 조금 짧은 편이지만 옆구리와 뒷다리 털은 몸통의 털에 비해 조금 긴 편으로, 뒷다리는 마치 반바지를 입은 듯하다. 발바닥 쪽의 발가락 사이에 종종 장식털이 있으며, 꼬리는 길고 깃털모양이다.

블루 소말리는 단모종을 중모종 형태로 개량한 품종으로, 긴 털만 아니라면 아비시니안과 비슷하다.

THE SEMI-LONGHAIR GROUP

Birman
버만

버만은 성격이나 체형, 털길이는 샤미즈와 페르시안의 중간 형태이지만, 자신만의 독특한 매력을 가지고 있다. 또한 버마(Burma, 지금의 미얀마)에서 신성한 고양이로 추앙받는 특별한 고양이다.

버만은 모두 귀와 얼굴, 꼬리, 다리 등의 털에 짙은 색 포인트가 있다. 초기 버만은 실(암갈색) 포인트였지만 현재는 블루, 라일락, 초콜릿 및 다양한 토터셀과 태비 포인트가 있다. 지금은 모두 각기 다른 품종으로 인정받지만 푸른색 눈, 짙은 색 포인트, 흰색 발, 체형과 버만의 일반적인 성격이 공통으로 나타난다.

버만은 페르시안의 체형 중 튼튼한 다리와 넓고 둥근 얼굴형 같은 일부 특징을 가지고 있다. 그러나 몸통과 다리는 페르시안보다 긴 편이고, 얼굴은 평평하다기보다는 돌출되었다. 코는 길쭉하고 곧게 서 있으며, 귀도 페르시안에 비해 크다.

버만에게만 있는 가장 큰 특징은 발 모양이다. 각각의 앞발은 끝에 흰색 장갑 같은 대칭의 무늬가 있다. 캣쇼의 표준에 따르면 흰색 장갑이 끝나는 경계선이 발을 고르게 가로질러야 하고, 발목을 넘어서는 안 된다. 뒷발의 흰색 털 부분은 다리 뒤쪽에서 위로 갈수록 점점 좁아져서 발목 위쪽에는 없기 때문에 건틀릿(Gauntlets, 갑옷에 딸린 긴 장갑)이라고 부른다. 이런 흰색 털무늬는 드문 열성유전자 때문에 생기지만, 특이한 모양 때문인지 무늬의 기원과 관련된 전설이 많다. 그 중 하나가 습격 받은 버마 사원과 관련된 전설이다. 습격으로 사원의 높은 승려가 죽었는데, 사원에 살던 흰색 고양이가 이 승려의 시

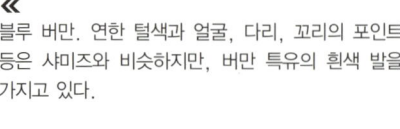
블루 버만. 연한 털색과 얼굴, 다리, 꼬리의 포인트 등은 샤미즈와 비슷하지만, 버만 특유의 흰색 발을 가지고 있다.

cat's data	
털	길고 부드러움. 목둘레에 풍성한 러프. 배털은 곱슬거림
눈	원형에 가깝지만 강한 느낌은 아님. 짙고 선명한 푸른색
기타 특징	앞발은 흰색 장갑, 뒷발은 좀 더 긴 장갑모양
그루밍	비교적 쉬우나 정기적으로 빗질을 해줌
성격	온화하고 독립적이며 충성심이 강함

버만의 포인트는 원래 암갈색(실, seal)이었으나 지금은 포인트 색이 다양하다. 그러나 사파이어색 눈과 다정다감한 얼굴 표정은 모든 버만의 공통된 특징이다.

한 전설에서는 실 포인트 버만의 얼굴과 꼬리와 다리의 포인트가 버마의 흙색에서 온 것이라고 한다.

중모종 그룹

« 레드 포인트 버만은 크림색 몸통에 따뜻한 느낌의 오렌지색 포인트가 특징이다. 그러나 발은 버만의 전형적 특징인 흰색이며, 코평면과 발볼록살은 분홍색이다.

» 비교적 최근에 개량된 초콜릿 태비 버만은 귀, 얼굴과 꼬리에 옅은 초콜릿색 태비무늬가 있으며, 몸통은 옅은 황금빛 베이지색(golden beige)이다.

버만의 포인트 컬러

실, 블루, 초콜릿, 라일락, 레드, 크림

레드와 크림 버만을 제외한 모든 버만이 토터셸 포인트를 가지고 있다.

» 블루 토티 태비 포인트의 우아한 털과 꼬리가 매우 인상적이다. 버만은 털을 세심하게 관리해야 하지만 장모종만큼은 아니며, 쉽게 헝클어지지 않는다.

신 위로 올라가자 사원에서 모시던 여신에게서 퍼져 나온 빛에 고양이털이 황금색으로 변했고, 고양이 눈은 여신의 눈과 같이 사파이어색으로 변했다. 이때 다리와 꼬리털은 버마의 흙색처럼 진한 갈색으로 바뀌었지만, 죽은 승려 위에 올려놓았던 발만은 순결의 상징으로 흰색으로 남게 되었다.

좀 더 최근의 이야기는 1919년으로 전해진다. 프랑스 탐험가인 오귀스트 파비(August Pavie)와 영국인 소령 고든 러셀(Gordon Russell)이 1쌍의 실 포인트 버만을 선물 받았는데, 프랑스로 돌아가던 도중 수컷은 죽고 암컷만 살아남아 새끼를 낳았다. 이 암고양이가 1920년대에 프랑스에서 샤미즈와 바이컬러 페르시안을 도입하여 이루어졌던 버만 교배의 시초라는 주장이다. 버만은 1925년에 품종으로 공식 인정을 받았다. 버만의 성격은 페르시안과 샤미즈의 성격이 반영되었는데, 샤미즈보다는 조용하고 덜 활달하지만 페르시안만큼 얌전하지는 않다. 버만 암컷은 페르시안보다 빨리 성장하여 약 7개월 정도면 성묘가 되며, 일반적으로 모성이 아주 강하다.

Turkish Van
터키시 밴

> 고전적인 적갈색과 흰색의 터키시 밴. 영국 슈프림 캣쇼에서 2년 연속 우승한 뛰어난 형질을 가지고 있다.

터키시 밴의 조상은 터키 동남부의 험준한 지역에 위치한, 터키의 가장 큰 호수이며 면적이 3,675㎢에 달하는 반 호수(Lake Van) 주변에서 유래한다. 터키시 밴은 물을 굉장히 좋아해서 때때로 '터키의 수영하는 고양이'라는 애칭으로 불린다. 모든 고양이가 물을 싫어한다는 것은 사실이 아니다. 터키시 밴은 실제로 물을 찾아다니고, 놀이를 하듯이 수영을 즐기는 것 같다. 터키의 집고양이는 대부분 흰색에 적갈색(auburn) 무늬가 있다. 오늘날도 터키의 이스탄불에서 이런 색 길고양이를 흔히 볼 수 있다.

1950년 2명의 영국 여성이 반 호수 지역을 방문하여 머리에 무늬가 있고 풍성한 적갈색 꼬리털이 인상적인 다부진 체격의 흰색 암고양이를 1마리 구입하였다. 당시 그녀들이 머물던 이스탄불의 호텔 매니저가 비슷한 무늬의 수고양이에 대해 알려주었고, 결국 이들은 1쌍의 고양이를 영국으로 데려가서 4년 후 일정한 무늬의 새끼고양이를 지속적으로 얻는 데 성공하였다. 그 뒤 이 두 여성은 유전자를 다양화하기 위해 다시 터키로 가서 또 다른 1쌍을 데려왔다. 터키시 밴은 1969년 영국에서 터키시 캣(Turkish Cat)이라는 이름으로 처음 공식 등록되었으며, 나중에 터키시 밴으로 이름이 바뀌었다.

터키시 밴도 터키시 앙고라처럼 가늘고 흰 털을 가졌지만 두 품종 사이의 연관성은 밝혀진 것이 없다. 두 품종 중 터키시 밴이 좀 더 근육질이고 두툼한 가슴에 길고 다부진 체격이다. 다리는 길이가 중간 정도이고, 깔끔하고 털이 많은 둥근 발을 가지고 있다. 가장 큰 매력으로는 몸통과 황금비율을 이루는 길이와 풍성한 숱, 그리고 옅은 색 고리모양이 있는 꼬리를 들 수 있다. 코는 길고 곧게 서 있으며, 쫑긋 선 귀에는 장식털이 있다.

가장 이상적인 털은 노란색이 전혀 없이 백묵같이 흰색이고, 꼬리와 머리에만 색이 있어야 한다. 머리의 무늬는 앞쪽의 눈 테두리 아래나 뒤쪽의 귀 뿌리 아래로 내려가면 안 된다. 이마에는 흰색 불꽃무늬가 있으며, 때때로 몸에 유색의 반점무늬가 나타난다. 영국 이외의 지역에서는 모든 색이 인정되고, 영국에서는 적갈색(오번)과 크림색만 허용된다. 터키시 밴은 영국의 슈프림 캣쇼에서 슈프림 이그지빗(Supreme Exhibit, 성묘 그룹과 새끼고양이 그룹과 중성화수술을 한 고양이 그룹에서 각각 슈프림 타이틀을 딴 고양이 중 최고에게 주는 타이틀) 타이틀을 따내는 등 우수한 품종으로 개량되었다.

cat's data

털	길고 부드러우며 비단처럼 매끄러움. 부드러운 속털은 없음
눈	감정이 풍부한 타원형의 큰 눈. 옅거나 중간 정도의 호박색, 푸른색 또는 오드아이
기타 특징	수영을 즐김. 다산하지 않음(1회 약 4마리 출산)
그루밍	비교적 쉬움. 매일 빗질이 필요
성격	다정다감하고 총명하며, 특별히 활달하지 않고 예민할 수 있음

사진의 오번 화이트 터키시 밴은 머리에 있는 '지문' 같은 반점이 눈 아래로 내려오지 않으므로 캣쇼의 표준에 정확히 맞는다.

영국 고양이 애호협회에서는 사진의 크림 화이트와 고전적인 오번 화이트만 터키시 밴의 유형으로 인정한다.

Turkish Angora
터키시 앙고라

빅토리아 여왕 시대에는 페르시안 장모종과 터키 앙카라 지역에서 도입한 흰색 고양이를 교배시켜 페르시안이 대세를 이루었다. 오늘날의 장모종 페르시안을 만드는 데 터키 고양이의 형질이 기본 요소가 되었지만, 터키시 앙고라는 페르시안만큼 인기를 얻지 못했다. 이 때문에 1900년대 초까지도 터키시 앙고라는 국제적인 캣쇼에서 찾아볼 수 없었으며, 거의 사라지는 듯했다. 그러나 원산지인 터키에서는 매우 가치가 높은 고양이로 앙카라 동물원에서 소수를 보유하고 있었다. 1963년 다른 나라에서 그 가치가 재발견되기까지 터키시 앙고라는 비교적 잘 알려지지 않은 품종이었다. 미국에서는 1쌍의 터키 앙고라를 들여와 교배 프로그램이 시작되었지만, 영국의 고양이 애호협회에서는 아직까지 이 품종을 인정하지 않고 있다. 원산지인 터키에서는 특히 흰색 터키시 앙고라를 더 우수하다고 여긴다.

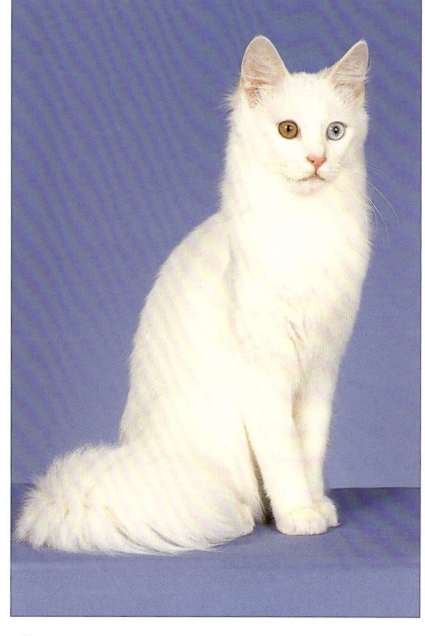

△ 순백색 터키시 앙고라는 1500년대에 터키 앙카라 지역에서 유럽에 처음 도입된 장모종과 가장 가까운 것으로 추측된다. 사진 속 터키시 앙고라는 순혈통의 흰색 오드아이로 오늘날의 특징적인 모습이 잘 드러나 있다.

cat's data

털	가늘고 부드러우며 중간 길이, 배는 곱슬 털이고, 속털은 없음
눈	크고 아몬드모양. 호박색, 푸른색, 오드아이. 실버 터키시 앙고라는 녹색
기타 특징	여름에 털갈이가 심함
그루밍	비교적 쉬움 매일 빗질이 필요
성격	다정하고 총명하며 장난기 있음. 조용하고 평화로운 것을 좋아함

터키시 앙고라는 품위 있는 중소형 고양이로, 머리는 위에서 아래로 내려오며 깔끔하고 보기 좋게 좁아지는 모양이다. 초기에는 흰색 고양이만 인정되었으나, 현재는 다양한 종류의 셀프(단색), 바이컬러, 태비 및 스모크가 모두 가능하다.

▽ 터키시 앙고라의 우아하고 아름다운 자태와 깃털 같은 화려한 꼬리털이 블랙 토티 스모크의 진가를 말해준다.

△ 캘리코 터키시 앙고라가 대표적 특징인 경계심 가득한 표정과 뾰족하게 선 귀모양을 보여준다.

THE SEMI-LONGHAIR GROUP

Somali
소말리

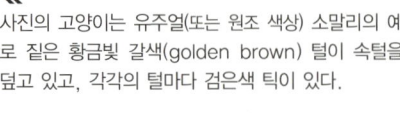
사진의 고양이는 유주얼(또는 원조 색상) 소말리의 예로 짙은 황금빛 갈색(golden brown) 털이 속털을 덮고 있고, 각각의 털마다 검은색 틱이 있다.

소말리는 아비시니안 고양이의 중모종 형태이다. 아비시니안은 단모종이지만 지난 수십 년 동안 가끔 중모종 새끼고양이가 태어났다. 그리고 마침내 미국에서 이것이 자연적으로 생겨난 새로운 품종이란 것을 알게 되었다. 긴 털은 아비시니안 교배 계통에 오랫동안 선천적으로 존재해왔던 열성유전자 때문에 나타난다. 이 열성유전자는 교배 과정에서 부모를 알 수 없는 틱 태비무늬 고양이를 통해 유입되었을 수 있다. 세기가 바뀔 무렵에 유전자 풀이 극도로 제한되었으며, 이것이 1920년대와 1930년대에도 지속되었다. 그래서 초기에 아비시니안 품종 교배를 계속하기 위하여 긴 털을 가진 아비시니안 새끼고양이를 교배 프로그램에 이용하였을 것이다. 털이 복슬복슬한 아비시니안 새끼고양이는 초기에 캣쇼 출전 기준에 미달되었기 때문에 바로 반려동물로 분양되었다. 그러다가 한 미국인 브리더가 고양이 보호소에서 발견한 긴 털의 아비시니안이 사실은 자신이 키우던 종묘의 새끼라는 걸 우연히 알게 되었다. 나중에 이 브리더는 이러한 형질이 일관되게 나타나는지 확인하기 위해 자신의 종묘로 다시 번식을 시도하였으며, 1960년대에 소말리가 정식 품종으로 소개되었다. 소말리라는 이름은 아비시니안(에티오피아의 옛 이름이 아비시니아임) 또는 에티오피아와의 밀접한 관계 때문에 이웃나라인 소말리아의 이름을 따라 붙여졌다.

소말리의 털은 1가닥에 2가지 색의 틱이 3번 반복되는 독특한 모습이다. 현재 소말리는 고전적인 유주얼(검은색 틱)이나 소렐(시나몬색 틱)에서부터 블루, 초콜릿, 라일락, 폰(fawn, 옅은 황갈색), 레드와 크림에 이르기까지 다양한 색이 나타난다. 토터셸과 실버 유형도 존재한다.

소말리의 생김새는 중간 크기에 아

cat's data	
털	가늘고 부드러우며 촘촘함. 척추를 따라 있는 등 털은 몸에 밀착됨
눈	아몬드모양에 눈초리가 조금 올라감. 눈 테두리는 짙은 색. 눈은 호박색, 녹갈색 또는 녹색으로 색이 진하고 강렬할수록 좋음
기타 특징	웃는 표정
그루밍	정기적으로 관리만 하면 쉬움
성격	총명하고 활달하며, 민첩하고 호기심이 많음. 부끄러움을 탈 수 있음. 자유를 좋아함(실내에서만 키우기에는 부적합)

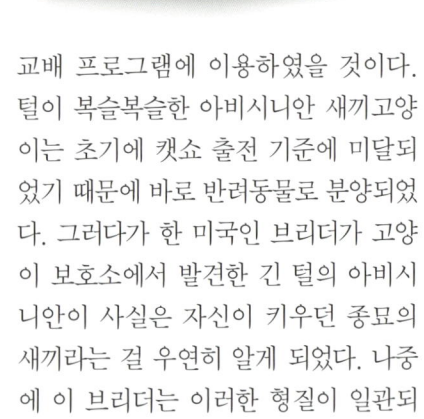
소렐 소말리는 살구색 바탕에 검은색 대신 시나몬색 틱이 있어서 유주얼 소말리보다 옅은 색이다.

소말리는 성묘(왼쪽)가 되면 색이 완벽해지지만, 새끼(오른쪽) 때는 털의 뿌리 쪽이 회색인 경우가 있다. 이것은 꽤 흔하게 볼 수 있는 현상으로, 이런 새끼고양이도 캣쇼에서 인정된다.

중모종 그룹

≪ 블루 소말리는 옅은 베이지색 속털이 부드러운 느낌의 청회색 털에 덮여 있어서 매력적이다.

≪ 최근 몇 년 동안 소말리 교배 프로그램에 실버 유형이 새롭게 도입되었다. 사진의 폰 실버 소말리는 은색 속털에 옅은 황갈색(fawn) 틱이 있는 희귀 품종이다.

소말리의 색과 패턴

유주얼	짙은 황금빛 갈색 내지 살구색에 검은색 틱
소렐	살구색에 시나몬색 틱
초콜릿	살구색에 짙은 갈색 틱
블루	베이지색에 청회색 틱
라일락	베이지색에 라일락색 틱
폰	베이지색에 옅은 황갈색 틱

위 6가지 색의 토티 패턴 외에 레드, 크림도 존재하고 각 색의 실버 유형도 가능하다.

▲ 소말리의 조금 뾰족한 얼굴과 눈초리가 올라간 아몬드모양의 눈을 보면 조상이 외래 고양이라는 것을 알 수 있다. 짙은 색 눈 테두리가 밝은 색 털로 둘러싸인 아름다운 눈이다.

름답게 균형이 잡혀 있는 모습이 이상적이다. 몸은 단단하고 유연하며, 근육질에 긴 다리와 풍성한 꼬리털, 발가락 사이의 장식털을 가지고 있다. 귀 사이는 멀고, 귀는 쫑긋 서서 눈에 띄며 장식털이 있다. 얼굴은 약간 튀어나왔으며 선이 뚜렷하다.

소말리는 아비시니안만큼 외향적이진 않지만 그래도 실내에서만 키우기에는 부적합하다. 눈이 초롱초롱하고 민첩하며 여우같이 도도한 매력을 가진 인상적인 고양이다.

▼ 사진의 블루 실버 소말리처럼 소말리는 등에 있는 털이 몸에 밀착되어 있으며, 목과 뒷다리, 엉덩이, 꼬리 등의 털은 확실히 길어야 한다.

THE SEMI-LONGHAIR GROUP

Maine Coon
메인 쿤

메인 쿤은 가장 오랜 역사를 가진 품종이며 훌륭한 사역묘(일하는 고양이로 설치류를 소탕)이다. 이름의 첫 단어를 보면 알 수 있듯이 미국의 최북동쪽에 있는 메인 주가 발생지. 이 지역은 수많은 산과 숲, 호수로 둘러싸여 있으며, 겨울 날씨가 혹독하기로 유명한 곳이다. 메인 쿤은 적당히 튼튼한 체형에 사계절용 털을 갖고 있으며, 지능적이고 노련한 사냥꾼으로 알려져 있다.

메인 쿤이라는 이름의 쿤(Coon)은 북미 지역의 토착 포유류인 미국너구리(raccoon)와 비슷한 긴 꼬리와 풍성한 털 때문에 붙여졌다. 메인 쿤은 미국너구리처럼 기어오르는 데 아주 능하다. 대부분의 메인 쿤 귀에 있는 스라소니 같은 장식털 때문에 북미 지역 스라소니의 유전자를 물려받았다는 설이 있는데, 사실일 가능성이 희박하다. 이보다는 교배 과정에서 앙고라의 유전자가 섞였을 가능성이 더 크다. 즉, 토착 고양이를 미국 대서양 연안의 항구를 통해 들어온 앙고라 고양이와 교배시켜 메인 쿤이 나왔다는 설이 보다 설득력이 있다. 이보다는 가능성이 더 희박하지만, 프랑스 왕비 마리 앙투아네트가 프랑스 혁명을 피해 도주하던 중 미국으로 피신시킨 왕비의 고양이가 메인 주의 고양이와 교배되었다는 설도 있다. 마리 앙투아네트가 고양이를 미국으로 보냈다는 것은 역사적 사실이지만, 그 고양이들이 메인 쿤의 조상이라고 보기는

≪ 브라운 태비는 전형적인 메인 쿤의 유형이다. 사진의 고양이가 같은 몸집과 길이가 되려면 3, 4년이 걸린다.

cat's data

털	털이 많고 촘촘하며 방수 기능이 있음. 속털이 있음
눈	크고 둥글며 약간 위로 올라간 눈. 모든 색(흰색 고양이에게 나타나는 푸른색과 오드아이 포함)
기타 특징	큰 몸집. 잘 기어오름. 낮은 번식력(1회 2~3마리 출산)
그루밍	털은 거의 헝클어지지 않으나 정기적으로 빗질하는 것이 좋음
성격	총명하고 조용함. 자유를 좋아함 (실내에서만 키우기에는 부적합)

△ 블루 메인 쿤이 메인 쿤의 전형적인 머리모양과 귀 장식털을 보여준다. 한때 귀 장식털을 북미 지역의 스라소니에게 물려받았다는 추측도 있었다.

≪ 스모크 메인 쿤은 옅은 색 뿌리털이 털 끝의 검은색으로 덮여 있다. 일반적으로 머리와 어깨 부분의 털은 짧고, 등 뒤쪽과 양쪽은 길게 늘어진다.

중모종 그룹

어렵다. 어쩌면 1600년대에 청교도들과 함께 영국에서 미국으로 건너간 고양이가 실제 메인 쿤의 시초이며, 긴 털은 메인 주의 혹독한 겨울을 나기 위한 방어 수단으로 진화된 것일 수 있다.

메인 쿤은 가장 오랜 역사를 가진 품종일 뿐만 아니라 체구가 가장 큰 품종 중 하나이다. 다른 품종의 평균 체중이 약 2.5~5.5kg인데 메인 쿤은 9kg 이상 나가는 경우도 있다. 이 품종은 매력적인 외모의 다른 많은 품종들과 인기를 다퉈왔으며, 현재는 미국에서 페르시안 다음으로 인기 있는 순혈통 고양이다. 그렇다고 이렇게 항상 인기가 있었던 것은 아니다.

메인 쿤은 1860년 뉴욕의 초기 캣 쇼 및 뉴잉글랜드 지역의 쇼와 전람회에 출전했던 품종으로, 고양이 전람회의 참가 이력 역시 아주 오래되었다. 그러나 1900년대 초 미국에 수입된 페르시안과 샤미즈의 이국적인 매력에 사람들이 열광하면서 메인 쿤의 인기는 시들해졌다. 1950년에 메인 쿤이 다시 서서히 인기를 얻기 시작하였고, 1976년에 챔피언십 자격(북미 캣쇼에서 순혈통 품종으로 참가할 수 있는 자격. 정식 품종으로 인정받았다는 의미)을 획득하였다. 현재는 전 세계에서 사랑받는 품종이며, 미국 최고의 혈통으로 가장 명성이 높다.

큰 몸집과는 달리 성격이 유순하고 우아하다. 통통한 볼에 광대뼈가 두드러지고, 주둥이는 사각형이며, 튼튼한 턱을 가졌다. 옆에서 보면 코가 약간 오목하다. 큰 귀는 높게 솟아 있으며, 귀 사이의 거리가 멀다. 길게 뻗은 등은 긴 꼬리로 이어지고, 풍성한 꼬리털은 끝으로 갈수록 가늘어진다. 꼬리는 자신감이 가득한 듯 높이 치켜세우고 다닌다. 다리와 발은 크고 튼튼하다.

최근 영국에서 순혈통 메인 쿤에게 렉스 고양이처럼 곱슬털을 가진 새끼고양이가 태어났는데, 이것은 일부 메인 쿤의 교배 계통에 렉스 고양이가 알게 모르게 유입되었음을 의미한다. 현재 메인 쿤을 관리하는 협회와 클럽은 이런 유형을 메인 쿤으로 인정하지 않고 있으며, 이런 변종 유전자를 없애려 하고 있다.

≪ 메인 쿤은 사역묘(일하는 고양이)라는 호칭에 맞게 두터운 겉털 아래에 단단한 근육질 몸매를 갖고 있다.

메인 쿤의 색과 패턴

솔리드 (단색)	화이트, 블랙, 블루, 레드, 크림
태비 및 토터셀	클래식과 매커럴 패턴으로 모든 색이 있음. 실버 유형 포함

셰이드, 스모크, 바이컬러, 토터셀 화이트, 밴 바이컬러도 나타난다. 얼룩무늬는 전체의 1/3만 흰색인 경우를 선호한다.

▲ 사진의 토터셀 태비 화이트는 타원형의 큰 눈, 중간 길이의 코, 그리고 멋진 수염을 가지고 있다.

▼ 은은한 빛의 레드 실버 화이트는 가슴과 발 부분의 털 색이 더 연하다.

155

Norwegian Forest Cat
노르위전 포리스트 캣

노르위전 포리스트 캣은 메인 쿤의 먼 친척으로 알려져 있으며, 이 품종의 발생지 또한 미국 메인 주의 숲이 많은 산악지형과 아주 비슷하다. 노르위전 포리스트 캣은 스칸디나비아의 농장에서 일하던 실외 고양이가 시초로, 튼튼한 체구와 기어오르고 사냥하는 실력은 바로 이런 조상고양이에게서 물려받은 것이다. 이중털은 겨울에 더 두터워져서 추위와 습기를 막아준다. 풍성한 러프와 '셔츠 앞부분' 같은 목과 가슴의 털은 여름철 털갈이 시기에 빠질 수 있다.

노르위전 포리스트 캣은 몸이 크고 튼튼한 다리를 가졌지만 우아한 느낌이다. 삼각형 얼굴은 옆에서 보면 길고 곧게 뻗어 있으며, 귀는 쫑긋 서 있다. 메인 쿤과 마찬가지로 발육이 느린 편으로 적어도 4년이 지나야 성묘의 키가 된다. 초콜릿, 라일락, 컬러포인트(히말라얀) 패턴을 제외한 모든 색이 허용된다. 노르위전 포리스트 캣은 북반구의 특수성에 맞게 발달한 중모종 고양이 중 하나이다. 노르위전 포리스트 캣이 실제로 바이킹의 역사만큼이나 오래되었는지는 알 수 없지만, 바이킹의 전설에서 '요정 고양이'로 묘사되어 있다. 바이킹은 지중해 연안뿐만 아니라 아시아의 강을 지나 북미의 대서양 연안까지 그

▲ 사진의 노르위전 브라운 태비는 살짝 들린 엉덩이와 길고 풍성한 꼬리를 높게 치켜세운 모습으로 노르위전 포리스트 캣의 전형적인 특징을 갖고 있다.

노르위전 포리스트 캣의 색과 패턴

솔리드 (단색)	화이트, 블랙, 블루, 레드, 크림
태비 및 토터셀	클래식과 매커럴 패턴으로 모든 색이 있음. 실버 유형 포함

셰이드, 스모크, 바이컬러, 토터셀 화이트도 나타난다.

« 사진의 실버 태비는 목 주위 러프와 '셔츠 앞부분'처럼 보이는 앞가슴털이 멋있게 장식된 완벽한 겨울 외투를 입고 있다.

중모종 그룹

▽ 블랙 노르위전 포리스트 캣이 곱슬곱슬하고 따뜻한 속털을 덮고 있는 이 품종 특유의 매끄러운 겉털을 보여주고 있다.

세력을 뻗쳤다. 그리고 바이킹이 터키에서 앙고라 같은 장모종 아시아 고양이를 발견하여 스칸디나비아나 미국으로 데려갔다는 것은 실현 가능성이 있는 이야기다. 따라서 노르위전 포리스트 캣이 북미 지역의 메인 쿤과 같은 뿌리를 가졌을 가능성이 높다.

노르위전 포리스트 캣은 1930년대에 노르웨이의 순혈통 고양이 애호가들 사이에서 관심을 끌기 시작하였으며, 1938년 노르웨이의 가장 오래된 고양이 클럽의 창립식에서 선을 보였다. 그러나 유럽의 가장 큰 고양이 등록기관인 국제고양이연맹 FIFe(Fédération Internationale Féline)에서 풀 챔피언십 자격(챔피언 타이틀을 따기 위한 캣 쇼 출전 자격. 순혈통 품종으로 공식 인정을 받았다는 의미)을 얻은 것이 1977년이고, 미국에서는 1993년에 품종으로 공식 인정을 받았다.

《 블루 바이컬러는 귀에서 길게 뻗어 나온 장식털이 뚜렷하고, 큰 눈은 살짝 비스듬히 올라가 있다. 멋진 수염도 추가 점수를 받을 만하다.

cat's data

털	털이 많고 이중털(복슬복슬한 속털 위에 매끄러운 방수성 겉털). 풍성한 러프
눈	둥글고 큼. 모든 색
그루밍	비교적 쉬움. 가끔 빗질
성격	민첩하고 활동적. 사람을 잘 따름. 자유를 좋아하고, 바위나 나무 타기를 즐김

》 노르웨이의 전설에서 노르위전 포리스트 캣은 '요정 고양이'로 나온다. 사진 속 실버 토티셸 태비의 신비로운 색과 부드러운 실루엣, 아름다운 얼굴 등은 확실히 '하늘에서 내려온 고양이'라고 불릴 만하다.

Balinese(Javanese)
발리니즈(자바니즈)

길고 비단처럼 매끄럽게 흘러내리는 털과 깃털같이 긴 꼬리털을 가진 샤미즈 고양이를 상상해보면 그것이 바로 발리니즈의 모습이다. 발리니즈의 아름다운 사파이어색 눈과 크고 쫑긋한 귀를 비롯하여 색까지도 모두 샤미즈처럼 나타난다. 그러나 발리니즈(또는 자바니즈. 미국에서는 일부 색깔의 발리니즈를 자바니즈라고도 부른다. 더 혼란스러운 것은 영국에서 앙고라라고 부르는 품종을 유럽에서는 자바니즈라고 한다.)는 샤미즈보다 조금 조용한 편이다.

'발리니즈'라는 이름은 이 품종의 우아한 몸짓이 인도네시아의 댄서들을 연상시켜서 유래한 것 같다. 그러나 기원은 확실히 샤미즈이다. 100년 이상 샤미즈 고양이를 번식시키면서 긴 털을 발현하는 열성유전자가 유입되었을 가능성이 높으며, 1940년대에는 드디어 순혈통 샤미즈 고양이의 새끼 중에 긴 털을 가진 고양이가 나타나기 시작하였다. 그리고 캘리포니아 주의 한 브리더가 이런 기질을 이용하여 마침내 1950년대에 완전한 순혈통 품종을 확립하였다. 발리니즈는 그 후 1970년대에 영국과 유럽에 소개되었으며, 얼마 지나지 않아 뛰어나게 아름다운 몇몇 발리니즈의 번식이 이어졌다.

발리니즈는 털이 다른 중모종 고양이보다 짧은 편이며 몸에 자연스럽게

» 발리니즈는 모두 샤미즈와 같은 포인트 컬러를 보인다. 사진의 블루 포인트 발리니즈에서 볼 수 있듯이, 포인트와 몸통의 색이 뚜렷이 대비되기보다 긴 털 때문에 경계가 아주 자연스럽다.

« 초콜릿 포인트 발리니즈의 마스크는 얼굴 전체를 덮고 있고 귀의 포인트와 이어져 있는데, 이런 형태가 이 품종 전체의 이상적인 외모로 꼽힌다.

» 초콜릿 태비 포인트의 뚜렷한 짙은 색 줄무늬, 선명한 눈 테두리, 그리고 점점이 있는 수염자국을 보면 캣쇼에서 주목을 받을만하다. 이런 무늬와 색을 가진 고양이를 미국에서는 자바니즈라고 한다.

▽ 블랙 노르위전 포리스트 캣이 곱슬곱슬하고 따뜻한 속털을 덮고 있는 이 품종 특유의 매끄러운 겉털을 보여주고 있다.

세력을 뻗쳤다. 그리고 바이킹이 터키에서 앙고라 같은 장모종 아시아 고양이를 발견하여 스칸디나비아나 미국으로 데려갔다는 것은 실현 가능성이 있는 이야기다. 따라서 노르위전 포리스트 캣이 북미 지역의 메인 쿤과 같은 뿌리를 가졌을 가능성이 높다.

노르위전 포리스트 캣은 1930년대에 노르웨이의 순혈통 고양이 애호가들 사이에서 관심을 끌기 시작하였으며, 1938년 노르웨이의 가장 오래된 고양이 클럽의 창립식에서 선을 보였다. 그러나 유럽의 가장 큰 고양이 등록기관인 국제고양이연맹 FIFe(Fédération Internationale Féline)에서 풀 챔피언십 자격(챔피언 타이틀을 따기 위한 캣 쇼 출전 자격. 순혈통 품종으로 공식 인정을 받았다는 의미)을 얻은 것이 1977년이고, 미국에서는 1993년에 품종으로 공식 인정을 받았다.

《 블루 바이컬러는 귀에서 길게 뻗어 나온 장식털이 뚜렷하고, 큰 눈은 살짝 비스듬히 올라가 있다. 멋진 수염도 추가 점수를 받을 만하다.

cat's data

털	털이 많고 이중털(복슬복슬한 속털 위에 매끄러운 방수성 겉털). 풍성한 러프
눈	둥글고 큼. 모든 색
그루밍	비교적 쉬움. 가끔 빗질
성격	민첩하고 활동적. 사람을 잘 따름. 자유를 좋아하고, 바위나 나무 타기를 즐김

》 노르웨이의 전설에서 노르위전 포리스트 캣은 '요정 고양이'로 나온다. 사진 속 실버 토터셸 태비의 신비로운 색과 부드러운 실루엣, 아름다운 얼굴 등은 확실히 '하늘에서 내려온 고양이'라고 불릴 만하다.

THE SEMI-LONGHAIR GROUP

Balinese(Javanese)
발리니즈(자바니즈)

길고 비단처럼 매끄럽게 흘러내리는 털과 깃털같이 긴 꼬리털을 가진 샤미즈 고양이를 상상해보면 그것이 바로 발리니즈의 모습이다. 발리니즈의 아름다운 사파이어색 눈과 크고 쫑긋한 귀를 비롯하여 색까지도 모두 샤미즈처럼 나타난다. 그러나 발리니즈(또는 자바니즈. 미국에서는 일부 색깔의 발리니즈를 자바니즈라고도 부른다. 더 혼란스러운 것은 영국에서 앙고라라고 부르는 품종을 유럽에서는 자바니즈라고 한다.)는 샤미즈보다 조금 조용한 편이다.

'발리니즈'라는 이름은 이 품종의 우아한 몸짓이 인도네시아의 댄서들을 연상시켜서 유래한 것 같다. 그러나 기원은 확실히 샤미즈이다. 100년 이상 샤미즈 고양이를 번식시키면서 긴 털을 발현하는 열성유전자가 유입되었을 가능성이 높으며, 1940년대에는 드디어 순혈통 샤미즈 고양이의 새끼 중에 긴 털을 가진 고양이가 나타나기 시작하였다. 그리고 캘리포니아 주의 한 브리더가 이런 기질을 이용하여 마침내 1950년대에 완전한 순혈통 품종을 확립하였다. 발리니즈는 그 후 1970년대에 영국과 유럽에 소개되었으며, 얼마 지나지 않아 뛰어나게 아름다운 몇몇 발리니즈의 번식이 이어졌다.

발리니즈는 털이 다른 중모종 고양이보다 짧은 편이며 몸에 자연스럽게

≪ 발리니즈는 모두 샤미즈와 같은 포인트 컬러를 보인다. 사진의 블루 포인트 발리니즈에서 볼 수 있듯이, 포인트와 몸통의 색이 뚜렷이 대비되기보다 긴 털 때문에 경계가 아주 자연스럽다.

≪ 초콜릿 포인트 발리니즈의 마스크는 얼굴 전체를 덮고 있고 귀의 포인트와 이어져 있는데, 이런 형태가 이 품종 전체의 이상적인 외모로 꼽힌다.

≪ 초콜릿 태비 포인트의 뚜렷한 짙은 색 줄무늬, 선명한 눈 테두리, 그리고 점점이 있는 수염자국을 보면 캣쇼에서 주목을 받을만하다. 이런 무늬와 색을 가진 고양이를 미국에서는 자바니즈라고 한다.

중모종 그룹

cat's data	
털	중간 길이로 가늘고 비단처럼 매끄러움. 주로 몸에 밀착되어 있음. 부드러운 속털은 없음
눈	아몬드모양으로 눈초리가 올라감. 경계심 많지만 총명한 눈빛. 밝고 선명한 푸른색
기타 특징	깃털 같은 꼬리
그루밍	비교적 쉬움. 정기적으로 부드럽게 빗질
성격	총명하고 활동적이며, 놀기 좋아하고 충성스러움. 상냥하지만 거리를 둘 수 있음

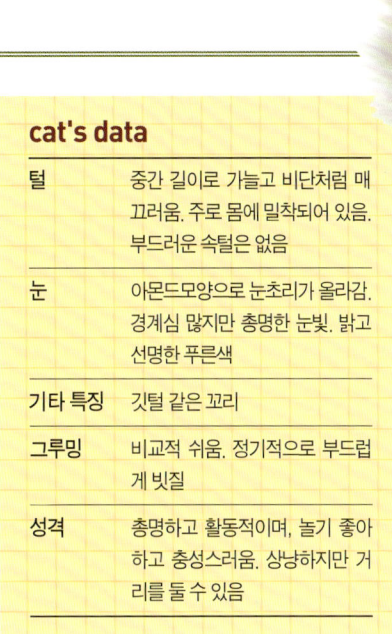

≫ 라일락 포인트의 등을 따라 완벽히 균형 잡힌 셰이드가 몸의 연미색(magnolia) 털이나 짙은 포인트와 아름답게 조화를 이룬다. 그러나 셰이드가 전혀 없어야 이상적이다.

흘러내린다. 그러므로 발리니즈는 관리에 시간과 노력을 많이 들이지 않아도 된다. 체구는 보통이지만 다리가 길고 유연하며, 샤미즈의 특징인 뚜렷한 역삼각형 머리와 길고 곧게 뻗은 코가 인상적이다. 마스크(얼굴의 포인트무늬)가 얼굴 전체를 덮고 있으며, 새끼고양이를 제외하고 모두 짙은 색 무늬가 귀까지 이어져 있다. 발리니즈의 성격은 밝고 매우 활동적이나 안락한 것을 좋아한다.

≫ 사진의 초콜릿 포인트와 같이 강렬한 사파이어 블루의 맑게 빛나는 눈이 발리니즈의 매력이다.

≫ 발리니즈도 소리를 내지만 조상인 샤미즈보다는 덜 시끄럽고 덜 요란하다.

발리니즈(자바니즈)의 포인트 컬러 분류

실, 블루, 초콜릿, 라일락[프로스트(서리를 연상시키는 차가운 느낌의 색)], 레드, 크림

태비, 토터셸 태비

실 토티, 블루 토티, 초콜릿 토티, 라일락 토티

THE SEMI-LONGHAIR GROUP

Angora 앙고라

앙고라를 터키시 앙고라와 혼동하면 안 된다. 이 품종은 중모종의 오리엔탈 쇼트헤어이다. 따라서 시끄럽고 자주 울어대는 습성을 비롯해 오리엔탈 고양이의 우아함과 체형, 성격 등을 모두 가지고 있다. 이것은 교배 과정에서 샤미즈로부터 물려받은 것이다. 앙고라는 영국에서 샤미즈와 장모종 유전자를 가진 소렐 아비시니안을 교배하여 태어났다.

앙고라는 오리엔탈 조상으로부터 물려받은 긴 다리와 아몬드모양의 눈이 유연하고 균형 잡힌 몸매와 잘 어울리며, 민첩하고 놀기 좋아하며 다정한 성격이다. 새끼가 완전히 성묘가 되어야 길고 가는 털을 가질 수 있다. 목과 턱 부분의 털은 자라면서 곱슬곱슬해지고 러플 모양이 되어 가는 골격의 날씬한 몸매를 가려주지만, 털을 부드럽게 쓰다듬다보면 골격이 가늘다는 것을 금방 알 수 있다. 앙고라는 컬러포인트와 바이컬러를 제외하고 모든 기본적인 솔리드(단색), 토터셸, 태비, 스모크 및 셰이드가 나타난다.

시나몬 앙고라는 배 부분에 비단처럼 매끄러운 털이 두툼하게 있어 실제로는 날씬한 몸매가 부풀려져 보인다.

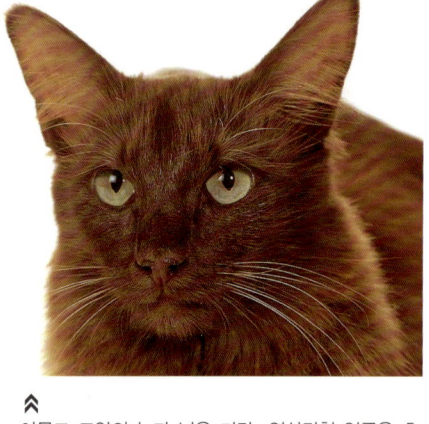

아몬드 모양의 눈과 넓은 미간, 역삼각형 얼굴은 초콜릿 앙고라가 오리엔탈 계통임을 말해준다.

폰 앙고라의 머리는, 좁고 긴 코를 따라 있는 크고 곧게 선 귀에서부터 강한 아래턱까지 역삼각형을 이룬다.

cat's data

털	가늘고 비단처럼 매끄러우며 중간 길이. 아래턱과 목, 배를 제외한 나머지 부분은 털이 매끄러움. 곱슬곱슬한 속털은 없음
눈	넓은 미간과 아몬드모양의 큰 눈. 블루 앙고라와 오드아이 화이트 앙고라를 제외하고 모두 녹색
기타 특징	장식털. 길며 끝으로 갈수록 좁아지는 풍성한 꼬리
그루밍	비교적 쉬움. 정기적인 빗질 필요
성격	총명하고 활발하며, 호기심이 많고 활동적임. 친구가 필요함

중모종 그룹

Ragdoll
래그돌

안아 올리면 봉제인형(Ragdoll)처럼 축 처지기 때문에 래그돌이라는 이름이 생겼다. 또한 최초의 래그돌 새끼고양이들의 어미였던 흰색 중모종 고양이 조세핀이 임신 당시에 교통사고로 부상을 당했기 때문에 통증에 내성이 있는 특성을 물려받았다는 좀 억지스런 이야기도 있다. 그러나 래그돌의 온순한 성품은 운 좋게 좋은 성격 유전자가 결합되었을 가능성이 더 높다. 래그돌은 1963년 캘리포니아 주에서 생겨났다. 초기에는 품종명이 체루빔(Cherubim)이었으며, 일부 유형은 라가머핀(Ragamuffin)으로 불렸다. 최초의 브리더는 비순혈통 부모고양이에게서 태어났다고 주장하지만, 교배 계통 어디에선가 버만과 버미즈 유전자가 유입된 것으로 보인다. 대부분의 고양이는 우성인 화이트 스팟 유전자(〈교배하기〉 중 '교배와 유전학' 참조)가 미트 유형(흰 장갑을 낀 듯 발에 흰 털이 자람)을 발현시키지만, 버만의 경우는 이런 비슷한 형질을 나타내는 유전자가 열성이다.

래그돌은 크고 둥근 발과 길고 풍성한 꼬리를 가진 듬직한 체구의 고양이다. 머리와 볼이 넓고, 코는 약간 들창코이며, 큰 눈은 짙은 사파이어색이다. 래

» 실 컬러포인트 래그돌은 짙은 갈색 포인트가 특징이다.

▲ 블루 컬러포인트 래그돌이 단단하고 건장한 체구를 가진 이 품종의 전반적인 느낌을 잘 보여준다. 얼굴, 귀, 다리와 꼬리에 전형적인 컬러포인트가 완벽하게 나타난다.

cat's data

털	촘촘하고 비단처럼 매끄러움
눈	크고 둥글며 눈초리가 올라감. 짙은 푸른색
기타 특징	들어 올리면 봉제인형처럼 축 늘어짐
그루밍	쉬움. 매일 부드러운 솔로 빗질
성격	온순하고 느긋하며 다루기 쉬움. 조용한 환경이 필요(실내 고양이로 안성맞춤)

그돌은 크게 컬러포인트, 미트, 바이컬러의 3그룹으로 나뉜다. 미트 유형은 옅은 색 몸과 대조를 이루는 컬러포인트가 있고, 흰색 장갑을 낀 듯한 앞발과 흰 털이 발목 또는 그 위까지 이어지는 뒷다리가 특징이다. 바이컬러는 아래턱, 턱 아래 목둘레, 가슴과 배 부위가 흰색이며, 코 위쪽에 삼각형의 흰색 불꽃무늬가 있다.

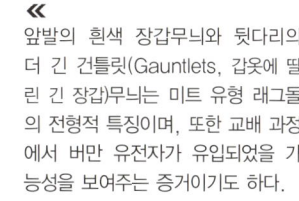

« 앞발의 흰색 장갑무늬와 뒷다리의 더 긴 건틀릿(Gauntlets, 갑옷에 딸린 긴 장갑)무늬는 미트 유형 래그돌의 전형적 특징이며, 또한 교배 과정에서 버만 유전자가 유입되었을 가능성을 보여주는 증거이기도 하다.

▲ 코 위쪽에 나타나는 삼각형의 흰색 불꽃무늬는 진짜 바이컬러 래그돌의 상징과도 같은 것이다. 턱 아래 목둘레, 가슴과 배, 앞다리도 흰색이다.

161

THE SEMI-LONGHAIR GROUP

Tiffanie
티파니

티파니는 단모종 아시아 그룹 고양이의 중모종 형태이다. 티파니는 1980년대 영국에서 개량된 품종으로 이제 막 하나의 품종으로 인정받기 시작하고 있다. 티파니의 초기 교배 프로그램에서는 버밀라 고양이가 주로 이용되었으며, 형질 강화를 위해 가끔 버미즈를 교배시켰다. 그 결과 아름다운 외모를 가진 이 고양이는 오늘날의 버미즈와 아시아 품종에서 볼 수 있는 모든 색과 패턴이 나타난다.

티파니는 보통 크기의 고양이로, 암컷이 수컷보다 체구는 작지만 더 아름답다. 두 귀의 간격이 넓고, 귀가 약간 앞으로 기울어져 있으며 머리 크기에 비해 조금 크다. 흔히 귀 장식털이 있다.

« 블루 셰이드 실버 티파니의 크고 미간이 넓으며 약간 동양적이고 표정이 풍부한 눈이 티파니의 뿌리가 아시아 품종에 있다는 사실을 말해준다.

cat's data

털	가늘고 비단처럼 매끄러움. 두드러지는 러프와 풍성한 꼬리털
눈	눈초리가 올라감. 황금색 또는 녹색. 실버 유형은 녹색 눈을 선호. 단색 유형은 황금색 눈도 허용
그루밍	비교적 쉬움. 정기적으로 부드러운 솔로 빗질
성격	차분하고 기품이 있으며 호기심 많고 사교적

머리는 둥근 윗부분에서 나비 날개모양의 볼을 지나 다부진 턱으로 내려가면서 조금 좁아진다. 생김새가 북미 지역에서 예전에 티파니(Tiffany)로 불렸던 품종과 매우 비슷하다.

1967년에 혈통을 알 수 없는 황금색 눈의 초콜릿색 중모종 고양이 1쌍이 똑같은 특징을 가진 6마리의 새끼고양이를 낳으면서 계획적인 교배가 시작되었다. 그러나 이 교배 프로그램에 버미즈는 포함되지 않았으며, 그 후 버미즈 특성을 보이는 고양이도 태어나지 않았다. 1980년대에는 색과 패턴의 범위가

» 최근 캣쇼에 등장하기 시작한 브리티시 티파니는 사진의 브라운 스모크 티파니처럼 현재 매우 다양한 색과 패턴을 보여준다.

티파니의 색과 패턴

셀프 (단색)	블랙, 블루, 초콜릿, 라일락, 레드, 캐러멜, 애프리캇(살구색), 크림
태비 및 토터셸	실버 유형을 포함하여 블랙, 크림, 블루, 초콜릿. 태비무늬가 같은 아시아 단모종보다 약하게 나타남

중모종 그룹

▽
사진의 브라운 셰이드 실버 티파니는 어깨에서 엉덩이까지 곧게 뻗은 등과 깃털같이 가볍고 부드러운 꼬리를 가진 훌륭한 모습이다.

더 넓어졌으며, 이후로 이 품종의 수가 늘어나고 있다. 정식 명칭은 브리티시 티파니(British Tiffanie)와 혼동되는 것을 막기 위해 샨틸리(Chantilly) 또는 티파니(Tiffany)로 등록되었다.

Cymric
킴릭

킴릭은 맹크스 고양이의 장모종 유형이다. 정확한 품종 표준은 미국에서 정립되었으며, 영국에는 등록되어 있지 않다.

'웨일스의' 또는 '웨일스 태생'을 의미하는 킴릭은 긴 털을 발현하는 유전자가 짧은 털 유전자에 대해 열성이지만, 유전적으로 볼 때 필연적으로 생겨날 수밖에 없었다. 맹크스의 형질 개선을 위해서는 맹크스 교배 프로그램에 꼬리가 긴 고양이를 도입해야 했다. 이 때문에 유전자 풀이 넓어지고, 열성인 긴 털 유전자를 교배시킨 결과 긴 털을 가진 맹크스 고양이가 태어날 확률도 높아졌다.

킴릭이 기록에 처음 나타난 것은 1960년대 캐나다에서이며, 이때부터 북미 지역을 중심으로 널리 퍼지게 되었다. 맹크스와 마찬가지로 꼬리가 아예 없는 경우도 있고, 짤막한 꼬리 또는 가끔 긴 꼬리를 가진 고양이가 태어나기도 한다. 꼬리가 없는 것은 사람의 이분척추(Spina Bifida, 척추가 완전히 만들어지지 못하고 갈라져서 생기는 선천성 척추 결함)를 일으키는 돌연변이 유전자와 비슷한 유전자 때문이며, 이런 유전자를 가진 어미고양이에게서 태어나는 새끼는 사산될 수 있다.

《
사진의 블루 킴릭은 아주 짧은 꼬리를 가지는 유형으로, 맹크스 품종과 비슷한 짤막하고 다부진 체구가 두터운 털에 가려져 있다.

cat's data

털	굵은 겉털, 비단처럼 매끄러움. 복슬복슬한 느낌은 아님. 길이가 일정하지 않음
눈	크고 둥근 눈. 눈색은 털색을 따름
기타 특징	꼬리가 완전히 없거나, 아주 짤막하거나, 아주 간혹 긴 꼬리
그루밍	쉬움. 매일 빗질
성격	다정다감하고 총명하며 충성심이 강함. 주인과 함께 있으려 함

유러피언 태비 쇼트헤어는 토착 야생고양이를 품종 개량한 예이다.
아마도 아주 오래되고 훌륭한 혈통을 가졌을 것이다.

The Ultimate Encyclopedia of Cats

단모종 그룹
The Shorthair Group

🐈 순혈통이든 아니든 대부분의 고양이는 그들의 조상인 야생고양이처럼 단모종이다. 짧은 털은 야생에서 사냥할 때뿐만 아니라 집고양이와 사람에게도 실용적이다. 단모종 집고양이는 장모종 고양이보다 훨씬 독립적이고 행동이 민첩한데, 이것은 그들의 체형 덕분이라고 할 수 있다. 그루밍도 거의 할 필요가 없으며, 털이 짧아서 상처가 잘 보이므로 빨리 발견하고 치료하기도 쉽다. 순혈통 단모종 고양이는 각 품종의 이상적인 사례가 되는 토착 집고양이와 교배되어 왔다. 단모종 고양이는 둥근 얼굴에 다부진 체격을 가진 미국, 영국, 유럽의 쇼트헤어와 다리가 길고 날씬한 아시아 쇼트헤어 등 2그룹으로 크게 나뉜다.

오리엔탈 스팟 태비는 다리가 길고 마른 오리엔탈 품종에서 생겨난 단모종 고양이다.

THE SHORTHAIR GROUP

Exotic Shorthair
이그조틱 쇼트헤어

미국에서는 간단히 이그조틱이라고만 알려진 이그조틱 쇼트헤어(이하 이그조틱)는 그루밍이 간편한 단모종 페르시안을 생산하기 위해 번식된 품종이다. 사실 이 단모종 고양이는 캣쇼에서 장모종 페르시안 타입 부문으로 심사되기 때문에 캣쇼에 처음 온 사람은 조금 혼동이 될 수도 있다.

이그조틱은 얼굴 생김새와 표정을 비롯하여 체형과 성격 등에서 페르시안의 특징을 모두 갖고 있으며, 페르시안과 동일하거나 유사한 색이 나타난다. 특징은 보통 크기이며 짧은 몸통, 짧고 굵직한 다리와 큰 발을 갖고 있다. 머리는 둥글고, 코는 짤막하며, 귀 사이가 넓고 끝이 둥글다. 브리티시 쇼트헤어 브리더들은 대략 4번째 세대마다 1번씩 브리티시 쇼트헤어를 페르시안 고양이와 교배시키는 원칙을 아주 오랫동안 지켜왔다. 이들은 새로운 형질을 만들어내기보다는 기존 품종의 튼튼한 골격과 선명한 눈색

▲ 레드 태비의 눈은 짙은 붉은색 털과 조화를 이룬다. 일반적으로 선명한 눈색은 이 품종의 주요 특징이다.

« 암컷 실버 태비 한 마리가 친칠라처럼 눈 테두리에 검은색 아이라인을 그린 듯한 눈을 뽐내고 있다. 그러나 털은 장모종인 셰이드 실버 페르시안보다 팁이 더 진하며 무늬도 더 뚜렷하다.

cat's data

털	중간 길이로 단모종보다 조금 길지만 흘러내릴 정도는 아님. 촘촘하고 폭신하며 부드럽고 생기가 있음. 몸에 붙지 않음
눈	크고 둥글며 선명함. 털색과 어울리는 색
기타 특징	귀가 작고 뭉뚝하며, 귀 사이가 멀고 귀가 앞으로 약간 기울어짐
그루밍	쉬움. 매일 꼼꼼히 빗질
성격	온화하고 다정다감하며 성격이 좋고, 호기심 강하며 장난기가 많음

▲ 블랙 이그조틱의 황금빛을 띠는 선명한 구릿빛 눈이 짙은 단색 털과 대비되어 더 선명해 보인다. 코평면과 발볼록살은 검은색이다.

« 블루 크림 이그조틱은 청회색의 절묘한 셰이드 사이로 크림색 털이 드문드문 뚜렷하게 보인다.

토터셸 컬러포인트 이그조틱이 크고 둥근 얼굴, 건장한 체격, 짧은 듯한 꼬리와 다리 등 페르시안 고양이의 주요 특징을 잘 보여준다.

을 더욱 강화하고자 하였다. 사실 페르시안 타입은 브리티시 쇼트헤어와 큰 차이가 없었으므로 브리티시 쇼트헤어의 형질을 개선하기 위해 이용하기 좋은 품종이었다.

그러나 미국 브리더들은 브리티시 쇼트헤어 유전자 풀을 충분히 갖고 있지 않았다. 따라서 이들은 자신들이 보유하고 있던 고양이 중 미리모양이 사상 능근 버미즈를 이용하였으며, 나중에는 아메리칸 쇼트헤어를 이용하였다. 1930년대 초 미국의 고양이 애호가들은 이런 교배 방식으로 버미즈의 머리와 눈의 모양을 다른 어떤 품종보다 더 페르시안 장모종 고양이와 비슷하게 만들었다. 그러나 이것은 1960년대에 이그조틱 새끼 고양이가 성공적으로 태어나기 이전의 일이며, 미국에서는 1968년 이후 이그조틱을 버미즈 또는 브리티시 쇼트헤어와 교배시키는 것을 금지하였다.

이그조틱은 얼마 지나지 않아 엄청난 인기를 끌게 되었고, 현재는 모든 색의 셀프(단색)는 물론 바이컬러, 태비, 토터셸, 셰이드, 팁과 컬러포인트까지 다양한 이그조틱이 번식되고 있다. 캣 쇼에서의 심사 기준은 매우 엄격하며, 특히 눈색의 선명도가 중점적으로 평가된다. 버미즈로부터 물려받은 비스듬히 올라간 눈모양이나 홍채에 있는 얼룩은 좋은 평가를 받지 못한다. 이그조틱은 페르시안의 위엄과 차분함을 가지고 있으며, 반면에 활달하면서 다정한 면도 있다. 어린아이들이 귀찮게 해도 잘 참는 편이며, 실내에서만 키우기에도 적합하다.

단모종이지만 다른 단모종보다는 털이 길어서 좀 더 세심한 그루밍이 필요하므로 매일 빗질해주는 것이 좋다. 솔이나 빗으로 털이 누워 있는 반대 방향, 즉 꼬리에서 머리 쪽으로 빗겨서 털이 몸에 붙지 않고 서게 한다.

사진의 토터셸 컬러포인트 이그조틱은 페르시안의 얼굴 특징이 컬러포인트 유형의 푸른 눈과 조화를 이룬다. 이그조틱에서는 모든 컬러포인트가 나타난다.

토터셸 화이트 이그조틱은 짙은 검은색 바탕털 사이에 짙은 붉은색 털이 있어야 한다. 얼굴에 있는 붉은색 불꽃무늬가 매력을 더해준다.

브리티시 쇼트헤어 The British Shorthair

영국제도의 국묘인 브리티시 쇼트헤어는 토착 길고양이 중 가장 우수한 개체를 선택적으로 교배하여 얻은 품종이다. 이 품종은 원래 기원후 1세기경 로마 군대와 함께 영국에 온 집고양이로부터 생겨난 것으로 추정된다.

영국 고양이(English Cat)로도 불리는 브리티시 쇼트헤어는 처음부터 정식 품종으로 인정받았다.

브리티시 쇼트헤어의 초기 브리더들은 왠지 주로 영국 북부 출신의 남성이었다. 현재 브리티시 쇼트헤어는 영국에 등록된 순혈통 고양이 중 세 번째로 규모가 큰 그룹이며 세계적으로도 인기가 높다.

브리티시 쇼트헤어는 아메리칸 쇼트헤어보다 다양성은 떨어지지만, 샤미즈 패턴을 포함하여 모든 주요 색과 패턴이 번식된다. 또한 모두 탄탄하고 균형 잡힌 건장한 체구이다. 가슴은 통통하고 넓으며, 짧고 튼튼한 다리에 크고 둥근 발을 갖고 있다. 꼬리는 아래쪽은 굵고 끝부분은 둥근 모양이다. 브리티시 쇼트헤어와 유러피언 쇼트헤어, 아메리칸 쇼트헤어 중 브리티시 쇼트헤어의 머리가 가장 둥근 모양이다. 귀 사이의 간격이 멀고 귀는 작은 편이며, 둥근 볼과 짧고 폭이 넓은 코 아래에는 단단한 턱이 받치고 있다.

비순혈통 조상고양이나 오늘날의 길고양이처럼 생활력이 강한 근육질의 브리티시 쇼트헤어는 낙천적인 성격이라 실내생활에도 만족하며 잘 적응한다. 또한 총명하고 침착해서 든든하고 믿음직한 반려묘가 될 것이다.

British Black Shorthair
브리티시 블랙

보통 브리티시 쇼트헤어의 모든 주요 특징이 가장 잘 나타나는 고양이가 바로 브리티시 블랙이다. 이것은 1800년대에 영국에서 길고양이 중 가장 우수한 개체만 골라 교배를 하던 초기 브리티시 쇼트헤어 품종 중 하나가 브리티시 블랙이기 때문이다. 또한 1871년 런던 크리스탈 팰리스(Crystal Palace)에서 개최된 영국 최초의 캣쇼에 출전한 품종 중 하나이기도 하다.

우수한 형질의 순혈통 브리티시 블랙은 털뿌리부터 털끝까지 짙은 검은색이어야 하며, 갈색 얼룩이나 부분적으로 나타나는 흰색 털 또는 반점무늬나 태비무늬가 전혀 없어야 한다. 이렇게 어두운 바탕색 털이 녹색이 전혀 섞이지 않은 크고 둥글며 짙은 구릿빛 눈을 돋보이게 한다. 브리티시 블랙은 다른 단모종, 특히 토터셀과 토티화이트 고양이를 개선하기 위한 교배 프로그램에 종종 이용된다.

cat's data

털	짧고 가늘며 빽빽이 많이 남
눈	둥근 눈. 녹색이 없는 구릿빛
기타 특징	끝이 둥근 귀. 짧은 코. 크고 둥근 발. 코평면과 발볼록살은 검은색
그루밍	쉬움. 정기적으로 빗질
성격	다정하고 독립적이며 자유를 좋아함

« 지금의 브리티시 블랙 쇼트헤어에게 짧고 새까만 털을 물려준 선조고양이들은 중세 암흑기에 마녀의 동반자이자 미신과 전설의 대상으로 여겨졌다.

British White Shorthair
브리티시 화이트

다부진 체격에 순백색 털이 빽빽이 덮인 브리티시 쇼트헤어의 모습은 우아하고 완벽한 고양이의 전형이라고 할 수 있다. 브리티시 화이트 쇼트헤어는 어디서나 높은 가치를 인정받으며, 1800년부터 번식되었으나 그 수가 아주 적다.

브리티시 화이트는 눈색에 따라 크게 3종류로 나뉜다. 블루아이 화이트는 아주 드물게 청각장애가 나타날 수 있다. 이런 유전적 결함을 없애기 위해 오렌지색 눈을 가진 고양이와 교배시키는 과정에서 한쪽은 푸른색이고 한쪽은 오렌지색인 오드아이 유형이 생겨났다. 불행히도 푸른 눈 쪽의 귀가 청각장애인 경우가 있다. 이 때문에 오렌지색 눈을 가진 브리티시 화이트가 가장 흔하게 나타난다.

cat's data
털	짧고 가늘며 빽빽이 많이 남
눈	둥근 눈. 선명한 푸른색, 오렌지색 또는 구리색, 한쪽은 파란색이고 한쪽은 오렌지색인 오드아이
기타 특징	끝이 둥근 귀. 짧은 코. 크고 둥근 발. 코평면과 발볼록살은 분홍색
그루밍	쉬움. 정기적으로 빗질
성격	다정하고 독립적이며 자유를 좋아함

▲ 순백색 털의 브리티시 화이트 쇼트헤어는 번식이 어려워 흔히 볼 수 없다. 비순혈통의 순백색 단모종 고양이는 언뜻 보면 순혈통 브리티시 화이트처럼 보이지만, 눈이 구리색이나 푸른색 또는 이 2가지 색이 조합된 오드아이가 아니라 주로 녹색이다.

British Cream Shorthair
브리티시 크림

1800년대 말, 토터셀 새끼고양이들 중에 때때로 크림색 고양이가 나타났는데 이것이 크림색 순혈통 고양이를 번식시키는 계기가 되었다. 진한 크림색 셰이드를 얻기 위해서는 일부 토터셀 혈통이 반드시 필요하였으며, 이 때문에 붉은빛이나 선명한 태비무늬가 전혀 없는 옅은 색 털을 가진 고양이가 지속적으로 태어나기가 어려웠다. 이 때문에 브리티시 크림은 1920년대까지 공식적으로 인정을 받지 못했으며, 1950년대까지도 혈통이 완벽하게 확립되지 못했다. 가끔 태비무늬는 아주 덥거나 추운 지방에서 더 잘 나타나기도 한다. 가장 이상적인 모습은 흰색 얼룩이 없이 털 끝까지 크림색이다.

cat's data
털	짧고 가늘며 빽빽이 많이 남
눈	둥근 눈. 짙은 황금색 내지 오렌지색과 구리색
기타 특징	끝이 둥근 귀. 짧은 코. 크고 둥근 발. 코평면과 발볼록살은 분홍색
그루밍	쉬움. 정기적으로 빗질
성격	다정하고 독립적이며 자유를 좋아함

« 브리티시 크림 품종으로 그랜드 챔피언인 이 고양이는 부드러운 색의 아주 멋진 털을 가지고 있으며, 바탕털보다 색이 조금 더 진한 무늬는 거의 색이 없이 음영만 있다.

THE SHORTHAIR GROUP

British Blue Shorthair
브리티시 블루

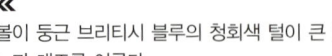
볼이 둥근 브리티시 블루의 청회색 털이 큰 오렌지색 눈과 대조를 이룬다.

브리티시 블루는 브리티시 쇼트헤어 품종 중 가장 유명하다. 종종 태비무늬를 가진 새끼고양이가 태어날 때도 있지만 이것도 6~8개월이면 사라진다. 브리티시 블루는 1800년대부터 교배하기 시작하여 오랫동안 자리를 잡아온 품종으로, 근육이 잘 발달되고 몸통이 굵으며 상냥한 성격을 가진 단모종 타입의 좋은 예라고 할 수 있다. 이 품종의 교배 프로그램에 가끔씩 블랙 쇼트헤어와 청회색의 긴 털을 가진 고양이를 투입하여 청회색 털을 발현하는 유전 형질이 잘 보존될 수 있었다.

cat's data	
털	짧고 가늘며 빽빽이 많이 남
눈	둥근 눈. 구리색, 오렌지색 또는 짙은 황금색
기타 특징	끝이 둥근 귀. 짧은 코. 크고 둥근 발. 코평면과 발볼록살은 청회색
그루밍	쉬움. 정기적으로 빗질
성격	다정하고 독립적이며 자유를 좋아함

British Chocolate Shorthair
브리티시 초콜릿

따뜻한 느낌의 짙은 초콜릿색은 브리티시 쇼트헤어의 번식에 이용되었던 장모종 컬러포인트의 초콜릿 유전자가 유입되어 나온 것이다. 털은 흰색이나 셰이드 또는 무늬가 없는 짙은 초콜릿색이 일정하게 나타나야 한다.

브리티시 쇼트헤어는 무신경하고 믿음직스럽다고 하는데, 사진의 초콜릿 브리티시는 이 품종의 또 다른 모습인 생생한 호기심을 보여준다.

브리티시 라일락에서 유러피언 쇼트헤어나 아메리칸 쇼트헤어와 구분되는 브리티시 쇼트헤어만의 건장한 근육질 체형을 잘 볼 수 있다.

cat's data	
털	짧고 가늘며 빽빽이 많이 남
눈	둥근 눈. 짙은 황금색, 오렌지색 또는 구리색
기타 특징	끝이 둥근 귀. 짧은 코. 크고 둥근 발. 코평면과 발볼록살은 분홍색 또는 갈색
그루밍	쉬움. 정기적으로 빗질
성격	다정하고 독립적이며 자유를 좋아함

British Lilac Shorthair
브리티시 라일락

분홍빛을 띠는 부드러운 느낌의 청회색 털을 발현하는 브리티시 라일락은 초콜릿색이 희석된 유형으로 비교적 최근에 생겨났다. 희석유전자 때문에 색소가 털 전체에 퍼지지 않고 한 곳에 모여 있어, 현미경으로 관찰하면 색소가 전혀 없는 부위가 일부 있다. 따라서 희석된 색은 순수한 단색에 비해 색이 덜 진해 보인다. 시나몬색 발현 유전자를 갖지 않은 라일락 부모고양이에게서 태어나는 새끼는 모두 라일락색이다. 따라서 브리티시 라일락은 번식시키기가 쉽다.

cat's data	
털	짧고 가늘며 빽빽이 많이 남
눈	둥근 눈. 짙은 황금색이나 오렌지색 또는 구리색
기타 특징	끝이 둥근 귀. 짧은 코. 크고 둥근 발. 코평면과 발볼록살은 옅은 회색
그루밍	쉬움. 정기적으로 빗질
성격	다정하고 독립적이며 자유를 좋아함

British Bi-Colour Shorthair
브리티시 바이컬러

캣쇼에 출전하는 브리티시 바이컬러에게 귀와 얼굴의 3/4을 차지하는 마스크(얼굴의 포인트무늬)는 매우 중요한 특징으로 브리티시 쇼트헤어의 둥근 체형과 잘 어울린다.

영국의 길고양이 중에도 바이컬러가 많지만, 순혈통 바이컬러는 단색과 흰색이 확실히 구분되고 무늬가 균형 잡혀 있으며 대칭이어야 한다. 색이 있는 부분은 검은색, 청회색, 붉은색, 크림색, 초콜릿색 또는 라일락색이며, 완벽한 순혈통 고양이는 다른 색 반점이나 태비무늬가 전혀 나타나지 않는다. 캣쇼에 출전하려면 코와 얼굴 아랫부분, 목과 어깨, 가슴과 앞발이 모두 흰색이어야 하지만, 흰색이 몸 전체의 반을 넘으면 안 된다.

cat's data

털	짧고 가늘며 빽빽이 많이 남
눈	둥근 눈. 황금색 내지 오렌지색과 구리색
기타 특징	끝이 둥근 귀. 짧은 코. 크고 둥근 발. 코평면과 발볼록살은 분홍색
그루밍	쉬움. 정기적으로 빗질
성격	다정하고 독립적이며 자유를 좋아함

British Tortie and White Shorthair
브리티시 토티 화이트

이 품종은 바이컬러의 단색 부분에 토터셸이 나타나는 바이컬러의 변형으로 볼 수 있다. 미국에서는 이 품종을 인쇄된 면직물의 이름을 따서 캘리코(Calico) 고양이라고 부른다. 토터셸 패턴은 선명한 검은색과 붉은색의 조합, 또는 희석된 색의 조합으로 이루어진다. 단색과 흰색으로만 되어 있는 바이컬러와 마찬가지로 토터셸의 흰색 부분이 몸 전체의 절반을 넘지 않아야 한다. 캣쇼에서 우수한 평가를 받을만한 완벽한 대칭무늬의 토티 화이트를 번식시키기는 매우 어렵다.

브리티시 토터셸 쇼트헤어는 사진과 같이 흰색이 전혀 없이 붉은색과 검은색이 혼합된 형태로 나타나기도 하고, 희석된 블루 크림 셰이드가 나오기도 한다.

토티 화이트 쇼트헤어는 부드러운 색의 얼룩무늬를 가진 사진 속 블루 토티 화이트처럼 보기 좋게 희석된 색으로 나타나기도 한다.

cat's data

털	짧고 가늘며 빽빽이 많이 남
눈	둥근 눈. 오렌지색 내지 구리색
기타 특징	끝이 둥근 귀. 짧은 코. 크고 둥근 발. 코평면과 발볼록살은 분홍색과 검은색이 모두 나타나거나, 분홍색 또는 검은색만 나타남
그루밍	쉬움. 정기적으로 빗질
성격	다정하고 독립적이며 자유를 좋아함

THE SHORTHAIR GROUP

British Tabby Shorthair
브리티시 태비

태비 유전자는 유럽 집고양이의 모태가 된 야생종에게 물려받은 강력한 우성유전자로 비순혈통 고양이에게도 흔히 나타난다. 그러나 캣쇼에 출전하려면 태비무늬가 정해진 표준에 정확히 맞아야 하며, 무엇보다도 무늬가 몸 양쪽에 균형 있게 분포되어 있어야 한다. 태비무늬는 크게 클래식 태비, 줄무늬가 더 두드러진 매커럴 태비와 스팟 태비의 3종류로 나뉜다. 매커럴 태비와 스팟 태비는 척추를 따라 3개의 짙은 줄무늬가 있고, 목과 꼬리와 다리에는 일정한 간격의 고리무늬가 뚜렷이 나타난다. 그러나 클래식 태비는 몸 옆쪽에 나선형 무늬가 있고, 어깨 위로는 날개무늬가 나타나며, 배에는 반점이 있다.

태비무늬의 색은 붉은색의 변형인 짙은 오렌지색(이 경우 바탕색은 붉은색), 갈색, 은색 및 부드럽게 희석된 청회색과 크림색이 섞여 나는 등 다양하게 나타난다. 브라운 클래식 태비는 마블(대리석무늬) 또는 블로치(반점무늬) 태비라고도 한다.

» 기민해 보이는 토티 실버 태비의 옆모습에서 멋진 색의 조화는 물론, 좀 짧지만 활발히 움직이는 단모종 꼬리의 특성을 엿볼 수 있다.

» 은색 바탕에 검은색 줄무늬가 선명한 사진 속 실버 스팟 태비가 태비무늬를 확실히 보여준다. 특히 꼬리와 다리에 있는 일정한 간격의 고리무늬가 눈에 띈다.

» 사진 속 클래식 레드 태비는 얼굴에 있는 무늬가 뚜렷하다. 눈 양끝에서 내려오는 줄무늬와 이마 위의 M자무늬가 눈길을 끈다.

» 토티 태비 브리티시 쇼트헤어는 짙은 토터셀 색이 선명한 태비 줄무늬와 조화를 이룬다.

cat's data

털	짧고 가늘며 빽빽이 많이 남
눈	둥근 눈
	클래식 태비 : 황금색, 오렌지색 내지 구리색
	실버 태비 : 녹색 내지 녹갈색
기타 특징	끝이 둥근 귀. 짧은 코. 크고 둥근 발. 코평면과 발볼록살은 붉은 벽돌색 또는 검은색
그루밍	쉬움. 정기적으로 빗질
성격	다정하고 독립적이며 자유를 좋아함

British Colourpointed Shorthair
브리티시 컬러포인트

사진 속 브리티시 쇼트헤어 라일락 컬러포인트는 전형적인 브리티시 쇼트헤어의 체구에 섬세한 샤미즈 무늬를 갖고 있다

브리티시 컬러포인트는 브리티시 쇼트헤어를 컬러포인트 페르시안과 이종 교배하여 생긴 최근에 개량된 품종이다. 교배 과정에서 일부 일관성 없는 털 유형은 제거되었으며, 현재의 브리티시 컬러포인트는 짧고 깔끔한 털과 단단한 체구를 비롯하여 그 밖의 품종 표준을 모두 갖추고 있다. 브리티시 컬러포인트는 암갈색, 초콜릿색, 라일락색, 붉은색, 크림색 등을 비롯하여 샤미즈와 같은 포인트 컬러를 보인다. 가장 최근에 만들어진 시나몬색과 옅은 황갈색(fawn) 포인트가 점차 인정받는 추세이다. 모든 브리티시 컬러포인트가 얼굴에 포인트무늬가 있고, 크고 원반같이 둥근 푸른 눈을 갖고 있다. 얼굴과 귀, 발, 꼬리의 컬러포인트가 뚜렷하고, 몸에 무늬가 있을 경우에 포인트 색과 조화를 이루는 것이 이 품종의 좋은 예라고 할 수 있다.

cat's data

털	짧고 가늘며 빽빽이 많이 남
눈	둥근 눈. 푸른색
기타 특징	끝이 둥근 귀. 짧은 코. 크고 둥근 발. 코평면과 발볼록살은 포인트 컬러와 어울리는 색
그루밍	쉬움. 정기적으로 빗질
성격	다정하고 독립적이며 자유를 좋아함

브리티시 쇼트헤어의 색과 패턴

셀프 (단색)	화이트(푸른 눈, 오렌지색 눈, 오드아이), 블랙, 초콜릿, 라일락, 블루, 크림, 레드, 시나몬, 폰(옅은 황갈색)	패치	블랙 토티 화이트, 블루 토티 화이트, 초콜릿 토티 화이트, 라일락 토티 화이트, 블랙 화이트, 블루 화이트, 초콜릿 화이트, 라일락 화이트, 레드 화이트, 크림 화이트	팁	털끝에만 셀프 또는 토터셀 색이 들어간 눈부신 흰색 털. 실버 유형이 아닌 골드 팁은 팁이 검은색
태비	실버, 블루 실버, 초콜릿 실버, 라일락 실버, 레드 실버, 크림 실버, 블랙 토티 실버, 블루 크림 실버, 초콜릿 토티 실버, 라일락 크림 실버, 브라운, 초콜릿, 라일락, 블루, 레드, 크림, 브라운 토티, 블루 크림, 초콜릿 토티, 라일락 크림	스모크	모든 셀프 색(단 화이트, 시나몬 및 폰 제외)과 모든 토터셀 색	컬러포인트	셀프, 태비, 실버 태비, 토터셀 및 스모크 색으로 포인트가 들어감, 푸른 눈을 가짐
패턴	클래식, 매커럴, 스팟				
토터셀	블랙 토티, 초콜릿 토티, 블루 크림 토티, 라일락 토티				

브리티시 쇼트헤어 새끼고양이들이 나란히 앉아 있다. 왼쪽부터 토티, 블루, 블랙, 크림 스팟이다. 이 품종을 원한다면 단모종의 성모는 성격은 여전히 상냥하지만 크고 무게가 많이 나간다는 사실을 알아야 한다.

British Tipped Shorthair
브리티시 팁

브리티시 팁 쇼트헤어는 장모종 페르시안 친칠라와 마찬가지로 털의 대부분이 흰색이고, 털끝에만 아주 살짝 팁이 들어가 있다. 그리고 친칠라 페르시안에게서 전형적으로 나타나는 코와 눈 주변의 검은색 테두리도 보인다. 팁은 블랙, 블루, 레드, 크림, 초콜릿, 라일락 또는 토터셸 등으로 색이 다양하며, 그야말로 팁이 들어간 듯 만 듯하여 고양이가 움직일 때마다 보는 각도에 따라 다른 느낌을 준다. 이 효과가 한두 군데에 강하게 나타나면 옆구리나 등에 반점이 있거나 다리에 고리모양이 있는 것 같은 착시 현상을 일으킨다. 블랙 팁 쇼트헤어와 골드 팁 쇼트헤어의 가장 두드러진 특징은 바로 눈부신 녹색 눈이다. 골드 팁은

» 브리티시 블랙 팁 쇼트헤어는 반짝이는 흰 털에 흩뿌린 듯한 검은색 팁이 있어서 털이 빛나는 느낌이다.

» 골드 팁 브리티시 쇼트헤어는 황금색 털에 검은색 팁이 있다. 사진의 새끼고양이는 팁 유형에서 나타나는 특유의 선명한 눈매를 가졌다(역주 : 일반적인 브리티시 팁 쇼트헤어와는 달리 골드 팁 브리티시 쇼트헤어는 털에 억제유전자가 작용하지 않아 속털이 희지 않고 황금색. 브리티시 팁 쇼트헤어는 셰이드 실버로, 골드 팁 브리티시 쇼트헤어는 셰이드 골드로 분류하는 것이 일반적임).

다른 브리티시 팁과는 달리 짙은 황금빛 살구색(golden-apricot) 속털에 검은색 팁이 있다. 팁의 색은 실버 유전자를 가진 고양이와 블루 및 스모크 고양이와의 복잡한 교배를 통해 만들어졌다. 흰 속털은 거의 실버 유전자의 영향이다.

브리티시 스모크는 논아구티 유전자를 가진 고양이에게 팁이 나타난 경우라고 할 수 있다[역주 : 팁 효과는 억제유전자의 영향으로 털끝에만 색이 남고 털뿌리 쪽은 색이 희석됨. 브리티시 팁은 아구티 유전자와 억제유전자가 함께 발현한 결과인 반면, 브리티시 스모크는 논아구티 유전자(단색의 털을 가짐)와 억제유전자가 함께 발현한 결과임]. 따라서 브리티시 스모크는 겉으로는 단색처럼 보이지만 털을 갈라보면 아름다운 은색 속털이 드러난다. 브리티시 스모크의 색 범위도 브리티시 팁과 같다.

cat's data

털	짧고 가늘며 빽빽이 많이 남
눈	둥근 눈. 구리색 내지 황금색. 블랙과 골드 팁인 경우에는 녹색
그루밍	가벼운 빗질
성격	다정하고 자유를 좋아함

아메리칸 쇼트헤어 *The American Shorthair*

아메리칸 쇼트헤어는 브리티시 쇼트헤어와 마찬가지로 사역묘, 즉 일하는 조상고양이의 형질을 이어받아 체구가 튼튼하고 다부지다. 아메리칸 쇼트헤어는 브리티시 쇼트헤어와 생김새가 매우 비슷하지만 얼굴이 좀 덜 둥글고, 몸집은 브리티시 쇼트헤어에 비해 좀 더 크고 유연하다.

아메리칸 쇼트헤어는 1600년대에 영국에서 미국으로 건너온 청교도 개척자와 함께 온 것으로 추성되는 미국 집고양이의 형질을 개량하여 만든 순혈통 품종이다. 사실 1985년까지 도메스틱 쇼트헤어(Domestic Shorthair)로 알려져 있었다. 도메스틱 쇼트헤어는 튼튼하고 유연한 몸으로 쥐를 잡아먹으며 생활하였고, 새로운 나라에서 삶의 보금자리를 개척하던 사람들의 힘든 생활과도 잘 맞았다. 유럽과 마찬가지로 미국에서도 고양이는 설치류를 없애주는 유익한 사냥꾼이자 알 수 없는 의혹과 두려움의 대상이었다.

그러나 1700년대에는 도메스틱 쇼트헤어가 집고양이로 자리를 잡았고, 가족 초상화에도 등장하였다. 미국 우체국에서 고양이를 공식 직원으로 인정하기도 하였다. 캣쇼를 개최하기도 했던 영국 예술가이며 작가인 해리슨 위어(Harrison Weir)가 1889년에 기록한 내용에 따르면, 우체국에서 고양이가 맡은 임무는 쥐가 편지가방을 갉아먹는 것을 막는 일이었다. 새끼고양이가 태어나면 우체국장이 고양이 먹이를 늘려달라고 요청할 수도 있었다.

그럼에도 불구하고 샤미즈 이외에 미국에서 순혈통 고양이로 등록된 최초의 도메스틱 쇼트헤어는 수입된 브리티시 레드 태비 쇼트헤어였다. 이 암고양이의 주인은 자신의 고양이를 우수한 형질을 가진 미국 수고양이와 교배시켰으며, 1904년에 미국에서 태어난 최초의 쇼트헤어 고양이로 버스터 브라운(Buster Brown)이라는 이름의 스모크 쇼트헤어를 등록하였다. 이렇게 시작된 아메리칸 쇼트헤어가 완전히 독자적인 품종으로 거듭나기까지는 60년의 시간이 더 걸렸다. 캣쇼에서 인정받기 위해 아메리칸 쇼트헤어가 갖춰야 할 가장 중요한 특징은 근육이 잘 발달된 튼튼한 체형이다. 체격이 조금이라도 취약한 부분이 있으면 감점이 된다.

미국의 국제고양이애호가협회 CFA(Cat Fanciers' Association)에서는 대부분의 솔리드, 셰이드, 실버, 스모크, 태비, 파티컬러, 바이컬러 및 밴 유형을 인정하고 있다. 그러나 라일락과 초콜릿 단색 및 컬러포인트는 캣쇼에서 실격 처리된다.

아메리카 태비 쇼트헤어가 특유의 유연한 근육질 몸에 균형이 잘 잡힌 체구, 군더더기 없이 깔끔한 둥근 발을 보여준다.

cat's data

털	짧고 촘촘하며 촉감이 고르고 탄탄한 느낌
눈	크고 둥글며, 눈 사이가 넓고, 눈초리가 조금 올라감. 눈색은 밝은 황금색, 녹색. 화이트 쇼트헤어는 푸른색, 황금색 또는 오드아이
기타 특징	안정적인 기질과 다부진 체격
그루밍	쉬움. 정기적으로 빗질
성격	대담하고 총명하며, 호기심 많고 활동적

American Black Solid Shorthair
아메리칸 블랙 솔리드

완벽한 형질의 아메리칸 블랙 쇼트헤어는 털에 검붉은 색이나 다른 얼룩이 전혀 없이 짙은 검은색이어야 한다. 따라서 캣쇼에 출전하려면 햇볕을 많이 쬐면 안 된다. 코와 발볼록살도 검은색이다.

아메리칸 블랙 쇼트헤어는 밝은 황금색의 크고 둥근 눈이 새까만 털과 대조를 이룬다.

American White Solid Shorthair
아메리칸 화이트 솔리드

아메리칸 화이트 쇼트헤어의 눈은 선명한 황금색이거나, 짙푸른색이거나, 또는 같은 채도의 2색 오드아이일 수 있다. 몸은 건장하고 힘이 넘치며 근육질의 가슴을 갖고 있다. 털은 무늬가 전혀 없이 순백색이어야 한다.

아메리칸 화이트 쇼트헤어의 귀여운 표정에 이 품종의 온순하고 다정다감한 성격이 잘 드러난다.

American Cream Shorthair
아메리칸 크림

아메리칸 크림 쇼트헤어의 털은 무늬가 없이 담황색이 골고루 있어야 이상적이지만, 코평면과 발볼록살은 분홍색이다. 캣쇼의 심사위원은 좀 더 옅은 색을 선호한다. 다리는 튼튼해야 한다.

아메리칸 크림 쇼트헤어의 크림색 털은 다른 아메리칸 쇼트헤어와 마찬가지로 겨울철에 더 많아진다.

American Bi-Colour Shorthair
아메리칸 바이컬러

블랙 화이트 바이컬러 쇼트헤어는 이마에 ∧자모양의 불꽃무늬가 있으며, 적당한 크기의 귀는 쫑긋 서 있다. 흰색 바탕 털에 검은색, 붉은색, 청회색 또는 크림색 얼룩무늬가 뚜렷이 나타난다.

아메리칸 바이컬러 쇼트헤어의 꼬리는 시작 부분이 굵고 끝 부분은 둥글며 길이가 적당하다.

단모종 그룹

American Calico Shorthair
아메리칸 캘리코

아메리칸 캘리코 쇼트헤어는 전형적인 캘리코 고양이로, 아름다운 털색이 인기 있는 인쇄 면 직물과 비슷해서 이름이 캘리코가 되었다. 이 품종은 배 부분이 흰색인 것을 우수한 형질로 보고 선호한다. 희석된 색(희석유전자에 의해 나타나는 색) 유형도 존재하는데, 이 경우 청회색과 크림색 반점이 고르고 선명하게 나타나며 발, 다리, 가슴, 배, 코와 주둥이는 흰색이다.

⌃ 캘리코 고양이는 희석된 색인 청회색이나 크림색도 있다.

American Tortoiseshell Shorthair
아메리칸 토터셀

아메리칸 토터셀 쇼트헤어는 일반적으로 검은색 털에 붉은색과 크림색 반점이 선명히 나타난다. 캣쇼의 품종 표준에 따르면 선명한 반점무늬가 몸 전체에 있어야 한다. 털은 셰이드와 팁, 각종 토터셀 유형뿐만 아니라 희석된 색 유형까지 다양하다. 눈은 녹색 또는 밝은 황금색이다.

⌃ 아메리칸 토터셀 쇼트헤어는 반점무늬가 몸 전체에 있어야 한다.

American Shaded Silver Shorthair
아메리칸 셰이드 실버

아메리칸 셰이드 실버는 더 옅은 색의 친칠라 실버와 비슷하며, 두 유형 모두 얼굴과 다리 부분의 색이 같아야 이상적이다. 아메리칸 셰이드 실버와 친칠라 실버는 코와 눈 주위가 검은색이다.

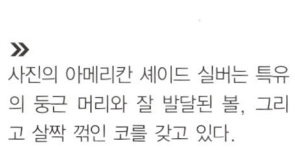

사진의 아메리칸 셰이드 실버는 특유의 둥근 머리와 잘 발달된 볼, 그리고 살짝 꺾인 코를 갖고 있다.

177

THE SHORTHAIR GROUP

European Shorthair
유러피언 쇼트헤어

유럽 야생고양이에서 진화한 유러피언 쇼트헤어는 브리티시 쇼트헤어나 아메리칸 쇼트헤어보다 좀 더 날씬하다. 그리고 각 나라의 대표적인 쇼트헤어 품종 중 가장 야생고양이에 가까울 것이다. 유러피언 쇼트헤어와 브리티시 쇼트헤어가 다른 품종으로 분류된 것은 1982년부터이다.

유러피언 쇼트헤어는 둥글고 다부진 체격보다 유연성이 돋보여서 브리티시 쇼트헤어에 비해 더 우아한 모습이다. 생김새는 일반적으로 아메리칸 쇼트헤어와 비슷하지만, 몸집은 좀 더 클 수 있다. 가슴은 넓고 탄탄하며, 옆구리는 꽤 깊은 편이고, 적당한 길이와 튼튼한 골격의 다리와 둥근 발을 갖고 있다. 몸길이에 비례하는 꼬리는 끝이 둥글다. 큰 귀는 쫑긋 서 있고, 귀 사이가 멀다.

▲ 잘생긴 이 유러피언 태비 쇼트헤어가 브리티시 쇼트헤어나 아메리칸 쇼트헤어와 구분되는 좀 더 호리호리한 이목구비와 긴 코를 잘 보여주고 있다.

cat's data	
털	뻣뻣하며 촘촘히 나 있음
눈	눈초리가 올라가고, 부드러운 표정. 모든 색
기타 특징	영역 보호 본능이 강하고, 다른 고양이에 대해 전투적. 다산
그루밍	쉬움. 정기적으로 빗질
성격	다정하고 용감하며, 활발하고 독립적임. 자유를 좋아함(실내 고양이로 부적합)

아메리칸 쇼트헤어나 브리티시 쇼트헤어와는 달리, 유러피언 쇼트헤어는 유럽 국제고양이연맹 FIFe(Fédération Internationale Féline)이 개최하는 캣쇼에서 개방 등록이 허용된 품종이다. 개방 등록이란, 캣쇼의 특정 표준과 조건에 맞고 첫 출전 클래스에서 수석 심사위원에게 합격점을 얻으면, 어떤 고양이라도 혈통이 등록되어 캣쇼에서 상을 받을 자격을 갖게 된다. 많은 유러피언 쇼트헤어 챔피언 고양이들이 농장 주위를 배회하던 고양이였던 것도 이 때문이다. 그래서 유러피언 쇼트헤어는 특히 적응력이 뛰어나고 독립적이며 밝은 성격이다. 또한 면역 체계가 매우 뛰어나다.

« 이 한 쌍의 유러피언 실버 태비는 훌륭한 매커럴 태비의 특징인 선명한 목둘레의 줄무늬와 일정한 간격으로 있는 다리의 고리무늬를 갖고 있다.

단모종 그룹

유러피언 쇼트헤어의 색과 패턴		
셀프 (단색)	화이트(눈은 푸른색, 녹색, 오드 아이), 블랙, 블루, 레드, 크림	
태비	블랙, 블루, 레드, 크림, 토티, 블루 토티	
	패턴 : 클래식, 매커럴, 스팟	
토터셸	블랙 토티, 블루 토티, 레드 토티	
스모크	블랙, 블루, 레드, 크림, 토티, 블루 토티	
바이컬러, 밴, 할리퀸	단색(블랙, 블루, 레드, 크림, 토티, 블루 토티)과 화이트	
패치	블랙 토티 화이트, 블루 토티 화이트, 블랙 화이트, 블루 화이트, 레드 화이트, 크림 화이트	

유러피언 쇼트헤어의 교배는 비교적 자유롭기 때문에 색과 성격이 매우 다양하게 나타난다.

Chartreux
샤르트뢰

어린 샤르트뢰가 잘 알려진 특유의 귀여운 표정을 짓고 있다.

샤르트뢰가 좀 더 다부진 브리티시 블루 쇼트헤어에 비해 더 가볍다는 것은 사진 속 고양이를 보면 알 수 있다.

샤르트뢰는 종종 외모가 매우 비슷한 브리티시 블루 쇼트헤어로 오해받기도 한다. 샤르트뢰는 브리티시 쇼트헤어처럼 몸이 크고 건장하며 몸에 비해 다리가 짧다. 또 샤르트뢰는 근육질의 넓은 어깨에 균형 잡힌 체형이지만 브리티시 블루 쇼트헤어보다 가벼운데, 특히 미국에서 그런 경향이 강하다. 머리는 크고 넓지만 브리티시 쇼트헤어보다 덜 둥근 모양이고, 성묘가 되면 특히 수컷의 경우에 뺨이 잘 발달된다. 짧은 코는 곧게 뻗어 있으나 중간에 살짝 꺾여 있으며, 주둥이는 얼굴에 비해 좁지만 뾰족하지는 않다. 은색 광택이 있는 샤르트뢰의 털은 다양한 색조의 청회색으로 나타난다. 샤르트뢰는 중세시대에 라 그랑드 샤르트뢰즈(La Grande Chartreuse) 수도원에서 번식된 것으로 알려져 있다. 또 다른 이야기는 이 품종이 카르투지오 수도회(그랑드 샤르트뢰즈는 카르투지오 수도회의 최고 수도원임)와 전혀 관계가 없으며, 털을 만졌을 때 고급 모직물인 샤르트뢰(pile de Chartreux)의 촉감이 연상되어 샤르트뢰라는 이름이 생겼다고 한다.

cat's data	
털	촘촘하고 부드러우며 폭신함
눈	크고 둥글며 표정이 풍부함. 옅은 황금색 내지 구리색
기타 특징	근육질의 넓은 어깨, 짧고 튼튼한 목, 귀엽게 웃는 표정
그루밍	쉬움. 정기적으로 빗질
성격	차분하고 다정하며 총명함

THE SHORTHAIR GROUP

Oriental Shorthair
오리엔탈 쇼트헤어

오리엔탈 쇼트헤어의 조상은 샤미즈와 마찬가지로 타이에서 왔다. 샤미즈와 거의 비슷하지만 샤미즈는 얼굴, 귀, 꼬리와 다리에만 포인트가 들어가는 데 반해, 이 품종은 몸 전체의 털에 색과 패턴이 있다. 그리고 샤미즈가 주로 푸른 눈을 가지는 반면, 오리엔탈 쇼트헤어의 눈은 녹색을 띤다. 전체가 흰색인 경우에는 눈색이 푸른색 또는 오렌지색인데, 영국에서는 오렌지색 눈을 인정하지 않는다. 컬러포인트를 제외하고 사실상 거의 모든 색과 패턴이 나타나므로 오리엔탈 쇼트헤어는 가장 다양한 유형을 보이는 품종으로 꼽힌다.

영국과 유럽에서 셀프(단색) 유형은 원래 포린 쇼트헤어(Foreign Shorthair)로 알려졌지만, 나머지 유형은 항상 오리엔탈 쇼트헤어로 알려져 있었다. 그러나 오리엔탈 쇼트헤어가 샤미즈 클래스에서 제외되면서 각각의 색이 모두 캣쇼에 참가할 자격이 있는 독립된 품종으로 인정되었다. 미국에서는 1970년대에 모든 색이 오리엔탈 쇼트헤어라는 단일 그룹으로 분류되었는데, 지금은 이런 포괄적인 분류 체계가 일반적인 분류가 되었다. 그러나 영국의 고양이 애호협회에서는 아직도 색과 패턴에 따라 다른 품종으로 구분하고 있다. 오리엔탈 쇼트헤어를 크게 4개의 하위 그룹 즉 솔리드, 셰이드, 스모크, 태비로 나눈다.

오리엔탈 쇼트헤어 타입은 1960년대에 샤미즈를 브리티시 쇼트헤어, 유러피언 쇼트헤어, 아메리칸 쇼트헤어 같은 토착 품종과 교배하여 만들어졌다. 이후 샤미즈와 이종교배가 되었기 때문에 오리엔탈 쇼트헤어의 성격은 샤미즈와 매우 비슷하다. 대체로 사람과 함께 있는 것을 좋아하고, 너무 오래 혼자 있는 것을 싫어한다. 또

레드 오리엔탈 쇼트헤어는 오렌지 유전자와 함께 발현되는 태비무늬가 나타나는데, 가능하면 흰 털은 전혀 보이지 않는 것이 좋다. 오리엔탈 쇼트헤어의 큰 귀와 길고 곧게 뻗은 코가 샤미즈 혈통이라는 것을 말해준다.

하바나(Havana)의 근사한 털은 따뜻한 갈색이다. 미국의 하바나 브라운(Havana Brown)과 달리 순수한 오리엔탈 쇼트헤어 고양이다.

앞모습이나 옆모습이 모두 삼각형이라는 것이 특징이다. 사진의 오리엔탈 블랙 쇼트헤어는 이 품종 특유의 긴 다리와 깔끔한 타원형의 발을 갖고 있다.

오리엔탈 쇼트헤어의 색과 패턴

포린 화이트	푸른색 눈의 화이트(영국), 오렌지색 또는 푸른색 눈의 화이트(미국)
셀프 (단색)	초콜릿(하바나), 라일락, 블랙, 블루, 레드, 크림, 애프리캇(살구색), 시나몬, 캐러멜, 폰(옅은 황갈색)
토터셀	모든 셀프 색이 가능
오리엔탈 스모크	모든 색이 나타날 수 있고, 속털은 흰색에 가까움
오리엔탈 셰이드	모든 색의 셰이드 또는 팁, 각 색의 실버 유형도 가능
오리엔탈 태비	모든 색의 스팟, 클래식 또는 매커럴 패턴, 각 색의 실버 유형도 가능

cat's data

털	짧고 부드러우며 가늘고 몸에 밀착됨
눈	아몬드모양이고, 눈초리가 올라감. 얼룩이 없는 녹색(예외로 포린 화이트는 밝은 푸른색)
기타 특징	샤미즈처럼 큰 소리, 큰 귀, 강한 개성
그루밍	쉬움. 부드러운 장갑으로 문질러서 윤기를 낼 수 있음
성격	총명하고 활달하며, 호기심이 많고 활동적. 친구가 필요함

△ 오리엔탈 쇼트헤어는 모든 단색 이외에도 모든 태비 패턴과 셰이드가 나타난다. 사진의 초콜릿 클래식 태비가 우수한 샤미즈의 형질을 가졌을지 모르나 먼 조상 중에는 비순혈통 태비가 있을 수 있다.

《 사진의 스팟 태비의 모습에서 오리엔탈 쇼트헤어는 뒷다리가 앞다리보다 길고, 전반적으로 몸이 다부지면서 늘씬하다는 것을 알 수 있다.

사람이 집에 돌아오면 반갑게 뛰어나와 같이 놀고 싶어 하는 등 여러 모로 개와 같은 반응을 보인다. 탄탄한 체격이 개에 비교되기도 한다. 오리엔탈의 몸길이와 움직임은 마치 채찍 같은 꼬리를 가진 휘펫(그레이하운드를 닮은 다리가 길고 머리가 작은 늘씬한 사냥개)과 비슷하다.

》 은색 바탕에 검은색 점무늬가 있는 스팟 태비는 영국에서 한때 '이집션 마우'로 알려졌다. 현재는 오리엔탈 쇼트헤어로 구분되며, 마우와 전혀 다른 품종이다.

샤미즈(샴) *Siamese*

시암(Siam, 지금의 타이)에서 발견된 15세기 고양이 시집에는 마스크를 쓴 듯이 포인트 무늬가 있는 독특한 얼굴, 짙은 색 발과 꼬리를 가진 실 포인트 샤미즈 고양이에 대해 쓰여 있다. 이것은 샤미즈가 오래 전부터 타이 사람들의 의식에 깊이 자리잡고 있다는 것을 증명한다. 실 포인트 샤미즈는 시암의 왕실에서 길러졌는데, 왕이 특별히 허락하는 경우에만 방콕에 있는 왕궁에서 구할 수 있었다. 왕가에서는 왕족이 죽으면 샤미즈가 이들의 환생을 돕는다고 생각하였다. 그래서 죽은 이와 함께 고양이도 무덤에 묻었는데, 시체실 천장의 구멍을 통해 탈출한 흔적이 있으면 영혼이 다음 생으로 윤회하는 데 성공했다고 믿었다.

교배를 위해 1쌍의 샤미즈를 영국에 들여온 것이 1884년이다. 당시 샤미즈의 표준은 지금의 샤미즈보다 몸이 더 다부지고 머리가 더 둥근 모습이다. 이런 모습의 샤미즈를 트래디셔널 샤미즈(Traditional Siamese) 또는 애플헤드(Apple Head), 오팔(Opal) 또는 타이 샤미즈(Thai Siamese)라고도 부른다. 트래디셔널 샤미즈의 귀는 아주 작고, 털은 촘촘하며 몰스킨(moleskin, 부드러운 면직물의 일종)처럼 폭신하였다. 이 밖에도 심한 사시와 꼬리 끝이 휘어지는 동남아시아 고양이의 유전적 형질을 갖고 있었는데, 이런 특징을 현대 순혈통 품종에서는 결함으로 본다. 트래디셔널 샤미즈는 오늘날 캣쇼 심사위원들이 선호하는 것보다 덜 극단적인 타입을 원하는 사람들에게 여전히 인기가 높다.

오늘날의 샤미즈는 몸통과 다리가 길고, 우아한 타원형 발을 가진다. 큰 삼각형의 귀 끝에서 주둥이로 이어지는 얼굴은 뚜렷이 역삼각형이다.

Seal Point Siamese 실 포인트

15세기 타이의 시에서도 나오는 것에서 알 수 있듯이 실 포인트 샤미즈는 그 당시 이미 잘 알려져 있었다. 털은 옅은 황갈색(fawn)이고, 코와 귀의 포인트는 거의 검은색에 가깝다. 몸의 대부분을 차지하는 옅고 고른 크림색과 포인트 색의 대비가 뚜렷해야 우수한 개체이다. 암갈색 포인트는 삼각형 얼굴 부분, 귀, 다리, 꼬리에만 제한적으로 나타나야 한다. 코와 발볼록살도 암갈색이다.

» 사진에 보이는 짙은 색 포인트를 가진 오늘날의 실 포인트 샤미즈 그림이 수백 년 된 타이의 시집에서 발견되었다.

« 실 포인트가 긴 목과 긴 다리 그리고 꼬리 끝으로 이어지는 긴 몸을 가진 순혈통 실 포인트 샤미즈 고양이가 완벽하게 균형 잡힌 몸매를 자랑하고 있다.

단모종 그룹

Chocolate Point Siamese
초콜릿 포인트

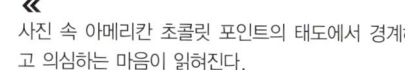

일부 실 포인트는 선천적으로 다른 실 포인트보다 색이 연했다. 이렇게 옅은 색 포인트를 가진 고양이를 개량한 것이 초콜릿 포인트이다. 팔다리의 포인트는 실 포인트의 짙은 다크 초콜릿색이라기보다는 밀크 초콜릿의 갈색이다. 몸은 상아색이다.

» 사진 속 아메리칸 초콜릿 포인트의 태도에서 경계하고 의심하는 마음이 읽혀진다.

cat's data	
털	매우 짧고 가늘며, 윤기가 흐르고 몸에 밀착됨
눈	아몬드모양이고, 눈초리가 올라감. 초록초롱하고 총명해 보이는 표정. 맑고 선명한 푸른색
기타 특징	큰 소리, 큰 귀, 강한 개성
그루밍	쉬움. 정기적으로 필요
성격	총명하고 활달하며, 장난기 많고 충성심이 강하며, 다정하지만 거리를 둘 수 있음

Blue Point Siamese
블루 포인트

몸의 대부분이 얼음같이 찬 느낌의 흰색이고, 약간 연푸른빛을 띠는 갈색 포인트 흔적이 있는 것이 블루 포인트 샤미즈의 기본 조건이다. 블루 포인트는 오래 전에 인정받은 유형으로, 실 포인트가 희석된 형태이다.

« 사진의 블루 포인트가 샤미즈의 주요 특징인 길고 곧게 뻗은 매부리코와 아름다운 푸른색 눈을 잘 보여주고 있다.

Lilac(Frost) Point Siamese
라일락(프로스트) 포인트

미국의 프로스트(frost, 서리모양의 포인트)라는 이름에서 알 수 있듯이, 황백색이 살짝 도는 몸통의 흰 털이 몸 끝쪽에서 서리가 내린 듯이 청회색 포인트로 바뀐다. 포인트에는 라벤더색이 약하게 나타나고, 코와 발볼록살도 라벤더색과 어울리는 분홍빛 보라색(lavender-pink)이다. 이 품종은 초콜릿 포인트가 희석된 유형으로 볼 수 있다.

 라일락 포인트가 사진을 찍는 동안에도 계속 말을 걸고 있다. 샤미즈는 가장 말이 많고 외향적인 고양이다.

THE SHORTHAIR GROUP

Cream Point Siamese
크림 포인트

크림색 바탕에 크림색 포인트는 색 차이가 아주 미세하다. 상아색 바탕의 조금 더 진한 우유색 포인트도 겨우 구분이 될 정도이다. 코평면과 발볼록살은 분홍색이다. 크림 포인트는 레드 포인트가 희석된 형태이다.

» 크림 포인트 샤미즈는 가장 옅은 크림색 바탕에 짙은 크림색 포인트를 갖고 있어 짙은 사파이어 블루의 눈이 더욱 돋보인다.

샤미즈의 색 분류	
영국	실, 블루, 초콜릿, 라일락, 레드, 크림, 시나몬, 폰(옅은 황갈색), 캐러멜, 애프리캇(살구색) 및 위 색들의 태비와 토티
미국	실(암갈색), 블루, 초콜릿, 라일락만 인정. 다른 색은 컬러포인트 쇼트헤어 부문으로 분류됨

일부 국가와 세계 고양이 협회에서는 실버 바탕의 포인트도 인정하고 있다 (예 : 실 스모크 포인트)

Red Point Siamese
레드 포인트

레드 포인트는 반성유전자인 오렌지 유전자(붉은색 발현. 〈교배하기〉 중 '교배와 유전학' 참조)를 교배에 도입하여 만들었다. 포인트 부분의 붉은빛이 도는 황금색(reddish-gold)은 코평면이나 발볼록살의 분홍색과 함께 몸통의 상아색 털과 완전히 대조를 이룬다.

» 레드 포인트 샤미즈는 눈빛이 더 진하고 강렬할수록 붉은빛 황금색 포인트와 강하게 대조를 이룬다.

Tabby(Lynx) Point Siamese
태비(링스) 포인트

오늘날 샤미즈의 태비 포인트 유형은 매우 다양하다. 그러나 미국에서는 전통적인 실(암갈색), 블루, 초콜릿과 라일락 포인트만 샤미즈로 인정하기 때문에, 태비 유형은 기타 색상의 포인트 유형과 함께 컬러포인트 쇼트헤어로 분류된다.

이와 달리 영국에서는 태비와 토터셀 유형을 모두 샤미즈에 포함시키며, 폰(fawn, 옅은 황갈색)이나 시나몬, 캐러멜 같은 새로운 색의 태비 유형도 모두 인정한다.

↗
초콜릿 태비 포인트는 꼬리에 고리무늬가 뚜렷하게 있고, 몸통의 매력적인 옅은 크림색이 포인트 색과 대비된다.

패치 오리엔탈(Patched Orientals)

샤미즈와 관련 있는 또 다른 종류로 패치 오리엔탈이 있다. 패치 오리엔탈은 본래 흰색 샤미즈가 유색 반점이나 토터셀 색을 띠는 경우이다. 이런 바이컬러 또는 흰색과 토터셀 색의 조합은 이전에는 페르시안과 브리티시 쇼트헤어에서만 볼 수 있었다. 패치 오리엔탈의 교배 초기에는 샤미즈를 반점 무늬가 있는 코니시 렉스와 교배시켰고, 이후 지속적으로 샤미즈와 역교배(교배로 생긴 잡종 1세대와 어버이 중 어느 한쪽과의 교배)하여 코니시 렉스의 형질을 서서히 제거하면서 흰색 부분을 늘려, 흰색과 유색이 적절히 균형을 이루는 지금의 모습을 갖추게 되었다. 이 품종은 영국은 물론 많은 나라에서 거의 정식 품종으로 등록되어 있지 않다.

Tortie Point Siamese
토티 포인트

미국에서는 토티 포인트 샤미즈를 좀 더 포괄적인 컬러포인트 쇼트헤어 그룹으로 분류하지만, 영국에서는 토티 포인트 샤미즈에 대한 표준이 아주 구체적으로 정해져 있다. 토티 포인트 샤미즈는 다른 샤미즈와 마찬가지로 포인트 색이 몸통의 바탕색과 다른 것이 주요 요건이다. 몸통의 바탕색이 무엇이든 붉은색, 크림색 등 다양한 색이 골고루 얼룩져 있어야 한다. 전형적인 실, 블루, 초콜릿 포인트 이외에 시나몬 포인트 같은 새로운 색도 있다.

»
젖먹이 새끼가 있는 초콜릿 토티 포인트 샤미즈 암컷. 사진 찍는 것이 지루할 때 꼬리를 휘두르는 것까지 전형적인 샤미즈의 모습이다

THE SHORTHAIR GROUP

Snowshoe
스노슈

스노슈의 가장 큰 특징은 눈처럼 하얀 털로 덮인 둥근 발이다. 스노슈는 교배 조합도 독특한데, 포인트무늬 샤미즈나 히말라얀을 흰색 반점무늬 고양이와 교배하였다. 샤미즈를 번식시키다보면 가끔 흰 발을 가진 새끼가 태어나는데, 이것은 오랫동안 결함으로 인식되었다. 그

cat's data	
털	적당히 짧고 윤기가 있으며 몸에 밀착됨
눈	크고 아몬드모양. 밝게 빛나는 푸른색
기타 특징	흰 발
그루밍	쉬움. 정기적으로 부드럽게 빗질
성격	샤미즈 같은 활발함과 아메리칸 쇼트헤어의 온화함

« 스노슈의 이상적인 표준으로 눈 사이의 ∧자 무늬를 들 수 있는데, 사진의 블루 포인트는 이 무늬가 완벽하지 않다.

러나 1960년대에 여기서 영감을 얻은 미국의 한 브리더가 스노슈를 만들기 위한 교배를 실행에 옮겼다. 스노슈의 흰색 반점과 큰 몸집은 아메리칸 쇼트헤어로부터 물려받았지만, 길쭉한 체형과 포인트무늬 및 활달한 성격은 오리엔탈의 영향이다. 근육질로 균형이 잘 잡히고, 흰색이 짙은 색 포인트와 대칭으로 확실히 구분되어야 가장 이상적이다.

앞발의 흰 털이 발목을 넘지 않아야 하며, 뒷발의 흰 털은 비절(네발 동물의 뒷발목 관절)까지 올라와서 건틀릿(Gauntlets, 갑옷에 딸린 긴 장갑) 모양이 된다. 스노우슈는 실버 레이스(Silver Laces)로도 알려져 있으며, 실 포인트와 블루 포인트로 나타난다.

Seychellois
세이셸루아

세이셸루아는 새로운 오리엔탈 품종을 만들기 위해 토터셸 화이트 페르시안과 샤미즈를 교배하여 나온 품종이다. 페르시안의 긴 털 형질이 완전히 제거되지 않아 긴 털의 세이셸루아도 나타나며, 영국의 고양이 협회에서는 긴 털과 짧은 털을 '미분류 색상' 부문으로 분류하여 모두 인정하고 있다. 세이셸루아는 기본적으로 호리호리한 오리엔탈

cat's data	
털	매우 짧고 가늘며 윤기 있음. 중모 종도 있음
눈	푸른색
그루밍	쉬움

» 초콜릿 화이트 세이셸루아 특유의 포인트 색이 이 품종이 샤미즈 혈통이라는 것을 말해준다.

고양이의 체형이며, 흰 털에 여러 색의 얼룩이 있는 것이 특징이다. 이 품종은 색이 있는 부위 중 흰색의 비율에 따라, 세티엠(Septiéme), 위티엠(Huitiéme), 뇌비엠(Neuviéme) 3가지 유형으로 나뉘며, 프랑스어로 7번째, 8번째, 9번째를 뜻한다. 뇌비엠 세이셸루아가 흰색이 가장 많다. 눈은 모두 푸른색이다.

아비시니안 *Abyssinian*

현재 아비시니안의 모습은 고대 이집트의 무덤 벽화에 그려져 있는 신성한 고양이와 비슷하다. 아비시니안이란 이름은 오늘날 에티오피아로 알려진 이집트 동남쪽에 있던 아비시니아라는 나라 이름에서 온 것이다. 현재의 아비시니안은 기본적으로 틱 태비 고양이지만, 오랜 시간에 걸친 선택적 교배로 태비무늬가 최소한만 남아 있다.

아비시니안의 기원에 대해 몇 가지 가설이 있는데, 하나는 1860년대에 영국 병사가 아비시니아에서 돌아오면서 고양이를 데려간 것이 서방세계에 전해졌다는 것이다. 또 다른 가설에 따르면 소형 아프리카 야생고양이(*Felis libyca*)가 아비시니안의 조상으로 아비시니아에서 발견된 적이 있으며, 1833년~1882년까지 네덜란드의 자연사박물관에 전시되었다고 한다. 어쨌든 아비시니안은 1800년대의 초기 캣쇼에 등장할 만큼 단독 품종으로서 확실하게 자리를 잡았다.

아비시니안의 이국적인 특성은 틱 태비 패턴의 집고양이와의 교배로 점차 약해졌다. 전형적인 틱 태비 패턴의 고양이는 머리와 가슴, 다리, 꼬리에 뚜렷하게 태비무늬가 있지만, 지금의 아비시니안은 틱 태비와 틱 태비의 교배로 매커럴이나 클래식 같은 전형적인 태비무늬가 많이 사라졌다. 가끔 태비 줄무늬가 조금씩 나타나는데, 주로 눈 주위와 목둘레와 다리에 띠모양으로 나타나거나, 척추에서 꼬리 끝까지 길게 이어지는 진한 선모양으로 나타난다. 아비시니안은 유연한 근육질 몸매를 가진 보통 크기의 고양이로 아치모양의 우아한 목을 가졌다. 큰 컵모양의 귀는 사이가 멀다. 와일드 아비시니안(Wild Abyssinian)은 유럽에 처음 들여올 당시의 초기 아비시니안의 모습을 많이 닮았으나 아직까지 주요 품종 등록기관의 인정을 받지 못하고 있는 품종이다. 틱 태비 패턴이 머리, 꼬리, 다리에만 아주 희미하게 남아 있지만, 체형은 보통의 아비시니안보다 더 큰 것이 특징이다.

» 폰 아비시니안은 최근 영국에서 새로 만든 색이다.

cat's data

털	짧고 몸에 밀착되며, 가늘지만 부드럽지 않음. 틱 패턴이 뚜렷하고 털 1가닥에 띠가 4개 이상. 털뿌리는 바탕털 색과 같고, 털끝의 마지막 띠는 틱 색깔
눈	넓은 미간, 풍부한 표정의 큰 눈, 아몬드모양, 눈초리가 올라감. 호박색, 녹갈색(hazel) 또는 녹색
그루밍	쉬움
성격	총명하고 호기심이 많으며, 매우 활발하고 장난기 많으며 충성심이 강함. 자유를 좋아하고 사냥을 즐김

Usual(Ruddy) Abyssinian
유주얼(러디) 아비시니안

원조 또는 유주얼 아비시니안은 브라운 태비의 털색과 같다. 짙은 황금빛 갈색(golden brown)의 바탕털에 검은색 틱이 있다. 코평면은 붉은 벽돌색이고, 발볼록살은 검은색이다. 미국에서는 이런 색을 러디(Ruddy)라고 하며, 레드(영국에서는 소렐), 블루 및 폰과 함께 공식적으로 인정되는 색이다.

» 유주얼(러디) 아비시니안의 짧은 털은 검은 담비의 모피를 연상시킨다. 모든 아비시니안 고양이는 각각의 털줄기에 2~3가지 색의 띠가 나타나는 틱 패턴을 보인다. 사진 속 아비시니안은 붉은빛 갈색(reddish-brown) 털끝에 짙은 갈색과 검은색 틱이 모두 있거나, 갈색 또는 검은색 틱이 있다.

THE SHORTHAIR GROUP

Sorrel(Red) Abyssinian
소렐(레드) 아비시니안

현재 아비시니안의 색 유형 중 두 번째로 인정을 받은 소렐 아비시니안은 따뜻한 느낌의 불그스레한 털빛 때문에 원래 레드라는 이름으로 불렸으며, 미국에서는 지금도 레드라고 한다. 밝은 살구색(apricot) 바탕털에 암갈색 틱이 있다. 코 평면과 발볼록살은 분홍색이다.

아비시니안의 색과 패턴	
유주얼(러디), 블루, 소렐(레드), 폰(옅은 황갈색), 초콜릿, 라일락, 레드, 크림	
실버 유형	위 모든 색 유형에 적용됨
토터셀	유주얼, 블루, 폰, 초콜릿, 라일락, 그리고 이 색들의 실버 유형

» 사진의 소렐은 멋있는 근육질 몸매로 이 품종의 전형적인 모습이다. 아비시니안은 매우 유연하지만 오리엔탈 쇼트헤어보다 덩치가 조금 크고 머리는 더 둥글다.

Fawn Abyssinian
폰 아비시니안

폰 아비시니안은 비교적 최근에 추가된 색 유형이다. 바탕털은 옅은 황갈색이며, 좀 더 짙고 따스한 느낌의 갈색 틱무늬가 있다. 털색은 꼬리와 귀 끝, 발가락 사이와 발 뒤쪽이 크림색으로 옅어진다. 코평면과 발볼록살은 분홍색이다.

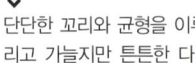
단단한 꼬리와 균형을 이루는 긴 몸, 그리고 가늘지만 튼튼한 다리는 아비시니안의 전형적인 특징이다.

Blue Abyssinian
블루 아비시니안

스라소니 같은 귀와 야성적인 눈빛을 가진 사진 속 블루 아비시니안의 모습을 보면 유럽 집고양이의 야생의 조상이 아비시니안이었다는 가설에 믿음이 간다.

블루 아비시니안은 유주얼 컬러포인트 아비시니안에게서 가끔씩 태어나던 변종이다. 이것은 양쪽 부모에게서 각각 하나씩 물려받아 1쌍이 되어야 희석 효과가 나타나는 열성유전자 때문이다. 속털은 분홍빛이 도는 베이지(pinkish-beige)이고, 청회색 틱무늬가 있다. 코평면과 발볼록살은 어두운 분홍색 내지 연보랏빛 푸른색(mauve-blue)이다.

Lilac Abyssinian
라일락 아비시니안

사진의 라일락 아비시니안 새끼 고양이는 이 품종에서 이상적으로 꼽는 쫑긋 선 귀와 표정이 풍부한 눈, 뚜렷하게 코가 꺾인 모습을 모두 갖고 있다.

라일락 아비시니안의 속털은 분홍빛 크림색(pinkish-cream)으로 약간 진분홍빛을 띠는 회색(pinkish-gray) 틱이 들어가 있다. 코평면과 발볼록살은 연보랏빛 분홍색(mauve-pink)이고, 눈은 모든 아비시니안처럼 호박색이나 녹갈색(hazel), 또는 녹색 등으로 다양하다.

Silver Abyssinian
실버 아비시니안

실버 아비시니안의 꼬리가 품종 표준에 맞는지 확인하는 방법은, 꼬리를 등에 붙였을 때 꼬리 끝이 고양이 어깨에 닿는지 보는 것이다.

실버 아비시니안은 유럽과 영국에서는 공식 품종으로 인정되지만, 미국에서는 인정되지 않는다. 틱 색은 소렐, 블루, 초콜릿, 라일락, 폰, 레드, 크림 등이다. 유주얼을 제외한 모든 실버 아비시니안은 코평면과 발볼록살이 분홍빛을 띠거나 연보라색이다. 유주얼의 경우, 코평면은 붉은 벽돌색, 발볼록살은 검은색이다. 모든 유형이 은색 바탕에 각 종류 특유의 색으로 틱이 들어간다.

Russian blue
러시안 블루

북극권 인근(노르웨이도 관련 가능성이 있음)이 원산지인 고양이답게 러시안 블루의 가장 뚜렷한 특징은 이중털이다.

고양이 애호문화 초기부터 전 세계 캣쇼에서 2종류의 블루 고양이가 경쟁해왔는데, 바로 브리티시 쇼트헤어(British Shorthair)와 블루 포린(Blue Foreign)이다. 포린이란 이름에서 알 수 있듯이, 이 품종은 토착 브리티시 쇼트헤어와 다른 특징이 있다.

블루 고양이는 러시아 북부의 아크엔젤(Archangel) 항구에서 출항하던 상선을 통해 서방세계에 전해진 것으로 추측되며, 이 고양이들이 아크엔젤 고양이로 알려지게 되었다. 그 밖에 노르웨이에서 건너온 블루 태비 고양이가 있으며, 순수 블루 형질을 확립하기 위한 교배 프로그램에 활용하기 위해 여러 다른 지역의 블루 고양이도 들여온

» 러시안 블루가 마치 불평을 하는 것처럼 보이지만, 사실 러시안 블루는 소리가 워낙 작아서 가끔은 암컷의 발정울음조차 잘 들리지 않을 때도 있다.

▲ 러시안 블루는 수염자국이 선명하고, 뾰족한 두 귀 사이가 멀며, 다른 포린 체형의 단모종보다 얼굴이 둥글다. 이런 특징들이 어우러져 러시안 블루의 성격과 닮은 부드러운 표정을 만들어낸다.

» 캣쇼에서 러시안 블루를 심사할 때 가장 중요하게 여기는 부분이 바로 고급스런 털의 질감이다. 속털은 촘촘하며, 겉털은 짧고 가늘어야 한다.

것으로 추정된다. 과거에는 몰티즈 블루(Maltese Blue)나 스패니시 블루(Spanish Blue)로 불렸다. 1800년대 후반부터는 초기 캣쇼에 선보일 우수한 블루 고양이가 많이 번식되었다. 오늘날의 블루와 달리 당시의 블루 고양이 눈은 오렌지색이었다. 이후 교배 프로그램에 코라트와 브리티시 블루 쇼트헤어가 추가되었으며, 제2차 세계대전 직전과 직후에는 블루 유전자가 사라지는 것을 막기 위해 교배 프로그램에 블루 포인트 샤미즈를 포함시

켰다. 이 때문에 아주 최근까지도 러시안 블루의 새끼 중에 샤미즈 패턴이 가끔 나타났으나, 현재는 샤미즈 특성이 나타나는 러시안 블루를 순혈통으로 인정하지 않는다.

새로 수입되는 블루 고양이는 스칸디나비아에서 왔으며, 우수한 형질을 가진 많은 러시안 블루가 미국으로 흘러들어갔다. 미국에서는 유럽보다 조금 더 옅은 색을 표준으로 한다.

완벽한 러시안 블루는 털에 흰색이나 태비무늬가 없어야 하지만, 종종 털끝이 투명해서 전체적으로 은빛 광택이 있다. 크기는 보통이며, 단단한 체구에 우아함이 깃들어 있다. 온화한 표정에서 알 수 있듯이 러시안 블루는 조용하고 다정다감한 반려동물이다.

영국의 한 러시안 블루 브리더는 색보다 형태를 기준으로 러시안 블루의 타입을 유지시켜왔다. 이 브리더는 영국 런던의 부두 근처에서 발견한 이중털을 가진 흰색 암고양이를 이용하여 다른 색 털을 가진 러시안 블루를 번식시키기 시작하였다. 이 교배 프로그램이 영국에서는 점점 흐지부지되어 사라졌으나, 네덜란드에는 여러 가지 색의 러시안 블루가 많이 있다.

cat's data

털	폭신한 느낌의 두터운 이중털. 몸에 달라붙지 않고 빗살처럼 살짝 뻗어 있음
눈	아몬드모양. 녹색
기타 특징	종종 털끝이 투명해서 털 전체에 은색 광택이 있어 보임
그루밍	쉬움. 정기적으로 부드럽게 빗질해서 이중털의 질감을 유지
성격	조용하고 온순하며 다정다감함

Korat
코라트

타이에서는 결혼 선물로 코라트 한 쌍을 선물하면 그 가정에 재물과 행복을 가져다준다고 믿는 풍습이 있다. 코라트는 수백 년 전부터 사람들에게 잘 알려진 고양이로 샤미즈, 버미즈와 함께 타이의 대표적인 고양이다. 현재 방콕 국립도서관에 보관되어 있는 16세기 또는 그 이전의 『고양이 시집(Cat-Book of Poems)』에서는 코라트를 그림과 함께 설명하고 있다. 코라트에 관한 시구를 보면 다음과 같다.

> 부드러운 털의 느낌 천상의 느낌이라
> 털뿌리는 구름이요, 털끝은 은빛과도 같아라
> 반짝이는 눈망울, 연잎 위에 살포시 앉은 이슬방울 같아라

» 코라트의 가장 큰 특징은 은색 팁이 은은하게 퍼져 있는 털이다.

타이에 파견된 미국 병사들이 이런 매력을 가진 코라트를 그냥 지나치지 않고 1959년 미국으로 데려가기 시작하였다(영국에는 1972년에 소개됨). 그리고 1966년 미국에서 챔피언십 자격(북미의 캣쇼에서 순혈통 품종으로 참여할 수 있는 자격. 정식 품종으로 인정받았다는 의미)을 얻었다. 1965년에는 다음과 같은 선언문과 함께 코라트애호가협회(The Korat Cat Fanciers' Association)가 설립되었다. "코라트는 실버 블루로 태어나서 죽을 때까지 실버 블루이다. 다른 색의 코라트는 있을 수 없다. 만약 다른 색이 나타날 경우 그때부터 코라트임을 포기해야 한다." 그러나 처음에 소개된 코라트는 생각만큼 순수한 실버 블루가 아니었다. 그 결과 열성인 희석유전자가 종종 발현되어 라일락, 블루 포인트 또는 라일락 포인트 새끼고양이가 태어나기도 하였다. 이런 변형 고양이는 타이 라일락(Thai Lilac)이나 타이 포인트(Thai Pointed)로 불렸다.

코라트는 보통 크기의 유연하고 근육이 잘 발달된 고양이이며, 암컷이 수컷보다 더 아담하다. 코라트의 가장 큰 특징은 큰 녹색 눈과 심장모양의 얼굴, 그리고 은빛 광택이 있는 털이다.

 코라트의 얼굴은 일반적으로 심장모양이고, 눈은 빛나는 녹색이다. 눈을 뜨면 눈이 유난히 둥글고 두드러져 보이며, 눈을 감으면 눈초리가 약간 올라가 보이는 특징이 있다.

» 타이 라일락은 블루 코라트가 갖고 있는 열성 희석유전자의 형질이 나타난다.

cat's data
털	짧거나 중간 길이. 털이 많고 부드러움. 속털 없음
눈	크고 둥글며, 빛나는 선명한 녹색 (어릴 때 눈색이 다를 수 있음)
기타 특징	조용한 편이나 소리를 내기도 함
그루밍	쉬움. 정기적으로 빗질
성격	다정다감하고 장난기가 많음

THE SHORTHAIR GROUP

버미즈 *Burmese*

타이에서 16세기 또는 그 이전에 만들어진 『고양이 시집(Cat-Book of Poems)』에는 오늘날의 순혈통 버미즈처럼 갈색의 다부진 체구에 부드러운 털을 가진 고양이가 묘사되어 있다. 시집에서는 이 고양이를 구릿빛이라는 뜻의 숩빨락(supalak)으로 소개하였다. 1900년대 초, 이 작은 갈색 고양이가 버마에서 영국으로 전해지면서 초콜릿 샤미즈로 불렸다. 그러나 실 포인트 샤미즈에 견줄 만한 품종으로 인정받지 못했으며, 단독 품종으로도 등록되지 못했다.

오늘날의 버미즈 품종 확립의 기초가 마련된 것은 1930년대 초이다. 샌프란시스코에서 오늘날의 통키니즈와 비슷하게 생긴 잡종으로 추정되는 미얀마 산의 작은 갈색 암고양이를 실 포인트 샤미즈와 교배시켰다. 이때 태어난 새끼고양이 중 암갈색 고양이들이 공식적인 버미즈 품종의 시작이다. 버미즈는 1936년 미국고양이애호협회(American Cat Fanciers' Federation)에 정식 순혈통 품종으로 등록되었으며, 얼마 후 1940년대에는 영국에서도 공식 인정을 받았다. 버미즈는 샤미즈와 거의 동일한 유전 패턴을 가지지만, 소리가 더 작고 더 단단한 체격이다. 코가 꺾이는 윤곽도 샤미즈보다 더 뚜렷하다. 버미즈는 귀염성 있고 쾌활한 성격이며 매우 총명하다. 또 다리는 뒷다리가 앞다리보다 조금 짧고 균형이 잘 잡혀 있으며, 발은 깔끔한 타원형이다. 꼬리는 보통 길이로 곧게 뻗어 있고, 둥근 꼬리 끝으로 갈수록 가늘어진다.

cat's data

털	짧고 가늘며 윤기가 있고, 공단처럼 매끄러우며 몸에 달라붙음
눈	넓은 미간, 크고 둥근 눈. 노란색 내지 황금색
그루밍	따로 털을 관리할 필요가 거의 없음
성격	총명하고 활동적이며 호기심이 많고, 적응력이 뛰어나며 상냥함

Brown(Sable) Burmese 브라운(세이블) 버미즈

브라운 버미즈는 버미즈의 유주얼 또는 원조 색상이며, 따뜻한 느낌의 짙은 털 색이 갈색 코평면이나 발볼록살과 자연스럽게 이어진다. 나중에 소개된 초콜릿 또는 샴페인 버미즈는 밀크 초콜릿색에 가깝다. 일부 새끼고양이의 경우 희미하게 무늬가 있지만, 성묘가 되면서 대부분 사라진다. 버미즈의 다른 단색 유형과 마찬가지로 아래쪽 배 부위의 털은 색이 옅어진다. 귀와 얼굴, 꼬리에는 샤미즈의 짙은 갈색 무늬처럼 짙은 색 무늬가 선명하게 있다.

» 버미즈는 눈 위쪽 테두리가 코 쪽으로 기울어져 있고, 아래쪽 테두리는 확연히 둥근 모양을 하고 있어 버미즈 특유의 표정을 만들어낸다.

» 브라운 버미즈가 날씬한 샤미즈와는 달리 통통한 버미즈 특유의 체형을 보여준다.

Blue Burmese
블루 버미즈

최초의 블루 버미즈는 미국 종묘를 수입하여 영국에서 만들어냈다. 이 품종은 유전적으로 블루 포인트 샤미즈의 사촌에 해당하는 버미즈라고 볼 수 있다. 가장 이상적인 색은 부드러운 은빛 청회색(silvery slate-blue)이며, 귀와 볼과 발은 은색이 더 도드라져 보인다. 코 평면은 짙은 회색이고, 발볼록살은 분홍빛이 도는 회색(pinkish-gray)으로 좀 더 밝은색이다.

블루 버미즈의 촘촘한 털은 튼튼한 어깨와 넓고 둥근 가슴을 더욱 강조한다. 버미즈는 크기에 비해 꽤 건장한 고양이다.

Lilac(Platinum) Burmese and Chocolate Burmese
라일락(플래티넘) 버미즈 & 초콜릿 버미즈

미국에서 플래티넘이라고도 불리는 라일락 버미즈는 초콜릿(샴페인) 버미즈의 색이 희석된 형태로 1970년대 초에 품종으로 확립되었다. 분홍빛이 도는 회색(dove-gray)의 부드러운 셰이드가 있으며, 코평면과 발볼록살은 털색과 조화를 이루는 라벤더빛 분홍색(lavender-pink)이다.

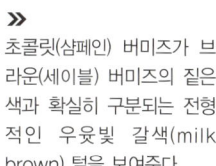
전형적인 버미즈의 머리는 둥글다. 짧은 코, 다부진 턱, 끝이 둥근 두 귀 사이가 먼 것이 특징이다. 사진의 라일락 버미즈가 좋은 예를 보여주고 있다.

초콜릿(샴페인) 버미즈가 브라운(세이블) 버미즈의 짙은 색과 확실히 구분되는 전형적인 우윳빛 갈색(milk brown) 털을 보여준다.

THE SHORTHAIR GROUP

Red Burmese
레드 버미즈

가장 이상적인 레드 버미즈는 털이 붉은 색이 아닌 오렌지빛 크림색(tangerine-cream)이고, 눈은 황금색이다. 오렌지 유전자가 태비무늬를 만들기 때문에 얼굴에 태비무늬가 나타나는 것은 어쩔 수 없지만, 나머지 신체 부위는 모두 색이 일정해야 한다. 다리에 고리무늬가 조금만 나타나도 캣쇼 심사위원은 결점으로 본다. 코평면과 발볼록살은 분홍색이다.

» 사진 속 레드 버미즈를 보면 이마와 코가 만나는 부분이 뚜렷이 꺾인 것을 알 수 있는데, 이것이 버미즈 품종에서 일반적으로 나타나는 특성이다.

버미즈의 색과 패턴

솔리드 (단색)	브라운(세이블), 블루, 초콜릿(샴페인), 라일락(플래티넘), 레드, 크림
토터셸	브라운, 블루, 초콜릿, 라일락

나라마다 버미즈 색으로 인정하는 범위가 다르다. 미국의 경우, 국제고양이애호협회(CFA)에서 세이블, 블루, 샴페인과 플래티넘을 제외한 색은 모두 포린 버미즈로 분류한다. 다른 등록기관에서는 포린 버미즈를 말라얀(Malayan)이라 부른다.

Cream Burmese
크림 버미즈

크림 버미즈는 1960년대 후반~1970년대 초반에 영국에서 처음으로 번식되었다. 크림색은 오렌지 반성유전자에서 생길 수 있는 색 중 하나이다. 크림 버미즈는 레드 버미즈가 희석된 유형이라고 볼 수 있다. 크림 버미즈의 눈이 노란색이 아닌 짙은 황금색이라면 캣쇼에서 좋은 평가를 받을 수 있다. 이상적인 털 색은 짙은 크림색 셰이드가 몸 전체에 고르게 있고, 귀와 얼굴, 발과 꼬리에는 좀 더 진한 색 셰이드가 있는 것이다. 발볼록살과 코평면은 분홍색이다.

« 라일락 토티 버미즈는 바탕털인 크림색이 보랏빛을 띠는 회색(pinkish dove gray)과 섞여 있다. 이 밖에도 브라운, 블루, 초콜릿 토티가 있다.

» 크림 버미즈의 얼굴, 발, 꼬리와 다리 부분에 흩뿌려져 있는 색은 포인트가 희미해진 샤미즈의 모습을 연상시킨다.

아시아 그룹 *The Asian Group*

아시아 그룹에 속하는 고양이들은 생김새는 버미즈 타입이지만, 털의 색이나 패턴, 털길이(티파니의 경우)가 버미즈와 다르다. 이것은 오리엔탈 쇼트헤어와 발리니즈, 앙고라처럼 생김새는 샤미즈인데, 색과 패턴이 샤미즈와 다르게 나타나는 경우와 비슷하다.

아시아 그룹에는 봄베이를 비롯해 아시아 셀프(Asian Self), 버밀라(Burmilla)와 각종 태비 변형이 포함된다. 중모종 아시아 품종이 바로 중모종 그룹에서 소개한 티파니다.

버미즈와 마찬가지로 아시아 그룹 고양이의 암컷은 수컷보다 더 아담하고 섬세하게 생겼다. 일반적으로 보통 체구에 곧게 뻗은 등과 둥근 가슴을 갖는다. 다리는 중간 정도의 길이로 끝에 타원형 발이 있으며, 뒷다리는 앞다리보다 약간 길다. 아시아 고양이들이 적당히 긴 꼬리를 도도하게 높이 세우고 다니거나, 몸에 바짝 붙은 짧은 털에 윤기가 흐르는 모습은 건강하다는 것을 의미한다.

cat's data	
털	짧고 촘촘하며, 부드럽고 윤기가 있음. 털이 버미즈보다 조금 긴 편
눈	노란색 내지 녹색. 털색이 은색인 경우 녹색 눈을 선호하고, 털색이 단색인 경우에는 황금색 눈 허용
기타 특징	눈, 코, 입술의 외곽선이 뚜렷함
그루밍	따로 그루밍할 필요가 거의 없음
성격	차분하고 우아하나, 호기심이 많고 사교적이기도 함

Burmilla 버밀라

버밀라는 아시아 그룹의 고양이들 중 품종이 확립된 지 가장 오래되고, 가장 인기가 많은 품종이다. 종종 초기에 다른 유형을 만들기 위한 교배 프로그램에 이용되었다. 버밀라는 영국 내 아시아 그룹 고양이의 시조이며, 1981년 라일락 버미즈 암컷과 친칠라 실버 페르시안 수컷 사이에서 태어났다. 그 결과 털이 짧은 버미즈의 생김새에 친칠라의 아름다운 팁과 뚜렷한 윤곽선을 가지고 있다. 버밀라는 아시아 그룹 고양이 중에서 대표적인 셰이드 또는 팁 유형이다. 셰이드는 팁보다 털끝에 색이 들어간 띠의 폭이 더 넓고 색도 더 선명하다. 셰이드 유형이나 팁 유형 모두 속털은 아주 연한 은색 또는 황금색이지만, 털

《 브라운 셰이드 실버 버밀라가 이 품종 특유의 호기심 가득한 표정을 짓고 있다.

》 버밀라의 이마에는 사진의 블루 셰이드 버밀라와 같이 M자모양의 무늬가 있어야 한다. 이밖에 눈꼬리에서 볼까지 줄무늬가 나타날 수도 있다.

⌃ 라일락 토티 버밀라는 바탕털이 흰색이고, 털끝의 셰이드는 분홍빛을 띠는 회색(pink-gray)과 짙은 크림색과 옅은 크림색이 섞여 나타난다. 코평면과 발볼록살은 라벤더색이나 분홍색으로 털색과 자연스럽게 어울린다. 눈은 호박색 또는 녹색이다.

THE SHORTHAIR GROUP

버밀라의 색과 패턴	
스탠더드	바탕털이 골드
실버	바탕털이 화이트, 스탠더드보다 조금 옅은 색

블랙, 블루, 초콜릿, 라일락, 레드, 캐러멜, 애프리캇(살구색), 크림, 블랙 토터셸, 블루 토터셸, 초콜릿 토터셸, 라일락 토터셸, 캐러멜 토터셸 등의 셰이드 또는 팁 이외에 위 색의 버미즈 유형

끝은 표준색 또는 버미즈의 색을 띤다. 코평면과 발볼록살은 붉은 벽돌색(적갈색)이며, 눈과 코와 입술 주위의 짙은 색이 뚜렷해야 한다. 고양이의 특별한 매력 중 하나가 눈과 코 주위에 팁같이 짙은 색으로 윤곽이 있는 것이다. 버밀라는 선조고양이에게 장점만 물려받아 버미즈처럼 마음을 잘 열고 사교적이지만, 덜 보채고 덜 시끄럽다. 또 페르시안 조상처럼 차분하고 우아하지만, 더 호기심이 많고 모험을 즐긴다.

블랙 셰이드 실버 버밀라는 털색이 친칠라 실버와 가장 비슷하며, 친칠라같이 눈 테두리가 검은색이다.

아시아 스모크의 미세하게 변하는 털색이 아주 매력적이다. 사진 속 고양이는 브라운 유형이며, 버미즈 유전자의 영향으로 꼬리와 얼굴에 더 짙은 색 포인트가 있다.

Asian Smoke
아시아 스모크

아시아 스모크는 이름에서 알 수 있듯이 아시아 그룹의 스모크 유형이다. 각각의 털가닥은 은색이고, 끝에 짙은 색 팁이 있다. 몸에는 물결무늬 같은 옅은 태비무늬만 있지만, 얼굴에는 광대무늬로 알려진 미간의 줄무늬와 눈 주위의 안경 같은 얼룩이 있다.

아시아 스모크의 색과 패턴
블랙, 블루, 초콜릿, 라일락, 레드, 캐러멜, 애프리캇(살구색), 크림, 블랙 토터셸, 블루 토터셸, 초콜릿 토터셸, 라일락 토터셸, 캐러멜 토터셸 이외에 위 색의 모든 버미즈 유형, 속털은 모두 은빛이 도는 흰색(silvery-white)

Bombay
봄베이

인도의 도시 봄베이에 이 집고양이같이 날씬하고 검은 인도 흑표범이 있기 때문에 이 도시 이름을 따서 봄베이라고 부른다. 봄베이의 가장 큰 특징은 은은한 광택의 새까만 털과 크고 반짝이는 황금색 눈이다.

봄베이는 1950년대 미국에서 새까만 버미즈를 만들어내기 위해 교배를 하는 과정에 생겨났다. 봄베이는 브라운(세이블) 버미즈를 블랙 아메리칸 쇼트헤어와 교배하여 나왔으며, 1976년에 챔피언십 자격(북미의 캣쇼에서 순혈통 품종으로 참여할 수 있는 자격. 정식 품종으로 인정받았다는 의미)을 얻었다. 미국에서 번식된 오피움(Opium), 배그히라(Bagheera)라는 멋진 이름의 봄베이 1쌍이 1989년 프랑스로 수출되어 유럽 지역 봄베이 혈통의 시초가 되었다. 따라서 대서양을 사이에 둔 두 대륙의 봄베이 모습이 서로 비슷하다.

영국에서는 블랙 브리티시 쇼트헤어와 버미즈를 교배하여(나중에 아메리칸 봄베이와 함께 봄베이로 분류되었지만) 얻은 고양이가 아시아 그룹 교배 프로그램에 일부 활용되었다. 영국에서는 봄베이가 아시아 셀프 유형과 같은 부문으로 분류되어 심사를 받는다. 미국과 유럽의 봄베이는 다부지고 건강한 품종으로, 버미즈의 성격이 뚜렷해서 자주 가르랑거리는 것으로 알려져 있다. 보통 크기이고, 둥근 머리는 몸집에 비해 큰 편이다. 살짝 들창코인 짧은 코, 끝이 둥글고 큰 귀, 단단한 턱을 갖고 있다. 봄베이라고 하면 털부터 코, 발바닥까지 모두 칠흑같이 검은색을 떠올리면 된다.

cat's data	
털	짧고 윤기가 있으며, 몸에 아주 밀착됨
눈	큰 눈. 황금색, 노란색 내지 녹색(영국), 황금색 내지 구리색(미국)
기타 특징	에나멜가죽 같은 광택
그루밍	따로 그루밍할 필요가 거의 없음
성격	침착하고 다정다감하며, 관심을 필요로 함

« 봄베이는 칠흑같이 새까만 털과 짙은 호박색 눈 때문에 원산지인 미국에서 '동전(페니) 같은 눈동자를 가진 에나멜가죽 같은 아이'라는 별명이 있다.

« 솔리드 아시아 그룹에서 블랙 봄베이가 가장 유명한 품종이지만, 다른 색의 솔리드 아시아 고양이도 많이 있다. 사진 속 블루 아시아 고양이는 검은색 털을 가진 조상고양이로부터 1쌍의 희석유전자(열성유전자)를 물려받았기 때문에 희석된 색을 갖고 있다.

» 봄베이는 몸 전체가 윤기 흐르는 검은색 털로 덮여 있는 버미즈 형태이다.

THE SHORTHAIR GROUP

Other Asians
기타 아시아 그룹

아시아 그룹 고양이는 친칠라와 라일락 버미즈의 교배로 시작되었기 때문에 나타날 수 있는 색과 패턴의 종류가 매우 다양하다. 레드, 크림, 애프리캇(살구색)과 토터셸 유형을 만들어내기 위해서는 붉은색 반성유전자를 가진 고양이를 이용하고, 틱이나 클래식, 매커럴, 스팟 패턴을 나타내기 위해서는 태비 유전자를 이용하였다. 인정되는 색은 블랙(브라운), 블루, 초콜릿, 라일락, 레드, 크림, 캐러멜, 애프리캇(살구색), 모든 실버와 토터셸 조합 이외에 버미즈 유형이다.

≪ 사진의 아시아 블랙 틱 태비는 같은 색 버밀라보다 틱이 더 진한 색이다. 척추를 따라 가장 짙은 색이 있고, 배와 다리 쪽으로 갈수록 색이 옅어진다.

cat's data	
털	가늘고 비단처럼 부드러우며 광택이 있음
눈	넓은 미간, 크고 둥근 눈, 노란색 내지 녹색. 털이 단색일 경우에는 황금색
그루밍	따로 그루밍할 필요가 거의 없음
성격	태평스럽고 온화하며, 장난기가 많음

아시아 그룹의 색과 패턴	
셀프 (단색)	블랙(봄베이), 블루, 초콜릿, 라일락, 레드, 크림, 캐러멜, 애프리캇(살구색)
토터셸	블랙, 블루, 초콜릿, 라일락, 캐러멜
태비	모든 색의 클래식, 스팟, 매커럴 및 틱 패턴. 위 색의 버미즈 유형, 스탠더드 태비와 실버 태비 모두

△ 사진의 고양이는 이마에 M자무늬가 선명하지만 태비가 아니라 레드 셀프 아시아 고양이다. 레드 버미즈와 비슷하지만 색이 더 짙고 풍부하며 단색의 느낌이 강하다.

▽ 사진의 아시아 고양이를 보면 잘 알 수 있듯이, 토티의 주가 되는 색은 검은색이다. 털이 뿌리까지 색이 있으면 토티 색이 섞이거나 얼룩으로 나타날 수도 있다.

≫ 캐러멜 틱 태비는 아시아 그룹에서 아주 드물게 나타나는 희석색이다. 사진의 어린 고양이는 이마에 선명한 M자무늬가 있어서 캣쇼에서 높은 점수를 받을 수 있다.

Bengal
벵갈

벵갈은 야생 삵(살쾡이)의 생김새에 집고양이같이 길들여진 성격을 가진 고양이를 얻기 위해 개량된 품종이다. 집고양이와 동남아시아 야생고양잇과 동물의 이종교배라서 논란이 되기도 하였다. 이것이 순혈통 고양이 품종으로 인정받기 위해서는 반복적으로 교배하여 야생의 기질이 제거되고, 지속적으로 일정한 타입이 태어나야 한다. 야생 삵과 집고양이의 이종교배로 태어난 1세대(잡종 1세대, F1)에서 수컷은 번식 능력이 없고, 암컷은 일부 개체만 번식이 가능하며 불안정한 성격을 보였다. 따라서 대부분의 협회가 초기 교잡세대에게 캣쇼 출전 자격을 주지 않으며, 종종 반려동물로도 부적합한 경우가 있다.

오늘날의 벵갈 품종은 1960년대에 미국 애리조나 주에서 만들어지기 시작했으나, 미국의 어느 고양이협회에서도 챔피언십 자격을 얻지 못하고 있다. 미국에서 번식되는 유형은 대부분이 브라운 셰이드이다. 벵갈은 현재 스팟과 마블(대리석무늬) 유형이 번식되고 있는 영국에서 임시 자격을 얻으면서 입지를 굳히고 있다. 전 세계적으로 벵갈 교배계통이 크게 늘었는데, 이것은 아마도 벵갈 새끼고양이의 가격이 높기 때문일 것이다.

소형 야생고양이종과 집고양이 사이의 이종교배가 새로운 것은 아니다. 이미 1889년 이전에 런던동물원에서, 그리고 1960년대에 네덜란드의 한 고양이 전문 사육장에서 벵갈의 원조에 대한 기록이 있다. 오늘날의 벵갈 품종은 몸이 길고 늘씬하며 근육질이고, 화려한 털 패턴을 갖고 있어 매우 매력적이다. 털은 다른 어떤 집고양이와도 닮지 않았으며, 오히려 야생 고양잇과의 털가죽과 더 비슷한 독특한 개성이 있다. 넓은 삼각형 얼굴의 양 옆에는 조금 작은 귀가 앞쪽을 향해 서 있다.

《 어린 벵갈 고양이가 야생 삵에게서 물려받은 근육질의 건장한 체격을 과시하고 있다. 벵갈의 품종 표준에 맞으려면 배 부분의 반점무늬가 사진과 같이 잘 나타나야 한다.

《 어린 레오파드 스팟 고양이는 자라면서 점점 이상적인 패턴이 나타난다. 현재는 복슬복슬한 어린 털로 덮여 있어서 무늬가 뚜렷하지 않다.

《 스노 스팟 벵갈은 스팟 유형이 옅어진 형태이다. 옅은 바탕색은 열성인 샤미즈 유전자 때문이며, 선명한 푸른색 눈과 잘 어울린다.

《 마블 벵갈은 아름다운 털 패턴과 날렵한 사냥꾼의 길고 날렵한 몸매를 보여준다.

cat's data

털	짧거나 중간 길이이고 매우 촘촘함. 촉감이 매우 부드러움
눈	타원형의 큰 눈, 부리부리한 느낌은 아님
그루밍	정기적으로 쓰다듬고, 약간 빗질
성격	활동적이고 장난기가 많으며 물을 좋아함

THE SHORTHAIR GROUP

Tonkinese
통키니즈

오늘날의 샤미즈가 너무 날씬해서 고양이라기보다 쥐처럼 느껴진다거나, 아메리칸 버미즈가 페르시안과 닮아서 뚱뚱하다고 생각한다면 통키니즈가 적당할 것이다. 또한 통키니즈는 샤미즈의 포인트를 갖고 있지만, 몸의 윤곽은 더 부드럽고 덜 고집스런 성격이다.

통크(Tonk, 통키니즈의 다른 말)는 1950년대에 미국에서 샤미즈와 버미즈를 교배하여 나온 품종이며, 비록 통크 타입이 오래 전부터 자연적으로 생겨나기도 했지만 그 뒤로도 20년 동안 교배를 계속하였다. 부모가 서로 다른 품종이었기 때문에 새끼가 모두 통크로 태어난 것은 아니다. 1쌍의 통키니즈 부모 사이에서 태어나는 새끼는 보통 통크 2마리, 샤미즈 1마리, 버미즈 1마리의 비율인 경우가 많다. 통키니즈는 샤미즈와 버미즈의 특성이 복합적으로 나타난다. 보통 체구에 완만한 삼각형 머리이며, 머리꼭지는 둥글고, 얼굴은 샤미즈보다 조금 길다. 버미즈와 마찬가지로 짧은 코가 중간에 살짝 꺾이지만 그다지 뚜렷하지는 않다. 다리는 가늘지만 근육이

▲
버미즈와 샤미즈의 교배로 태어난 통키니즈는 형질이 어느 한 품종에 치우치지 않아야 한다. 사진의 라일락 통키니즈처럼 두 품종의 특성이 고르게 섞인 모습이 이상적이다.

◀
블루 통키니즈의 눈은 옅은 옥색이어야 한다. 샤미즈와 같은 푸른색이거나 버미즈 같은 연초록색이면 결함으로 본다.

cat's data	
털	짧고 가늘며, 부드럽고 몸에 밀착되며, 광택이 흐르고 비단처럼 매끄러움
눈	옥색으로 아몬드모양이고, 눈초리가 조금 올라감
그루밍	쉬움. 정기적으로 부드럽게 빗질
성격	침착하고 활달하며 호기심이 많고, 느긋하며 매우 친근한 성격

▼ 브라운 토티 통키니즈의 품종 표준에 맞으려면 붉은색, 갈색, 크림색이 조화롭게 잘 섞여야 하며, 포인트 부분은 색이 짙어야 한다.

잘 발달해 있고, 몸은 샤미즈의 길쭉한 체형과 통통한 버미즈 사이의 완벽하게 균형을 이룬 체형이다. 귀는 크고 끝이 둥글다. 털 패턴은 다리, 귀, 얼굴과 꼬리 부분으로 갈수록 색이 짙어진다. 전반적인 털색도 버미즈보다는 옅고, 샤미즈보다는 짙은 중간색이다. 조용한 성격이지만 장난기가 나타나기도 하고, 잡종의 건강한 활기도 느껴진다.

얼굴, 귀, 다리와 꼬리의 포인트 색이 몸통보다 확실히 짙어야 하지만, 샤미즈처럼 색이 갑자기 달라져서 색 경계가 뚜렷한 것은 바람직하지 않다. 또, 배는 등과 옆구리보다 옅어야 하지만 마찬가지로 색이 서서히 변해야 한다.

통키니즈의 눈색은 버미즈의 반짝이는 호박색이나 연초록도 아니고, 샤미즈의 짙은 사파이어빛도 아니다. 이상적인 눈색은 옥빛의 푸른색 내지 초록빛을 띠는 푸른색, 또는 푸른빛을 띠는 녹색이다. 진짜 눈색이 나타날 때까지 시간이 조금 걸릴 수 있다. 통키니즈는 성장이 느린 편이라 2살 정도가 되어야 최대 크기로 자라고 색도 결정된다.

통키니즈의 색과 패턴

솔리드 (단색)	브라운, 블루, 초콜릿, 라일락, 레드, 크림, 캐러멜, 애프리캇(살구색)
토터셸	브라운, 블루, 초콜릿, 라일락, 캐러멜
태비	브라운, 블루, 초콜릿, 라일락, 레드, 크림, 캐러멜, 애프리캇
토티 태비	브라운, 블루, 초콜릿, 라일락, 캐러멜

미국에서 통키니즈는 내추럴 밍크, 샴페인 밍크, 블루 밍크, 플래티넘 밍크, 허니 밍크 등으로 등록되어 있다.

▼ 사진의 블루 태비는 보통보다 긴 다리와 날씬한 몸으로 샤미즈의 특성이 지나치게 발현된 예이다. 캣쇼에서 우승할 수는 없겠지만 아름다운 고양이다.

« 블루 태비 통키니즈는 안경 같은 선명한 눈 테두리와 점무늬의 수염자국이 있다. 그러나 이마의 M자무늬는 더 뚜렷해야 한다.

Egyptian Mau
이집션 마우

고대 이집트의 문서와 벽화에 있는 고양이는 오늘날의 이집션 마우와 매우 비슷하다. 이 고대 파라오의 고양이를 그대로 재현하길 원했던 한 브리더가 카이로 지역에서 진화해온 것으로 추정되는 이집트 토착종으로부터 이 품종을 수립하였다. 첫 번째 이집션 마우(고대 이집트어로 '신성한 집고양이'라는 뜻) 새끼고양이는 1950년대 로마에서 처음 선을 보였다. 이 고양이 주인은 고양이를 데리고 미국으로 건너갔으며, 1977년에 미국의 국제고양이애호가협회 CFA(Cat Fanciers' Association)에서 정식으로 인정을 받았다. 현재는 실버(은색 바탕에 짙은 목탄색 무늬), 브론즈, 스모크(목탄색 또는 은색 바탕털에 검은색 무늬) 유형이 있다. 따뜻한 느낌의 청동색 속털에 암갈색 내지 검은색 무늬가 있는 브론즈 이집션 마우가 이집트 벽화에 그려져 있는 고양이의 생김새와 가장 가깝다. 유럽에서는 이 품종을 1992년까지 정식으로 인정하지 않았다.

» 사진과 매우 비슷한 반점무늬 고양이가 고대 이집트의 문서와 벽화에 나와 있다. 이마의 M자 무늬는 고대 이집트인들이 성스럽게 여겼던 쇠똥구리의 등딱지 무늬를 재현한 듯하다.

1960년대에 영국에서 샤미즈 계통을 번식시켜 태어난 스팟 고양이를 처음에는 이집션 마우라고 불렀으나, 이 품종은 나중에 오리엔탈 스팟 태비라는 품종이 되었다.

이집션 마우는 보통 크기의 근육이 잘 발달된 고양이로 바라보면 흐뭇하며, 그루밍이 쉽고 성격은 외향적이다.

주로 한두 사람만 따르는 경향이 있고, 한두 가지 재주를 익히거나 목줄을 매고 산책하는 것도 싫어하지 않는다. 주둥이는 적당히 둥글고, 머리는 약간 오리엔탈 타입이며, 귀는 크고 쫑긋 서 있다. 뒷다리가 앞다리보다 조금 길고 꼬리의 균형이 잘 잡힌 전체적으로 우아한 모습이다.

cat's data

털	중간 길이로 촘촘하며, 비단처럼 윤기 있고 매끄러움
눈	크고 아몬드모양이며, 초롱초롱하고 눈초리가 살짝 올라감. 연녹색
기타 특징	반점무늬
그루밍	쉬움. 정기적으로 부드럽게 빗질하여 털을 솎아냄
성격	다정다감하고 활달하지만 거리를 둘 수도 있음

« 이집션 마우는 선명한 반점이 가장 중요한 특징이다. 사진의 브론즈색이 이집션 마우의 조상고양이 색과 가장 비슷할 것이다.

단모종 그룹

Singapura
싱가푸라

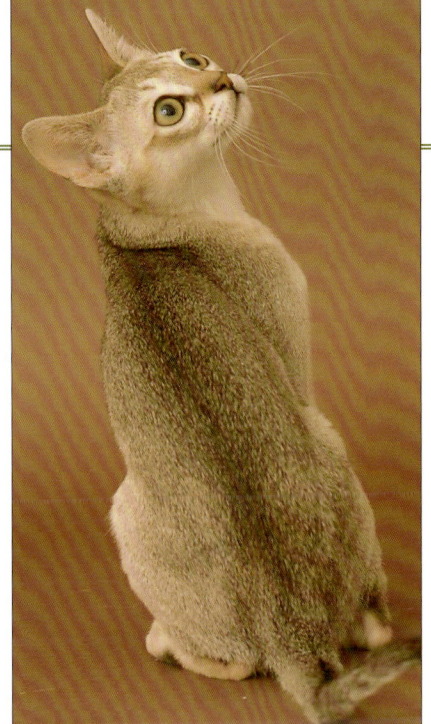

» 싱가푸라는 색이 1가지뿐인 몇 안 되는 품종 중 하나이다. 따뜻한 느낌의 상아색 털이 세피아 브라운 틱으로 덮인다. 사진의 싱가푸라는 척추를 따라 있는 특유의 짙은 색 셰이드가 잘 표현되어 있다.

오랜 경험과 영향력이 있는 미국인 고양이 브리더가 1970년대 초 싱가포르에서 독특한 외모의 고양이 집단을 발견하였다. 싱가푸라로 알려진 이 고양이가 오래 전부터 존재했었다는 증거는 많이 있지만, 이들이 어떻게 야생 상태로 돌아갔는지에 대해서는 알려지지 않았다. 이 고양이가 발견될 당시에 살던 야생 환경 때문에 '배수구 고양이' 또는 '강고양이'로 불리기도 한다. 한때 싱가포르에서 이 고양이를 말살시키려고도 했으나, 현재는 말레이시아에서 국묘로 지정되고 사랑스런 고양이라는 뜻의 쿠친타(Kucinta)라는 이름도 받았다.

싱가푸라는 몸집은 작지만 다부지고 근육질이다. 머리는 둥글며, 귀는 크고 귀 사이가 멀며 쫑긋 서 있다. 눈은 아주 크다. 목은 굵고 짧으며, 주둥이는 넓고, 코는 끝이 뭉툭하다. 코와 눈에 짙은 색 테두리가 있어 더 강조되어 보인다.

털에 틱 태비무늬가 있고 다리 뒤쪽에는 무늬가 있지만 다리 앞쪽에는 무늬가 없다는 것이 싱가푸라의 털 특성이다. 싱가푸라에게 일반적으로 나타나는 색은 세피아 아구티로, 상아색 바탕에 암갈색 틱이 들어 있다.

싱가푸라는 유럽에서 빠른 시간에 탄탄한 인기를 얻었으며, 정식 품종으로 인정받기 위한 작업이 진행 중이다.

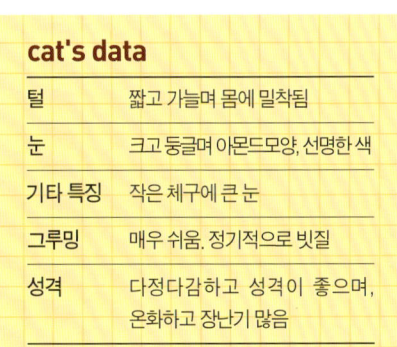

« 올빼미같이 큰 눈이 싱가푸라의 가장 큰 매력이자 특징이다. 눈은 황금색 내지 녹색이며, 검은색 눈 테두리가 매력적이다.

cat's data	
털	짧고 가늘며 몸에 밀착됨
눈	크고 둥글며 아몬드모양, 선명한 색
기타 특징	작은 체구에 큰 눈
그루밍	매우 쉬움. 정기적으로 빗질
성격	다정다감하고 성격이 좋으며, 온화하고 장난기 많음

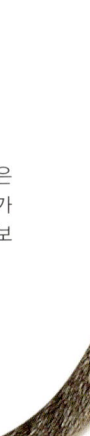

» "작지만 갖출 것은 다 갖추었다"는 표현은 싱가푸라에게 적절해 보인다. 그러나 싱가푸라는 근육이 잘 발달되어 있고, 보기보다 무겁다.

THE SHORTHAIR GROUP

Ocicat
오시캣

« 사진의 초콜릿 실버 오시캣은 뒷다리가 앞다리보다 조금 더 길고, 품종 표준에 맞는 훌륭한 반점무늬를 보여준다.

오시캣의 탄생 이야기는 고양이 교배와 관련된 유쾌한 사건 중 하나이다. 미국 미시간 주의 한 브리더가 틱 포인트 샤미즈를 얻기 위한 과정의 하나로 샤미즈를 아비시니안과 교배하였다. 이 둘 사이에 태어난 새끼 중 1마리를 다시 다른 샤미즈 수컷과 교배시켰으며, 예상대로 태비 포인트 샤미즈가 태어났다. 그러나 이 중 1마리는 상아색 바탕에 선명한 황금색 반점을 갖고 있었다. 이 고양이가 바로 오시캣의 시초이며, 중남미 지역에 서식하는 야생 오셀롯(ocelot)과 털색이나 패턴이 비슷하여 오시캣이라는 이름

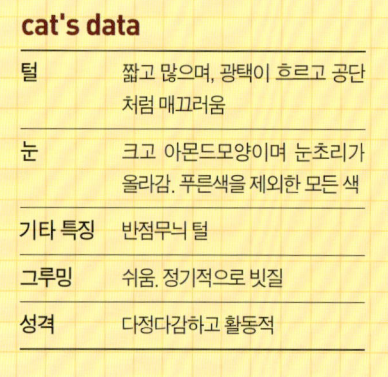

» 오시캣 새끼고양이는 태어났을 때 털무늬가 선명하지 않을 수 있다. 반점은 성묘가 되면서 점점 뚜렷해지는데, 사진의 15주 된 새끼고양이는 나중에 아름다운 무늬를 가질 것이다.

cat's data

털	짧고 많으며, 광택이 흐르고 공단처럼 매끄러움
눈	크고 아몬드모양이며 눈초리가 올라감. 푸른색을 제외한 모든 색
기타 특징	반점무늬 털
그루밍	쉬움. 정기적으로 빗질
성격	다정다감하고 활동적

▲ 오시캣의 이마에는 선명하게 M자무늬가 있어야 하지만, 희석된 색에서는 사진 속의 라일락 오시캣처럼 잘 나타나지 않을 수 있다.

을 얻게 되었다. 그리고 많은 브리더들이 같은 방법으로 교배하여 오시캣을 성공적으로 번식시켰다. 미국에서는 1960년대에 오시캣으로 등록은 되었지만 1987년까지 챔피언십 자격은 얻지 못했다. 영국에서는 1998년이 되어서야 캣 쇼에서 겨우 예비 등록 자격을 얻었다. 현재 오시캣

은 브라운, 블루, 초콜릿, 라일락, 시나몬과 폰(옅은 황갈색)을 비롯하여 이 색들의 실버 유형도 나타난다. 극히 일부이긴 하지만 일부 등록기관에서는 레드, 크림과 토토셸도 인정한다. 긴 몸에 근육이 잘 발달되어 있고, 다리 길이가 적당하며, 꼬리는 끝으로 갈수록 가늘어진다. 머리는 둥글고, 주둥이는 돌출되어 있으며, 귀는 크고 쫑긋 서 있다.

▼ 초콜릿 오시캣의 표정에 총명함과 다정한 성격이 잘 드러난다. 이런 성격은 그 기원이 되는 아비시니안과 샤미즈 조상에게서 골고루 물려받은 것이다.

▲ 오시캣의 반점무늬는 아주 선명해야 한다. 바탕색과 무늬의 색 대비가 약한 라일락 유형이나 다른 희석색에서도 희미한 반점이나 흐릿한 무늬는 심각한 결함으로 본다.

Japanese bobtail
재패니즈 밥테일

레드 화이트 재패니즈 밥테일은 꼬리가 아예 없는 순 혈통 맹크스와는 달리, 엉덩이 위에서 살짝 말리는 아주 짧은 꼬리를 갖고 있다.

재패니즈 밥테일은 무려 2,000년 전의 출판물이나 필사본에도 이미 나와 있다. 또한 에도 시대(1615년~1867년)에 건축된 도쿄의 고토쿠지(豪德寺) 사찰은 손을 들고 인사하는 밥테일로 유명한 명소이다.

일본의 전설에 따르면, 한 고양이가 불 앞에서 몸을 쬐다가 갑자기 꼬리에 불이 붙자 놀라서 인가가 모여 있는 도시로 달려 나갔고, 그러던 중 꼬리에 붙은 불이 나무로 지은 집에 옮겨 붙어 마을이 재가 되어버렸다. 그래서 왕은 벌로 모든 고양이의 꼬리를 잘라버리라는 명령을 내렸다. 맹크스 고양이에게도 이와 비슷한 이야기가 있다.

사실 어떻게 이런 꼬리를 만드는 돌연변이가 생기게 된 것인지는 알지 못한다. 맹크스와 달리 2마리의 재패니즈 밥테일을 교배하면 꼬리가 더 짧은 재패니즈 밥테일만 태어난다.

제2차 세계대전 후 일본에 살던 한 미국인이 미국으로 돌아가면서 밥테일의 교배 계통을 수립하기 위해 38마리의 밥테일을 데려갔다. 이후 1971년에 예비 등록 자격을, 1976년에는 챔피언십 자격을 얻었다. 일본의 브리더들은 일본의 북부지방을 중심으로 수 세기 동안 비공식적으로 존재해온 장모종 변종을 1954년부터 본격적으로 개량하기 시작하였다. 이들은 고대 일본 미술작품에도 소개되었지만 고양이 애호가들의 외면을 받았으며, 국제고양이협회 TICA(The International Cat Association)로부터 공식 인정을 받은 것이 1991년이다.

재패니즈 밥테일은 보통 크기에 깔끔한 선과 골격을 가진다. 근육질이지만 우람하다기보다는 날렵하다. 눈의 위치와 높은 광대뼈는 특히 옆에서 봤을 때 다른 오리엔탈 품종과 매우 다른 모습이다. 짧은 꼬리는 토끼 꼬리와 닮아야 하고, 털이 사방으로 퍼져서 전체적으로 방울의 술모양처럼 되어 꼬리뼈를 자연스럽게 가려주어야 한다.

이 품종은 현재 거의 대부분의 색과 패턴을 갖고 있다. 일본에서는 이 고양이가 가정에 복을 가져다준다고 믿고 있으며, 그 중에서도 미케(삼색 고양이)라는 밴 패턴의 토티 화이트를 가장 소중히 여긴다.

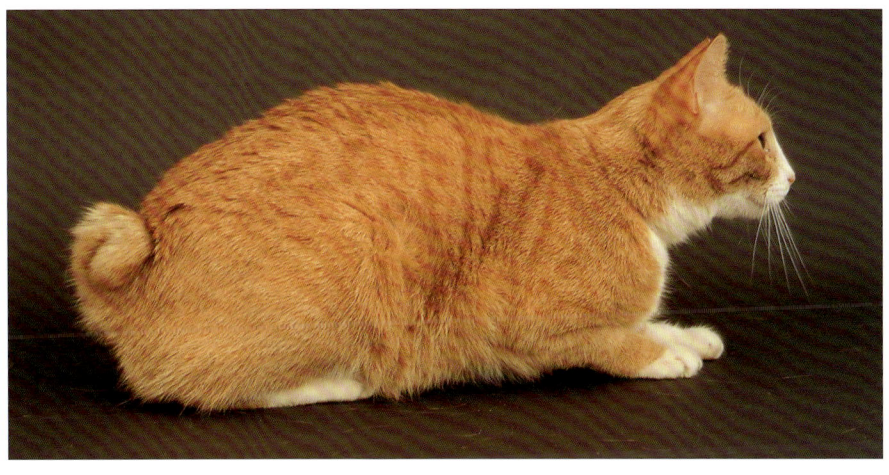

재패니즈 밥테일은 다양한 색이 모두 인정되지만, 일본에서는 특히 미케라는 사진과 같은 토티 화이트를 소중히 여긴다.

cat's data

털	단모종 : 중간 길이로 부드럽고 비단처럼 매끄러움, 속털 없음
	장모종 : 중간 내지 긴 길이로 부드럽고 비단처럼 매끄러움, 속털 없음. 앞부분에 러프가 있는 것이 이상적
눈	크고 타원형. 털색과 같은 색
기타 특징	짧지만 움직이는 꼬리
그루밍	쉬움. 정기적으로 빗질
성격	다정다감하고 총명하며, 호기심 많고 관심이 필요함

THE SHORTHAIR GROUP

Manx
맹크스

한 무리의 고양이가 영국 본토의 서해안 외딴섬에 고립되면서 독특한 생김새를 갖게 되었다. 맹크스의 꼬리가 없는 것은 토끼와 고양이가 짝짓기해서 태어났기 때문이라는 이야기도 있고, 또 노아의 방주에 급하게 마지막으로 올라타면서 닫히는 문에 꼬리가 잘려나갔기 때문이라고도 한다. 그러나 사실은 맨섬(Isle of Man)의 고립된 환경에서 지속적으로 근친교배가 이루어진 결과, 척추 기형을 일으키는 돌연변이 유전자가 섬의 고양이들에게 확산되어 일반화된 것으로 보인다. 척추는 완전히 줄어들어 꼬리가 있어야 할 부분이 비어 있다. 이런 형태를 트루 또는 럼피 맹크스라고 부른다. 꼬리 시작 부분이 조금 남아있는 고양이도 태어나는데, 이런 유형은 스텀피, 스터비 또는 라이저라고 부른다. 이렇게 척추 변형을 일으키는 유전자는 사람의 이분척추(Spina Bifida)

cat's data

털	이중털, 두터운 속털
눈	크고 둥근 눈. 털색과 어울리는 색
기타 특징	꼬리가 없음
그루밍	쉬움. 정기적으로 빗질
성격	차분하고 총명하며, 활동적이고 충성심이 강함. 주인과 있는 것을 좋아함

블랙 맹크스는 겨우 알아볼 수 있을 정도의 아주 짧은 꼬리를 갖고 있어서 캣쇼에서 순혈통 맹크스로 인정받을 수 없다. 그러나 이 고양이는 번식 목적으로는 가치가 있을 수 있다.

사진의 레드 스팟 태비는 전형적인 맹크스의 특징이 잘 나타나 있다. 볼은 통통하고, 귀는 쫑긋 서 있으며, 중간 길이의 코는 넓고 곧게 뻗어 있다.

트루 또는 럼피 맹크스는 꼬리가 있어야 할 자리에 꼬리가 전혀 없다. 사진의 토터셸 태비 화이트는 이 품종 특유의 다부진 체구를 보여준다. 가슴은 넓고, 등은 짧으며, 엉덩이는 어깨보다 높이 올라간다.

Japanese bobtail
재패니즈 밥테일

레드 화이트 재패니즈 밥테일은 꼬리가 아예 없는 순혈통 맹크스와는 달리, 엉덩이 위에서 살짝 말리는 아주 짧은 꼬리를 갖고 있다.

재패니즈 밥테일은 무려 2,000년 전의 출판물이나 필사본에도 이미 나와 있다. 또한 에도 시대(1615년~1867년)에 건축된 도쿄의 고토쿠지(豪德寺) 사찰은 손을 들고 인사하는 밥테일로 유명한 명소이다.

일본의 전설에 따르면, 한 고양이가 불 앞에서 몸을 쬐다가 갑자기 꼬리에 불이 붙자 놀라서 인가가 모여 있는 도시로 달려 나갔고, 그러던 중 꼬리에 붙은 불이 나무로 지은 집에 옮겨 붙어 마을이 재가 되어버렸다. 그래서 왕은 벌로 모든 고양이의 꼬리를 잘라버리라는 명령을 내렸다. 맹크스 고양이에게도 이와 비슷한 이야기가 있다.

사실 어떻게 이런 꼬리를 만드는 돌연변이가 생기게 된 것인지는 알지 못한다. 맹크스와 달리 2마리의 재패니즈 밥테일을 교배하면 꼬리가 더 짧은 재패니즈 밥테일만 태어난다.

제2차 세계대전 후 일본에 살던 한 미국인이 미국으로 돌아가면서 밥테일의 교배 계통을 수립하기 위해 38마리의 밥테일을 데려갔다. 이후 1971년에 예비 등록 자격을, 1976년에는 챔피언십 자격을 얻었다. 일본의 브리더들은 일본의 북부지방을 중심으로 수 세기 동안 비공식적으로 존재해온 장모종 변종을 1954년부터 본격적으로 개량하기 시작하였다. 이들은 고대 일본 미술작품에도 소개되었지만 고양이 애호가들의 외면을 받았으며, 국제고양이협회 TICA(The International Cat Association)로부터 공식 인정을 받은 것이 1991년이다.

재패니즈 밥테일은 보통 크기에 깔끔한 선과 골격을 가진다. 근육질이지만 우람하다기보다는 날렵하다. 눈의 위치와 높은 광대뼈는 특히 옆에서 봤을 때 다른 오리엔탈 품종과 매우 다른 모습이다. 짧은 꼬리는 토끼 꼬리와 닮아야 하고, 털이 사방으로 퍼져서 전체적으로 방울의 술모양처럼 되어 꼬리뼈를 자연스럽게 가려주어야 한다.

이 품종은 현재 거의 대부분의 색과 패턴을 갖고 있다. 일본에서는 이 고양이가 가정에 복을 가져다준다고 믿고 있으며, 그 중에서도 미케(삼색 고양이)라는 밴 패턴의 토티 화이트를 가장 소중히 여긴다.

cat's data

털	단모종 : 중간 길이로 부드럽고 비단처럼 매끄러움, 속털 없음
	장모종 : 중간 내지 긴 길이로 부드럽고 비단처럼 매끄러움, 속털 없음. 앞부분에 러프가 있는 것이 이상적
눈	크고 타원형. 털색과 같은 색
기타 특징	짧지만 움직이는 꼬리
그루밍	쉬움. 정기적으로 빗질
성격	다정다감하고 총명하며, 호기심 많고 관심이 필요함

재패니즈 밥테일은 다양한 색이 모두 인정되지만, 일본에서는 특히 미케라는 사진과 같은 토티 화이트를 소중히 여긴다.

THE SHORTHAIR GROUP

Manx
맹크스

한 무리의 고양이가 영국 본토의 서해안 외딴섬에 고립되면서 독특한 생김새를 갖게 되었다. 맹크스의 꼬리가 없는 것은 토끼와 고양이가 짝짓기해서 태어났기 때문이라는 이야기도 있고, 또 노아의 방주에 급하게 마지막으로 올라타면서 닫히는 문에 꼬리가 잘려나갔기 때문이라고도 한다. 그러나 사실은 맨섬(Isle of Man)의 고립된 환경에서 지속적으로 근친교배가 이루어진 결과, 척추 기형을 일으키는 돌연변이 유전자가 섬의 고양이들에게 확산되어 일반화된 것으로 보인다. 척추는 완전히 줄어들어 꼬리가 있어야 할 부분이 비어 있다. 이런 형태를 트루 또는 럼피 맹크스라고 부른다. 꼬리 시작 부분이 조금 남아 있는 고양이도 태어나는데, 이런 유형은 스텀피, 스터비 또는 라이저라고 부른다. 이렇게 척추 변형을 일으키는 유전자는 사람의 이분척추(Spina Bifida)

cat's data

털	이중털, 두터운 속털
눈	크고 둥근 눈. 털색과 어울리는 색
기타 특징	꼬리가 없음
그루밍	쉬움. 정기적으로 빗질
성격	차분하고 총명하며, 활동적이고 충성심이 강함. 주인과 있는 것을 좋아함

» 블랙 맹크스는 겨우 알아볼 수 있을 정도의 아주 짧은 꼬리를 갖고 있어서 캣쇼에서 순혈통 맹크스로 인정받을 수 없다. 그러나 이 고양이는 번식 목적으로는 가치가 있을 수 있다.

» 사진의 레드 스팟 태비는 전형적인 맹크스의 특징이 잘 나타나 있다. 볼은 통통하고, 귀는 쫑긋 서 있으며, 중간 길이의 코는 넓고 곧게 뻗어 있다.

« 트루 또는 럼피 맹크스는 꼬리가 있어야 할 자리에 꼬리가 전혀 없다. 사진의 토터셀 태비 화이트는 이 품종 특유의 다부진 체구를 보여준다. 가슴은 넓고, 등은 짧으며, 엉덩이는 어깨보다 높이 올라간다.

단모종 그룹

≪ 맹크스 고양이는 현재 컬러포인트(히말라얀)를 제외한 모든 표준색과 패턴이 나타난다. 사진은 블루 크림 럼피로 꼬리가 전혀 없기 때문에 캣쇼에 출전할 수 있는 기본 요건을 갖추었다. 꼬리 부분은 직접 만졌을 때도 돌출된 뼈나 연골이 전혀 없이 완만하게 굴곡을 이루어야 한다.

를 일으키는 돌연변이 유전자와 관련이 있다. 꼬리가 전혀 없는 럼피 맹크스의 암컷과 수컷을 교배하면 사산되는 경우가 있다. 이 때문에 브리더들은 꼬리가 일부 남아 있거나 꼬리가 온전히 있는 고양이와 교배시킨다. 그러나 캣쇼에서는 꼬리가 전혀 없는 럼피 형태를 품종 표준으로 인정하고 있다. 컬러포인트를 제외한 모든 색과 패턴을 인정하지만, 일부 협회에서는 라일락과 초콜릿은 인정하지 않는다.

∧ 사진의 바이컬러 맹크스를 잘 보면 앞다리가 근육질의 긴 뒷다리에 비해 약간 짧은 것을 알 수 있다. 이 때문에 맹크스의 걸음걸이는 마치 껑충껑충 뛰는 토끼와 비슷하다.

맹크스 유형	
럼피	꼬리가 전혀 없는 형태. 캣쇼에 전시되는 맹크스 유형이다.
럼피 라이저	척추 끝부분에 융합된 몇 개의 꼬리뼈가 있다. 꼬리가 눈으로도 보이기 때문에 캣쇼에 맹크스로 출전할 수는 없으나 교배에 이용된다.
스텀피	움직일 수 있는 아주 짧은 꼬리를 갖고 있다. 꼬리뼈가 반드시 융합되지는 않는다. 밥테일 형태의 짧은 꼬리를 가지는 일부 고양이가 이 유형에서 태어난다.
롱기	거의 정상적인 길이의 꼬리를 갖는다. 종종 꼬리가 정상인 다른 고양이와 구분이 안 될 수도 있다.
킴릭	드물게 나타나는 중모종 유형. 중모종 참조

∨ 맹크스 부모고양이 사이에서도 때때로 꼬리를 가진 맹크스가 태어난다. 이 경우 캣쇼에 출전할 수는 없으나 전형적인 맹크스 체형을 갖고 있고 척추 결함도 없기 때문에 맹크스 교배 프로그램에서는 아주 소중한 존재이다.

THE SHORTHAIR GROUP

렉스 *Rex*

모든 렉스 고양이에서 볼 수 있는 독특한 특징으로는 곱슬거리는 털을 꼽을 수 있다. 렉스는 대부분의 다른 고양이보다 털이 자라는 속도가 느리기 때문에 털이 적을 수밖에 없으며, 이 때문에 전형적인 렉스의 모습을 갖게 된다. 장모종이든 단모종이든 대부분의 고양이는 3종류의 털을 갖고 있다. 가장 굵고 긴 보호털(guard hair), 보호털보다 가늘고 다소 억센 속털(awn hair), 가장 가는 솜털 같은 속털(down hair)이다. 렉스의 경우(셀커크 렉스 제외)는 대개 바깥의 보호털이 없고, 억센 속털이 다른 고양이에 비해 훨씬 짧기 때문에 곱슬거리는 솜털 같은 속털이 눈에 잘 보인다. 심지어 렉스 고양이의 수염도 다른 고양이보다 짧다.

렉스의 또 다른 특징은 바로 엄청난 활동성이다. 탄탄하고 근육이 잘 발달된 체구의 렉스는 행동이 민첩하고 끊임없이 돌아다니기로 유명하다. 주인과 끈끈한 유대관계를 형성하고, 다른 고양이에 비해 목줄을 하고 산책을 할 만큼 외향적이다. 렉스라는 이름은 털이 곱슬곱슬한 렉스라는 토끼의 이름을 딴 것이다. 한 유전학자가 코니시 렉스와 렉스 토끼의 털을 비교한 결과, 유전적 구성이 매우 유사한 것으로 확인되었다.

다양한 렉스 품종은 모두 생김새가 확실히 구분되고, 발견된 곳도 각기 다르며, 각자 완전히 독립적으로 개량되었다. 그러나 모두 자연적으로 생기는 돌연변이 유전자 때문에 만들어진 품종이다. 각각의 이름은 발견된 지역을 따라서 붙여졌다. 다른 렉스 고양이에 비해 조금 더 털이 두터운 저먼 렉스는 제2차 세계대전 직후 동베를린에서 집중적으로 번식되었다. 오하이오 렉스(Ohio Rex)와 오리건 렉스(Oregon Rex)는 각각 이름과 같은 주에서 발견되었지만 교배계통이 성공적으로 이어지지는 못한 것으로 보인다.

 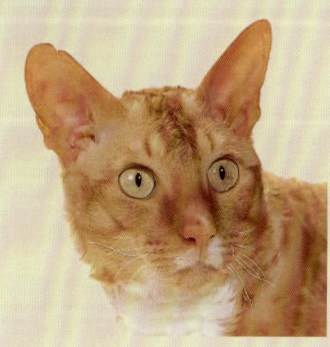

《 데번 렉스(왼쪽)와 코니시 렉스(오른쪽)의 얼굴 비교. 코니시 렉스가 얼굴이 더 길며, 데번 렉스는 광대뼈가 두드러지게 돌출되어 있고 귀가 아주 크다.

Cornish Rex 코니시 렉스

곱슬곱슬한 털의 코니시 렉스는 현재 단색부터 사진의 화이트 블랙 스모크까지 다양한 색과 패턴이 있으며, 모든 다양한 컬러포인트 유형이 존재한다.

최초의 코니시 렉스로 기록된 고양이는 1950년 영국의 콘월 지역에서 정상적인 털을 가진 토터셸 화이트 암고양이의 새끼로 태어났다. 이 새끼고양이는 배와 가슴이 흰색인 크림 클래식 태비였는데, 털이 몸에 바짝 붙어 자라며 곱슬곱슬했다. 이 고양이 주인은 뒤에 이 고양이와 어미를 다시 교배시켰으며, 그 중에 털이 곱슬곱슬한 새끼고양이가 2마리 있었다. 그러나 심한 근친교배로 유전자 풀이 제한적이라 새끼고양이들이 허약했다. 대부분의 새끼고양이를 안락사시켜야 했는데, 최초의 코니시 렉스가 낳은 새끼 중 수고양이 1마리가 살아남았다. 주인은 이 수컷으로부터 얻은 새끼고양이 중 암컷 1마리를 골라 다시 이 수컷과 교배시켰고, 이후 암컷은 미국으로 보내졌다. 이 암컷의 혈통이 다른 품종과의 교배로 점차 강화되었고, 다시 렉스 고양이와 역교배하여 열성유전자로 발현되는 곱슬털을 만들어냈다. 이 품종은 1967년에 공식 인정되었다.

코니시 렉스는 얼굴이 긴 삼각형으로 이마 쪽은 살짝 둥그스름하다. 강한 턱과 둥근 주둥이에 옆얼굴은 일직선이다. 귀는 아주 크다. 몸은 단단하고 근육이 잘 발달되어 있으며, 길고 곧은 다리와 끝으로 갈수록 가늘어지는 멋진 꼬리를 갖고 있다. 코니시 렉스는 모든 색과 패턴 및 각종 색 조합이 가능하다.

cat's data

털	짧고 폭신함. 보호털이 없음. 곱슬털이며, 특히 등과 꼬리 위가 물결 모양
눈	중간 크기, 타원형
기타 특징	큰 귀
그루밍	털이 곱슬거리게 손으로 부드럽게 빗질
성격	총명하고 신중하며 활동적

단모종 그룹

Devon Rex
데번 렉스

» 데번 렉스를 사랑스럽게 "도깨비 같은 표정을 가졌다"고 표현하는데, 장난꾸러기 성격과 아주 잘 어울린다.

1960년에 코니시 렉스의 원산지 근처인 영국의 데번 지역에서 털이 곱슬곱슬한 또 다른 고양이가 발견되었다. 털이 곱슬곱슬한 야생 수고양이가 털이 곧은 암컷 길고양이와 짝짓기하여 새끼를 낳았는데, 새끼고양이 중 1마리가 곱슬털을 가진 수컷이었다. 곱슬털은 열성유전자이기 때문에 곱슬털의 형질이 나타나려면 반드시 다른 곱슬털이 열성유전자와 결합해야 한다. 따라서 곱슬털을 가진 새끼의 어미고양이도 곱슬털의 열성유전자를 가지고 있었을 것이다. 그러나 데번 렉스의 곱슬털과 관련된 유전자는 코니시 렉스의 유전자와 전혀 다른 것으로 확인되었다. 실제로 데번 렉스와 코니시 렉스를 교배하면 곧은 털의 새끼만 태어난다.

데번 렉스의 털은 코니시 렉스에 비해 일반적으로 덜 촘촘해서 교배할 때 조심하지 않으면 털이 매우 엉성한 새끼가 태어날 수 있다. 데번 렉스는 코니시 렉스와 생김새도 매우 다르다. 근육이 잘 발달된 체형이나 날씬한 다리, 길고 채찍 같은 꼬리는 코니시 렉스와 같지만, 가슴이 넓고 광대뼈가 돌출되며 이마가 평평하고 주름이 있는 것은 다르다. 다양한 털색과 패턴을 비롯해 각종 색 조합이 가능하다.

cat's data

털	매우 짧고 가늘며 부드러운 곱슬털. 털이 물결모양일 수 있음
눈	넓은 미간, 크고 타원형. 모든 색
그루밍	빗보다 손으로 아주 부드럽게 쓰다듬기
성격	엄청난 장난꾸러기. 짓궂지만 착함

Selkirk Rex
셀커크 렉스

1987년 미국 와이오밍 주의 동물보호소에서 털이 곱슬곱슬한 토터셀 화이트 새끼고양이 1마리가 태어났다. 이 새끼고양이를 뒤에 최고 형질의 페르시안 계통과 교배시켰으며, 그 후손을 다시 특유의 곱슬털 계통과 역교배시켰다. 이런 탄생 배경 때문에 셀커크 렉스는 단모종 외에 장모종도 나타난다. 셀커크 렉스 클럽에서는 셀커크 렉스만의 특색을 강화할 수 있도록 다른 렉스 품종과의 교배를 금지하고 있다. 렉스 타입의 새끼고양이를 얻으려면 부모고양이 중 1마리만 셀커크 렉스여야 한다.

셀커크 렉스는 보호털을 포함해 모든 털이 다른 렉스 품종보다 촘촘하다. 몸은 다부진 직사각형이지만 머리는 둥글고 넓은 볼을 갖고 있다. 이 품종은 1992년에 미국의 국제고양이애호가협회 CFA(Cat Fanciers' Association)에 등록되었지만, 영국에서는 아직까지 정식 품종으로 인정하지 않고 있다.

cat's data

털	모직물 감촉, 보호털과 억센 속털은 곱슬거림. 털이 많고 촘촘함.
눈	크고 둥근 눈, 넓은 미간, 모든 색
그루밍	빗살이 성긴 빗으로 부드럽게 정기적으로 빗질
성격	차분하고 다정다감하며 장난기 많음

»» 셀커크 렉스는 페르시안 고양이와 교배되어 다른 렉스 품종과는 달리 몸 전체가 풍성한 털로 덮여 있다. 셀커크 렉스는 위의 블랙 스모크 같은 단모종은 물론, 오른쪽의 실버 초콜릿 링스 포인트 같은 장모종도 나타난다.

THE SHORTHAIR GROUP

American Curl
아메리칸 컬

1980년대 초 캘리포니아 주에서 귀가 약간 뒤로 젖혀진 독특한 생김새의 새끼 길고양이가 발견되었다. 나중에 이 고양이를 교배하여 귀가 뒤로 말린 2마리의 새끼고양이가 태어났는데, 이들이 뒤에 부와 명성을 얻은 아메리칸 컬의 효시다. 이들은 1마리는 단모종이고 다른 1마리는 장모종으로, 털이 항상 2종류로 나타났다. 2마리 새끼고양이 모두 지역 캣쇼에 출전했는데 반응이 폭발적이었다. 보통 주요 고양이 협회에서 단기간에 새로운 품종을 받아들이는 일이 아주 드문데, 아메리칸 컬이 이런 통념을 깼다. 아메리칸 컬은 이런 인기를 등에 업고 1985년에 국제고양이협회

» 블루 매커럴 태비가 평온한 성격과 조화를 이루는 아메리칸 컬의 균형 잡힌 체형을 보여준다.
작은 사진의 브라운 매커럴에서는 아메리칸 컬의 멋진 귀모양을 확실히 볼 수 있다.

« 무늬가 선명한 브라운 매커럴 태비가 귀를 쫑긋 세우고 있다. 귀는 뒤쪽으로 최소한 90° 정도 부드러운 아치모양으로 휘어져야 하지만 180° 휘어지면 안 된다. 귀 끝은 둥글고 유연하다.

cat's data

털	긴 털 또는 짧은 털. 비단처럼 매끄러우며, 뻣뻣하지 않고 몸에 밀착됨
눈	크고 호두모양. 모든 색
기타 특징	뒤로 말린 귀
그루밍	비교적 쉬움. 정기적으로 빗질하고 귀 점검
성격	애교가 많고 관심이 필요함

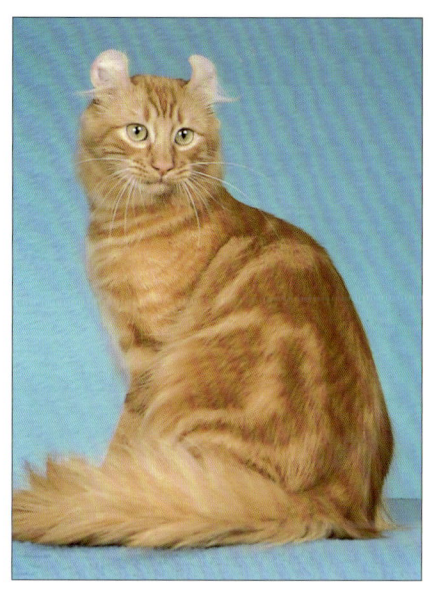

▼ 아메리칸 컬은 털길이는 서로 다르지만 귀가 뒤로 말린 모습은 같은 1쌍의 고양이를 교배하였기 때문에 사진의 레드 클래식 태비 같은 장모종도 있다.

» 아메리칸 컬은 털길이가 2종류일 뿐만 아니라 오늘날 색과 패턴의 선택의 폭도 넓어졌다. 사진의 아름다운 고양이는 브라운 맥 태비 화이트 장모종이다.

TICA(The International Cat Association), 1986년에는 국제고양이애호가협회 CFA(Cat Fanciers' Association)에서 공식 인정을 받았다. 생김새는 마치 귀가 바람에 뒤집힌 듯, 또는 바로 뒤에서 나는 소리에 귀를 기울이는 듯한 모양으로 귀엽고 매력적이다.

귀는 아래쪽이 넓고 벌어진 모양이다. 몸은 보통 크기에 근육이 잘 발달되고 균형이 잡혀 있다. 다리는 적당한 길이로 둥근 발을 갖고 있으며, 유연한 꼬리는 끝으로 갈수록 가늘어지고 길이가 몸길이와 같다. 아메리칸 컬은 모든 색과 패턴, 그리고 색 조합이 가능하다.

지금까지의 교배에서 기형이나 신체 결함은 나타나지 않았으며, 강하고 건강한 타입을 유지하기 위해 다른 품종과의 교배를 계속하고 있다. 그러나 스코티시 폴드와 같은 이유로 영국에서는 인정을 받지 못하고 있다.

Scottish Fold 스코티시 폴드

« 스코티시 폴드는 원산지가 스코틀랜드이지만 영국에서는 비교적 덜 알려져 있고 오히려 미국에서 인기가 많다. 귀가 아래로 접혀 있기 때문에 둥근 얼굴이 더욱 강조되어 보인다.

1961년 어느 날, 스코틀랜드의 한 농부가 귀가 특이하게 접힌 흰색 새끼고양이를 발견하였다. 1년 뒤 이 고양이가 귀가 접힌 새끼고양이를 낳았다. 나중에 이 고양이 혈통을 브리티시 블루 쇼트헤어와 교배하여 현재의 스코티시 폴드가 생겨났다. 귀가 접히는 것과 관계있는 유전자는 우성유전자로, 이 유전자 때문에 일부 골격 이상이 있을 수 있는 것으로 나타났다. 그래서 영국의 고양이애호가관리협회 GCCF(Governing Council of the Cat Fancy)를 비롯한 몇몇 고양이 등록기관에서는 이 품종의 등록을 반대하고 있다. 이 결함은 스코티시 폴드를 다른 순혈통 고양이와 교배하여 태어난 새끼에게도 나타날 수 있다. 스코티시 폴드는 단모종이나 장모종이 모두 있을 수 있으며, 털색과 패턴도 다양하다. 몸은 보통 크기이고, 머리는 둥글며, 목은 짧다. 코는 짧고 완만한 곡선모양이다. 짧은 다리에도 불구하고 활동적이다.

cat's data

털	짧고 촘촘하며 폭신함
눈	넓은 미간, 크고 둥근 눈
기타 특징	앞으로 접힌 귀
그루밍	비교적 쉬움. 정기적으로 빗질하고 귀 점검
성격	자신감이 넘치며, 브리티시 쇼트헤어와 페르시안의 형질을 이어받아 대체로 차분하고 독립적이지만 다정다감함

THE SHORTHAIR GROUP

American Wirehair
아메리칸 와이어헤어

아메리칸 와이어헤어는 곱슬곱슬한 털과 수염을 제외하면 친척이라고 볼 수 있는 아메리칸 쇼트헤어와 매우 흡사하다.

cat's data	
털	탄력 있고 촘촘하며 중간 길이. 털 가닥이 말리거나 휘어 있음
눈	넓은 미간, 크고 둥근 눈. 모든 색
그루밍	가끔 최소한의 부드러운 빗질
성격	매우 낙천적이고 호기심이 많음. 기분 좋아서 내는 가르랑거리는 소리를 멈추지 않음

이름이 말해주듯이 아메리칸 와이어헤어는 털이 가장 큰 특징이다. 털이 완전히 렉스형은 아니지만 대부분의 고양이들보다 훨씬 곱슬곱슬하고 물결무늬도 선명하며 탄력이 있다. 이 품종은 1966년 뉴욕 북부의 한 헛간에서 자연적으로 생긴 아메리칸 쇼트헤어의 새끼고양이 중 붉은색과 흰색이 섞인 곱슬털의 수고양이에서 시작되었다. 1969년에 교배 계통이 확립되었으며, 1978년에 국제고양이애호가협회 CFA(Cat Fanciers' Association)에서 순혈통 품종으로 정식 인정받았다. 미국에서만 그 명맥이 유지되어왔는데, 1996년 벨기에 브뤼셀의 캣쇼에서 아메리칸 와이어헤어 클래스가 있었다.

중간 내지 조금 큰 품종으로 머리는 둥글고 광대뼈가 튀어나왔으며, 주둥이가 잘 발달되어 있다. 컬러포인트(히말라얀)를 제외한 모든 색과 패턴이 나타난다.

Sphynx
스핑크스

털이 없는 고양이는 수백 년 전 중앙아메리카의 아즈텍 사람들이 길렀던 것으로 추정된다. 간간히 명맥을 이어오던 이 멕시칸 품종의 마지막 1쌍을 1903년 뉴멕시코 주 앨버커키 지역의 푸에블로 인디언 부족이 미국인 커플에게 선물하였다. 그러나 불행히도 수컷이 개들의 공격으로 죽고 이 품종은 살아남지 못했다. 오늘날 우리가 알고 있는 스핑크스 품종은 1966년 캐나다 토론토에서 흰색과 검은색이 섞인 일반 단모종 집고양이의 새끼 중 털이 없는 수고양이

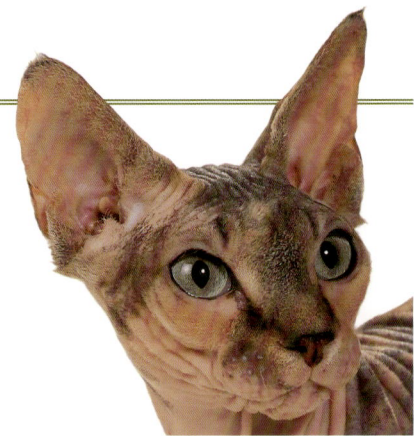

사진의 블랙 토티 태비의 얼굴을 보면 전형적인 스핑크스의 특징인 높은 광대뼈, 선명한 수염자국과 뒤쪽이 올라간 레몬모양의 눈을 한 눈에 확인할 수 있다.

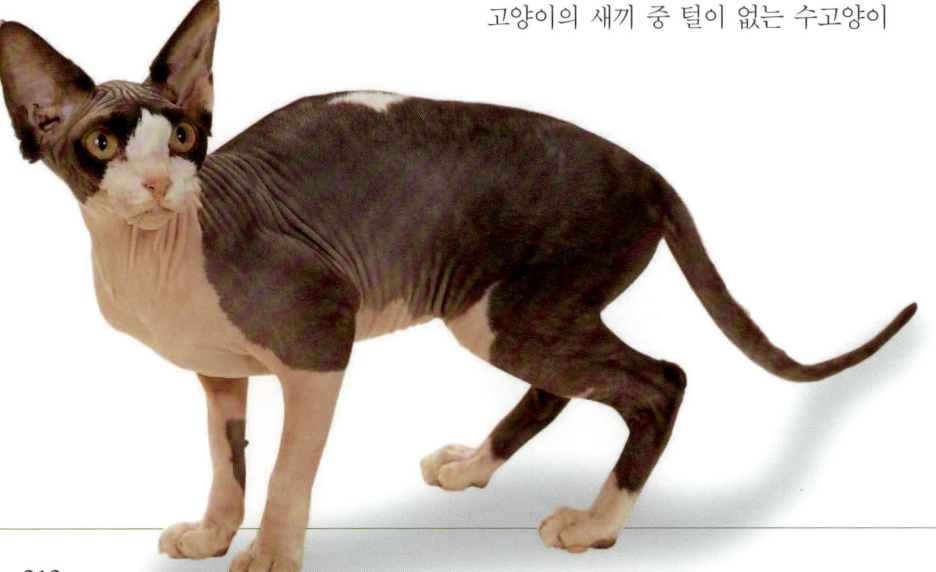

사진 속 블랙 화이트 바이컬러 스핑크스가 길고 늘씬한 목과 아주 큰 귀, 짧은 수염을 보여주고 있다. 이런 특이한 생김새 때문에 스핑크스 고양이는 가끔 고양이계의 ET로 불린다.

cat's data

털	질 좋은 스웨이드 느낌
눈	크고 눈초리가 조금 올라감
기타 특징	주요 부위에만 주름이 있고, 수염이 거의 또는 아예 없음. 큰 귀, 채찍 같은 꼬리
그루밍	매우 쉬움. 빗질보다 스펀지 등으로 닦음
성격	총명하고 매우 활달하며 장난기 많음

» 스핑크스의 목과 다리에 접혀 있는 주름은 허용되지만, 그 밖에는 사진의 브라운 태비처럼 주름이 없이 매끈해야 한다.

가 발견되면서 새롭게 품종이 확립된 것이다. 한 전문 브리더가 이를 보고 어미와 털이 없는 새끼 수고양이를 구입하여 교배해나가기 시작하였다.

정확히 말하자면 스핑크스는 털이 없는 게 아니라 복숭아 표면의 털처럼 부드럽고 따뜻한 솜털로 덮여 있다. 이마와 발, 꼬리 끝부분에는 눈에 보이는 털이 자라기도 한다. 그 밖에 튼튼한 골격의 다부진 체형이고, 머리는 가로보다 세로가 조금 길며, 목은 길고 가늘다. 크고 넓게 퍼진 귀는 높게 서 있고, 귀 외곽선은 얼굴 옆선과 이어진다. 광대뼈가 튀어나와 있고, 옆에서 봤을 때 코가 확실하게 꺾여 있다. 다리는 길고 가늘어 우아한 느낌이며, 발은 둥근 모양인데 발가락이 길어서 마치 작은 손가락처럼 보인다. 꼬리는 끝으로 갈수록 가늘어져 멋진 모습이다.

피부는 정기적으로 신경 써서 씻겨 줘야 한다. 관리하지 않고 방치하면 땀과 기름기 찌꺼기가 피부에 쌓여서 나중에 벗겨내거나 스펀지로 닦아내야 한다.

스핑크스는 피부 알레르기나 종기가 잘 생기는 단점이 있다. 그러나 고양이털에 알레르기가 있는 사람에게는 털이 없는 스핑크스가 유일하게 반려묘로 맞을 수 있는 고양이일 것이다. 이 품종은 일부 품종 등록기관에서 유전적 구성 자체가 기형이라는 이유를 들어 인정하지 않고 있다. 그러나 국제고양이협회 TICA(The International Cat Association)나 유럽의 몇몇 독립적인 클럽으로부터는 공식 인정을 받았으며, 벨기에와 네덜란드에 스핑크스 브리더들이 많다.

▲ 앙증맞게 앉아 있는 사진 속 고양이는 할리퀸 스핑크스(Harlequin Sphynx)이다. 모든 색과 패턴이 나타난다. 현재 영국에서는 이 품종을 인정하지 않지만 북미 지역에서는 애호가 층이 꽤 두터우며, 유럽에서도 점차 인기가 높아지고 있다.

» 블루 스핑크스의 매끄럽고 늘씬한 실루엣이 눈길을 끈다. 스핑크스는 유연하고 근육이 잘 발달되어 있으며, 활력이 넘치고 장난기가 많다.

평범한 이 연한 적갈색(ginger) 수고양이는 비순혈통 고양이지만 지금의 생활에 충분히 만족하는 것처럼 보인다. 아마도 혈통 좋은 고양이보다 마음껏 돌아다닐 자유도 더 많을 것이다.

The Ultimate Encyclopedia of Cats

비순혈통 고양이

Non-Pedigreed Cats

고양이의 가치가 대단한 혈통서에서 나오는 것은 아니다. 혈통을 알 수 없는 일반 고양이도 캣쇼에서 최고 평가를 받은 고양이와 마찬가지로 우아하고 아름다울 수 있다. 그러나 일반 고양이의 경우, 서로 다른 복잡한 혈통을 가진 아비고양이와 어미고양이 사이에서 나올 수 있는 새끼의 조합이 무궁무진하기 때문에, 새로 태어날 새끼의 생김새나 특징 등을 정확히 예측하기가 복권 당첨번호를 맞추는 것만큼 어려울 수 있다.

이 블랙 화이트 비순혈통 고양이는 캣쇼에서 털무늬의 대칭으로는 어떤 상도 못 받겠지만, 반려묘 부문에 참여할 수는 있다.

NON-PEDIGREED CATS

An Ordinary Cat
일반 고양이

집고양이 또는 잡종으로도 부르는 비순혈통 일반 고양이(이하 일반 고양이)는 사람들이 가장 많이 기르는 반려묘이다. 반려묘 중 5% 미만의 고양이만 혈통서가 있다.

순혈통 고양이보다 일반 고양이를 데려오는 비용이 훨씬 적게 들고, 찾기도 더 쉽다. 동물 구조단체와 고양이 보호협회에는 좋은 반려묘가 될 수 있는 고양이가 넘쳐나고, 그 중 몇몇은 비슷한 품종의 순혈통 고양이만큼 아름답다. 이런 고양이를 구입할 때는 사회 기부금이라고 할 수 있는 약간의 비용과 예방접종 비용만 있으면 된다.

순혈통 고양이는 보증서가 함께 오는데, 일반 고양이를 선택했을 때는 고양이의 정보(신분)를 알 수 없다는 것이 단점이다. 일반 고양이는 조상 때부터 여러 유전자가 섞여 있어서 대개는 총명하고 다정하지만, 간혹 나쁜 성격의 유전자도 어딘가에 섞여 있을 수 있다.

» 높은 가치가 있는 화이트 페르시안이나 발리니즈를 선택하겠는가? 아니면 이 사진의 흰색 장모종 고양이처럼 외모는 뛰어나지만 혈통서가 없는 비순혈통 고양이를 키우겠는가?

공통의 조상
순혈통 고양이와 일반 고양이는 모두 집고양이의 기원이 되는 공통의 조상을 갖는다. 그러나 순혈통 고양이는 선택적 교배로 발전시켜온 반면, 일반 고양이는 진화나 생존의 필요성 이외에 다른 특별한 규칙에 따라 교배된 것이 아니다.

일반 고양이는 털길이가 다양하고, 단색, 얼룩무늬, 줄무늬 또는 반점무늬 등 여러 가지 색과 패턴이 나타난다. 단색 고양이는 태비, 바이컬러나 토터셀보다 흔치 않은데, 종종 일반 고양이가 순혈통 고양이와 우연히 짝짓기하여 태어날 수도 있다. 눈은 보통 녹색이나 노란색이고, 대부분 코가 아주 길다.

길고양이 키우기
말 그대로 길거리를 배회하는 고양이를 데려와서 직접 키울 수도 있다. 중성화되지 않은 잡종 고양이는 여기저기 돌아다니면서 왕성하게 번식을 하고, 때문에 전체 길고양이(원래 야생에서 태어났거나 야생 상태로 회귀한 고양이)의 개체수가 늘어나게 된다. 그리스의 섬에서 수백 마리씩 발견되는 고양이들처럼, 야생의 생활과 사람들의 집 주변을 어슬렁거리는 생활을 오가며 줄타기하듯 사는 고양이도 있다. 이런 고양이는 구조 단체(만일 있다면)에게 큰 골칫거리이기도 하지만, 반려묘로서 갖추어야 할 모든 덕목을 잠재적으로 갖고 있기도 하다. 이런 고양이는 주인이 가능한 한 고양이와 많은 시간을 함께 보내면 사회화될 수

» 만일 메인 쿤이나 노르위전 포리스트 캣을 살 정도의 경제적 여유가 없다면 사진의 수염이 멋진 연한 적갈색(ginger) 중모종 고양이로도 충분히 만족할 수 있을 것이다.

▼
이 연한 적갈색(ginger) 고양이의 짧은 코와 다부진 체형에서 페르시안의 흔적이 보인다. 페르시안의 느긋함도 물려받은 것 같다.

있다. 특히 처음 몇 주는 고양이와 더 많은 시간을 함께 보내야 한다. 건강검진과 예방접종도 철저히 한다.

순혈통에 가까운 비순혈통 고양이
조금 더 순수한 품종을 원한다면, 거의 순혈통에 가까운 고양이를 찾을 수도 있다. 고립된 마을에 중성화되지 않은 수컷은 오직 토착 수고양이 1마리밖에 없다면 이웃의 순혈통 라일락 포인트 샤미즈 암고양이가 낳은 새끼들의 아비는 분명 이 토착 수고양이일 것이다. 이 경우 새끼 중 4마리는 라일락 포인트(비록 순혈통 어미보다 털이 조금 더 길고 더 거칠지만)이고, 나머지 1마리는 블랙 오리엔탈 쇼트헤어처럼 생겼더라도 5마리가 모두 비순혈통이다. 다행히 새끼들은 어미고양이의 아름다운 오리엔탈 타입의 생김새와 아비고양이의 강인한 체력과 성격을 물려받았다.

계보를 알 수 있는 비순혈통 고양이의 또 다른 예도 있다. 농장의 고양이들은 몇 세대에 걸쳐 번식해왔을 것이다. 이 과정에서 몇몇 새끼고양이들은 다른 고양이보다 더 예쁘거나, 더 똑똑하거나, 쥐를 더 잘 잡는다는 이유로 선택되어 길러졌다. 주인이 이 새끼고양이들의 혈통을 기록해둔다면 문서화된 혈통서가 만들어지는 것이다. 이것이 바로 혈통 체계의 시작이다.

비순혈통 고양이의 캣쇼 출전
많은 캣쇼에 비순혈통 고양이나 반려묘가 출전할 수 있는 클래스가 있다. 그러나 순혈통 품종처럼 털의 길이나 색, 형태에 대해 정해진 규정은 없다. 이 부문에 출전한 고양이는 친근함, 아름다움, 건강 상태 같은 일반적인 매력으로 평가받는다.

« 비순혈통 고양이는 모든 털길이와 색 조합이 가능하다. 사진의 쇼트헤어 2마리는 털 무늬가 불규칙하다는 결점을 초롱초롱하고 예쁜 균형 잡힌 생김새가 보완해준다.

» 순혈통 바이컬러는 얼굴과 가슴, 발에 있는 뚜렷한 흰색 무늬가 캣쇼에서 중요한 평가 기준이 되지만, 비순혈통 고양이는 성격을 더 중점적으로 평가한다.

브리더는 고양이를 계획적으로 교배하여 사진 속 싱가푸라 어미와 새끼고양이처럼 아름다운 특질과 일관된 성격이 다시 태어나는 것을 보며 보람을 느낀다. 이 품종은 싱가포르의 일명 '배수구 고양이'를 개량한 것이다.

The Ultimate Encyclopedia of Cats

교배하기
Breeding from Your Cat

🐈 　대부분의 사람들은 한두 마리의 고양이를 데려와서 함께 사는 것으로 만족한다. 그리고 이 고양이들은 중성화수술을 받아 새끼를 낳지 않고, 사람과 더불어 평범한 삶을 살게 된다. 반면에 취미로 고양이 교배에 깊이 관여하는 사람도 있다. 그러나 고양이 교배 사업은 좀처럼 수익이 나기 어려운 분야이다. 아마추어 브리더가 매우 훌륭한 형질을 가진 새끼고양이를 번식시키는 것만으로 만족할 수 있다 해도, 금전적으로나 시간적으로 상당한 투자가 필요한 일이라 종종 좌절감을 맛볼 수도 있다.

샤미즈의 특징인 옅은 색 바탕에 귀, 코, 꼬리와 발 부분의 짙은 색 포인트는 브리더들 사이에서 '히말라얀 인자'로 알려져 있다.

BREEDING FROM YOUR CAT

고양이 번식

> 브리더에게 최고의 보람은, 완벽한 타입과 품성을 갖춘 순혈통 고양이를 길러내서 사진의 크림 컬러포인트 페르시안처럼 내셔널 슈프림 그랜드 챔피언 같은 최고의 상을 받는 것이다.

고양이를 교배하기 전에 그 부작용에 대해 진지하게 생각해봐야 한다. 단지 자신의 비순혈통 고양이에게 중성화수술 전에 어미가 될 수 있는 기회를 주려는 의도이든, 특정 순혈통을 잇기 위한 목적이든 시간과 비용이 들기 때문이다. 그러나 무엇보다 중요하게 고려해야 할 것은 바로 태어난 새끼고양이에게 좋은 분양처를 구해줄 수 있는가 하는 것이다. 만일 이런 분양처를 구하지 못하거나 분양 예정자가 갑자기 변심한 경우, 자신이 새끼고양이를 평생 책임질 마음의 준비가 되어 있어야 한다.

자신의 고양이를 번식시키는 사람들은 대부분 일반 고양이보다 순혈통 고양이를 기르고, 교배를 통해 순혈통을 유지하거나 개량하려는 목적을 갖고 있다. 고양이 애호가에게는 순혈통 고양이와 관련된 모임이나 행사만큼 흥미롭고 아름다운 볼거리가 가득한 곳이 없다. 또 자신과 비슷한 관심거리를 가진 사람들에게서 많은 것을 배우는 계기가 되기도 하고, 종종 경쟁 상대와 친해지는 일도 있다.

책임감

순혈통 새끼고양이를 팔아 경제적으로 큰 이익을 볼 목적으로 고양이 번식에 뛰어든 사람은 얼마 지나지 않아 크게 실망하게 된다. 아무리 경험이 많고 명성이 있는 브리더라도 특정 회계연도의 순이익을 따져보았을 때, 행운이 따르지 않고서는 손익분기점을 넘기는 경우가 아주 드물다. 어미고양이와 새끼를 위한 진료비, 각종 질병 검사비와 예방접종 비용은 물론이고, 종묘 비용(교배 시 종묘 주인에게 지불하는 비용), 임신과 수유 기간 동안 주는 특수사료 구입비, 새끼고양이를 위한 난방비, 고양이협회에 내는 등록비 및 광고비 등 아주 많은 돈이 필요하기 때문이다.

어미고양이가 만삭일 때와 수유 중일 때는 각별히 주의해야 한다. 어미고양이가 사람이 원하는 편한 시간에 맞춰 새끼를 출산하는 경우는 별로 없다. 모두가 잠든 아주 이른 새벽에 출산을 할 수도 있으며, 어미고양이가 첫 출산인 경우에는 사람이 옆에서 도와주는 것이 좋다. 이 과정에서 특히 어미고양이가 첫 출산일 경우에 원치 않는 죽음을 목격하기도 하는데, 이것이 견디기 힘든 고통이다.

이런 힘든 과정을 무사히 넘기더라도 새끼고양이가 마냥 사랑스럽고 귀엽기만 한 것은 아니다. 새끼고양이는 물건을 망가뜨리고 방해꾼이 되기 십상이다. 한시도 눈을 떼지 않고 돌보면서 새끼고양이가 바깥세상으로 나갈 수 있게 준비를 시켜야 한다. 따라서 순혈통 새끼고양이는 가능하면 고양이를 키워본 경험이 있을 때, 돈을 목적으로 하기보다 사랑과 관심을 갖고 키워야 한다.

> 새끼고양이들과 전쟁 같은 하루를 보낸 뒤 "내가 이걸 왜 시작했을까?"라는 의문을 품지 않은 브리더는 없을 것이다. 그러나 이 질문에 대한 답은 사진 속 바이컬러 새끼고양이 3마리의 천진난만한 모습을 보면 바로 찾을 수 있다.

소형종이지만 강단이 있는 싱가푸라는 싱가포르의 길고양이를 순혈통으로 개량한 품종이다. 가장 우수한 개체만 골라 번식한 결과 오늘날 인기 많은 싱가푸라를 만들어낼 수 있었다.

순혈통 교배의 역사

순혈통 고양이를 많이 교배하게 된 것은 1800년대부터이다. 1871년 런던에서 개최된 최초의 캣쇼가 고양이 전람회 열풍을 조성하였고, 이 때문에 보다 체계적으로 교배할 필요가 있다는 것을 깨닫게 되었다. 현재 교배 지침이 나라마다 다르지만, 그 토대는 예술가이자 작가이며 캣쇼 개최자였던 해리슨 위어(Harrison Weir)가 마련하였다. 초기 캣쇼에 출전했던 고양이는 대부분이 도메스틱 쇼트헤어와 페르시안이었다. 아시아 품종은 1880년대가 되어서야 비로소 서유럽에 소개되었다. 샤미즈 품종이 처음으로 전시된 것은 1885년 영국에서이다. 이때 이미 유럽과 미국의 브리더는 독자적으로 교배 프로그램을 수립하고 있었다. 이들은 가장 우수한 영국산 순혈통 고양이를 토착종과 교배하여 품종을 개량시켰다. 미국 최초의 캣쇼는 1895년 뉴욕에서 열렸다.

새로운 품종 수립

현재 전 세계적으로 인정받는 품종만도 50종류가 넘으며, 일부 국가에서는 인정받지만 다른 곳에서는 인정받지 못하는 품종도 많다. 순혈통 고양이의 교배 목적은 단순히 캣쇼 출전이나 판매, 또는 해당 혈통의 유지에만 있는 것이 아니다. 이력이 잘 알려진 어미와 종묘를 신중하게 선택하면 더 우수한 품종으로 개량할 수 있다. 적자생존의 원칙에 따라 자연적으로 진화되기를 기다리기보다 이렇게 선택 교배를 하면, 원하는 형질의 개체를 얻는 데 많은 시간을 단축할 수 있다. 예를 들어, 가장 건강하고 뛰어난 모습의 토착 길고양이를 골라서 반복 교배시켜 나온 품종이 바로 영국, 미국과 유럽의 대표적인 쇼트헤어이다. 브리더는 이 밖에도 기존의 품종을 바탕으로 새로운 색 유형이나 완전히 새로운 품종 개발을 시도하기도 한다. 그러나 이 과정에서 종종 기형이 나타날 수 있기 때문에, 이 분야만큼은 고양이 유전학에 해박한 전문가에게 맡겨야 한다. 새로운 품종을 확립하는 데는 대체로 오랜 시간이 걸린다. 여러 번 교배해야 비로소 건강하고 일정한 형질을 가진 새끼고양이가 태어나는지 확인이 가능하며, 그 후에야 공식 품종으로 등록된다.

6마리의 블루 및 크림 페르시안이 한꺼번에 태어나더라도 사진의 6주 된 고양이같이 귀엽고 우수한 개체들이라면 분양처를 찾기가 어렵지 않다.

암고양이 선택

교배 프로그램을 계획할 때 활용할 품종과 교배 계통(혈통)의 선택은 철저한 준비와 사전 조사가 바탕이 되어야 한다. 품종에 대한 정보를 최대한 많이 수집하고, 전문서적과 잡지를 비롯하여 품종 클럽 등을 통해 해당 품종에 대한 유전학 지식을 습득해야 한다.

자신이 원래 키우던 고양이와 교배하는 것이 아니라면 적합한 조건의 순혈통 부모고양이를 찾아서 암컷 새끼고양이를 미리 예약하는 것이 현명하다. 결과적으로 이 암컷 새끼고양이가 앞으로 확립할 교배 계통의 효시가 되기 때문에, 자신이 감당할 수 있는 비용 안에서 최고의 고양이를 선택해야 한다.

뚜렷한 목표 설정

어떠한 경우에도 새로 확립할 교배 계통의 어미로 3개월 미만의 새끼고양이를 선택하면 절대 안 된다. 생후 3개월이 지나야 새끼고양이의 성격과 털색 및 패턴을 파악할 수 있기 때문이다. 영국의 고양이애호가관리협회 GCCF(Governing Council of the Cat Fancy)나 미국의 국제고양이애호가협회 CFA(Cat Fanciers' Association) 등 권위 있는 고양이 공인기관은 각 등록 품종별로 이상적인 표준을 만들어놓고 있다. 이를 참조하면 자신이 확립하려는 품종의 효시가 될 암고양이를 선택하는 데 도움이 될 뿐 아니라, 브리더로서 명확한 지침을 세울 수 있다.

각 품종 클럽은 암고양이를 구입할 수 있는 브리더 목록을 갖고 있으므로 이곳을 통해 암고양이를 찾아볼 수도 있다. 또 개별 품종으로 한정된 캣쇼이든, 다양한 품종을 볼 수 있는 전국 규모의 캣쇼이든 직접 찾아가 보는 것도 도움이 된다. 1년 내

대부분의 영국 브리더들은 교배용 암컷을 반려묘로 기르고 있다.

내 많은 챔피언십 및 전문가의 품종 전시회가 열리는데, 관련 상세 정보는 품종 클럽이나 주요 고양이 등록기관을 통해 확인할 수 있다. 캣쇼에서 브리더나 경연 참가자는 보통 자신의 고양이에 대해 이야기하는 것을 좋아한다.

클럽이나 캣쇼에서의 인맥 형성이 고양이 교배 네트워크에 합류하기 위해 필수적으로 거쳐야 할 출발점이다. 이렇게 알게 된 브리더로부터 교배 계통의 효시가 될 암고양이를 구할 수 있고, 나중에 그 암고양이와 짝을 지어줄 적절한 종묘도 구할 수 있다. 이렇게 만난 브리더가 당장에 원하는 고양이를 갖고 있지 않은 경우에 다른 사람을 소개받을 수도 있다.

번식할 교배 계통은 앞을 내다보고 선택한다. 메인 쿤은 아름다운 고양이지만 또한 몸집이 가장 큰 품종 중 하나이다.

교배할 암고양이 선택

특정 품종이나 고양이를 처음 봤을 때 생김새 같은 외형적인 요소에 먼저 끌린다. 그러나 교배를 생각한다면, 사람에게 잘 반응하고 외향적이면서 차분한 성격의 고양이를 선택하는 것이 중요하다. 이런 고양이는 일반 가정에서 좋은

소형종이지만 강단이 있는 싱가푸라는 싱가포르의 길고양이를 순혈통으로 개량한 품종이다. 가장 우수한 개체만 골라 번식한 결과 오늘날 인기 많은 싱가푸라를 만들어낼 수 있었다.

순혈통 교배의 역사

순혈통 고양이를 많이 교배하게 된 것은 1800년대부터이다. 1871년 런던에서 개최된 최초의 캣쇼가 고양이 전람회 열풍을 조성하였고, 이 때문에 보다 체계적으로 교배할 필요가 있다는 것을 깨닫게 되었다. 현재 교배 지침이 나라마다 다르지만, 그 토대는 예술가이자 작가이며 캣쇼 개최자였던 해리슨 위어(Harrison Weir)가 마련하였다. 초기 캣쇼에 출전했던 고양이는 대부분이 도메스틱 쇼트헤어와 페르시안이었다. 아시아 품종은 1880년대가 되어서야 비로소 서유럽에 소개되었다. 샤미즈 품종이 처음으로 전시된 것은 1885년 영국에서이다. 이때 이미 유럽과 미국의 브리더는 독자적으로 교배 프로그램을 수립하고 있었다. 이들은 가장 우수한 영국산 순혈통 고양이를 토착종과 교배하여 품종을 개량시켰다. 미국 최초의 캣쇼는 1895년 뉴욕에서 열렸다.

새로운 품종 수립

현재 전 세계적으로 인정받는 품종만도 50종류가 넘으며, 일부 국가에서는 인정받지만 다른 곳에서는 인정받지 못하는 품종도 많다. 순혈통 고양이의 교배 목적은 단순히 캣쇼 출전이나 판매, 또는 해당 혈통의 유지에만 있는 것이 아니다. 이력이 잘 알려진 어미와 종묘를 신중하게 선택하면 더 우수한 품종으로 개량할 수 있다. 적자생존의 원칙에 따라 자연적으로 진화되기를 기다리기보다 이렇게 선택 교배를 하면, 원하는 형질의 개체를 얻는 데 많은 시간을 단축할 수 있다. 예를 들어, 가장 건강하고 뛰어난 모습의 토착 길고양이를 골라서 반복 교배시켜 나온 품종이 바로 영국, 미국과 유럽의 대표적인 쇼트헤어이다. 브리더는 이 밖에도 기존의 품종을 바탕으로 새로운 색 유형이나 완전히 새로운 품종 개발을 시도하기도 한다. 그러나 이 과정에서 종종 기형이 나타날 수 있기 때문에, 이 분야만큼은 고양이 유전학에 해박한 전문가에게 맡겨야 한다. 새로운 품종을 확립하는 데는 대체로 오랜 시간이 걸린다. 여러 번 교배해야 비로소 건강하고 일정한 형질을 가진 새끼고양이가 태어나는지 확인이 가능하며, 그 후에야 공식 품종으로 등록된다.

6마리의 블루 및 크림 페르시안이 한꺼번에 태어나더라도 사진의 6주 된 고양이같이 귀엽고 우수한 개체들이라면 분양처를 찾기가 어렵지 않다.

암고양이 선택

교배 프로그램을 계획할 때 활용할 품종과 교배 계통(혈통)의 선택은 철저한 준비와 사전 조사가 바탕이 되어야 한다. 품종에 대한 정보를 최대한 많이 수집하고, 전문서적과 잡지를 비롯하여 품종 클럽 등을 통해 해당 품종에 대한 유전학 지식을 습득해야 한다.

자신이 원래 키우던 고양이와 교배하는 것이 아니라면 적합한 조건의 순혈통 부모고양이를 찾아서 암컷 새끼고양이를 미리 예약하는 것이 현명하다. 결과적으로 이 암컷 새끼고양이가 앞으로 확립할 교배 계통의 효시가 되기 때문에, 자신이 감당할 수 있는 비용 안에서 최고의 고양이를 선택해야 한다.

뚜렷한 목표 설정

어떠한 경우에도 새로 확립할 교배 계통의 어미로 3개월 미만의 새끼고양이를 선택하면 절대 안 된다. 생후 3개월이 지나야 새끼고양이의 성격과 털색 및 패턴을 파악할 수 있기 때문이다. 영국의 고양이애호가관리협회 GCCF(Governing Council of the Cat Fancy)나 미국의 국제고양이애호가협회 CFA(Cat Fanciers' Association) 등 권위 있는 고양이 공인 기관은 각 등록 품종별로 이상적인 표준을 만들어놓고 있다. 이를 참조하면 자신이 확립하려는 품종의 효시가 될 암고양이를 선택하는 데 도움이 될 뿐 아니라, 브리더로서 명확한 지침을 세울 수 있다.

각 품종 클럽은 암고양이를 구입할 수 있는 브리더 목록을 갖고 있으므로 이곳을 통해 암고양이를 찾아볼 수도 있다. 또 개별 품종으로 한정된 캣쇼이든, 다양한 품종을 볼 수 있는 전국 규모의 캣쇼이든 직접 찾아가 보는 것도 도움이 된다. 1년 내

대부분의 영국 브리더들은 교배용 암컷을 반려묘로 기르고 있다.

내 많은 챔피언십 및 전문가의 품종 전시회가 열리는데, 관련 상세 정보는 품종 클럽이나 주요 고양이 등록기관을 통해 확인할 수 있다. 캣쇼에서 브리더나 경연 참가자는 보통 자신의 고양이에 대해 이야기하는 것을 좋아한다.

클럽이나 캣쇼에서의 인맥 형성이 고양이 교배 네트워크에 합류하기 위해 필수적으로 거쳐야 할 출발점이다. 이렇게 알게 된 브리더로부터 교배 계통의 효시가 될 암고양이를 구할 수 있고, 나중에 그 암고양이와 짝을 지어줄 적절한 종묘도 구할 수 있다. 이렇게 만난 브리더가 당장에 원하는 고양이를 갖고 있지 않은 경우에 다른 사람을 소개받을 수도 있다.

교배할 암고양이 선택

특정 품종이나 고양이를 처음 봤을 때 생김새 같은 외형적인 요소에 먼저 끌린다. 그러나 교배를 생각한다면, 사람에게 잘 반응하고 외향적이면서 차분한 성격의 고양이를 선택하는 것이 중요하다. 이런 고양이는 일반 가정에서 좋은

번식할 교배 계통은 앞을 내다보고 선택한다. 메인 쿤은 아름다운 고양이지만 또한 몸집이 가장 큰 품종 중 하나이다.

소형종이지만 강단이 있는 싱가푸라는 싱가포르의 길고양이를 순혈통으로 개량한 품종이다. 가장 우수한 개체만 골라 번식한 결과 오늘날 인기 많은 싱가푸라를 만들어낼 수 있었다.

순혈통 교배의 역사

순혈통 고양이를 많이 교배하게 된 것은 1800년대부터이다. 1871년 런던에서 개최된 최초의 캣쇼가 고양이 전람회 열풍을 조성하였고, 이 때문에 보다 체계적으로 교배할 필요가 있다는 것을 깨닫게 되었다. 현재 교배 지침이 나라마다 다르지만, 그 토대는 예술가이자 작가이며 캣쇼 개최자였던 해리슨 위어(Harrison Weir)가 마련하였다. 초기 캣쇼에 출전했던 고양이는 대부분이 도메스틱 쇼트헤어와 페르시안이었다. 아시아 품종은 1880년대가 되어서야 비로소 서유럽에 소개되었다. 샤미즈 품종이 처음으로 전시된 것은 1885년 영국에서이다. 이때 이미 유럽과 미국의 브리더는 독자적으로 교배 프로그램을 수립하고 있었다. 이들은 가장 우수한 영국산 순혈통 고양이를 토착종과 교배하여 품종을 개량시켰다. 미국 최초의 캣쇼는 1895년 뉴욕에서 열렸다.

새로운 품종 수립

현재 전 세계적으로 인정받는 품종만도 50종류가 넘으며, 일부 국가에서는 인정받지만 다른 곳에서는 인정받지 못하는 품종도 많다. 순혈통 고양이의 교배 목적은 단순히 캣쇼 출전이나 판매, 또는 해당 혈통의 유지에만 있는 것이 아니다. 이력이 잘 알려진 어미와 종묘를 신중하게 선택하면 더 우수한 품종으로 개량할 수 있다. 적자생존의 원칙에 따라 자연적으로 진화되기를 기다리기보다 이렇게 선택 교배를 하면, 원하는 형질의 개체를 얻는 데 많은 시간을 단축할 수 있다. 예를 들어, 가장 건강하고 뛰어난 모습의 토착 길고양이를 골라서 반복 교배시켜 나온 품종이 바로 영국, 미국과 유럽의 대표적인 쇼트헤어이다. 브리더는 이 밖에도 기존의 품종을 바탕으로 새로운 색 유형이나 완전히 새로운 품종 개발을 시도하기도 한다. 그러나 이 과정에서 종종 기형이 나타날 수 있기 때문에, 이 분야만큼은 고양이 유전학에 해박한 전문가에게 맡겨야 한다. 새로운 품종을 확립하는 데는 대체로 오랜 시간이 걸린다. 여러 번 교배해야 비로소 건강하고 일정한 형질을 가진 새끼고양이가 태어나는지 확인이 가능하며, 그 후에야 공식 품종으로 등록된다.

6마리의 블루 및 크림 페르시안이 한꺼번에 태어나더라도 사진의 6주 된 고양이같이 귀엽고 우수한 개체들이라면 분양처를 찾기가 어렵지 않다.

BREEDING FROM YOUR CAT

암고양이 선택

교배 프로그램을 계획할 때 활용할 품종과 교배 계통(혈통)의 선택은 철저한 준비와 사전 조사가 바탕이 되어야 한다. 품종에 대한 정보를 최대한 많이 수집하고, 전문서적과 잡지를 비롯하여 품종 클럽 등을 통해 해당 품종에 대한 유전학 지식을 습득해야 한다.

자신이 원래 키우던 고양이와 교배하는 것이 아니라면 적합한 조건의 순혈통 부모고양이를 찾아서 암컷 새끼고양이를 미리 예약하는 것이 현명하다. 결과적으로 이 암컷 새끼고양이가 앞으로 확립할 교배 계통의 효시가 되기 때문에, 자신이 감당할 수 있는 비용 안에서 최고의 고양이를 선택해야 한다.

뚜렷한 목표 설정

어떠한 경우에도 새로 확립할 교배 계통의 어미로 3개월 미만의 새끼고양이를 선택하면 절대 안 된다. 생후 3개월이 지나야 새끼고양이의 성격과 털색 및 패턴을 파악할 수 있기 때문이다. 영국의 고양이애호가관리협회 GCCF(Governing Council of the Cat Fancy)나 미국의 국제고양이애호가협회 CFA(Cat Fanciers' Association) 등 권위 있는 고양이 공인 기관은 각 등록 품종별로 이상적인 표준을 만들어놓고 있다. 이를 참조하면 자신이 확립하려는 품종의 효시가 될 암고양이를 선택하는 데 도움이 될 뿐 아니라, 브리더로서 명확한 지침을 세울 수 있다.

각 품종 클럽은 암고양이를 구입할 수 있는 브리더 목록을 갖고 있으므로 이곳을 통해 암고양이를 찾아볼 수도 있다. 또 개별 품종으로 한정된 캣쇼이든, 다양한 품종을 볼 수 있는 전국 규모의 캣쇼이든 직접 찾아가 보는 것도 도움이 된다. 1년 내

△ 대부분의 영국 브리더들은 교배용 암컷을 반려묘로 기르고 있다.

내 많은 챔피언십 및 전문가의 품종 전시회가 열리는데, 관련 상세 정보는 품종 클럽이나 주요 고양이 등록기관을 통해 확인할 수 있다. 캣쇼에서 브리더나 경연 참가자는 보통 자신의 고양이에 대해 이야기하는 것을 좋아한다.

클럽이나 캣쇼에서의 인맥 형성이 고양이 교배 네트워크에 합류하기 위해 필수적으로 거쳐야 할 출발점이다. 이렇게 알게 된 브리더로부터 교배 계통의 효시가 될 암고양이를 구할 수 있고, 나중에 그 암고양이와 짝을 지어줄 적절한 종묘도 구할 수 있다. 이렇게 만난 브리더가 당장에 원하는 고양이를 갖고 있지 않은 경우에 다른 사람을 소개받을 수도 있다.

교배할 암고양이 선택

특정 품종이나 고양이를 처음 봤을 때 생김새 같은 외형적인 요소에 먼저 끌린다. 그러나 교배를 생각한다면, 사람에게 잘 반응하고 외향적이면서 차분한 성격의 고양이를 선택하는 것이 중요하다. 이런 고양이는 일반 가정에서 좋은

» 번식할 교배 계통은 앞을 내다보고 선택한다. 메인 쿤은 아름다운 고양이지만 또한 몸집이 가장 큰 품종 중 하나이다.

먹이를 먹고 사랑을 듬뿍 받으며 자란 경우가 많다. 그리고 이런 고양이야말로 훌륭한 성격 유전자를 후손에게 물려줄 수 있다.

운이 좋으면 캣쇼에서 선택한 고양이가 심사위원에게 좋은 성적을 받을 수 있고, 캣쇼에서 좋은 성적을 거둔 고양이에게서 태어난 암고양이를 데려올 수도 있다. 이 경우 어미고양이의 품성이 훌륭하고 건강 상태가 좋을 뿐만 아니라 주인인 브리더에게 많은 도움을 받을 수도 있다.

브리더 방문하기

캣쇼에서 교배 계통을 만들어나갈 새끼 암고양이를 발견하더라도 최종 결정을 내리기 전에 반드시 브리더의 집을 직접 방문하여 데려올 고양이의 본래 성격을 파악해야 한다. 제한된 캣쇼 장소에서 보이는 모습과 자신의 영역인 집에서의 행동이 완전히 다를 수 있다. 만약 데려올 고양이가 어미고양이나 같은 배에서 태어난 새끼와 함께 살고 있다면 서로에게 어떻게 반응하는지도 관찰한다. 데려오려는 혈통의 전반적인 성격을 파악할 수 있는 좋은 기회다.

혈통과 관련된 구체적인 질문을 하고 교배 기록도 확인한다. 각종 수상 경력은 화려하지만 교배 성공 경험이 별로 없는 혈통의 고양이보다, 수 세대 동안 건강상 문제가 없으며 튼튼한 새끼 고양이를 출산하고 잘 길러온 혈통의 고양이를 데려오는 것이 훨씬 현명하다. 책임감 있는 브리더라면 자신의 고양이를 데려갈 사람이 앞으로 제대로 된 브리더가 될 자질을 갖추었는지 평가하고, 자신의 고양이가 그 사람에게 어떻게 반응하는지도 주의 깊게 살펴볼 것이다. 좀 더 까다로운 브리더는 새끼 고양이를 보내기 전에 최종적으로 분양받을 사람의 담당 수의사에게 그 사람에 대한 평가를 문의하는 경우도 있다.

샤미즈 어미고양이가 모성애를 보여주고 있다. 교배 계통을 수립하기 위해 새끼 암고양이를 선택할 때는 데려올 새끼고양이의 어미가 새끼를 대하는 자세도 잘 관찰한다. 어미와 새끼의 관계가 좋은 경우에 그런 기질이 후손에게도 지속적으로 이어질 확률이 매우 높기 때문이다.

고양이 맞이하기

드디어 교배 계통 수립을 위한 새끼 암고양이를 성공적으로 분양받고, 품종 클럽에도 가입했다고 가정해보자. 이 시점부터 새끼고양이가 첫 교미가 가능해질 때까지의 기간이 가장 중요한 준비 단계이다. 새끼 암고양이에게는 원래 소유주였던 브리더가 권장하는 최고의 사료를 준다. 또한 근육이 최적의 상태로 발달할 때까지 자주 놀아주고 운동을 시켜야 한다. 고양이가 새 주인과 끈끈한 유대관계를 맺을 수 있도록 고양이를 사랑과 애정을 갖고 대해야 한다. 드디어 암고양이가 임신 가능한 상태가 되고 새끼를 출산하게 되면 사람의 도움이 필요할 때가 있다. 이런 경우에 바로 대처할 수 있도록 미리 해박한 지식을 갖춘다.

4주가 된 호기심 많은 오시캣 새끼고양이는 여기저기 돌아다닐 준비가 되어 있다. 그러나 어미가 새끼에게 바짝 붙어서 보호하고 있다.

교배 준비

암고양이가 교미할 준비가 되면(발정이 나면) 온동네가 다 알게 된다. 암고양이는 발정이 나면 '발정 울음(콜링)'이란 소리를 내는데, 샤미즈와 같은 일부 품종은 날카로운 비명소리나 통곡소리 같은 울음소리를 낸다. 또 페르시안은 작은 소리로 가냘프게 야옹거리는 것으로 만족한다. 암고양이는 바닥에서 구르거나 몸을 질질 끌기도 하며, 꼬리를 흔들고 엉덩이를 들어 올려 살짝 붉어진 회음부를 노출시키기도 하는 등 과감한 행동을 보인다. 식욕을 잃는 암고양이도 있다. 만일 이런 요란한 행동이 건강 문제 때문으로 의심된다면, 수컷이 교미할 때 암컷의 목덜미를 살짝 무는 것처럼 목 뒤쪽의 피부를 살짝 집어 올리면서 등을 쓰다듬어본다. 만일 고양이가 기분 좋은 듯한 반응을 보이면서 다리를 대고 엎드린 채 꼬리를 들어 올린다면 발정이 온 것이다.

암고양이가 성적으로 성숙되는 시기는 평균 6개월 정도이지만, 샤미즈와 버미즈 등의 오리엔탈 품종은 생후 14주나 16주만에도 첫 발정이 올 수 있다. 브리티시 쇼트헤어와 페르시안은 10개월 이전에는 발정이 나지 않는다. 같은 품종에서는 수고양이가 암고양이보다

▲ 발정난 샤미즈 암고양이가 바닥에 구르면서 꼬리를 휘두르고 있다. 샤미즈가 발정기 때 내는 울음소리는 귀에 거슬릴 정도로 큰 것으로 유명하다.

▼ 바이컬러 실 포인트 래그돌 수컷이 래그돌과 터키시 밴의 잡종 암컷에게 관심이 있다. 만약 둘 사이의 교배가 성공적으로 이루어진다면 아주 귀여운 새끼고양이들이 태어나겠지만 순혈통 품종으로 인정받을 수는 없다.

종묘를 고를 때는 항상 품종 표준에 가장 가까운 개체를 골라야 한다. 사진의 레드 페르시안 수컷은 털이 조금 적어보이지만 페르시안의 전형적인 특성을 고루 갖추고 있어서 그 2세 또한 우수한 형질을 지닐 것이다.

일반적으로 1~2개월가량 성적 성숙이 늦은 편이다. 암고양이의 발정 시기는 발정이 1년 중 언제냐에 따라서도 달라진다. 만약 발정 시기가 가을이나 겨울이면 따뜻한 봄이 시작될 때까지 발정이 미뤄질 수도 있다.

발정 주기는 약 21일 간격이고, 발정 기간은 3~10일이다. 최소 14년 동안 번식이 가능하다.

생후 첫 발정이 온 암고양이는 바로 종묘와 교배시키지 말고 최소 1살이 될 때까지 몇 번의 주기를 그냥 넘기는 것이 좋다. 몸이 완전히 성숙할 수 있도록 기다릴 필요가 있고, 이렇게 함으로써 출산 시의 위험을 줄일 수도 있다.

종묘 선택

여러 품종 클럽에서 믿을 수 있는 수컷의 종묘 목록을 발행하고 있지만, 자신에게 암고양이를 분양했던 브리더가 적합한 종묘를 추천해줄 수도 있다. 경험이 풍부한 브리더는 유전적으로 잘 맞는 교배 계통을 알고 있을 수 있으므로, 이미 생각해둔 종묘가 있더라도 전문가인 그들의 조언을 반드시 참고한다. 캣쇼에 가서 종묘를 고를 생각이라면 새롭게 그랜드 챔피언이 된 수컷을 성급하게 고르지 않는 것이 좋다. 다른 브리더들도 너도나도 그 수컷을 원하겠지만, 사실 그 수컷의 아비를 선택하는 것이 가장 현명하다. 그 아비 고양이는 탁월한 형질을 가진 자손을 생산할 수 있다는 것을 스스로 입증했을 뿐 아니라, 첫 교미를 하게 될 어린 암고양이에게는 노련한 수컷이 더 좋다.

만남

특정 종묘를 최종 선택하기 전에 먼저 자신의 암고양이가 교배 기간 동안 머물 종묘 브리더의 집을 방문하여 분위기나 환경을 살펴본다. 교배 횟수와 교배 시 관찰 여부 같은 중요한 질문을 할 수 있는 기회이기도 하다. 서로 교환해야 할 교배 시 확인 서류는 종묘 등급에 따라 다른데, 암고양이는 다음의 정보를 제공해야 한다.

- 혈통
- 등록서 및(또는) 소유 변천사
- 최근의 예방접종 증명서
- 고양이백혈병 및 고양이면역 부전바이러스 (FIV) 검사 결과 음성이라는 증명서

질병 검사 결과가 최근 5~7일 이내의 것이면 되지만, 일부 종묘 주인은 24시간 이내의 검사 결과를 요구하기도 한다. 이런 조건이나 비용 등

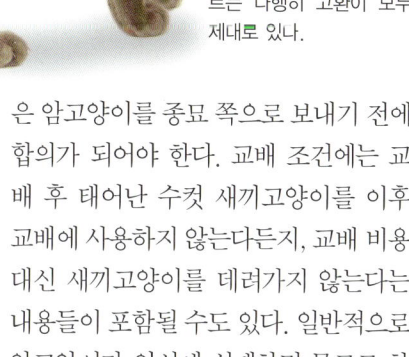

품종에 관계없이 종묘는 홑고환(고환이 1개)이거나 잠복고환(숨겨져 있는 고환)이면 안 된다. 사진의 코라트는 다행히 고환이 모두 제대로 있다.

은 암고양이를 종묘 쪽으로 보내기 전에 합의가 되어야 한다. 교배 조건에는 교배 후 태어난 수컷 새끼고양이를 이후 교배에 사용하지 않는다든지, 교배 비용 대신 새끼고양이를 데려가지 않는다는 내용들이 포함될 수도 있다. 일반적으로 암고양이가 임신에 실패하면 무료로 한 번 더 교배시킬 수 있다.

절차를 간소화한다고 해도 종묘 주인이 적어도 암고양이의 이름과 먹는 사료 정도는 알아야 한다.

이상적인 태비 종묘는 최상의 타입일 뿐만 아니라 태비무늬 또한 잡티 없이 깨끗하고 뚜렷해야 한다.

교배

젊은 암고양이가 발정 울음을 시작하면 종묘 주인에게 바로 연락한다. 두 고양이 모두 건강한 상태여야 하고, 교배 전에 발톱을 모두 깎아준다.

발정 울음이 시작된 지 2일 또는 3일째 되는 날 종묘가 있는 곳으로 보내는 것이 적당하다. 종묘 주인은 종묘 사육장과 암고양이가 머물 곳을 철저히 소독하는 등 암고양이를 맞을 준비를 한다. 암고양이가 머물 우리는 종묘의 소리가 들리는 종묘 사육장 안에 둔다. 이렇게 하면 암고양이가 종묘에게 익숙해져서 교배 준비를 하게 된다.

암고양이가 안정되면 종묘 주인이 암고양이를 우리에서 풀어놓는다. 교미가 정상적으로 진행된다면 암고양이가 배를 땅에 깔고 몸을 낮추어 수컷을 받아들일 준비를 할 것이다. 종묘는 이빨로 암고양이의 목덜미를 물고 뒷다리로 암고양이의 엉덩이를 찬다. 암고양이가 수고양이를 받아들인다면 엉덩이를 올리고 꼬리를 넘긴다. 수고양이의 성기가 최초로 삽입되면 암컷의 배란이 유도되고 수정이 이루어진다. 나중에 다시 교미하면 성공 확률이 더 높다. 암고양이는 며칠 동안 가임 능력이 유지되므로 집으로 돌아온 후에도 실내에서만 머무르게 해야 한다.

교미가 절정에 이르면 암컷은 이때만 들을 수 있는 독특한 소리를 낸다. 암컷은 교미 직후 수컷을 물거나 할퀴려는 습성이 있기 때문에 수컷이 성기를 빼는 즉시 암컷에게서 멀리 떨어진다. 암컷은 데굴데굴 구른 다음 격정적으로 그루밍을 2~3분 하는데, 이 과정을 거쳐야만 평정심을 찾을 수 있다. 암컷이 확실히 임신을 하게 하려면 2~3일 동안 몇 차례 더 교미시켜야 한다.

종묘 주인은 교미 과정을 지켜보면서 고양이들이 서로에게 상처를 입히지 않는지 살펴봐야 한다. 그러나 대부분의 경우 2마리가 금세 친해진다. 어느 정도 가까워지면 함께 뛰어놀게 하고 자신들이 원할 때 교미하게 한다. 암고양이는 종종 종묘의 잠자리를 차지하는 등 수컷보다 우월함을 내세우는 행동을 하기도 한다. 암고양이가 머무는 마지막 날 종묘 주인은 다음 내용이 기재된 증명서를 발급해준다.

- 종묘의 혈통
- 관찰된 교미 횟수
- 교미 날짜
- 출산 예정일
- 합의된 종묘 비용 및 조건

암고양이와 수고양이는 교미 전에 상대를 확인하는 일종의 준비의식을 치른다. 그러나 수컷은 일단 사정이 끝나면 암컷의 날카로운 발톱 공격을 피하기 위해 멀리 떨어진다.

암컷은 교미하기 전까지 배란을 하지 않는다. 수컷이 암컷의 목덜을 무는 것은 배란을 촉진하는 역할도 하지만, 암컷이 그 자리에서 움직이지 못하게 하는 실용적인 효과도 있다.

임신

임신 말기에는 대부분의 암고양이가 평소보다 더 자주 쉰다. 사진 속 페르시안은 분만 직전에 잠시 쉬고 있다.

고양이의 임신 기간은 63~68일이다. 가끔은 61일만에 건강한 새끼고양이가 태어나기도 한다. 그러나 보통 이 시기 또는 그 이전에 태어난 새끼는 아직 신체 주요 기능이 완벽하게 제 기능을 할 수 없기 때문에 전문적인 관리가 필요하다. 일부 암고양이는 임신 기간이 최대 70일까지 늘어나기도 한다. 이런 경우에는 새끼가 비정상적으로 커져 있는 경우가 많다.

임신 징후

고양이가 새끼를 뱄을 때 나타나는 첫 징후는 교미 후 2~3주가 되었을 때 더 이상 발정이 오지 않는 것이다. 이후 유두가 커지면서 짙은 분홍색으로 변하는 등 곧 눈으로 확인할 수 있는 징후가 나타나기 시작한다. 경험이 풍부한 브리더는 이런 징후가 나타나기 며칠 전에 어미의 배 근육이 물결치듯 움직이는 것을 보고 새끼를 밴 것을 미리 알기도 한다. 수의사는 3~4주 후에 고양이의 배를 촉진하여 임신을 확인해준다.

출산 전 관리

임신 기간 동안 고양이가 임신 전과 같은 생활을 유지할 수 있도록 사람이 도와줘야 한다. 임신 5주차부터는 식사량을 평소보다 늘리고, 필요한 경우에는 비타민 보충제도 제공한다. 야생고양이는 다음 번 사냥이 성공할지를 확신할 수 없으므로 먹을 수 있을 때 최대한 많이 먹는다. 집고양이는 주인에게 식사량을 늘려달라는 사인을 보낼 것이다. 식사량을 잘 모르겠으면 담당 수의사에게 조언을 구한다.

임신한 상태에서도 기어오르거나 뛰어오르거나 사냥하는 등 평소처럼 행동해도 된다. 그러나 임신한 고양이를 마음대로 돌아다니게 할 경우 다른 위험에 노출될 수도 있다. 만삭이 되어가면 행동이 조금 느려질 수 있는데, 어느 정도 활동을 해야 근육의 긴장도를 높은 수준으로 유지할 수 있다. 이것은 자연 분만을 성공시키기 위해서도 반드시 필요하다.

약 4주가 지나면 암고양이의 배가 커지기 시작하고 유두가 많이 돌출되며, 전체적으로도 임신한 모습이 나타난다. 28일차에 접어들면 태아의 내장 기관이 모두 형성되며, 태아의 몸길이가 2.5cm 정도가 된다. 골격은 40일경부터 발달되며, 50일째에는 뱃속 태아의 움직임이 좀 더 활발해져서 겉에서도 알 수 있다. 대부분 암고양이가 쉬고 있을 때 옆구리를 따라 물결처럼 움직이거나 미끄러지는 듯한 움직임을 쉽게 볼 수 있다.

출산 1주일 전에는 암고양이가 서서히 분만할 공간을 찾기 시작한다. 두꺼운 종이의 분만 상자를 준비하여 고양이가 찢을 수 있는 종이를 많이 넣어두는 것이 좋다. 이런 공간을 따로 준비해주지 않으면 암고양이는 옷장(벽장)이나 서랍 또는 보일러실같이 따뜻하고 바람이 없는 장소를 스스로 찾는다.

고양이가 직접 분만 장소를 찾게 하면 고양이는 아마 사람에게 가장 난처한 장소에 자리를 잡을 것이다. 따라서 출산 전에 분만할 공간을 만들어놓는 것이 고양이와 사람 모두에게 좋은 방법이다. 그러나 고양이가 실제 분만에 들어가기 전에 분만 공간과 위치에 익숙해지도록 미리 준비하는 것이 중요하다.

출산

고양이의 분만은 흥분되는 일이지만, 한편으로는 분비물 등으로 지저분해지고 힘들어질 수도 있는 일이다. 그러므로 분만 상자 안에 최대한 깔개를 많이 깔아주고, 새끼고양이와 어미를 성가시게 하지 않으면서, 분만 상자 바닥과 주변을 청소나 소독하기 쉽게 준비해야 한다.

출산 약 24시간 전부터 어미고양이는 분만 제1기에 들어간다. 겉으로 드러나는 신체적 변화는 거의 없으나, 단지 옆구리를 따라 배 근육이 약하게 물결칠 수 있다. 노련한 브리더는 고양이의 호흡이 때때로 얕아지고 잦아지는 것을 알 수도 있다. 자세히 관찰하면 초기에 진통이 아주 약하게 시작될 때 콧구멍이 빠르게 벌름거리는 것을 볼 수 있다. 이 단계의 마지막에 이르면 작은 점액 마개(임신 중 자궁경부를 덮고 있는 점액 덩어리)가 깔개에 떨어져 있거나 어미고양이의 외음부 근처 털에 묻어 있는데, 이것을 '이슬 현상'이라 한다.

분만 제2기는 뱃속의 새끼고양이가 몇 마리이냐에 따라 아주 길어질 수도 있다. 어미고양이가 특별히 힘들어하지 않는 이상 모두 잘 되어가고 있는 것이므로 당황하지 않는 것이 중요하다. 이 단계에서는 본격적인 분만 수축이 진행되고, 근육 수축을 눈으로도 확인할 수 있다. 어미고양이는 숨을 깊게 들이쉬고, 배 전체가 수축하며 근육이 아래쪽으로 물결치듯이 움직인다.

새로 태어난 새끼고양이가 양수로 가득 찬 양막에서 벗어나 막 모습을 드러내고 있다.

어미의 첫 임무는 갓 태어난 새끼고양이를 깨끗하게 핥아주는 것이다. 특히 새끼가 숨을 쉬고 첫 울음을 터트릴 수 있도록 코와 입 주위를 집중적으로 핥아준다.

출산 준비물

- 소독된 끝이 무딘 가위
- 수술용 멸균 장갑
- 키친타월
- 뜨거운 물
- 일반 수건
- 얼굴 수건(손수건 크기)
- 수성 윤활제

드디어 새끼고양이와 양수를 싸고 있던 양막이 어미의 음순 사이로 보이기 시작한다. 이때 양막에 둘러싸인 새끼고양이의 머리가 보일 수 있고, 종종 막이 터지면서 양수가 흐르기도 한다. 출산이 빠르게 진행되어 양수가 터지기 전에 새끼가 태어나는 일도 있다.

어미고양이는 새끼를 싸고 있는 막을 제거하고 몸 전체를 혀로 닦아주는데, 특히 새끼의 코와 입 주변을 중심으로 핥아준다. 어미의 이런 행동이 새끼고양이가 호흡기에 남은 양수를 뱉어내고 첫 울음을 터트리도록 유도한다. 이때쯤 2차 진통이 일어나면서 뱃속에 남은 태반이 배출(후산, 분만 제3기)되며, 어미는 자신의 태반을 본능적으로 먹어 치운다. 야생고양이는 태반을 먹음으로써 분만 후 며칠간 회복에 필요한 음식과 영양소를 보충할 수 있다. 태반에서 분비되는 호르몬은 유즙 분비를 촉진하고 자궁을 수축시켜 출산 후의 출혈 위험을 막아준다. 야생에서는 이런 출혈로 인해 다른 포식동물이 새끼고양이의

생후 1주일 정도밖에 안 된 새끼고양이가 배고파서 젖을 찾아 울고 있다. 아직 눈도 뜨지 않고 귀도 들리지 않으며, 전혀 길들여지지 않은 상태이다.

교배하기

생후 3주 된 새끼고양이. 이 시기에 눈을 뜨고 움직임도 점점 좋아진다. 이제 모유 외에도 잘게 썰어 익힌 고기나 새끼고양이용 사료를 먹을 수 있다.

비순혈통 새끼고양이들이 출생의 고통을 이겨내고 드디어 편히 쉬고 있는 모습이다.

위치를 쉽게 파악할 수 있다. 어미는 탯줄도 모두 먹어버린다. 자연분만인 경우 어미가 첫 출산이라도 대부분의 상황에 스스로 대처할 수 있다. 그러나 가끔 사람의 도움이 필요할 수도 있으므로, 출산 준비물을 가까이에 두고 지켜본다.

둔위 분만

어떤 새끼고양이는 산도에서 뒷다리가 먼저 나오면서 태어나는데, 이것은 정상적인 분만이다. 그러나 뒷다리가 먼저 나오지 않고 엉덩이와 꼬리가 먼저 나오는 경우도 있는데, 이것을 둔위 분만이라고 하며 문제가 될 수 있다. 이 경우 흔히 조바심이 생겨서 바로 손가락을 넣어 출산을 도우려고 하는데 침착하게 모든 상황을 고려해서 행동해야 한다.

만약 어미고양이가 강한 수축운동을 보인다면 정상적으로 분만할 가능성이 높다. 원래 머리부터 내려오면서 산도를 넓혀야 하는데 새끼고양이가 다른 방향으로 나오기 때문에 어미가 조금 더 힘들 뿐이다. 그러나 새끼가 다 나오지도 않았는데 양수가 터지고 시간이 지체되는 경우에는 새끼고양이의 뇌가 손상되거나 사산될 위험이 있으므로 가능한 빨리 새끼고양이를 꺼내줘야 한다.

새끼고양이의 다리가 먼저 나오는 경우, 재빨리 수술용 장갑을 끼고 어미의 음순 주변에 윤활제를 조금 바른다. 새끼고양이의 몸은 절대 잡아당기면 안 된다. 새끼고양이는 아주 연약해서 다치기 쉽다. 어미가 배를 수축할 때 새끼의 다리가 외음부 밖으로 더 내려오면 집게손가락과 가운데손가락을 구부려 새끼의 다리를 손가락에 걸듯이 잡는다. 어미의 수축운동이 끝나면 새끼의 몸이 다시 자연스럽게 외음부 안쪽으로 빨려 들어간다. 그러나 두 손가락으로 다리를 잡고 있으므로 다음 수축운동이 일어날 때는 다리가 더 많이 빠져나오게 된다. 그러면 다시 반대쪽 손가락을 이용하여 다리를 잡는 과정을 반복하여 새끼의 몸이 조금씩 빠져나올 수 있도록 돕는다. 보통 엉덩이가 나오면 그 다음에는 어미가 스스로 해결할 수 있다.

엉덩이나 꼬리 부분이 먼저 나오는 둔위 분만인 경우에는 윤활제를 바른 손가락을 어미의 질 속으로 부드럽게 넣어 새끼고양이 옆에 고리처럼 걸고 있도록 한다. 그러나 대부분의 경우 어미고양이가 최선의 방법을 가장 잘 알고 있어 스스로 잘 해결할 수 있다.

사산처럼 보이는 경우

가끔 죽은 듯이 태어나는 새끼가 있다. 정말로 죽은 것이 아니라면 숨을 쉬지 못하고 있거나 쇼크를 받은 상태일 수 있다. 어미고양이가 바로 새끼의 얼굴을 핥아주지 않으면 사람이 직접 나서야 한다. 코와 폐에 가득 찬 양수를 제거하려면 새끼고양이를 손으로 잡고 집게손가락으로 머리를 받친다. 그리고 새

끼고양이를 아래쪽으로 두세 번 부드럽게 흔든 다음 코와 콧구멍 주변을 중심으로 얼굴을 닦아 자극을 준다. 동시에 몸통을 열심히 쓰다듬어준다. 대부분은 이 정도 처치로 살아나지만 필요에 따라서는 새끼의 입으로 공기를 불어넣어야 살릴 수도 있다.

새끼고양이가 출산 과정에 어떤 스트레스를 받아 실제로 사망할 수도 있다. 이때는 사망 이유가 심각한 것일 수 있으므로 사망한 새끼의 시체는 따로 잘 보관해두었다가 부검을 통해 정확한 사망 원인을 파악해야 한다.

어미고양이의 출산 피로

여러 번 출산 경험이 있는 암고양이라도 출산 중의 피로로 새끼를 분만하지 못하는 경우도 있다. 이런 경우를 대비하여 출산 예정일을 담당 수의사에게 미리 알려두는 것이 좋다. 가장 흔히 생기는 문제가 불충분한 자궁 수축운동이다. 이 경우 수의사가 어미고양이에게 옥시토신이라는 호르몬을 주사하여 자궁 수축운동이 원활하게 이루어지게 한다. 이 방법도 효과가 없다면 제왕절개 시술이 유일한 대안일 수 있다. 이 수술은 최소한의 마취제만 사용하여 신속하게 이루어지므로 수술 후에도 어미가 새끼를 잘 보살필 수 있다.

어미가 물려받은 특정 계통의 교배 기록을 검토하는 것이 중요한 이유는 바로 제왕절개 시술이 필요할 수 있는지 미리 판단하기 위해서이다.

출산 후 관리

어미고양이가 건강하다면 임신 후에 문제가 생기는 일이 드물지만, 다음과 같은 이상이 없도록 언제나 세심한 관리가 필요하다.

- 자궁축농증 : 자궁 감염으로 황백색의 점액성 분비물이 흘러나온다. 증상을 일찍 발견하면 항생제로 쉽게 치료할 수 있다. 심한 경우에는 난소자궁적출수술을 받아야 한다.
- 자간(유열) : 어미고양이의 혈중 칼슘 수치가 급격히 떨어져서 경련을 일으킨다. 수의사가 곧바로 칼슘을 근육 주사 또는 정맥 주사를 놓으면 단시간에 회복된다.
- 유방염 : 어미고양이의 유선이 감염되어 유방이 단단하게 뭉치면서 열이 난다. 항생제 치료가 필요하다. 환부를 온열 찜질하면 일시적으로 고통을 덜어줄 수 있다.
- 모유 부족 : 어미가 영양소가 풍부한 음식과 물을 충분히 섭취하지 못하는 경우, 새끼고양이가 젖을 강하게 빨지 못하는 경우, 또는 유방염 때문에 젖이 마르는 경우 등이다. 라케시스(Lachesis, 독사의 독을 희석한 약) 같은 동종요법이나 호르몬 치료로 모유가 다시 나올 수도 있다. 그렇지 않으면 새끼들이 젖을 떼는 시기까지 브리더가 직접 인공수유를 해야 한다. 인공수유는 시중에서 파는 대체분유를 2시간 간격으로 먹여주어야 한다. 수의사에게 인공수유 경험이 많은 브리더를 소개받을 수도 있다.

기형

기형은 드물게 다음과 같은 형태로 나타난다.

- 구개열(언청이)
- 안구결손
- 심실중격결손 등의 심장 결함
- 배꼽 탈장
- 탈장

« 출산 직후에는 혹시 생길 수 있는 문제에 대비해 어미와 새끼를 주의 깊게 관찰해야 하지만, 대개는 어미 스스로 새끼를 잘 돌보고 훈련시킬 수 있다.

새끼고양이 기르기

새끼고양이가 건강하게 태어난다면 생후 2~3주까지는 사람이 굳이 어미고양이를 도와주지 않아도 된다. 그러나 분만 상자의 깔개는 어미의 신경이 날카로워지지 않도록 주의하면서 정기적으로 바꿔주고, 어미고양이가 평소보다 3배가량 더 먹을 수 있으므로 먹이를 충분히 준다. 새끼고양이는 생후 1주일쯤 눈을 뜨기 시작하고, 사람이 자기를 들어 올릴 때마다 경고음을 내며 싫어하던 내색을 멈춘다.

새끼고양이는 처음부터 길들이는 것이 중요하다. 사람 목소리와 손길에 익숙해지도록 정기적으로 안아서 부드럽게 쓰다듬으면서 낮은 목소리로 이름을 부르거나 이야기한다. 과거에는 어미와 새끼고양이를 어둡고 외딴 공간에 따뜻하게 두라고 조언하는 전문가도 있었다. 그러나 이것은 새끼고양이가 사람과 야외활동을 두려워하게 만드는 지름길이다. 일단 새끼가 젖을 떼면 우리에 넣어서라도 좀 더 넓은 공간으로 옮겨 새끼고양이가 새로운 사람들을 만나게 한다. 이 시기에 사회적 접촉이 많아야 새끼고양이가 생후 12~16주경에 새 주인을 만났을 때 낯선 환경에 빨리 적응한다.

식습관

어미는 새끼고양이가 젖꼭지를 찾을 수 있도록 유도한다. 그러면 새끼는 발로 젖꼭지 주위를 안마하듯이 누르면서 젖을 빤다. 출산 후 며칠간 나오는 초유에는 어미의 항체와 영양분이 풍부해서 새끼고양이를 감염성 질환으로부터 보호해준다. 새끼고양이는 어미젖을 서서히 떼야 한다. 이유 시기가 정확히 정해져 있지는 않으나, 새끼는 대략 3~4주경에 어미의 먹이를 먹기 시작할 수 있다. 새끼고양이가 생후 5주까지 어미의

생후 7주 된 새끼고양이들. 3마리 모두 천진난만해 보인다. 이 시기에는 놀이를 통해 사냥하는 법과 자신을 방어하는 법을 배운다.

젖을 먹는 것은 정상이다. 새 주인을 만나기 전인 12주쯤에는 젖을 완전히 떼야 한다. 6주가 되면 물을 핥아먹고 고형식을 먹을 수 있게 된다.

처음에 먹을 수 있는 고형식으로는

생후 9주 된 새끼고양이. 활동적이고 튼튼하며, 혼자 바깥세계를 돌아다닐 수 있을 만큼 충분히 독립적이다. 그러나 첫 백신 접종 전까지는 밖에 나가지 못하게 한다.

고품질의 새끼고양이용 캔, 잘게 썰어 익힌 육류나 닭고기, 얇게 포를 뜬 흰 생선살 등이 있다. 이 시기에 가능한 한 다양한 음식을 제공하면 영양소를 고르게 섭취할 수 있을 뿐만 아니라, 다양한 입맛을 갖게 하고 좋은 식습관을 들이는 데 도움이 된다. 이유식 단계에서는 가급적 건조사료는 피해서 준다. 생후 3~4주 된 고양이는 소량으로 하루에 4~6번 급식하고, 점차 하루에 3~4번으로 횟수를 줄여 나간다.

새끼고양이가 고형사료를 먹기 전까지는 어미가 새끼의 뒤처리를 하므로 화장실을 사용할 필요가 없다. 좀 더 크

» 샤미즈 어미가 새끼에게 배변 장소와 화장실 사용법을 가르치고 있다. 사람이 따로 새끼고양이에게 배변 훈련을 시킬 필요는 거의 없다.

» 어떤 새끼고양이는 다른 새끼들보다 고형식에 일찍 적응하기도 한다. 왼쪽의 새끼고양이는 따뜻하고 포근한 어미의 젖을 여전히 그리워하는 것 같다.

면 새끼고양이는 어미가 하는 것을 보고 배워서 스스로 화장실을 사용하게 되므로 사람이 따로 교육시키지 않아도 된다. 만약 그렇지 않으면 새끼고양이가 식사를 하고 나서 바로 화장실에 넣어두다. 화장실은 바닥과 주변을 청소하거나 소독하기 쉽고 조용한 곳에 두어야 한다. 이때부터 새끼고양이가 새 주인을 만나 떠나기 전까지 사육환경의 위생 관리에 각별히 신경을 써야 한다. 불결한 환경에서는 질병에 걸리거나 감염될 위험이 있다. 또한 새 주인을 만났을 때 더러운 환경에서 생활하던 습관이 그대로 나타날 수 있다. 이 경우 브리더의 명성에 흠집을 낼 수 있으므로 미리 예방하는 것이 좋다.

유전의 기본

자신의 암고양이로 교배를 시작하기 전에 암고양이와 종묘의 유전적 특성에 대해 알아두는 것이 중요하다. 50년 이상 수많은 세대를 거쳐 탄생한 순혈통 고양이일 경우, 이 고양이는 물론 고양이 조상의 기록까지 모두 존재한다. 예를 들어 조상고양이의 캣쇼 수상 내력을 보면 암고양이가 새끼들에게 물려준 건강한 유전자가 무엇인지 알 수 있다. 암고양이의 털색과 특성이 어떻게 형성되었는지 알게 되고, 이를 바탕으로 새끼고양이의 털색이나 그 밖의 특징도 대략 예상할 수 있다.

털색이나 패턴 같은 형질이 다음 세대에 전달되는 원리는 1800년대 중반

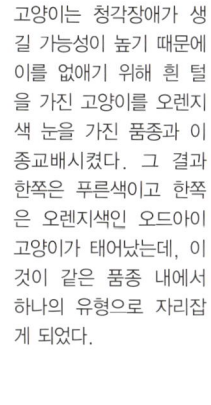

흰 털에 푸른 눈을 가진 고양이는 청각장애가 생길 가능성이 높기 때문에 이를 없애기 위해 흰 털을 가진 고양이를 오렌지색 눈을 가진 품종과 이종교배시켰다. 그 결과 한쪽은 푸른색이고 한쪽은 오렌지색인 오드아이 고양이가 태어났는데, 이것이 같은 품종 내에서 하나의 유형으로 자리잡게 되었다.

아비고양이인 페르시안 블루 바이컬러의 청회색 털은 새끼고양이에게 희석된 라일락색으로 유전되었다.

이전에는 전혀 알려지지 않았다. 그러나 오스트리아의 수도사였던 그레고르 멘델(Gregor Mendel)이 1850년대에 유전과 유전학의 비밀을 풀기 시작하였고, 이것이 처음으로 고양이의 계획적 교배를 가능하게 만들었다. 그 덕분에 브리더들은 과거의 무작위적 교배 대신 원하는 형질을 가진 고양이를 선택 교배하는 방법으로 자신의 교배 계통에서 특정 형질을 강화하고 유지할 수 있게 되었다.

유전자의 영향

부모로부터 유전되는 특정 형질이나 행동 특성이 발현되기 위해 필요한 매개체가 바로 유전자이다. 털색과 패턴, 꼬리 길이나 귀의 모양을 비롯해 건강과 성격에 이르기까지 모든 유전적 특성은 유전자에 의해 결정된다. 새끼고양이는 유전자의 절반을 어미로부터, 나머지 절반은 아비로부터 물려받는다. 유전자 배열은 같은 배에서 태어난 새끼라도 각자 다르기 때문에 새끼마다 고유한 유전적 특성을 갖는다.

유전자 중에는 붉은색 발현 유전자같이 어느 한쪽 성별에만 전달되는 특성을 가진 유전자도 있다. 토터셸이 항

BREEDING FROM YOUR CAT

스코티시 폴드의 접힌 귀는 우성유전자 때문이며, 비교적 최근에 생긴 돌연변이다.

상 암컷인 이유는 이런 반성유전자 때문이다. 정상적인 수컷은 붉은색과 비붉은색을 동시에 발현하지 못한다.

어떤 유전자는 다른 유전자에 비해 영향력이 좀 더 커서 이를 '우성유전자'라고 한다(이에 상반되는 유전자는 '열성유전자'). 새로 수정이 된 수정란에서 특정 털색의 우성유전자와 열성유전자가 만나면 이 수정란은 나중에 자라서 우성유전자가 발현된다. 열성유전자는 겉으로 드러나지 않은 상태로 여러 세대를 거쳐 후대에 전달될 수 있다. 그러다가 우연히 같은 열성유전자끼리 만나게 되면 열성유전자의 특징이 겉으로 나타날 수도 있다. 이것을 고양이에 적용해보면, 검은색이나 태비같이 우성인 색 또는 패턴 유전자는 청회색(블루)이나 셀프(단색) 같은 열성유전자의 특징보다 우선하여 발현된다. 이 때문에 어미와 아비고양이 모두에게 청회색 또는 초콜릿색 같은 열성유전자가 내재해 있는 경우 검은색인 부모고양이 사이에서 청회색이나 초콜릿색의 새끼고양이가 태어나기도 하고, 태비무늬의 부모고양이 사이에서 단색의 무늬 없는 새끼고양이가 태어나기도 한다.

가끔 유전자의 기본 형질이 방사선이나 환경 같은 다른 외부 요인에 의해 바뀌기도 한다. 재패니즈 밥테일과 맹크스 고양이는 모두 고립된 섬에 살았기 때문에 근친교배를 할 수밖에 없었다. 이 과정에서 인간의 이분척추(Spina Bifida, 척추가 완전히 만들어지지 못하고 갈라져서 생기는 선천성 척추 결함)와 비슷한 척추 변형이 일어나 꼬리가 짧아지게 만드는 돌연변이 유전자가 발생하였다. 일부 브리더는 오히려 이것을 독특한 매력으로 보고 이 돌연변이를 새로운 품종으로 개발하기도 하였다.

사진의 크림색 새끼고양이에게서 볼 수 있는 다지증(발가락 수가 많은 것)은 우성유전자 때문에 나타난다. 모든 순혈통 품종에서 이 형질을 인정하지 않는다.

맹크스 품종에서 볼 수 있는 자연적인 돌연변이는 영국의 서쪽 해상에 있는 맨섬에서 고립된 환경 때문에 근친교배가 이루어진 것이 원인으로 추측된다.

교배와 유전학

≪ 시나몬 유전자(b^1)는 블랙 유전자(B)에 대해 열성이며, 염색체 상에서 초콜릿 유전자(b)와 동일한 자리에 위치한다.

같은 배에서 태어난 새끼에게 나타나는 색 범위는 부모에게 받은 유전자와 이 유전자가 우성이냐 열성이냐에 의해 결정된다. 모든 새끼고양이는 부모의 유전자를 이어받지만, 그 조합은 새끼마다 다르다.

유전자는 1쌍으로 존재한다. 블랙 유전자는 초콜릿이나 시나몬(황갈색) 유전자보다 우성이기 때문에 1쌍의 유전자 중 1개가 블랙 유전자이면 그 고양이는 검은색이 된다. 반면에, 블랙 유전자가 없으면 그 고양이는 초콜릿색이나 시나몬색이 된다. 그런데 초콜릿 유전자는 시나몬 유전자보다 우성이므로, 시나몬색 고양이가 태어나려면 시나몬 유전자가 1쌍이 있어야 한다(초콜릿 유전자와 시나몬 유전자가 결합되면 초콜릿색 고양이가 태어남). 희석 유전자는 고유의 털색을 옅게 하는 유전자로, 검은색을 청회색으로, 초콜릿을

≫ 이 블루 아비시니안 혈통은 1쌍의 열성 희석유전자(dd)와 1개의 블랙 유전자(B)를 갖고 있다

라일락색으로, 시나몬색을 옅은 황갈색(fawn)으로, 붉은색은 크림색으로 희석시킨다. 희석유전자는 열성이기 때문에 옅은 색을 띠는 고양이는 1쌍의 희석유전자를 가지고 있는 것이다.

태비무늬는 아구티 유전자에 의해 나타난다. 아구티 유전자는 털가닥 끝은 어두운 색을 띠게 하고, 털뿌리로 가면서 밝은 색과 어두운 색이 교대로 나타나게 한다. 논아구티 유전자는 밝은 색 띠가 형성되는 것을 막기 때문에 전체적으로 단색을 띠게 된다. 흰색 털은 색소를 전혀 생산하지 않게 하는 유전자에 의해 나타난다.

≪ 사진의 이그조틱 쇼트헤어는 토터셀인 것으로 보아 암컷이 분명하다. 토터셀은 오렌지(레드) 유전자 1개와 블루 유전자 1개가 각각 발현한 결과이다.

털색을 결정하는 유전자와 유전자 조합에 따른 털색의 변화

블랙 유전자(B)	조상고양이가 본래 갖고 있던 회색 또는 갈색 아구티 유전자가 최초로 열성유전자 변형이 일어나 논아구티 형질을 발현한 색이 검은색이다.	
초콜릿 유전자(b)	블랙 유전자에 열성. 초콜릿 유전자 1쌍의 조합으로 짙은 갈색이 발현된다.	
시나몬 유전자(b^1)	블랙과 초콜릿 유전자에 대해 열성. 초콜릿 유전자와 동일한 유전자 자리에 위치하며, 따뜻한 느낌(거의 붉은 색조)의 밝은 갈색을 띤다.	
오렌지(레드) 유전자(O)	성염색체인 X염색체에 위치하는 반성유전자. XX염색체를 갖는 암컷은 1쌍의 오렌지 유전자를 가질 수 있는 반면, 수컷은 성염색체가 XY이므로 1개만 존재한다. 이 유전자는 검은색, 초콜릿색, 시나몬색을 오렌지색으로 바꾸어 각각 붉은색, 적갈색(auburn), 연한 적갈색(ginger)의 털색이 나타난다. 암컷은 불임이 아니다.	
희석 유전자(d)	블랙 유전자를 가진 개체가 희석유전자를 가지면 청회색(라벤더 블루)을 띠게 되므로 흔히 '블루' 유전자로 알려져 있다. 다음과 같이 검은색 이외의 다른 색에도 영향을 준다. 희석유전자(d)+검은색 = 청회색 희석유전자(d)+초콜릿(b) = 라일락색 희석유전자(d)+시나몬(b^1) = 폰(옅은 갈색) 희석유전자(d)+오렌지(O) = 크림색	
토터셀	블랙 유전자(B) 또는 블랙 유전자의 열성 대립유전자인 초콜릿(b)과 시나몬(b^1) 유전자가 오렌지 유전자와 만나는 경우 2가지 색을 보이는 토터셀 암컷, 즉 블랙, 초콜릿, 시나몬 토터셀이 발현된다. 희석유전자가 있을 경우에는 파스텔 블루 크림, 라일락 크림, 폰 크림이 나타난다. 아주 드물게 나타나는 토터셀 수컷은 여분의 X염색체(XXY)가 1개 더 있기 때문으로 추정된다. 토터셀 수컷은 대부분 불임.	
억제 유전자(I)	우성유전자이며 이름을 보면 알 수 있듯이 주로 억제 작용을 한다. 이 유전자는 털끝에만 색을 남기고, 털뿌리 쪽은 색을 희석시킨다. 브라운 태비의 적갈색을 실버 태비의 바탕색인 백랍색처럼 만든다. 이외에도 셀프(단색) 패턴을 스모크 패턴으로 바꾸기도 한다.	
희석 변경 유전자(Dm)	우성유전자로 이 유전자의 존재 여부에 대해서는 논란이 있다. 캐러멜색이라는 다소 탁한 갈회색을 생성한다. 우성 색에는 영향이 없으나 희석유전자와 함께 존재할 때만 영향이 있는 것으로 알려져 있다. 친칠라 페르시안 혈통에서 유래하며, 여러 순혈통 품종에서 나타날 것으로 추측된다.	
색 발현 유전자(C) 및 열성 대립 유전자(C^b, C^s, c)	색 발현 유전자(C)의 열성 대립유전자는 버미즈(C^b), 샤미즈(C^s), 푸른색 눈과 붉은색 눈을 가진 알비노(c)이다. 버미즈(C^b)는 블랙 유전자(B)에 영향을 주어 세이블(윤기가 흐르는 갈색)을 발현시킨다. 샤미즈 고양이의 경우, 검은색이 따뜻한 느낌의 암갈색으로 변색된다. 색소가 거의 만들어지지 않는 알비노 고양이는 푸른색 눈을 갖고, 색소가 전혀 없는 알비노 고양이는 붉은색 눈을 갖는다. 눈색과 상관없이 거의 대부분의 알비노 고양이는 광과민성(체내 색소 부재로 인한 분부심현상)을 보인다. 미국에서 알비노 샤미즈가 발견되었으나 실제로 알비노 고양이는 극히 드물다.	

털무늬를 결정하는 유전자와 유전자 조합에 따른 털무늬의 변화

아구티 유전자(A)	털가닥에 띠모양이 나타나게 하는 우성유전자로 아구티 패턴은 집고양이 조상으로부터 내려오는 형질이다. 주로 털뿌리 쪽이 밝은 색이거나 회색이며, 털끝은 가장 짙은 색을 띤다.	**팁 또는 셰이드**	비교적 최근에 발견된 넓은 띠 유전자(Wb)와 아구티 유전자(A)가 함께 작용하여 털끝의 색 발현 정도에 영향을 미치는 것으로 보인다. 이 두 유전자의 영향으로 친칠라같이 털끝에만 아주 옅은 색 팁이 나타나기도 하고, 털끝에 털 길이의 반 정도로 어두운 색 셰이드가 나타나기도 한다. 아주 짙은 실버 스모크도 이런 경향을 보이지만, 친칠라에서 볼 수 있는 정도로 색이 옅어지지는 않는다. 적갈색 털끝에 짙은 색이 나타나는 골드 친칠라 또는 셰이드 패턴의 고양이는 넓은 띠 유전자의 존재를 입증하는 듯하다. 털뿌리 쪽은 색 발현이 억제되지 않는다.
태비 유전자 (T)	아구티 유전자 또는 오렌지 유전자가 발현되어야 나타나는 패턴 유전자이며 다음과 같은 종류가 있다.		
	매커럴 태비(T^M) : 고등어 옆면의 무늬처럼 가는 줄무늬가 나타난다.		
	스팟 태비(T^s) : 가는 줄무늬가 끊어져 선명한 점무늬로 나타난다. 매커럴 태비에 대해 열성인 유전자의 영향일 수도 있고, 다양한 유전자가 작용한 결과일 수도 있다.		
	아비시니안 또는 틱 태비(T^a) : 태비무늬가 대부분 얼굴, 다리, 꼬리에만 제한된다. 이런 무늬는 우성이다.	**화이트 유전자 (W)**	우성유전자이며, 마치 '흰색 외투'를 입은 듯 색 발현이 모두 차단된다. 화이트 유전자가 동형접합(WW, 동일한 대립유전자가 쌍으로 존재하는 경우)인 경우 몸 전체가 흰색 털에 푸른색 눈 또는 오드아이(양쪽의 눈색이 다른 경우)인 새끼고양이가 태어나는데, 이들은 한쪽 또는 양쪽 귀 모두 청각장애일 수 있다. 만약 부모고양이 중 한쪽만 흰색이고 다른 쪽은 유색인 경우 새끼에게 청각장애가 나타날 가능성이 낮다.
	블로치, 마블 또는 클래식 태비(T^b) : 양 옆구리에 과녁무늬가 나타나고, 아구티 패턴의 바탕털에 대리석 반점무늬가 나타난다. 이것은 다른 태비무늬에 대해 열성이다.		

화이트 스팟 유전자(S)	우성유전자로 일부 유색 영역에서 색 발현을 억제하여 흰색 반점이 나타난다. 결과적으로 바이컬러(2색) 또는 트라이컬러(3색) 패턴이 나타난다. 가슴이나 배에 아주 작은 흰색 반점 정도로만 나타나기도 하고, 전체가 거의 흰색으로 나타나기도 한다. 밴은 몸 대부분에서 색 발현이 억제되어, 단색 꼬리와 함께 머리 부분의 불꽃무늬에만 색이 나타난다. 반면, 할리퀸은 몸과 다리에도 유색 반점이 나타난다.
히말라얀 또는 샤미즈 유전자(C^s)	얼굴(마스크무늬)을 포함해 다리와 꼬리 끝에만 색이 발현되게 하는 열성유전자이다. 이 패턴의 고양이는 대개 짙푸른색 눈을 가진다.
버미즈 유전자(C^b)	색 발현 유전자(C)에 대해서는 열성이지만, 샤미즈 유전자(C^s)에는 불완전 우성이다. 단색이 나타나지만 색 농도가 흐리다.
통키니즈	버미즈와 샤미즈 고양이의 이종교배로 얻어지는 고양이다. 이 두 고양이의 특징이 함께 나타나며 포인트가 약하게 나타난다(역주 : C^bC^s 조합).

▶ 오리엔탈 클래식 태비는 아구티 바탕에 태비무늬를 갖는다.

▲ 메인 쿤 블랙 스모크. 이 색은 셀프(논아구티), 블랙, 억제유전자 등 3가지 유전자에 의해 나타나며, 속털은 은색이다.

▶ 블루 샤미즈 포인트는 1개의 블랙 유전자와 1쌍의 희석유전자, 그리고 1쌍의 샤미즈 유전자를 갖고 있다. 선택적 교배로 사시와 꺾인 모양의 꼬리를 가진 샤미즈의 발생률이 크게 낮아졌다.

교배하기

🔻 열성인 무모(hairless) 유전자는 나타났다 사라지기를 반복해왔다. 1966년 캐나다에서 털이 없는 새끼고양이가 태어나자 브리더들이 지금의 스핑크스 품종을 만들어내기 시작했다.

🔻 장모종이 되려면 쇼트헤어 유전자(L)의 열성 대립유전자가 1쌍(ll) 있어야 한다. 그러나 페르시안의 경우 여러 세대에 걸친 선택적 교배로 비순혈통이었던 초기에 비해 현재는 사진과 같이 길고 아름다운 털을 갖게 되었다.

🔻 오리건 주에서 곱슬털을 가진 독특한 새끼고양이가 태어났다. 이 고양이를 일반 고양이와 교배하여 다시 곱슬거리는 털을 가진 2세를 얻었다. 이것은 곱슬곱슬한 털을 발현시키는 유전자가 우성임을 증명한다.

털의 특성과 길이를 결정하는 유전자

쇼트헤어 유전자(L)	털이 길어지는 것을 억제하는 우성유전자. 억센 보호털로 덮여 있는 쇼트헤어 고양이는 털의 질감이 마치 바스락 소리를 내며 부서질 듯하며, 옷을 잘 차려 입은 듯한 느낌이다.	렉스 유전자 (re, r)	몇 가지 열성유전자에 의해 다양한 렉스 유형의 털이 나타나는데, 주로 부드럽고 곱슬곱슬한 털이 빽빽이 난다. 그러나 열성 렉스 유전자끼리 교배했을 때 항상 렉스 털을 가진 새끼가 나오지는 않는다.
세미 롱헤어	쇼트헤어 유전자(L)의 열성 대립유전자(l)에 의해 기본적으로 좀 긴 털이 만들어지는데 목, 가슴, 뒷다리와 꼬리 부분의 털이 두드러지게 길게 자란다. 고양이 스스로 털 관리가 가능하다.	셀커크 렉스 유전자 (Se)	일반 렉스 그룹과 달리 우성유전자이다. 두텁고 텁수룩한 털이 나온다.
롱헤어 유전자(l)	세미 롱헤어와 동일한 열성유전자(l)를 가진다. 그러나 최대한 길고 부드러우며 비단결 같은 털을 얻기 위해 계획적인 교배 과정을 거쳤다. 풍성하고 윤기가 나는 털을 유지하려면 사람의 관리가 필요하다.	스핑크스 유전자 (hr)	공식적으로는 열성인 무모유전자로 알려져 있지만, 실제로는 복숭아 표면처럼 보슬보슬한 솜털이 나 있다. 따라서 데번 렉스 고양이에게서 드물게 나타나는 진정한 의미의 무모증과는 거리가 있다. 우성유전자에 의해 태어난 털 없는 고양이가 러시아에서 발견되었다.
와이어 헤어 유전자 (Wh)	우성유전자로 곱슬곱슬하고 뻣뻣하며 곧게 선 털을 만든다.		

237

여러 번 베스트 인 쇼(Best in Show) 상을 수상한 슈프림 그랜드 프리미어(Supreme Grand Premier) 타이틀의 고양이가 자신의 상패와 수상 리본 앞에서 포즈를 취하고 있다. 이 고양이 주인이 얻게 되는 명예와 자부심은 어떤 금전적 가치보다도 크다.

The Ultimate Encyclopedia of Cats

캣쇼 출전
Showing Your Cat

🐈 고양이 자신은 캣쇼 출전에 전혀 관심이 없을 것이다. 그러나 고양이 주인은 수상의 영광을 안은 고양이의 보호자라는 자부심을 가질 수 있으며, 캣쇼에서 만난 고양이 애호가들과 친목을 도모하거나 정보를 공유할 수도 있다. 캣쇼 행사장에는 고양이 전문 브리더나 순혈통 고양이 보호자가 자신의 고양이를 여러 사람들 앞에서 선보이는 구역이 있다. 그러나 종종 일반 집고양이도 출전할 수 있는 덜 까다로운 부문도 있다.

캣쇼를 앞두고 페르시안의 털을 꼼꼼히 손질한 흔적이 보인다.

캣쇼의 장점

자신의 고양이가 챔피언이 될 자질이 충분하더라도 캣쇼 출전에는 많은 시간과 비용이 든다. 그러나 그에 대한 보상은 자기 자신과 자신의 고양이에 대한 자부심과 수상 리본뿐이며, 아마 상금도 대신 우승컵이나 사료로 주어질 것이다. 순혈통 고양이의 구입이나 관리에 드는 비용은 별개로 하더라도 캣쇼에 출전하려면 캣쇼 행사장까지의 교통비, 물품 구입비 이외에 만만치 않은 참가비용도 고려해야 한다. 그러나 품종 교배와 캣쇼 출전에 관심 있는 고양이 애호가라면 캣쇼에서 얻는 것이 많다. 캣쇼는 다양한 품종을 한꺼번에 볼 수 있을 뿐 아니라, 브리더들과의 소중한 만남을 통해 다음에 입양할 새끼 고양이나 자신의 암고양이와 어울리는 종묘를 소개받을 수도 있다. 또한 고양이 애호가들에게 고양이 품종이나 용품에 대한 최신 정보도 듣고, 고양이 관련 행사 정보도 알 수 있다. 고양이가 이런 행사를 진심으로 즐기는지에 대해서는 논란의 여지가 있다. 대부분의 고양이는 적응력이 뛰어나서 하루 정도 작은 우리 안에 갇혀 있어도 잘 참는다. 그러나 고양이가 부끄러움을 타고 겁이 많거나 아주 활동적이라면 캣쇼에 출전시키는 것이 잘못일 수 있다. 가능한 새끼고양이일 때부터 쇼에 출전시키면 고양이가 의외로 빨리 적응한다. 심지어 어떤 고양이는 지나가는 사람들이 보이는 관심과 감탄을 즐기기도 한다. 고양이를 캣쇼에 처음 출전시킨 경우에는 고양이가 불편해하는지 고양이를 자세히 관찰한다.

품종 관리

캣쇼에서 좋은 평가를 받아야 새로운 품종은 입지를 굳히고, 이미 수립된 품종은 명성을 유지한다. 새로운 품종이 지역 캣쇼와 대규모 캣쇼의 심사 과정에서 좋은 평가를 얻지 못하면 그 품종이 유지되기는 어렵다고 봐야 한다. 심사위원이 고양이를 심사할 때는 고양이에게 해당 품종 표준이 잘 나타나 있는지 확인한다. 예를 들어, 새롭게 주목받는 품종에게 공격 성향이나 기형의 여지가 보이면 실격시키고 교배에 적절하지 못하다고 규정할 수 있다.

« 아메리칸 캣쇼에서 화이트 페르시안이 자신의 수상 리본으로 장식된 우리 앞에 앉아 있다.

↙ 캣쇼는 같은 관심사를 가진 사람들과 서로 정보를 교환하고 친목을 도모할 수 있는 기회를 준다.

▲ 캣쇼에 온 가족이 함께 참석할 수도 있는데, 그러면 고양이가 대기 중에 지루해하지 않을 수 있다.

« 캣쇼에서 하루 종일 좁은 우리 안에 갇혀 대기하는 것이 고양이에게는 아주 지루하고 다소 번거로울 수 있다. 사진 속 고양이는 수많은 수상 리본이 번식 가치가 높은 고양이라는 것을 말해준다.

고양이 애호문화

순혈통 고양이의 선택적 교배에 대한 관심이 높아지고, 페르시안과 터키시 앙고라 같은 이국적인 품종이 서방세계에 등장하면서, 1871년 런던에서 첫 공식 캣쇼가 개최되었다. 1598년 잉글랜드의 윈체스터에서도 캣쇼가 개최된 기록이 있으나, 런던의 캣쇼가 고양이들을 캣쇼 우리에 25개 품종별 클래스로 나누어 두고 심사위원단도 갖춘 최초의 정식 캣쇼이다. 초기 캣쇼에서도 이국적인 품종이 일부 있었지만 도메스틱 쇼트헤어와 페르시안이 대부분이었다. 미국에서 고양이를 전시한 최초의 캣쇼는 1895년 뉴욕 매디슨 스퀘어 가든에서 열린 행사로, 당시에는 메인 쿤이 대세였다.

초기의 이런 캣쇼가 완전히 새로운 여가활동의 바람을 불러일으켰으며, 교배와 캣쇼가 전 세계적으로 퍼지게 되었다. 요즘은 품종 클럽이 주최하거나, 또는 전 품종이 모이는 지역 단위나 전국 단위의 캣쇼 행사가 세계 곳곳에서 거의 1년 내내 진행되고 있다.

캣쇼 주최 기관

각 나라의 순혈통 고양이 등록기관에서는 품종 등록과 캣쇼 운영 규정을 정해 놓고 있다. 개별 품종 클럽이나 지역 클럽은 이런 공인기관 한두 군데에 가입되어 있다.

영국에서는 1910년에 설립된 영국고양이애호가관리협회 GCCF(Governing Council of the Cat Fancy)가 주 규제기관이다. 아일랜드고양이애호가관리협회 GCCFI(Governing Council of the Cat Fancy in Ireland)는 GCCF와 동일한 기준으로 캣쇼를 허가하고 있다. GCCFI가 GCCF에 가입되어 있지는 않지만 GCCF와 긴밀한 관계를 유지하고 있다. 1980년대 초에 설립된 영국고양이협회 CA(Cat Association of Britain)도 순혈통 품종 등록을 관장하고 있으며, 유럽의 국제고양이연맹 FIFe(Fédération Internationale Féline)에 가입하여 유럽의 규정에 따라 캣쇼를 개최하고 있다.

1949년에 설립된 FIFe는 유럽에 국한되지 않고 전 세계의 수많은 나라들이 회원국으로 속해 있다. 단, 주요 고양이 애호국가인 미국과 캐나다, 호주, 뉴질랜드, 일본 등은 속해 있지 않다. 유럽의 많은 독립 클럽이 독자적인 등록 시스템을 갖고 일하지만 서로 긴밀하게 협력하고 있다. 최근에는 FIFe와 독립 클럽의 심사위원이 함께 심사하는 캣쇼가 더 늘어나고 있다. 조직의 문제와 해결책을 공유하며, 서로 의견을 교환하고 심사 표준에 대해 의논한다.

미국에서 가장 큰 연방 규모의 등록기관은 국제고양이애호가협회 CFA(Cat Fanciers' Association)와 국제고양이협회 TICA(The International Cat Association)이다. 이 밖에 캘리포니아의 미국고양이협회 ACA(American Cat Association) 같은 지역단위 단체를 비롯하여 북미 전역에 수많은 기관이 있다.

캣쇼에 참가하기 위해 해야 할 첫 번째 일은 바로 해당 지역이나 국가 규모의 고양이 등록기관에서 캣쇼 일정과 규정을 파악하는 것이다. 우리나라에서는 TICA의 한국 지사인 한국고양이협회 KOCC(Korea Cat Club)에서 고양이 품종 등록을 관장한다.

1800년대 후반 영국에서 개최된 초기 캣쇼에서는 페르시안과 도메스틱 쇼트헤어가 주를 이루었다.

이 고양이는 꼼꼼히 살피는 수많은 심사위원들의 손길을 참아낸 끝에 당당히 수상 리본을 걸어놓고 이제 할 일을 다 했다는 듯이 달콤한 낮잠을 즐기고 있다.

SHOWING YOUR CAT

캣쇼 출전

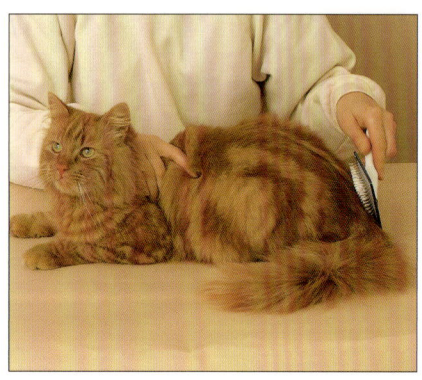

캣쇼 당일에 집중적으로 관리한다고 해서 털이 최적의 상태가 되는 것은 아니다. 일반 고양이라도 건강 관리와 그루밍은 캣쇼 1주일 전부터 시작하여 행사 당일에 최고의 상태가 되게 해야 한다.

캣쇼 준비물
- 예방접종 증명서
- 그루밍 도구
- 담요(영국 캣쇼인 경우 흰색)
- 고양이 식기와 물그릇(영국 캣쇼에선 흰색)
- 사료와 물
- 화장실(영국 캣쇼인 경우 흰색)
- 배변 깔개(화장실용 모래)
- 흰색 리본(인식 라벨용)
- 세정용품
- 소독제(고양이 우리 청소용)
- 끈과 가위(필요한 경우 우리 고정에 사용)
- 장난감
- 주제에 적합한 장식용품(가능한 경우)

처음에는 고양이를 데려가지 말고 혼자 행사장에 가서 소음 수준이나 캣쇼의 규모, 행사장 상태 및 진행 방식에 대해 자세히 알아본다.

캣쇼 주최 기관에서는 대개 해당 관할지역 내에서 개최되는 1년간의 캣쇼 일정이 담긴 책자를 저렴한 가격에 판매한다. 여기에는 참가 신청을 할 수 있는 캣쇼의 이름과 주소가 있으며, 일반적으로 참가 신청은 캣쇼가 열리기 약 3개월 전에 한다. 일정표에는 해당 캣쇼가 어느 기관의 규정을 따르는지, 참가할 수 있는 클래스와 각 클래스별 자격 요건은 무엇인지 나와 있다. 캣쇼에 참가하기 전 관련 클래스의 상세 요건을 자세히 알아두는 것이 중요하다. 또한 캣쇼 출전이 가능한 고양이의 최소 연령(일반적으로 생후 14주), 성묘 클래스에 출전할 수 있는 나이(일반적으로 생후 9개월)를 비롯하여 중성화된 고양이와 중성화되지 않은 고양이에 대한 제약 사항, 행사에 참여하는 동물의 범위 등 자신에게 해당되는 규정을 미리미리 확인해두어야 한다. 예를 들어, 9개월 이상 된 집고양이는 중성화되어야만 참가할 수 있는 경우도 있다.

이 밖에 참가 신청서 작성 지침과 참가비용 및 비용 지불방법도 확인해둔다. 신청서 작성 항목 중에 하나라도 잘못되면 당일 참가를 못 할 수도 있다. 따라서 조금이라도 의문이 생기는 경우에는 캣쇼 관계자에게 곧바로 문의한다.

순혈통 고양이로 출전시키는 경우, 고양이의 원래 브리더에게 받은 등록 정보와 교배 번호, 출생일, 부모고양이와 브리더의 정보가 필요할 수도 있다. 어떤 클래스로 참가해야 할지 판단이 안 서는 경우에는 원래 브리더에게 연락하여 조언을 구한다.

캣쇼 준비

캣쇼 출전 준비가 빗질 한 번으로 끝나는 것은 아니다. 장모종의 경우 캣쇼가 있기 몇주 전부터 목욕과 집중적인 털 관리를 시작해야 한다. 단모종도 캣쇼 당일에 완벽한 외모와 촉감을 유지하려면 장모종 못지않은 집중 관리가 필수이다.

캣쇼 당일에는 필요한 물건을 모두 챙겼는지 확인하고, 고양이 가방 하나에 깔끔하게 정리해놓는다. 도착 시간에 여유가 있게 시간을 넉넉히 잡고 출발한다. 유럽에서 열리는 캣쇼는 대부분 이틀 동안 진행되며, 각 심사위원은 이틀간 각각 다른 클래스를 심사한다. 미국과 캐나다의 캣쇼는 기간이 3일까지 연장될 수 있으며, 이 경우에는 더욱 신중하게 준비를 해야 한다.

모든 품종이 참가하는 일부 캣쇼는 최대 1,500명의 참가자와 수천 명의 관람객이 찾는 대규모 행사이다. 사진의 캣쇼는 영국의 내셔널캣클럽 쇼(National Cat Club Show)의 모습이다.

캣쇼 심사 과정

심사위원이 수의사의 도움을 받아 고양이에게 외형상 결함이 없는지 심사 중이다.

캣쇼의 진행 방식이나 규정은 나라마다, 그리고 캣쇼 규모에 따라 다르다. 개별 품종 클럽은 독자적인 행사를 기획하는데, 대부분 소규모의 친목 도모 위주로 비공식적인 성격을 띤다. 주요 등록기관 또는 두 곳 이상의 협력기관이 합작 형식으로 주관하기도 한다. 이 경우 다른 품종 또는 클래스마다 별개의 캣쇼가 동시다발적으로 진행이 되며, 별도의 심사위원 또는 심사위원팀이 각각 평가를 하게 된다.

참가 신청서와 참가비는 캣쇼 개최일을 기준으로 3개월 전에 보내야 한다. 참가 신청에 대한 확인서와 참가하는 고양이 명단이 들어 있는 캣쇼 카탈로그(발행되는 경우) 사본을 받으면 바로 자신의 고양이에 대한 정보가 정확한지 확인한다. 한 가지라도 잘못된 경우, 처음의 참가 신청서와 대조하여 카탈로그를 수정할 권한이 있는 대회 관계자에게 연락한다. 만약 잘못된 정보가 자신이 잘못 작성한 신청서 때문이라면 공식 카탈로그가 수정되지 않는 한 실격될 가능성이 크다.

영국을 포함한 유럽의 캣쇼는 도착하면 바로 대기하였다가 수의사의 검진을 받아야 입장이 가능할 수도 있고, 일부 국가에서는 고양이의 건강 상태와 예방접종은 전적으로 주인에게 믿고 맡기기도 한다. 캣쇼의 수의사에게 검진을 받을 때는 가장 최근의 예방접종 증명서를 제출해야 한다. 수의사의 검진을 받기 직전에 쇼 관계자가 고양이 우리 번호, 고양이에게 붙일 인식 라벨(꼬리표라고도 함), 수의 검진 통과 카드와 출전 클래스에 대한 확인 카드를 주는데, 이것들은 나중에 수상 리본이나 상금을 받는 데 필요하다. 예방접종 증명서를 제출하지 않거나, 기생충 감염 또는 기타 문제가 의심되는 경우에는 수의사가 입장을 허용하지 않는다. 수의사의 검진을 통과하여 입장하면 배정받은 우리를 찾는다. 이 우리는 행사 당일 심사할 때만 제외하고 고양이가 계속 머물러야 할 곳이다.

최종 점검

배정받은 우리를 찾으면 준비해간 휴대용 살균제(고양이에게 안전한 성분)로 우리를 한번 청소하는 것이 좋다. 우리가 튼튼한지 점검하고, 헐겁거나 뾰족한 곳은 없는지도 확인한다. 인식 라벨을 얇은 리본이나 고무밴드에 붙여서 고양이 목에 가볍게 둘러준다. 대부분의 고양이는 목에 걸려고 하면 거부 반응을 보이는데, 이때 억지로 걸려고 하지 말아야 한다. 특히 고양이를 우리에 혼자 두어야 할 때는 라벨을 그냥 우리 밖에 묶어둔다.

고양이를 우리 안에 두는 것을 '대기한다'고 한다. 우리 안에 고양이와 함께 둘 수 있는 물건과 금지 물품 등에 관해서는 캣쇼 규정을 참고한다. 물그릇은 항상 물을 채워놓고 수시로 고양이

심사위원이 오기 전에 마지막으로 털을 손질할 시간이 주어질 수도 있다.

SHOWING YOUR CAT

상태를 확인한다. 어떤 사람은 따로 생수를 챙겨오기도 한다. 캣쇼 규정에는 우리 안에 고양이 먹이를 주는 시간까지도 지정되어 있다. 장난감은 대개 심사위원의 심사가 끝난 뒤에만 넣어줄 수 있다.

각 캣쇼의 방식에 따라 심사위원이 우리를 일일이 찾아갈 수도 있고, 고양이를 심사장에 데리고 나와서 평가받을 수도 있다. 영국에서는 고양이에 대한

▲
우리가 다소 간단하지만, 고양이가 좋아하는 담요와 화장실을 비롯해 물그릇을 넣어줄 수 있다.

◀
심사가 끝난 후 주인이 고양이와 함께 있어주려고 찾아왔다. 쇼가 진행되는 동안 정기적으로 고양이의 상태를 살펴봐야 한다.

심사가 진행되는 동안 주인은 심사 구역을 떠나 있어야 하는 경우가 많다. 반면에 유럽이나 미국에서는 고양이 주인이 쇼 구역 안쪽에 있어야 하는데, 심사장도 바로 근처에 있어서 꽤 고양이 가까이에 있을 수 있다. 나머지 관람객은 쇼 구역 바깥쪽에서 관람해야 한다.

각 클래스별 우승자는 방송으로 안내하거나 안내판에 기록이 된다. 대부분의 캣쇼에서는 심사위원단이 각 클래스의 우승자들 중 그 쇼에서 '최고의 고양이' 1마리를 선정한다. 캣쇼가 끝나면 수상 여부와 상관없이 하루 종일 고생한 고양이와 함께 자축하고 집으로 돌아간다.

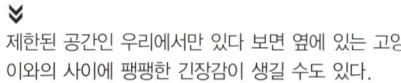

▽
제한된 공간인 우리에서만 있다 보면 옆에 있는 고양이와의 사이에 팽팽한 긴장감이 생길 수도 있다.

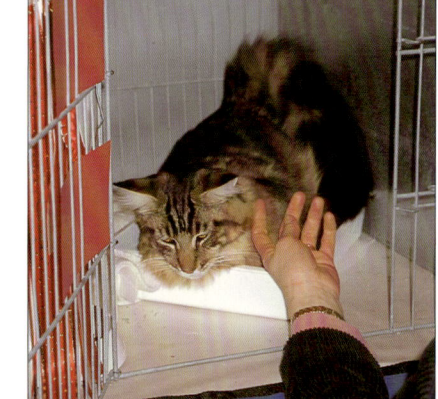

◀
심사위원이 고양이를 심사대에 올려놓고 있다. 심사위원은 고양이를 심사하기 전에 항상 살균제로 손을 닦아서 병원균이 옮기지 않게 한다.

심사 기준

심사위원은 캣쇼 주최기관이 정해놓은 품종 표준에 따라 각 순혈통 고양이를 평가한다. 이런 품종 표준은 관련 기관에서 출판하여 판매하고 있으며, 머리와 꼬리, 털 등의 주요 평가 부위별로 최고점수가 정해져 있다. 이 기준과 점수는 품종에 따라 다르며, 종종 품종 등록 기관에 따라서도 조금씩 차이가 있다.

예를 들어 아비시니안의 경우 완벽한 털색과 질감으로 40점을 얻고, 이상적인 눈모양으로 5점을 획득할 수 있다. 반면에 샤미즈는 눈이 표준에 부합하는 경우 20점까지 얻을 수 있고, 완벽한 털로 얻을 수 있는 점수는 35점 정도이다. 심사위원에게 자신의 고양이에 대한 평가를 묻고 싶다면 심사가 끝난 다음날 가볍게 인사를 나누고 물어본다. 심사위원은 거의 대부분이 성공한 현역 브리더들로 유용한 조언을 많이 해줄 것이다. 자신의 고양이에게 후한 점수를 주지 않았다고 해서 그들의 의견을 무시해서는 안 된다. 일반적인 편견과 달리 심사위원은 참가 고양이의 점수를 깎고 싶어하지 않는다.

▼
다음은 GCCF 표준에 따라 블루 미트(흰 양말을 신은 듯한 유형) 래그돌의 주요 부위별 표준을 설명한 것이다. 심사위원은 이 밖에도 털색과 무늬가 표준에 맞는지 평가하는데, 이 고양이의 경우 20점을 받을 만한 가치가 있다. ※ ( ) 안은 최대 점수

꼬리(5점)
길고 풍성하며 끝으로 가면서 점차 가늘어진다. 길이가 최소한 어깨까지는 닿아야 하며, 몸과 균형을 이뤄야 한다.

털
길이와 촉감과 상태(10점), 색과 무늬(20점)
부드러운 느낌이고 빽빽이 많이 나 있으며, 중간 정도의 길이. 성모는 러프와 뒷다리 허벅지 부분에 길고 풍성한 털이 있어야 한다. 여름에는 짧은 털도 허용된다.

머리(20점)
넓고 평평하며, 꼭대기가 둥근 모양이 아니고, 두 귀 사이가 넓다. 볼은 통통하며, 주둥이는 둥글고 잘 발달되어 있다. 턱은 입을 다물었을 때 정확하게 맞물려서 강해 보인다. 코는 중간 길이로 부드럽게 내려오며 끝이 약간 들려 있다.

귀(5점)
보통 크기이며, 두 귀 사이가 멀고 앞으로 조금 기울어져 있다. 끝은 둥글고 장식털이 많아야 한다.

눈(10점)
크고 둥글며, 눈초리가 조금 올라가고, 양쪽 눈 사이는 적당히 떨어져 있다. 푸른색으로 색이 짙을수록 더 좋다.

신체와 목(20점)
길고 근육이 잘 발달된 체구이며 가슴이 넓어야 한다. 목은 굵고 짧아야 한다.

다리와 발(10점)
길이가 적당하고 골격이 튼튼해야 한다. 발은 둥글고 크며 단단하다. 발가락 사이에 장식털이 있다.

영국의 캣쇼

영국의 캣쇼는 심사의 익명성이 철저히 보장된다. 또한 유럽이나 북미의 캣쇼 심사장에서 볼 수 있는 잔치 분위기나 화려하게 장식된 우리도 거의 볼 수 없다. 심사 시간에는 고양이 주인이 캣쇼 행사장 밖에서 대기하고 있으면 심사위원이 고양이 우리를 차례로 돌며 심사한다. 우리에는 고양이를 식별할 수 있는 물건을 남길 수 없으며, 우리에 둘 수 있는 담요, 물그릇과 식기, 화장실 등은 모두 흰색이어야 한다. 배변 깔개(화장실용 모래)까지 흰색으로 준비하는 완벽주의자도 종종 있다. 심사 결과는 게시판에 핀으로 꽂아두는데, 이때가 사람들이 가장 많이 몰린다.

영국의 캣쇼는 규모에 따라 크게 3종류가 있다. 이그젬프션(Exemption) 캣쇼는 보통 개별 클럽에서 주최한다. 비교적 형식에 얽매이지 않고 친목 도모 위주의 행사이다. 자격증서가 되는 상도 수여하지 않으며, 고양이애호가관리협회 GCCF(Governing Council of the Cat Fancy)의 일부 규정을 완화하여 적용하고 있다.

생크션(Sanction) 캣쇼는 규정에 따라 운영되지만 자격증서가 되는 상은 수여하지 않는다. 이 쇼도 클럽에서 주최하는 행사이지만 비회원도 참가할 수 있다. 따라서 캣쇼 초보자가 경험을 쌓기에 좋다.

챔피언십(Championship) 쇼는 GCCF의 엄격한 규제와 승인을 받아 개최한다. 이 쇼에 출전해서 일종의 출전 자격증서(challenge certificate)를 얻어야 다음에 영국 최대 규모의 캣쇼인 슈프림 캣쇼(Supreme Cat Show)에서 최고의 타이틀인 슈프림에 도전할 수 있다. 가증서를 얻으려면 생후 9개월이 넘은 중성화되지 않은 성묘라야 한다. 오픈 클래스에서 우승한 다음 정해진 점수 기준에 부합되는지 평가를 받아야 가증서를 받게 된다. 3명의 심사위원에게 3개의 가증서를 모두 받은 고양이는 챔피언십 타이틀에 도전할 자격을 얻고, 챔피언만 참가할 수 있는 클래스에 출전하게 된다. 중성화된 고양이가 프리미어 인증서와 프리미어 지위를 획득하기 위해서도 같은 절차를 거쳐야 한다.

GCCF의 규정을 따르는 캣쇼에서 심사위원은 오픈 클래스를 포함한 모든 클래스의 심사 기록을 남기는데, 좀 더 중요한 클래스에 출전한 고양이에 대해서

« 영국 캣쇼에서는 담요부터 화장실에 이르기까지 우리 안의 모든 용품이 흰색이어야 한다. 사진 속 오리엔탈 쇼트헤어는 심사를 마쳤기 때문에 주인이 장난감을 넣어주어도 된다.

« 영국의 고양이애호가관리협회 GCCF의 '슈프림 쇼'에서는 고양이가 아기자기하게 장식한 우리에서 대기한다. 그러나 심사 시간이 되면 사진과 같은 평범한 일반 우리로 옮겨야 한다. 우리는 고양이가 바뀔 때마다 철저히 소독한다.

>>
사진의 바이컬러 페르시안 새끼고양이 1쌍은 앞으로 수많은 캣쇼에 출전하게 될 것이다.

는 한 마리도 빠짐없이 평가 기록을 남겨서 최종 보고서를 작성한다. 이 보고서는 나중에 고양이 전문잡지인 『캣츠(Cats)』에 수록된다. 대부분의 쇼에서 각 품종별로 성묘, 새끼고양이, 중성화 부문의 최고 고양이에게 베스트 오브 브리드(Best of Breed) 상을 수여한다. 규모가 더 작은 전문 브리더 캣쇼 같은 일부 캣쇼에서는 베스트 인 쇼(Best In Show) 프로그램이 진행된다. 각 심사위원은 성묘, 새끼고양이, 중성화 부문의 최고 우승자를 발표하고, 이렇게 뽑힌 고양이들끼리 경합을 벌여 최종적으로 베스트 인 쇼 어덜트(Best in Show Adult), 베스트 인 쇼 키튼(Best in Show Kitten), 베스트 인 쇼 뉴터(Best in Show Neuter)를 선정하고, 종종 베스트 이그지빗 인 쇼(Best Exhibit in Show)를 함께 선정하기도 한다. 모든 품종이 참가하는 캣쇼에서 베스트 인 쇼 프로그램을 진행하는 경우에는 장모종, 중모종, 브리티시, 포린, 버미즈, 오리엔탈 및 샤미즈 부문별로 각각 베스트를 선정한다. 비순혈통 고양이를 위한 베스트 인 쇼 프로그램도 있지만 순혈통 고양이와 경합을 벌이는 일은 없다.

오픈 클래스는 이전의 수상 경력과 관계없이 특정 품종의 모든 고양이에게 개방된 클래스로, 암컷과 수컷, 중성화와 비중성화, 성묘와 새끼고양이 부문으로 나뉜다. 이 밖에도 출전자가 직접 교배한 고양이만 출전하는 클래스, 2년 미만 또는 이상의 고양이 클래스, 수상 경력이 없는 고양이 클래스 등 다양한 클래스가 있다. 그리고 이 클래스들은 분위기를 떠나서 아무리 경력이 많은 참가자라도 자신의 고양이가 다른 우수한 고양이들과 비교하여 어떤 가치가 있는지 확인할 수 있는 더 없이 중요한 기회이다. 중요한 캣쇼를 앞두고 있다면 이런 클래스에 참여하는 것이 더 의미가 있다. 대부분의 캣쇼에는 비순혈통 고양이가 출전할 수 있는 부문이 따로 있다.

경쟁이 목적이 아니라면 고양이를 전시하기 위해 출전할 수도 있다. 이 경우 고양이는 화려한 수상 경력을 증명하는 각종 기념품으로 장식한 우리 안에서 하루 종일 지내게 된다. 종종 모든 품종이 전시되고, 우리에서 끌려나올 필요가 없으므로 고양이가 품위를 잃을 일도 없다.

영국 캣쇼에 출전하는 고양이에게 가장 큰 영광은 연례행사인 슈프림 캣쇼(Supreme Cat Show)에서 우승하는 것이다. 출전자들은 캣쇼 당일에 심사위원의 자필 이력서를 확인할 수 있다. 낮은 단계의 캣쇼에서 챔피언십을 획득한 고양이에게만 참가 자격이 주어진다. 캣쇼에서 받을 수 있는 최고의 상이라고 할 수 있는 슈프림 어덜트(Supreme Adult), 슈프림 키튼(Supreme Kitten), 슈프림 뉴터(Supreme Neuter)는 고양이의 이름에 영원히 남게 된다. 이 3부문의 우승자가 다시 경쟁하여 마지막으로 슈프림 이그지빗(Supreme Exhibit)이 선정된다.

아일랜드 캣쇼

아일랜드의 캣쇼는 영국 캣쇼 방식과 비슷한 면이 많다. 주최기관은 아일랜드고양이애호가관리협회 GCCFI(Governing Council of the Cat Fancy in Ireland)이다. 심사위원 대부분이 영국인이다. 개별 고양이에게 수여되는 상은 영국 기관에서도 인정한다. 영국의 GCCF와 아일랜드의 GCCFI에서 모두 챔피언이 된 고양이는 인터내셔널 챔피언(International Champion)이라는 타이틀을 얻게 된다.

<<
수상한 고양이 주인은 수상 내용에 대한 증빙 자료를 제출하고 수상 리본 배부처에서 수상 리본을 받는다.

유럽의 캣쇼

유럽 대부분의 캣쇼는 다른 나라는 물론 심지어 다른 대륙에서도 수많은 참가자들이 모여들기 때문에 이틀간 진행된다. 심사위원들은 둘째 날 다른 클래스를 맡아 평가하기 때문에 첫째 날과 둘째 날 받는 상은 별개의 상이다.

검역 규정이 완화되면 유럽의 좀 더 많은 캣쇼에 참가할 수 있을 것이다. 그러나 고양이에게 마이크로칩을 이식하고 적절한 예방접종을 해야 하며, 영국과 다른 유럽 국가의 캣쇼 진행 방식의 일부 차이점 등은 계속 유지될 가능성이 높다.

유럽의 캣쇼는 일반적으로 국제고양이연맹 FIFe(Fédération Internationale Féline)이나 개별 클럽에서 주최한다. FIFe는 1949년에 설립되었으며, 유럽뿐만 아니라 세계 여러 나라가 회원국으로 소속되어 있다. 그러나 미국, 캐나다, 호주, 뉴질랜드와 일본은 FIFe에 속해 있지 않다. 유럽의 FIFe와 영국의 고양이애호가관리협회 GCCF(Governing Council of the Cat Fancy)는 독자적인 의사결정 방식과 규정에 따라 운영되고 있지만 오래 전부터 견고한 협력 관계를 유지해오고 있다. 유럽의 많은 독립된 고양이 클럽이 독자적인 등록 체제를 갖고 자율적으로 운영되지만, 쇼에 다른 클럽의 참가자를 허용하고 협조적 관계를 맺기도 한다.

독립된 클럽에서 개최하는 일부 캣쇼는 동시에 2가지 방식의 심사를 진행하기도 한다. 수의사 검진을 통과하여 캣쇼 행사장에 입장하면 고양이를 우리에 대기시켜야 한다. 한 사람이 데려온 고양이가 2마리 이상인 경우에는 각기 다른 부문에 출전하더라도 큰 우리에 함께 넣을 수 있다. 우리는 혈통서와 사진, 수상 경력 및 자신의 사육장 명함 등으로 화려하고 개성 있게 꾸밀 수 있다. 캣쇼 우리는 주로 가운데를 비우고 사각형으로 배치하여 참가자가 안쪽에서 고양이를 보살필 수 있으며, 우리 바깥쪽은 투명한 아크릴이나 두꺼운 폴리에틸렌 판으로 막아 외부 방문객들이 고양이를 함부로 만질 수 없다. 우리가 놓인 사각 영역의 안쪽 빈 곳에 간단한 식음료를 준비해 참가자들이 담소를 나누며 친해질 수 있다. 분위기는 매우 유쾌하다.

출전한 모든 고양이는 품종 표준에 얼마나 잘 맞는지 다음과 같은 등급으로 평가한 서면 평가서를 받는다.

- 매우 우수(Excellent) : 고양이에게 어떤 신체적 결함이 없고 품종 표준에 맞을 뿐만 아니라 번식시킬 가치가 있는 개체임을 의미한다.
- 우수(Very good) : 품종 표준에 약간 미달되어 인증서를 발급받기엔 부족한 면이 있음을 의미한다.
- 양호(Good) : 몇 가지 결함이 있거나 품종 표준에 맞지 않음을 의미한다.

이후 모든 고양이에 대한 각종 상이나 자격증서를 수여하기 위한 심사를 하고, 최종적으로 베스트 인 섹션(Best in Section)과 베스트 인 쇼(Best in Show) 대상을 선정한다.

▲ 유럽과 북미 지역의 캣쇼에서는 우리를 마음껏 장식할 수 있으나, 영국 캣쇼에서는 전시 중인 고양이나 슈프림 쇼일 때만 사진과 같은 화려한 우리에 고양이를 넣어둘 수 있다.

« 유러피언 쇼트헤어는 확실한 혈통서보다 규정에서 요구하는 기본적인 표준 점수를 획득해야 캣쇼에 참가할 수 있다.

미국의 캣쇼

미국과 멕시코, 캐나다에서 개최되는 캣쇼는 대부분 주말에 열리며, 경우에 따라서는 행사를 사흘간 진행하기도 한다. 캣쇼 입장 전의 수의사 검진이 생략되는 경우도 있는데, 이것은 교양 있는 참가자라면 애초에 병에 걸린 고양이를 데려오지 않을 것이라는 신뢰를 바탕으로 한다.

고양이가 대기하는 우리는 유럽과 같이 사각형으로 배치하고, 가운데에 링이라고 불리는 닫힌 공간을 만든다. 주인은 링 영역에서 고양이와 함께 머무를 수 있으며, 심사위원이 고양이를 심사할 때도 가까이서 지켜볼 수 있다. 일반 관람객은 링 영역에 들어갈 수 없으며, 사람들이 우리 안에 함부로 손을 넣지 못하도록 우리 바깥쪽을 두꺼운 플라스틱판으로 막아둔다.

심사위원은 차례가 되면 고양이를 우리에서 꺼내 정해진 표준을 기준으로 심사를 하고 동시에 평가를 내린다. 북미 협회에서 개최하는 대부분의 캣쇼에서는 심사위원이 해당 고양이의 긍정적인 측면에 대해서만 평가할 수 있으며, 감점 요소에 대해서는 말하지 않는다. 또 개인적인 용도의 약식 기록 이외에 서면 평가서도 따로 작성하지 않는다.

캣쇼가 끝날 즈음에는 장모종, 단모종 및 모든 품종 부문에서 각각 선정된 10마리의 성묘, 새끼고양이와 중성화된 고양이들 중에서 최종적으로 베스트 캣(Best Cat Award)을 선정한다. 최종 수상자 명단은 10위부터 1위까지 순차적으로 발표한다. 이 순위는 나중에 챔피언십 자격을 획득하는 데 중요하게 작용한다. 미국에서는 각 클래스에서 우승하여 얻은 점수는 물론, 베스트 캣(Best Cat) 5위권에 든 횟수를 반영하여 챔피언십 자격을 부여하는 규칙이 있기 때문이다. 아주 드물긴 해도 처음 출전한 고양이가 그랜드 챔피언(Grand Champion)이 되는 경우도 있다. 클래스 종류는 8개월이 넘은 중성화되지 않은 순혈통 고양이 클래스, 4~8개월의 새끼고양이를 위한 클래스, 챔피언십 자격을 아직 부여받지 못한 즉 정식 품종으로 인정받지 못한 고양이를 위한 임시 클래스가 있다.

북미 지역의 여러 협회에서는 최상급 고양이들의 홍보를 장려한다. 출전자들은 최고의 고양이들을 한자리에서 볼 수 있는 캣쇼에 참가하기 위해 비행기나 자동차로 먼 거리를 달려온다. 매 쇼에 참여해서 얻은 점수를 누적해야 나중에 챔피언십 또는 프리미어십 자격을 갖게 된다. 미국 캣쇼에서 얻을 수 있는 최대의 영광은 내셔널 탑 캣(National Top Cat)이며, 내셔널 탑 25위 안에 들어가는 것만으로도 놀라운 성과이다.

《 1895년 뉴욕 매디슨 스퀘어가든에서 열린 미국의 첫 캣쇼에서는 메인쿤이 주를 이루었다.

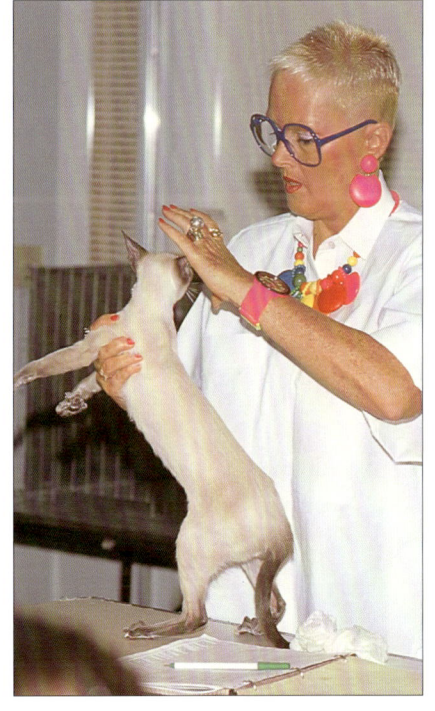

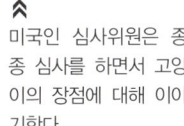

△ 미국인 심사위원은 종종 심사를 하면서 고양이의 장점에 대해 이야기한다.

》 사진의 희석색 캘리코 밴은 비순혈통 고양이임에도 불구하고 각종 캣쇼에서 우수한 성적을 거두었다. 대부분의 캣쇼는 비순혈통 고양이가 출전할 수 있는 클래스가 있다. 이런 일반 고양이는 구체적인 표준 항목으로 평가하기보다는 전반적인 생김새와 건강 상태, 성격 등을 중심으로 평가한다.

용어 해설

※ 설명 속 굵은 글씨는 용어 해설에 별도의 용어로 설명이 되어 있다.

[ㄱ]

거세(castration)
수컷의 생식기관(고환)을 제거하는 것.

고양이애호가관리협회 GCCF(Governing Council of the Cat Fancier's Association)
영국의 주요 고양이 등록 기관.

교배 가능 암고양이(queen)
난소자궁적출수술(중성화수술)을 받지 않은 생후 9개월 이상 된 암고양이로 발정이 오면 교배가 가능하다.

국제고양이애호가협회 CFA(Cat Fanciers' Association)
미국의 주요 고양이 등록 기관.

국제고양이연맹 FIFe(Fédération Internationale Féline)
유럽의 주요 고양이 등록 기관.

길고양이(feral)
한때는 집고양이였으나 여러 가지 이유로 버려져서 야생의 본능을 되찾은 고양이.

[ㄴ·ㄷ]

난소자궁적출(spaying)
암고양이의 생식기관인 난소와 자궁을 제거하는 수술.

동형접합(homozygous)
특정 유전 형질에 대해 염색체에 동일한 대립유전자를 가지는 경우. 열성 대립 유전자가 동형 접합인 경우 열성 형질이 발현된다.

대립유전자(allele)
특정 **표현형**을 결정하는 유전자 한 쌍에서 대립 형질을 보이는 각각의 유전자. 다른 유전자에 비해 영향력이 좀 더 큰 유전자가 '**우성유전자**'이고, 이에 상반되는 유전자가 '**열성유전자**'이다.

등록명(prefix)
각 고양이의 이름 앞에 교배 계통을 알 수 있도록 브리더가 등록한 이름.

[ㄹ·ㅁ]

러프(ruff)
많은 중모종 고양이에게서 볼 수 있는 목 주변의 눈에 띄게 긴 털.

마스크(mask)
얼굴의 얼룩무늬.

[ㅂ]

바이컬러(bi-colour)
흰색 바탕털에 다른 색으로 단색의 반점이 있는 경우.

반성유전자(sex-linked gene)
성염색체 상에 있는 유전자로 X 또는 Y 염색체에 존재한다. 고양이의 털색에 관여하는 유전자 중 대표적인 반성유전자가 오렌지 유전자(O)이다.

발볼록살(pawpads)
흔히 육구(肉球) 또는 발바닥 쿠션이라 하며, 발바닥의 가죽 같은 부분을 말한다.

발정(oestrus 또는 heat)
암고양이가 성적으로 수컷을 받아들일 준비가 된 상태.

발정 울음(calling)
콜링이라고도 한다. 암고양이가 번식 준비가 되었을 때, 즉 발정 상태에서 내는 울음소리.

발톱제거술(decalwing)
고양이 발톱을 외과적으로 제거하는 시술. 주로 고양이가 발톱으로 사람과 가구에 해를 입히는 것을 방지할 목적으로 실시한다. 일부 국가에서는 의학적인 근거가 있는 경우, 예를 들어 사고로 발톱 제거가 필요한 경우 등을 제외하고는 이 시술을 불법으로 본다.

밴(van)
흰색 몸통에 꼬리만 색이 있고, 머리에는 점박이무늬가 있는 털 패턴.

보호털(guardhairs)
다소 억센 속털과 솜털로 이루어진 속털을 덮고 있는 겉털. 모든 고양이가 3종류의 털을 가지고 있지는 않다.

[ㅅ]

새끼고양이(kitten)
생후 9개월이 지나지 않은 어린 고양이.

성묘(adult)
중성화수술(생식기 제거 수술)을 하지 않은 9개월 이상 된 고양이

셀프(self)
미국에서는 **솔리드**라고 한다. 무늬나 **셰이드**가 없는 단색 고양이.

셰이드(shaded)
친칠라와 스모크의 중간 정도의 팁이 나타나는 털.

솔리드(solid)
영국에서는 **셀프**하고 한다. 셀프 참고.

스모크(smoke)
논아구티 고양이의 털에 억제유전자(실버)가 영향을 주어 털뿌리 쪽은 은색이고, 털끝은 전체 털길이의 30~60%가 어두운 색을 띠는 경우.

스프레이(spraying)
집과 정원 등에 소변으로 영역 표시를 하는 행위.

[ㅇ]

아구티(agouti)
털가닥에 2~3개의 색이 띠처럼 섞여서 나타나는 털 패턴.

알비노(albino)
피부와 털에 색소가 결핍된 상태를 의미하는 유전학 용어. 이 경우 비정상적으로 흰 털에 분홍색 내지 붉은 색 눈을 갖는다.

애플헤드(applehead)
납작한 머리모양. 주로 초기 샤미즈(샴)를 일컬을 때 사용한다.

역교배(back-cross)
부모고양이나 조상고양이와 교배시키는 방법.

열성유전자(recessive gene)
우성유전자의 발현에 가려 유전자 정보를 신체 특징으로 발현하지 못하는 유전자. 특정 표현형을 결정하는 유전자가 2개인 경우 어미와 아비로부터 각각 1개씩 물려받는다. 털색을 나타내는 블루나 초콜릿 유전자가 열성유전자의 예이다.

오리엔탈(Oriental)
긴 다리, 날씬한 몸통, 역삼각형 머리, 아몬드모양의 눈, 그리고 뾰족한 귀를 가진 고양이의 한 부류.

우성(dominant)
1. 각 품종의 기본 털색. 색 발현에 관여하는 유전자 중 우성의 색밀도 유전자(D)에 의해 발현되는 색으로 블랙, 초콜릿, 시나몬 또는 레드가 해당된다. 열성의 색밀도 유전자(희석유전자, d)가 쌍으로

존재하는 경우에는 **우성** 색이 블루, 라일락, 폰 또는 크림으로 희석된다.
2. 각각의 형질(표현형)을 결정하는 유전자가 2개이고 **이형접합**인 경우, 다른 쪽 유전자의 형질을 누르고 유전자 정보를 완전히 발현하는 유전자.

유전자 풀(gene pool)
몇 세대에 걸쳐 교배를 시킨 결과 한 품종 내에서 발현 가능한 다양한 유전자 집합. 이종교배 없이 같은 조상으로 교배를 반복하면 그 품종은 매우 제한된 유전자 풀을 갖게 된다.

유전자형(genotype)
한 개체가 갖고 있는 특정 유전자의 조합. 유전자형이 겉으로 드러나는 모습(**표현형**)과 항상 일치하지는 않는다.

이형접합(heterozygous)
특정 유전 형질에 대해 염색체에 서로 다른 대립유전자를 가지는 경우. 우성 대립 유전자와 열성 대립 유전자가 함께 존재하는 경우로 우성 형질이 발현된다.

인수공통 전염병(zoonoses)
광견병이나 피부사상균증(백선증) 등과 같이 사람과 동물 간에 전염이 되는 감염성 질환.

임신 기간(gestation)
수정(수태)부터 출산까지의 기간. 고양이의 경우 대부분 65일 정도 된다.

[ㅈ]

제3안검(nictitating membrane)
다른 말로 세번째 눈꺼풀 깜빡임막 또는 순막이라고 한다. 눈 안쪽에 있는 막으로 가로로 움직인다. 대부분 고양이가 병들거나 눈에 이물질이 들어갔을 때 순막이 보이므로 이 경우 고양이를 주의해서 살펴본다.

종묘(stud)
중성화수술(거세)을 하지 않은 온전한 수고양이.

중성화수술(altering)
수컷의 고환을 적출하거나, 암컷의 난소와 자궁을 적출하는 수술.

[ㅊ]

친츠(chintz)
캘리코나 **토터셀** 화이트를 가리키는 또 다른 용어.

친칠라(chinchilla)
털가닥에 어두운 색 **팁**이 가장 약하게 나타나서 거의 끝부분에만 살짝 들어간 흰 털 고양이.

[ㅋ]

카메오(cameo)
흰색 또는 은색 털끝에 레드, 크림 또는 토터셀 **팁**이 약하게 들어간 경우.

캘리코(calico)
토터셀 화이트 고양이의 미국식 이름.

컬러포인트(colourpointed)
샤미즈(샴)와 컬러포인트(**히말라얀**) 페르시안 이외에 **히말라얀** 포인트가 제한적으로 나타나는 모든 품종의 고양이.

컬러포인트 페르시안(Colourpoint Persian)
제한적으로 **히말라얀** 털 패턴이 나타나는 페르시안 타입의 장모종 고양이. 미국에서는 컬러포인트 페르시안을 **히말라얀** 페르시안이라고 부른다.

코비(cobby)
다리가 짧고 몸통이 다부진 체형.

코평면(nose leather)
가죽처럼 보이는 코의 끝부분.

[ㅌ]

태비(tabby)
줄무늬(매커럴 태비), 얼룩무늬(블로치, 마블 또는 클래식 태비), 점박이(스팟 태비), 극히 제한된 줄무늬와 틱 패턴(틱 태비)의 4가지 형태가 있다. 태비무늬는 몸이 연결되지 않은 듯한 착시효과를 일으켜 야생에서 위장하는 데 도움이 된다.

토비(torbie)
토터셀 태비의 줄임말.

토터셀(tortoiseshell)
줄여서 토티라고 한다. 붉은색과 검은색 계열이 섞여 함께 발현되는 털색 구성. 붉은색은 성염색체인 X염색체 위에 있는 오렌지 유전자에 의해 발현된다. 토터셀 고양이는 거의 대부분 암컷이다.

토티(tortie)
토터셀 참고.

트라이 컬러(tri-colour)
캘리코, **친츠** 또는 **토터셀** 화이트를 가리키는 다른 말. 3색 고양이를 가리키기도 한다.

틱(ticked)
1. 털을 묘사할 때는 **아구티**의 다른 표현이다.
2. 무늬에 사용될 때는 아비시니안에서 볼 수 있는 **태비무늬**를 말한다.

팁(tipped)
털뿌리는 색이 거의 없고, 털끝에만 색이 들어간 경우.

[ㅍ]

파티 컬러(parti-colour)
얼루기라고도 한다. 토터셀 화이트에서처럼 흰색 털에 1가지 이상의 다른 색 또는 무늬가 나타나는 경우.

포린(Foreign)
브리티시나 페르시안 고양이 같은 **코비** 체형에 비해 좀 더 몸이 긴 체형.

포인트(points)
컬러포인트 페르시안이나 샤미즈(샴)에서처럼 몸통의 털색보다 진한 색이 얼굴, 귀, 다리 아래쪽과 꼬리에 나타나는 경우.

표현형(phenotype)
겉으로 드러나는 형질. 종종 유전자 조합인 **유전자형**과 일치하지 않는다.

품종(breed)
고양이협회에 공식 등록된 특정 형질이 같은 고양이 무리. 각 품종마다 특유의 형태와 색과 체구가 있다.

품종 표준(standard of points)
고양이 등록기관에서 순혈통 품종별로 체구, 색, 무늬 및 기타 특징의 기준을 정해놓은 것. 캣쇼에서 심사위원은 이와 같은 기준에 따라 고양이를 평가한다.

[ㅎ]

혈통서(pedigree)
부모고양이를 비롯하여 몇 세대 위 조상고양이의 정보까지 들어 있는 서류 기록.

희석(dilute)
우성의 기본 털색보다 조금 옅은 색을 가리키는 유전학 용어. 예를 들어 검은색(블랙) 털의 옅은 색은 청회색(블루)이다.

히말라얀(Himalayan)
1. **컬러포인트 페르시안**을 가리키는 미국식 용어.
2. 귀, 얼굴, 다리 및 꼬리에만 색이 진하게 발현되고, 나머지 부분은 색 발현이 억제되어 옅은 색을 띠는 털 패턴.

찾아보기

※ 빨간색으로 표시된 페이지는 관련 사진이 실린 페이지

[ㄱ]

가르랑거리기 82
가정 간호 106~107
감전 110
거대결장 127
거세수술 85, 100
걸어 다니는 비듬(walking dandruff) 120
검역 56, 57, 114, 248
검진 :
　수의사 검진 96, 97, 99, 126, 127
　정기점검 95
결막염 114, 115, 125
고양이 :
　고양이 다루는 방법 32, 32
　고양이 선택 방법 17~27
　고양이 알레르기 20
　나이 21
　성별 21
　이상 징후 92
고양이 깔개 30, 33, 40, 53
고양이 몸 93, 93
고양이 위탁 52~53
고양이 집 30, 33
고양이 출입문 30, 34, 38, 46~47, 46, 52, 89
고양이 클럽 15, 96, 157, 248
고양이가 실내 화초를 뜯어먹지 못하게 하는
　방법 89
고양이독감 → 고양이바이러스성비기관염 참고
고양이를 움직이지 못하게 고정하는 방법 111
고양이를 잃은 슬픔 103
고양이면역부전바이러스감염증(고양이에이즈)
　22, 23, 116
고양이바이러스성비기관염(고양이독감) 22,
　26, 99, 114, 115, 125
고양이백혈병(FeL) 23, 26, 99, 115
고양이백혈병바이러스(FeLV) 115
고양이범백혈구감소증(고양이전염성장염, 고양
　이홍역) 26, 99, 114, 115
고양이에이즈 → 고양이면역부전바이러스 참고
고양이와의 의사 소통 82 :
　훈련시 의사 소통 88~89
고양이의 공포심 86~87, 86
고양이의 수명 101, 103, 105
고양이의 죽음 102~103
고양이전염성복막염 99, 114, 116~117, 116
고양이전염성장염 → 고양이범백혈구감소증
　참고
고양이파보바이러스 → 고양이범백혈구감소증
　참고
고양이해면상뇌증 117, 117
고양이홍역 → 고양이범백혈구감소증 참고
고양잇과 7, 8, 9, 13, 199
고양잇속 8, 9 :
　삵(살쾡이) 11, 11
　아시아 야생고양이(F. sylvestris ornata) 8, 13
　아프리카 야생고양이(F. sylvestris libyca)
　　8~10, 10, 12, 187
　유럽 야생고양이(F. sylvestris sylvestris) 6, 8, 9
골격 93
공격성 83, 87
공수병 → 광견병 참고
과식 61
과체중 103
광견병 99, 114, 117
교배 219~237, 226 :
　고양이 번식 220~221
　교배 준비 224~225
　교배시 확인 서류 225
　새로운 품종 수립 221
　순혈통 교배의 역사 221
　암고양이 선택 222~223
　종묘 선택 225
교상 110~111, 117, 125
구더기증 121
구충 122
구토 95
권태감 87
귀 93 :
　귀로 알아보는 건강 상태 94
　귀를 통한 체온 측정 95
　귀진드기 120
　귀청소 79, 79
　약 넣기(점적약) 107, 127
　이물질 109
　점검 94, 94, 120
　질환 125
그루밍 71~79, 76, 130, 133 :
　고양이 스스로 하는 그루밍 70, 72, 72, 74
　그루밍 도구 73, 73, 74
　부위별 관리 78~79, 78, 79
　사람이 해주는 그루밍 73, 73~76
급식 35, 59~69 :
　고양이 사료 66, 66
　균형 잡힌 식사 62~65
　식기류 35, 35
　식습관 60
　신선한 고기 64~65
　올바른 급식 61
　음식을 조금씩 떼어주는 습관 61
　특수 사료 67~69
기관지염 121
기생충 27, 118~124
기생충성 질환 118~124
기타 진드기류 120 :
　귀진드기 120
　발톱진드기 120
　옴좀진드기 120
　털진드기 120
길고양이 19, 23, 23, 64, 99, 216
꼬리 여드름 126

[ㄴ]

낙상 48
냄새를 남기는 행동 83, 83
노령묘 :
　식사 67, 67
　노화에 따른 변화 101

찾아보기

노르위전 포리스트 캣 131, 147, 156~157, 156~157
놀이 40~41, 40~41
농양 111, 113, 119
눈 93, 94 :
　관리 78, 78
　눈으로 알아보는 건강 상태 92, 94, 94, 95
　약 넣기(점적약) 107
　이물질 109
　점검 126
　질환 125

[ㄷ]

다리 93
다리 절단 105, 112
다리에 붕대 감는 법 113
다지증 234
단모종 고양이 20, 165~213 :
　그루밍 74~75, 74, 75, 131
　성격 131
대변 92
데번 렉스 20, 208, 209, 209
도메스틱 쇼트헤어 → 아메리칸 쇼트헤어 참고
독소혈증 121
돌연변이 10, 136, 206, 207, 208, 234, 234
동물 우화집 13
둔위 분만 229

[ㄹ]

라가머핀(ragamuffin) → 래그돌 참고
라벤더 카슈미르 → 라일락 페르시안 참고
래그돌 16, 88, 130, 147, 161, 161, 224 :
　심사 기준 245
러시안 블루 15, 190, 190
렉스 74, 208~209, 237
리드줄 30, 38~39

[ㅁ]

마그네틱 이름표 39, 46
매장 103, 103
맥박 95
맹크스 15, 163, 206~207, 206, 207, 234
메인 쿤 14, 14, 20, 21, 76, 131, 146, 147, 154~155, 154, 155, 222, 236

면역력 26, 34, 57, 98, 99 :
　능동면역 98
　어미로부터 물려받은 면역력 26, 98
목걸이 29, 30, 38~39, 38 :
　벼룩 퇴치용 29, 38, 38
　엘리자베스 칼라 108, 110
목욕 75, 76, 77, 77
몰티즈 블루 136, 190
물 66
미네랄 63~64

[ㅂ]

바이러스 감염 114~117
발 93 :
　점검 95
발리니즈(자바니즈) 79, 130, 158~159, 158, 159
발정 100, 224, 225
발정 울음(콜링) 100, 224
발톱 갈기 87, 89
발톱 관리 79, 95
발톱깎이 79
백신 접종 → 예방접종 참고
버만 130, 148~149, 148, 149, 161
버미즈 44, 84, 85, 162, 167, 200 :
　라일락(플래티넘) 버미즈 193, 193, 195
　레드 버미즈 71, 75, 194, 194
　브라운(세이블) 버미즈 46, 47, 68, 192, 192, 197
　블루 버미즈 121, 193, 193
　색과 패턴 194
　초콜릿 버미즈 193, 193
　크림 버미즈 103, 115, 194, 194
　혼혈종 79, 115

버밀라 68, 100, 130, 162, 195~196, 195, 196
벌에 쏘임 111
벵갈 7, 11, 199, 199
벼룩 26, 27, 95, 118~119, 123
변비 126~127
보험 49
복부팽만 122, 123
본능 83
봄베이 197, 197
부상 104, 108 :
　심각한 사고 108
　응급처치 109~113
분만 상자 227
분만할 공간 227, 227
브리더 24, 25 :
　책임감 220
브리티시 쇼트헤어 167, 168~174 :
　브리티시 라일락 170, 170
　브리티시 바이컬러 171, 171
　브리티시 블랙 168, 168, 173
　브리티시 블루 170, 170, 173, 190, 211
　색과 패턴 173
　브리티시 초콜릿 170, 170
　브리티시 컬러포인트 173, 173
　브리티시 크림 169, 169
　브리티시 태비 172, 172
　브리티시 토티 화이트 171, 171
　브리티시 팁 174, 174
　브리티시 화이트 169, 169
블랙헤드 125~126
블루 포린 → 러시안 블루 참고
비듬 120, 126
비만 61, 67, 67
비순혈통 고양이 19, 19, 29, 214, 215~217, 215, 216, 217 :
　계보를 알 수 있는 비순혈통 고양이, 217
　캣쇼 출전, 217
비타민 63~64, 227

[ㅅ]

사고 108 :
　응급처치 109~113
사냥 83, 88
사산 229~230

253

INDEX

사회화   25, 82
살충제 바르기   119, 119
새끼고양이 :
   건강   26~27
   건강한 고양이 고르기   26~27
   기형   230
   새끼고양이 기르기   231~232
   새끼고양이의 식단   68~69
   순혈통   25
   식습관   231~232
   어미고양이로부터의 학습   42
   자연면역력   26, 98
   태아의 발달   227
샤르트뢰   179, 179
샤미즈   19, 21, 64, 79, 180, 182~185, 219, 223, 224, 232 :
   라일락(프로스트) 포인트 샤미즈   183, 183
   레드 포인트 샤미즈   184, 184
   블루 포인트 샤미즈   183, 183, 193, 236
   샤미즈가 교배에 이용된 경우   149, 158, 160, 186, 200
   샤미즈 혼혈 고양이   30
   색 분류   184
   소리내는 경향   54, 82
   실 포인트 샤미즈   54, 130, 182, 182
   심사 기준   245
   초콜릿 포인트 샤미즈   183, 183
   크림 포인트 샤미즈   184, 184
   토티 포인트 샤미즈   185, 185
   태비(링스) 포인트 샤미즈   185, 185, 204
   트래디셔널 샤미즈(애플 헤드, 오팔, 타이 샤미즈)   182
샨틸리   163
선충류   122~123
설사   92, 122, 126, 127
섬유소   127
젊은 성묘의 식사   69
세이셸루아   186, 186
셀커크 렉스   209, 209, 237
소독제   106
소리언어   82
소말리   147, 147, 152~153, 152, 153
소해면상뇌증   117
소화기질환   126~127
수면   31
수염   82, 83

수영   109, 150
수의사 :
   검진   126, 127
   동물병원 선택   96~97
   수의사의 진료가 필요한 증상   92
   순혈통 고양이   19, 130
   순혈통 고양이 선택   24
스노슈   186, 186
스코티시 폴드   211, 211, 234
스크래처   40, 40, 87, 89
스크러핑   32
스트레스   86, 117
스패니시 블루   190
스프레이   84~85, 84
스핑크스   20, 212~213, 212, 213, 237, 237
시각   83
식단 → 급식 참고 :
   균형 잡힌 식사   62~65
   특수 사료   67~69
식사 → 급식 참고
신체 언어   82
실내의 위험 요소   45
실버 레이스 → 스노슈 참고
실외 :
   실외 공간   47
   실외생활   46~47
   정원의 위험요소   48~51
심각한 사고   108
심장 마사지   110
심장근육병증(심근병증)   110
심장발작   110
심폐소생술   110
싱가푸라   21, 21, 62, 203, 203, 218, 221

[ㅇ]

아메리칸 쇼트헤어   167, 168, 175~177 :
   아메리칸 바이컬러   176, 176
   아메리칸 블랙 솔리드   176, 176
   아메리칸 셰이드 실버   177, 177
   아메리칸 스모크 쇼트헤어   175
   아메리칸 캘리코   171, 177, 177
   아메리칸 크림   176, 176
   아메리칸 토터셸   177, 177
   아메리칸 화이트 솔리드   176, 176
   아메리칸 와이어헤어   212, 212
   아메리칸 컬   210~211, 210, 211
아비시니안   10, 15, 131, 152, 160, 187~189 :
   라일락 아비시니안   189, 189
   블루 아비시니안   189, 189, 235
   소렐(레드) 아비시니안   188, 188
   실버 아비시니안   189, 189
   심사 기준   245
   유주얼(러디) 아비시니안   187, 187
   폰 아비시니안   187, 188, 188
아시아 그룹   195~197 :
   색과 패턴   198, 198
   아시아 셀프 고양이   195
아시아 레드 셀프   97
아시아 스모크   196, 196
아시아 야생고양이   8, 13
아프리카 야생고양이   8~10, 8
안락사   102~103
암고양이 :
   교미 준비   224~225
   교배를 위한 암고양이 선택   222~223
   모유 부족   230
   성적 성숙   224
   암고양이의 새끼고양이 기르기   231
   어미고양이의 출산 피로   230
   중성화수술   100
   출산 후 관리   230
압박띠 사용법   111
앙고라   135, 154, 160, 160
   터키시 앙고라   15, 150, 151, 151
야생고양이(길고양이)   8~10, 11, 15, 19, 19, 63
야생 삵(살쾡이)   199
약 먹이기   106, 107, 107
어미에 의한 실내 교육   231~232, 232
엘리자베스 칼라   108, 110, 113
여드름   125~126

여행　54~55
염좌　113
영국 고양이 → 브리티시 쇼트헤어 참고
영역　31, 84~85 :
　　영역 관리　44
　　영역 다툼　84~85, 110
예방접종　26, 98~99, 114, 117
오리엔탈 롱헤어　79
오리엔탈 쇼트헤어　20, 79, 130, 137, 160, 180~181, 180, 181
오리엔탈 스팟 태비　130, 165, 202
오리엔탈 클래식 태비　236
오시캣　17, 27, 41, 99, 204, 204, 223
옴좀진드기　120
용품 :
　　구급용품　108
　　그루밍 도구　73, 73
　　기본용품　30
　　식기류　35, 35
　　출산 준비물　228
우리 :
　　실외장　47, 47
　　캣쇼 우리　240, 244, 246, 246, 248, 248
위탁소　52~53, 53 :
　　적응하기　30~31
위험 :
　　실내의 위험 요소　45
　　정원의 위험요소　48~51
유러피언 쇼트헤어　164, 168, 170, 178~179, 178, 179, 248
유럽 야생고양이　6, 8, 8
유방염　230
유전　233~234
유전자　233~237 :
　　돌연변이　10, 136, 206, 207, 208, 234, 234
　　반성유전자　184, 194, 198, 234, 235
　　열성유전자　234, 235
　　털무늬를 결정하는 유전자　236, 236
　　털색을 결정하는 유전자　235, 235
　　털의 특성과 길이를 결정하는 유전자　237
응급처치　109~113
이　119

이그조틱 쇼트헤어　131, 166~167, 166, 167, 235
이동장　30, 36~37, 36, 37, 54, 54, 55, 55
이름표　39, 46
이물질　109, 112, 113
이유　68~69
이집션 마우　202, 202
익사　110
임신　227, 227 :
　　임신 기간　227
　　임신 중 식단　68
　　임신 징후　227
　　출산 전 관리　227
입 :
　　양치질　78, 78
　　점검　94, 126
잇몸 :
　　관리　78
　　점검　126

[ㅈ]

자간　230
자궁 축농증　230
자바니즈 → 발리니즈 참고
장난감　40~41, 40, 41, 103
장모종 고양이　13, 15, 20, 133~145 :
　　그루밍　76, 130
　　성격　131
재패니즈 밥테일　205, 205
저먼 렉스　208
적응하기　30~31
절단　105, 112
절뚝거림　113
제3안검(셋째눈꺼풀, 순막)　94, 95

제왕절개　230
조충　123
종묘 선택　225
좋은 환경 만들기　29~41
주사기(약 먹일 때)　106
중독　50~51, 112~113
중모종 고양이　147~163 :
　　그루밍　131
　　성격　131
중성화수술　44, 100 :
　　수술 방법　85
　　중성화 수술이 수명에 미치는 영향　101
　　중성화 수술이 행동에 미치는 영향　21, 84, 85, 100
지능　88
직장 탈출　127
진통　228
질병 :
　　간호　106~107
　　징후　92~95
질식　109
집고양이로 정착하는 과정　10~11
집고양이로의 정착　8~15
집고양이의 기원　8~10
집고양이의 조상　9, 9
집을 비우는 경우　52~53

[ㅊ]

참진드기　119
찰과상　113
천식　125
청각　83
체루빔 → 래그돌 참고
체온　95
출산　228~230, 228 :
　　출산 전 관리　227
　　출산 후 관리　230
치아　93 :
　　양치　78~79, 78
　　점검　95, 126

[ㅋ]

칼리시바이러스　114
캘리코 밴　249

255

INDEX

캣쇼　239~249, 240, 241, 243, 244 :
　규정　243~244
　미국의 캣쇼　240, 249, 249
　비순혈통 고양이 클래스　217
　심사 기준　245, 245
　영국의 캣쇼　246~247, 246, 247
　유럽의 캣쇼　248, 248
　일정　242
　초기 캣쇼　14~15, 221, 241
　캣쇼 심사 과정　243~244
　캣쇼 준비　242
　캣쇼 주최 기관　241
　캣쇼 출전　242
　캣쇼 출전의 보상　240
　캣쇼를 위한 여행　54, 54
　캣쇼에서 수의사 검진　243, 243
케이지(이동장)　30, 31, 36~37, 36~37
코 :
　점검　94
　청결　78
　콧물　125
코니시 렉스　185, 208, 208, 209
코랏　190, 191, 191, 225
코로나 바이러스　114
쿠친타 → 싱가푸라 참고
클라미디아증　99, 114, 114, 125
키프로스　12
킴릭　163, 163

[ㅌ]

타박상　113
태반　228
태반에서 분비되는 호르몬　228
태비　172, 225
터키시 밴　109, 150, 150
털　93 :
　곱슬털　155, 208, 209, 212, 237
　위험 물질이 털에 묻은 경우　109
　점검　95
　종류　20, 130~131
　털갈이　72
　털로 알아보는 건강 상태　27, 92, 95
　털무늬를 결정하는 유전자　236, 236
　털색을 결정하는 유전자　235, 235
　털의 이용　14
　털의 특성과 길이를 결정하는 유전자　237
톡소포자충증(톡소플라스마증)　35, 124

통키니즈　114, 121, 200~201, 200, 201
티파니(Tiffanie)　162~163, 162, 163
티파니(Tiffany)　163

[ㅍ]

패치 오리엔탈　185
패혈증　111
페르시안　14, 15, 20, 21, 44, 69, 76, 78, 121,
130, 134~145, 227, 237, 239, 241 :
　골드 페르시안　142, 142
　라일락 페르시안　137, 137
　레드 페르시안　138, 138, 225
　바이컬러 페르시안　101, 140, 140, 149, 233, 247
　블랙 페르시안　130, 134, 134, 138
　블루 페르시안　19, 136, 136, 138, 221
　셰이드 실버 페르시안　143, 143
　쇼트헤어 → 이그조틱 쇼트헤어 참고
　스모크 페르시안　143, 143
　초콜릿 페르시안　137, 137
　친칠라 페르시안　142, 142, 174
　카메오 페르시안　144, 144
　컬러포인트 페르시안　132, 134, 145, 145, 220
　크림 페르시안　138, 138, 221
　태비 페르시안　130, 141, 141
　토터셸 페르시안　139, 139
　토터셸 화이트 페르시안　133, 140, 140, 186
　퓨터 페르시안　144, 144
　화이트 페르시안　24, 135, 135, 240
폐렴　107
폐충　122, 123
포린 쇼트헤어 → 오리엔탈 쇼트헤어 참고
표범속　8, 9
풀을 먹는 행동　97
품종 :
　전체 품종　131
　털에 따른 분류　130

[ㅎ]

피부 질환　125~126
피부사상균증(백선증)　120~121, 121

하네스　39
항공 여행　55
항문낭 막힘　127
해리슨 위어　15, 175, 221
해외 여행　56~57
행동　81~89 :
　문제행동　86~87
　훈련과 학습 행동　88~89
허탈　110
헤르페스바이러스　114, 115
헤어볼(털뭉치)　72, 95, 126
혈종　125
화상　113
화장실　34, 34 :
　화장실 대용품　54, 55
　화장실 소독　117
　화장실용 모래　34, 34
회충　122
후각　83
후천면역　26
훈련　88~89
흉강에 농이 참　125
흉막염　125
흉부 질환　125
흰색 고양이 :
　흰색 고양이의 청각장애　135, 169, 233
히말라얀 → 컬러포인트 페르시안 참고